Marianne Manda

Weihrauch, Khat und Pfeffer

Erinnerungen an den Jemen

EDITION
TANDEM

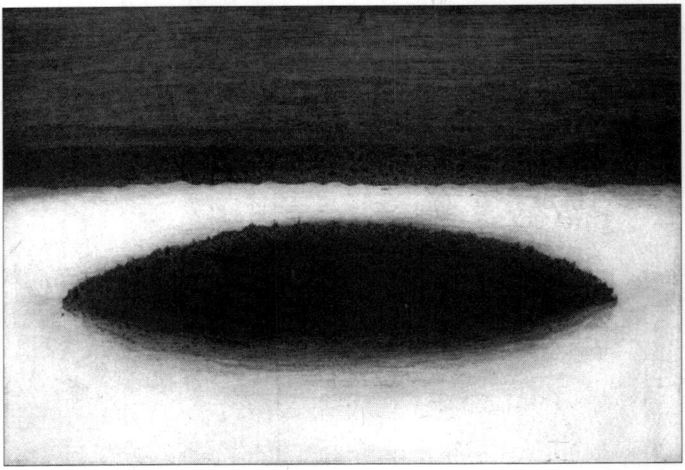

Schwarze Insel

Inhalt

Für Roman

Ahlan wa ßahlan

Herzlich willkommen

أهلاً و سهلاً

Mit einem Schrei wache ich auf – eine Ratte hat mich in den Fuß gebissen. Sitzt in Fluchtstellung auf dem Fußteil des Bettgestells und schaut mich mit glühenden Augen an. Ein zweiter Schrei, – und das Tier ist verschwunden.
Ich begutachte kurz den Biss, wische den Blutstropfen ab, seufze ergeben und schlafe in den Morgen hinein weiter, ausgrabungsgestählt. Denke beim Wegdämmern noch an den Ratten-Morbus, eine schlimme Infektionskrankheit. Denke, wenn ich die nächsten zwei Stunden nicht von einsetzenden Kopfschmerzen geweckt werde, war die Ratte clean, und schwerwiegende Organkomplikationen bleiben mir erspart. Die Todesrate liegt eh nur bei weniger als zehn Prozent der Infizierten.

Die Inkubationszeit beträgt aber sieben bis zwölf Tage, wie ich später im Netz lese. Da beginnt dann schlagartig einsetzendes hohes Fieber, begleitet von starken Kopf- und Gliederschmerzen. Gefährdete Berufsgruppen sind u. a. Beschäftigte im Bereich der Abwassertechnik und im Forst sowie Personen, die mit der Bekämpfung von Nagetieren zu tun haben. Für diese Berufe wird der Ratten-Morbus, Morbus weil Leptospirose, als Berufserkrankung anerkannt. Vielleicht wäre es eine Überlegung wert, eine weitere Berufsgruppe mit einzubeziehen – die „Forschungsreisenden".

Ein Flug von Damaskus hatte mich nach Sanaa gebracht, in die Hauptstadt des Jemen, 2.257 Meter hoch gelegen, im September 1986 nach Mitternacht.

Die Hotelempfehlung vom Goethe-Institut in Damaskus, das Dar Al Hammd. Es sei ein alter Imam-Palast. Ich bin sehr aufgeregt, habe keine Ahnung, wirklich keine, was mich erwartet. Weiß nichts über das fremde Land, nur, dass ich da offenbar hinpassen würde. Das sagt mir Wilfried, ein Grabungsteilnehmer in Syrien. Ich könne schwelgen in Weihrauchdüften, und alles sei so friedlich, dass ein Nachtlager auf dem Gehsteig ganz normal für mich sei. Und, ach ja – ein Deutsches Archäologisches Institut gäbe es auch. So fliege ich blindlings in mein Schicksal.

Die Taxifahrt vom Flughafen mitten in der Nacht geht ohne Umwege und Anmache zum Hotel. Ein verschlafener Jemenite krabbelt hinter dem Tresen vom Boden hoch, wo er inmitten von Blättern und Zweigen sein Lager hat und gibt mir ein Zimmer. Eine seiner Backen ist fast zum Platzen aufgebläht. Beim Sprechen sehe ich grünliches Gebrösel im Gebiss. Ich vermute ein sehr frühes Frühstück ...

Beim Aussteigen vorher erkenne ich ein großes Gebäude, im Fundament aus Granitsteinen erbaut, oben mit Lehmziegeln und wunderschönen Verzierungen in Weiß. Es mutet an wie ein Zuckerbäckerhaus aus meinen Kindertagen. Innen dann neben gekalkten Wänden dunkle Holzschnitzereien und Bögen, geschnitzte Türen, geschnitzte Wandschranköffnungen, geschnitzte Fensterumrandungen und Holzbalkönchen. Ein Märchenschloss für mein Kinderherz. Und in diesem fünfstöckigen Palast wohnte einst ein Imam! Und nun ich, die aus Syrien einfach mal so um die Ecke kommt.

Heller Sonnenschein weckt mich. Sofort blitzmunter, schaue ich mich um. Fünf fast bis zum Boden reichende Fenster sind mit weißem Stoff verhängt. Durch die bunten Glasbögen darüber in Rot, Blau und Grün und gelb mischt sich gleißendes Licht, sprenkelt kaleidoskopartig einen Zaubergarten in den Raum. Die Glasscheiben sind mit Stuckarbeiten aus Gips gefasst und heißen Gamerijas, wie ich inzwischen weiß. Ursprünglich bestanden die Fenster im Jemen aus geschliffenen, aber undurchsichtigen Scheiben aus Alabaster. Sie erzeugen ein warmes, diffuses Licht. Teilweise kann man in ganz alten Gebäuden diese wertvollen Architekturteile bis zur Größe eines Wagenrades noch bewundern.

Also raus aus den Federn, den Zehen begutachtet – ich bin noch einmal davongekommen. Mein Zimmer ist groß und hat noch dazu ein Kämmerchen als Waschraum mit Steh-Klo und einer Dusche direkt darüber. Es ist kalt; wir befinden uns in der Hochgebirgsregion. Also eher Katzenwäsche, die Dusche funktioniert sowieso nicht. Aber aus dem Wasserhahn, welcher eigentlich zum Nachspülen des Steh-Klos in nur 50 Zentimeter Höhe angebracht ist, kommt eiskaltes Wasser.

Ein sehr hoher, ebenerdiger Raum empfängt mich zum Frühstück. Alle Fenster sind mit beigefarbenen Vorhängen abgedichtet. Die schöne Stuckarchitektur in Weiß, der Fußboden mit gebrannten Lehmziegeln ausgelegt. Ich setze mich an einen der mit Tischtüchern gedeckten Tische und halte nach einer Bedienung Ausschau. Und schon schlurfen gleich drei junge Burschen neugierig auf mich zu. Schlurfen in ihren Badelatschen. Dieser Gang wird mich nun an die 35 Jahre begleiten. Er ist über solche Schlappen den Jemeniten wohl in die Gene geschlurft. Alle drei sind mit Männerkopftuch, langärmeligem Hemd und einer Art Wickelrock bekleidet, der Futa. Der berühmte Jemen-Krummdolch im bestickten Gürtel vervollständigt die orientalische Männerkleidung. Beim genauen Hinsehen entdecke ich hinter dem Dolch auch noch ein dazu gestecktes Messer.
Ich bestelle. Kein weiterer Gast ist zu sehen. Nach längerer Zeit kommt einer der vielleicht Sechzehnjährigen mit einem dampfenden Topf zurück, ein anderer mit Brotfladen und ein Dritter mit einem Tablett und Tee. Durch meinen Syrienaufenthalt weiß ich, dass der Inhalt des Topfes mit abgebrochenen Brotstückchen ausgestippt wird. Der Topfinhalt ist mir fremd. Ich koste das Gericht. Am dritten Tag weiß ich, dass es Ful heißt, aus Saubohnen besteht, das jemenitische Lieblingsfrühstück. Ich esse es, aber all meine künftigen Jemenjahre wird es nicht zu meiner Lieblingsspeise. Sowohl vom Aussehen her, als auch vom Geschmack. Ganz scharf gewürzt schmeckt es mir besser.

Das also ist mein Einstieg ins Märchenland. Dass es mein Märchenland trotz Ful und Ratten, und was sonst noch alles dazu kommen wird, bleibt und bleiben wird, ist mir sofort klar.
Inzwischen erscheinen ein paar jemenitische Frauen mit ihren Männern im Türrahmen zum Speisesaal. Wie versteinert bleiben sie stehen und starren mich an: eine Weiße, eine Westlerin! Die Blicke der Frauen sind für mich nur erahnbar, weil ein Gesichtsschleier ihre Köpfe vollkommen bedeckt. Als die Frauen mich genügend bestaunt haben, setzen sie sich züchtig, wie es sich gehört, mit dem Rücken zum Saal an einen der Tische. Die Männer mit guter Aussicht zu mir. Ihr Sittencodex verbietet es allerdings, mich zu auffällig anzustarren. Und fast ist es ihnen auch gelungen. Frauen anstarren ist höchst, höchst ungehörig, ist einfach aib, eine Schande.
Die männlichen Gäste sind wie die sie bedienenden Burschen gekleidet. Ihre Frauen tragen über ihren unsichtbar bleibenden Kleidern zur schwarzen Kopfbedeckung die schwarze Abaja. Das ist ein langer schwarzer Mantel aus dünnem Stoff. Noch traditioneller trägt eine, die Oma sicherlich, einen sehr weiten, langen, plissierten Rock und darüber eine Art Pelerine bis über die Hüften, alles in Schwarz. Ich bin auch züchtig bekleidet mit langer Hose und einem Rock darüber. Ein langärmeliges Oberteil und ein Kopftuch nach Türkenart getragen, also am Hinterkopf gebunden, vervollständigt meine Tracht. Höre ich da ein leises Kichern?
Auf dem Tisch der Neuankömmlinge steht nun ebenfalls ein dampfender Topf, so schlagen die Damen ihren die Augen verdeckenden Gesichtsschleier zurück. Da ist aber noch ein weiterer zu sehen, einer der die Augen zwar freilässt, aber den Rest des Gesichts weiterhin versteckt. Ich starre neugierig, vielleicht etwas zu ungeniert, in ihre Richtung und beobachte die Frauen. Sie tunken Brot mit der rechten Hand in den Eintopf, das Brotstück zu einer Art kleiner Tüte geformt, schippen damit das Ful darauf. Nun wird mit der anderen Hand der zweite Schleier etwas angehoben, nur etwas, um den Bissen in den Mund zu schieben. Dabei kann man fast nichts von ihren Gesichtern erkennen. Die Sitzordnung, Männer mit Raumblick, Frauen mit dem Rücken dazu, ist dafür gedacht, dass Frauengesichter auch beim Essen unsichtbar bleiben.

In den Achzigerjahren des letzten Jahrhunderts ist der Jemen noch sehr der Tradition verhaftet, wonach ausschließlich mit den Händen gegessen wird. Das heißt, nur mit der rechten Hand. Denn die linke wird für ganz andere Zwecke verwendet. Den genauen Gebrauch wofür, spare ich mir und Ihnen für spätere Folgen meines Abenteuers auf. Deshalb begebe ich mich jetzt auf das Dach des Palastes. Jemenitische Häuser haben immer ein Flachdach mit Zugang und meist als Sichtschutz eine Mauer herum. Ich halte Ausschau, denn etwas ängstlich bin ich geworden.
Ein großer Platz umgibt das Hotel, gesäumt von Pfefferbäumen. Seine feinen, gefiederten Blätter an langen herabhängenden Ästen bewegen sich elegant im Wind. Rosa Früchte als lange Trauben leuchten bis zu mir hinauf. Diese Bäume erreichen eine Höhe von 15 Meter. Ihr Schatten ist sehr begehrt bei Mensch und Tier, und wenn man ein Blättchen zwischen den Fingern zerreibt, erzeugt es einen würzigen, leicht pfeffrig-harzigen Duft. Im ganzen Jemen wachsen diese wunderschönen Bäume. Sie mögen Gebirgs- als auch Meeresluft und erfreuen mich sehr. Unser gebräuchlicher schwarzer Pfeffer kommt aber aus Indien. Hier wächst der Rote Pfefferbaum, der Filfil Hind. Ich sehe unten auf dem Platz fast keine Frauen, aber viele Männer in der schon beschriebenen Kleidung. Ich sehe Esel und Ziegen, Schafe und Hunde, Hühner und schubkarrenfahrende Jungen, diese ebenfalls im Wickelrock oder in zerlumpten, langen Hemden. Hoch über mir kreisen Raubvögel, mindestens 50 an der Zahl. Ehrfürchtig schaue ich hinauf. Es sind keine Adler, sondern Milane, an ihrem zum Dreieck gekerbt auslaufenden Schwanz zu erkennen. Heutzutage fliegen über Sanaa vielleicht nur noch zwei bis drei dieser Raubvögel. Milane – auch dort eine aussterbende Art.

Nachdem ich mir etwas Mut zugesprochen habe, bitte ich den nun Ohne-dicke-Backe-Mann an der Rezeption, ob er mir ein Taxi besorgen könne. Das funktioniert hier nicht mit dem Telefon. Ahmed geht auf den Platz hinaus, winkt, und schon kommt eines angeprescht. Ich erkläre dem Fahrer, der ebenfalls mit einem Krummdolch ausgestattet ist, dass ich zur Deutschen Botschaft will. Tajib, bi kull surur, natürlich – sehr gerne.

Mein Vorhaben hier ist nämlich, die Zweigstelle Sanaa des Deutschen Archäologischen Instituts mit Hauptsitz in Berlin zu finden, um mich als Zeichnerin für die hiesigen Ausgrabungen anzubieten. Einfach so. Sanaa ist damals noch keine Millionenstadt, trotzdem fühlt man sich ziemlich dem Taxifahrer ausgeliefert, wenn dieser nicht weiß, wohin. Und normalerweise darfst du keinen Araber nach dem Weg fragen, denn er schickt dich mit Überzeugung in irgendeine Richtung, auch wenn er selber vom Zielort keine Ahnung hat. Meine eigene Erklärung nach vielem In-die-Irre-geschickt-worden-Sein: Man will einfach nicht zugeben, es nicht zu wissen. Will niemanden mit seinem Nichtwissen kränken.

Mein Taxifahrer ist so clever, sich trotzdem erfolgreich durchzufragen. Zudem sind die Botschaften meist im selben Viertel, und so werden wir nach nicht zu langem Herumfragen fündig. Heutzutage kann man nicht einfach in eine Botschaft hineinspazieren, aber damals ist nur ein einziger bewaffneter Wächter im Wächterhäusle und hat einen Busch mit Blättern vor sich liegen, wo er herumzupft. Die einzelnen Blätter stopft er sich in den Mund, kaut darauf herum, und seine Backe ist auch schon so dick, wie die von meinem „frühstückenden" Rezeptionswächter vom Hotel. Da dämmert es mir, dass die Blätter die dicke Backe verursachen und, drogenunkundig, dämmert es mir weiter, dass dies so etwas wie die jemenitische Volksdroge sein müsse. Ich habe das Khat entdeckt.

Der Khat kauende Wächter lässt mich sogleich in die Büroräume, wo ich eine liebenswürdige Deutsche vorfinde, die Sekretärin. Gloria, eine spätere Freundin, erklärt mir bzw. dem Fahrer in flüssigem Arabisch, wo das Deutsche Archäologische Institut zu finden sei: in dem Vorort Ar-Rawdah, in der Nähe vom Flughafen. Also bekomme ich gleich eine Stadtbesichtigung auf dem weiten Wege dorthin. Ich bin total fasziniert von der Schönheit und Vielfalt der Häuser bei Lichte betrachtet. Der Verkehr hält sich sehr in Grenzen, denn ein Auto zu besitzen, ist für die Allermeisten unerschwinglich. Deshalb rattern die vielen kleinen Motorräder mit ohrenbetäubendem Krach und Gehupe überall um die Wette.

In Ar-Rawdah, was übersetzt Paradies und auch Kindergarten bedeutet, ist das Gebäude schnell zu finden. Von außen sieht es, ähnlich wie das Dar Al Hammd-Hotel, wie ein verwunschenes Dornröschenschloss aus. Überall ranken sich Pflanzen hoch, und hinter der hohen Mauer mit dem schweren Holztor sehe ich Palmen. Türklingeln gibt es nicht, man klopft mit der Faust oder mit dem Türklopfer ans Tor. In diesem Fall lädt eine zierliche Frauenhand aus Bronze dazu ein, sie fest auf den dazugehörenden Eisenbeschlag zu klopfen. Das scheppert ganz schön und macht die Umgebung neugierig. Denn sogleich gesellen sich zum Fahrer Ibrahim und mir einige Neugierige und staunen mich ungeniert an. Da sich zunächst nichts regt, klopfe ich noch einmal und noch einmal. Endlich kann ich ein Geräusch von drinnen erahnen. Kurz darauf wird ein mächtiger Holzbalken mit Getöse zurückgeschoben. Ein Torflügel öffnet sich, gibt den Blick frei auf einen großen, wild wuchernden Garten und auf einen Menschen, einen westlichen Mann, der etwas verschlafen dreinguckt.
Ziemlich unwirsch ob der Störung, fragt er in die Runde nach dem Begehr. Schnell erkennt er aber in dem Menschenauflauf eine Europäerin, und seine Miene hellt sich auf. Ich grüße freundlich und frage nach dem Herrn Professor, dem Chef des Instituts. Nun, das sei er selbst. Und ob ich nicht hereinkommen wolle, wir könnten zusammen einen Tee trinken. Das lässt sich ja gut an, denke ich mir. Ein breiter Kiesweg führt hin zum Gebäude: wieder ein alter, ehemaliger Imam-Palast für die Sommerfrische im Grün von Weinstöcken. Draußen vor der Hauptstadt ist das Klima kühler und macht damit die heiße Jahreszeit erträglicher.

Im islamischen Verständnis hat ein Imam die Bedeutung eines Vorbilds. Er soll das geistliche Haupt der islamischen Gemeinschaft in Nachfolge des Propheten und Religionsstifters Mohammed sein. Der Begriff wird aber auch als Ehrentitel für herausragende muslimische Gelehrte und Persönlichkeiten verwendet. Für den Jemen spezifisch ist das Imamat als Rechtsschule der Zaiditen vom Norden, wo deren Imame vom 9. Jahrhundert bis 1962 als Könige über ihr selbstständiges Königreich herrschten.

Wir wühlen uns durch eine Schar herbeigerannter Katzen ein paar Stufen hoch, dann das große Haustor, und geblendet geht es hinein

in die dunkle und kühle Empfangshalle. Alles ist vom Erdgeschoss bis über die erste Etage hinaus aus schwarzen Granitquadern gemauert. Darüber kommen traditionell die gebrannten Lehmziegel, sauber mit Lehm eingeputzt. Fenster und Mauerabsätze, Dachgesimse und Holzgitter zieren mit Gipsbemalung das Gebäude. Alles ist nicht akkurat gemacht, dafür sehr phantasievoll mal so, mal so in Linien und Zackenmustern verstrichen.
Die Treppenstufen sind ebenfalls mit Granitquadern gesetzt, alle verschieden hoch. Ich habe mir später erzählen lassen, dass ganz bewusst so gebaut wurde. Denn diese alten Paläste sind auch gute Verteidigungsanlagen. Die Treppen drehen sich nach oben alle rechtsherum im Uhrzeigersinn in enger werdenden Kurven. Ein Feind, der sich erst einmal gewaltsam Zugang durch das verrammelte Tor verschafft hat und nun im Eilschritt nach oben stürmt, soll auf den Treppen durch deren unterschiedliche Stufenhöhe stolpern. Für zwei nebeneinander ist kein Platz. Der Arm des Eindringlings mit dem Degen oder dem Krummschwert ist auf der Innenseite der gewendelten Treppe. Er kann deshalb nicht richtig zum Schlag ausholen, während der Verteidiger, wenn er ebenfalls Rechtshänder ist, dieses von oben sehr wohl kann. Hinzu kommt noch, dass alle Türstöcke der Zimmer über diverse Stockwerke hinweg sehr niedrig sind. Selbst eine kleine Person muss sich bücken, um durchzukommen. Das bringt wiederum einen Vorteil für die Verteidigung. Denn der Angreifer bückt sich, um durch die Türe zu kommen, und zack, hat ihn der Hausherr gezielt mit seinem Degen oder Schwert guillotiniert. Aus Verteidigungsgründen sind in den unteren zwei Geschossen der alten Lehmburgen nur ganz kleine Fensterchen. Also kein Durchkommen auf diesem Wege. Sogar eine Belagerung kann in so einer kleinen Festung sicher eine Weile ausgehalten werden.

Doch zurück zum Chef des Hauses und zum Tee. Die Bediensteten hätten alle frei und die beiden derzeit hier arbeitenden Architekten wären auf ein paar Tage in Taizz, der zweitgrößten Stadt nach Sanaa, sechs Busstunden entfernt im Süden. Also Tee mit dem Meister. Er ist groß wie ein Hühne, schlank und hat eine schlohweiße Haarpracht, die sich schmachtend über seinen Kopf wellt. Ich werde in ein Eckzimmerchen im oberen Stockwerk geführt. Es ist rundum mit dicken Polstern ausgestattet, mit Rückenlehnen und Armstützen darauf. So sitzt man sehr bequem und nicht ganz auf dem Fußboden. Ein kleines Tischchen in der Mitte des Raumes dient dem Teegeschirr. Die Fenster gehen nach zwei Seiten in Hof und Garten, und wieder denke ich an ein verwunschenes, wildumranktes Schloss. Wie in meinem Hotelzimmer reichen die Fenster bis hinter die Rückenpolster herunter und erlauben so sitzend den schönen Blick nach draußen. Auch hier sind wieder die Rundbogen aus Gips und Glas darüber. Sie gehören als Ensemble zu jeder Fenstereinheit. Diesmal sind die in Gips gefassten Scheiben nur klarsichtig, was dem Raum etwas sehr Edles verleiht.

Wir fangen an zu plaudern, umkreisen uns verbal, loten aus, und alsbald lasse ich die Katze aus dem Sack und frage rundheraus, ob der Herr Professor eine Zeichnerin brauchen könnte. „Das trifft sich sehr gut, denn unsere bisherige wurde schwanger und hat gekündigt", ist die erfreuliche und unerwartet klare Antwort. Ich könne im nächsten Herbst anfangen, vielleicht zunächst einmal für sechs Monate. Ich juble innerlich, und äußerlich ist mein Grinsen sicher auch unübersehbar.

Dann frage ich noch, ob ich wohl die beiden Architekten in Taizz treffen könne. Ja, sie seien im Hotel De Luxe in der Altstadt. Handys waren zu dieser Zeit noch nicht auf dem Markt und schon gar nicht auf dem jemenitischen. Also einfach hinfahren mit dem Bus, die Haltestelle sei da und da, einen Tag vorher muss das Ticket gekauft sein. Beglückt schwebe ich von dannen.

Also einfach hinfahren und suchen. Jahre später ist im Jemen selbst Faxen noch ein mysteriöser Vorgang, und das Zeitalter der Computer, in der westlichen Welt gerade mal angebrochen, ist hier weit, weit weg. Noch 10 Jahre vorher wurden Importartikel, Palmerzeugnisse, Teppiche, Fisch und Gemüse vom Roten Meer und dem fruchtbaren

Küstenstreifen der Tihama mit Kamel-Karawanen zweimal die Woche von der Hafenstadt Hudaida nach Sanaa heraufgebracht. Zehn Tage waren sie jeweils unterwegs. Nicht einmal Lastwagen konnten die Strecke bewältigen, da die Straßenverhältnisse dies gar nicht zuließen. Allerdings wurde in den letzten Jahren der Bau der wichtigsten Straßen im Jemen von ausländischen Staaten finanziert und vorangetrieben. Ingenieure kamen ins Land und sorgten mit ihrem Wissen für ein funktionierendes Straßennetz. Ich weiß von China und Korea, von Saudi-Arabien, von der Schweiz und auch von Deutschland als Sponsoren dafür.
Speziell nach Hudaida zum Roten Meer waren halsbrecherische Sprengarbeiten nötig und gute Ingenieurskunst, um die Straße von fast 2.300 Höhenmeter hinunter auf Meeresniveau durch steilabfallende Felswände zu legen. In Sanaa spricht allein ein eigener Friedhof für chinesische Unfallopfer beim Straßenbau von deren gefährlicher Arbeit. Weitere wichtige Straßen führen nun hinauf in den Norden nach Sa'ada, in die Nähe der saudi-arabischen Grenze und in den Nordosten des Landes. Ebenfalls in wenigen Stunden kommt man nun auf einer Asphaltstraße über verschiedene Pässe und einen Abbruch von 1.000 Höhenmetern nach Marib. Früher wurden dazu drei Tage benötigt, um ins Reich der kriegerischen und regierungsfeindlichen Stämme zu kommen. Viele Wegezölle erschwerten die Reise zudem, wenn es überhaupt ein Durchkommen gab. Dort öffnet sich die arabische Wüste, die Rub Al Khali, das leere Viertel genannt. Und genau da schlummern, behütet im Wüstensand, seit Jahrtausenden unsere Ausgrabungsgebiete.

Mit diesem Netz von Verbindungswegen in alle Himmelsrichtungen ist im Jemen ein neuer Zeitabschnitt angebrochen. Das bis 1962 hermetisch abgeschottete Land mit seinen königlichen Imamen wurde innerhalb von wenigen Jahren vom Karawanen-Volk ins virtuelle Zeitalter katapultiert. Die Nebenwirkungen dieser Sturzgeburt

reichen mit ihren kulturellen Verwirrungen noch weit hinein ins einundzwanzigste Jahrhundert. Noch ist der Tourismus fast ein Fremdwort, und das bedeutet, dass im ganzen Land so gut wie kein Englisch gesprochen wird. Auch das hat sich bis heute nicht geändert, von touristisch angehauchten Hotelbereichen einmal abgesehen.
Noch gibt es einen Nordjemen, noch den nicht weniger geheimnisvollen Südjemen. Mitten durchs Hochland verläuft die Grenze mit Minen, Panzern und Schützengräben. Kurz hinter Taizz endet die Straße an der Grenze zum Süden. Die große Stadt liegt bereits 1.500 Meter tiefer als Sanaa.
Um auf irgendwelchen Wegen überhaupt aus der Hauptstadt hinaus zu kommen, benötigen alle, egal ob einheimische oder ausländische Reisende, einen Passierschein für die zahlreichen Checkpoints auf der jeweiligen Strecke. Ibrahim, der mich mit seinem Taxi nach Ar-Rawdah brachte, bringt mich freundlicherweise zu einer dieser Passierschein-Stellen, einem Büro der Touristikbehörde vom Touristikministerium. Unweit von meinem Hotel gibt es diese Möglichkeit.
Dort tun zehn Jemeniten das, was auch einer alleine hätte bewältigen können: Formulare ausfüllen und stempeln. Ich muss meinen Pass zeigen und die Orte nennen, wo ich hinmöchte. Nach Taizz also und weiter zur südjemenitischen Grenze, dem Dorf Al Turbah. Das suchte ich mir auf der Landkarte aus. Es liegt genau oben an der Grenze zum Südjemen, wo ein senkrecht abstürzender Bruch in die Tiefe fällt. Oben noch der Bergjemen und unten die Tiefebene, welche sich langsam zum Indischen Ozean hinstreckt. Genau dahin will ich, will weit in den damals noch verbotenen Südjemen schauen können, Richtung Südosten zum Tal meiner Träume, dem Hadramaut.
Und damit hat es Folgendes auf sich:
Südarabien sollte schon in meinen Kindertagen mein ersehntes Reiseziel werden. Schuld daran war meine Leidenschaft für Bücher, sobald ich lesen konnte, und die beiden unteren Fächer des Bücherregals im Wohnzimmer meiner Eltern. Diese waren für mich freigegeben. Für die als Erwachsenenliteratur deklarierten Bücher des oberen Teils bestand ein Leseverbot.
Die Zensur beschränkte mich kleinen Bücherwurm in keiner Weise, hatte ich doch das allermeiste von dort schon gelesen. Allerdings

befand sich meine Lieblingslektüre in der erlaubten Region. Ein in braunes Leinen gebundenes Buch, von einem durchsichtigen Plastikumschlag geschützt: „Verbotenes Südarabien". Und dieses „Verbot", genau dieses, lockte mich schließlich hinaus in die weite Welt.
Meine Eltern waren sehr an Erdkunde interessiert, und in Ermangelung des nötigen Kleingelds reisten sie eben mit dem Finger auf der Landkarte. Deshalb fand sich auch mein Buch der Bücher in ihrem Bücherschrank ein.
Es handelt von einer Expedition in Südarabien, im Jemen, als dieser sich noch hermetisch von jeglichem Ausland abschottete. Die Stadt Mukallah am Indischen Ozean war der Ausgangspunkt. Schon allein das Wort „Indischer Ozean" ist mir auf der Zunge zerschmolzen. Unter großen Strapazen und gefährliche Situationen meisternd führte die Route der Expedition über Marib nach Sana'a. Mit einer Kamelkarawane zieht ein mutiger Forscher, flankiert von Beduinen als Begleittross, auf der aus antiken Zeiten bekannten Weihrauchstraße von der Küste ins Hochland. Zum spannenden Text faszinierten mich die Schwarzweißfotos am meisten. Einheimische mit wilden Bärten und noch wilderem Gesichtsausdruck und abenteuerlich geschlungenen Turbanen sind hier versammelt, Fischer mit zottigen Haaren in umgewickelten Lendentüchern, verschleierte Frauen am Brunnen ließen mein Fernweh erwachen. In den palmenbewachsenen Schluchten des Tales Hadramaut im Landesinnern erscheinen bis an die Zähne bewaffnete Stammeskrieger, oft noch mit Vorderladern ausgerüstet. Es gibt aber auch schon Maschinenpistolen. Und mit den umgehängten Patronengurten, über der Brust gekreuzt, einen um den Bauch, sehen die Wüstensöhne in ihrer zerlumpten Kleidung grausam und gefährlich aus. Auch Messer, Dolche, Säbel fehlen nicht in ihrer Ausrüstung. Vor allem der Krummdolch, die Djambija, prangt als Statussymbol der Jemeniten an jedem Gürtel. Und den Expeditionsleiter kann man nicht mehr von den Einheimischen unterscheiden, so verwegen sieht er aus.
Ganz sicher war es die Wildheit der Männer, die mich so sehr faszinierte, Entbehrungen und Gefahr, aber auch die fremde Landschaft mit den Palmen, die Berge, das Meer, die Wüste mit nichts weiter als den Wellen ihrer Sanddünen und die Vorstellung, was hinter jenem

Horizont wohl sein könnte. Und mein Idol wird natürlich der kühne Held des Abenteuers, Fritz Helfrich.
Selbst Karl May geriet mit meinem Lieblingsbuch ins Hintertreffen, obwohl sein „Durch die Wüste" die Grundlage für meinen späteren Arabischwortschatz gab: Ya Sidi – oh mein Herr, Scheitan – Teufel, Dschin – böser Geist, Qabili – Stammeskrieger, Gebal – Berg, Wadi – Tal, Almani – Deutscher, Kaffer – Ungläubiger, Kelb – Hund, Ibn Al Kelb – Hundesohn, Bunduq – Gewehr, Dschehenna – Hölle. Das waren so in etwa die hauptsächlich vorkommenden und mich prägenden Wörter.
Was mein romantisches Mädchenherz mit Lust auf Abenteuer zu entzücken wusste, wollte ich mit meiner Fahrt nach Al Turbah zelebrieren – den Blick ins weit entfernte Hadramaut, wo einst eine Karawane mit Fritz Helfrich Geschichte machte.

Die Stempel für meine Fahrt bekomme ich gleich am selben Tag und man trägt mir auf, mindestens 20 Fotokopien von dem Berechtigungsschein, dem Tesrir, machen zu lassen, denn an jedem der vielen Checkpoints werde ich einen davon abgeben müssen. Sollten diese nicht ausreichen, würde man gnadenlos in die letzte Stadt zu einem Kopierer zurückgeschickt werden. Und wo der dann wohl zu finden wäre ...
Ein netter Hotelangestellter geht mit mir dann auch noch zum großen Busbahnhof am Bab Al Jemen, dem Tor zum Jemen, dem Haupttor in die Altstadt. Wir wollen das Busticket nach Taizz kaufen. Eine dicke Lehmmauer umschließt den alten Kern der Stadt. Ursprünglich führten sieben Tore hinein. Speziell an dieser Stadtmauer verrichten die reisenden Jemeniten, die männlichen wohlgemerkt, Ihre Notdurft. Sehr anstößig sei das Pinkeln im Stehen. Dabei müssten die Männerwickelröcke hochgehoben werden und so Einblicke in rückwärtige Körperpartien freigeben. So hocken sie also ungeniert, aber immer mit dem Gesicht zur Mauer nach dem Vogelstrauß-

prinzip, ganze Reihen von Pinklern und pinkeln in der Hocke. Dabei gucken sich alle mit gebeugtem Kopf tief unter die Röcke, wahrscheinlich um besser heraustreffen zu können. Die überall vor sich hin trocknenden Haufen lassen darauf schließen, dass auch das „Große Geschäft" hier abgehalten wird. Ich habe aber in meiner gesamten Jemenlaufbahn nie einen dabei beobachten müssen. Hierbei dürfte denn doch etwas mehr Scham angesagt sein, also ein nächtlicher Schutz ist vonnöten. Den Geruch brauche ich nicht zu beschreiben, der einen neben den Reisebussen verleitet, das Atmen einzustellen.

Ein jemenitischer Witz erzählt folgende Begebenheit: Der ägyptische Präsident ist im Jemen zu Gast, und er mokiert sich sehr über die schamlos sich entleerenden Notdürftigen. Gut. Bald darauf kommt der Gegenbesuch. Der jemenitische Präsident ist in Ägypten. Eine Stadtführung in Kairo wird geboten, und siehe da, da hockt auch so ein Mensch an einer Mauer und pinkelt. Triumphierend freut sich der jemenitische Präsident und zeigt auf diesen: „Ha, also auch hier!" Da geht das ägyptische Oberhaupt zu dem Unglücksraben, tippt ihm auf die Schulter und fragt: „Wer macht uns solch eine Schande, wer bist du denn?" Da antwortet ihm der Hockende: „Ich bin der jemenitische Botschafter ..."

Ich habe mein Busticket mit Sitzplatznummer erst für den übernächsten Tag bekommen, für den morgigen sind alle Plätze ausverkauft. Ich bestehe darauf, neben einer Frau zu sitzen. Dies wäre gar nicht nötig gewesen, denn hier ist es üblich und streng geboten, keine fremden Frauen neben fremde Männer zu platzieren. Das wäre höchst, höchst unschicklich.

Aus Reisezeiten in der Türkei weiß ich noch, dass meine mir bei Busreisen zur Seite gesetzten Männer regelmäßig von tiefem Schlaf befallen wurden. Schnell ging ihre aufrechte Sitzhaltung in Schlummerhaltung über. Komischerweise sank dabei deren Kopf regelmäßig in meine Richtung. Bevor dieser dann von meiner Schulter auch noch auf den Busen rutschen wollte, rammte ich dem Schläfer meinen Ellbogen in die Seite. Das bewirkte bei ihm dann doch einen Richtungswechsel von 180 Grad. Eine Weile schlief er proforma noch weiter und tat dann so, als ob nichts gewesen wäre.

Am zweiten Tag in Sanaa bin ich schon mutiger geworden. Trotzdem beobachte ich lange Zeit vom Dach des Dar Al Hammds, welches übersetzt Haus des Mohammeds bedeutet, den jemenitischen Alltag. Die wenigen Frauen, die ich sehe, sind völlig verschleiert, also auch mit dem Augentuch. Ziegen, Schafe und Esel beherrschen wieder den Platz und fressen den letzten Strohhalm. Ein Müllproblem haben die Einwohner zu damaliger Zeit nicht, weil es einfach nichts zum Wegwerfen gibt, bzw. alles für Irgendetwas verwendet werden kann oder gefressen wird. Gemüse vom Markt wird in Körben nach Hause getragen, Fleisch in Schüsseln. Für Grundnahrungsmittel wie Reis und Hülsenfrüchte werden Zeitungsblätter zu Tüten geformt, Dosenkost ist rar und teuer. Die wenigen Dosen landen später natürlich auf der Straße, werden aber sehr schnell plattgetreten und zerbröseln in der trockenen Hitze fast beim Zusehen. Esel fressen sie, vielleicht sogar als Leckerbissen. Mit dem damals noch hohen Eisenanteil im Blech gibt es hier zwar unterernährte Esel, aber sicher keine blutarmen. Papier und die wenigen Schachteln werden in den Öfen verbrannt, Kochabfälle landen auf der Straße und die Tierwelt entsorgt. Die Plastiktüte ist noch lange ein Fremdwort.
Einige Kamele tummeln sich ebenfalls auf dem Platz. Ihre Vorderbeine sind zusammengebunden, aber nur mit einer lockeren Schlinge. Diese lässt sie ganz kurze Schrittchen machen, verhindert aber ein Weglaufen. So trippeln sie mal zu diesem, mal zu jenem Pfefferbaum, recken ihre Hälse so lang es geht und zupfen sich mit ihren weichen Mäulern die erreichbaren Blättchen ab. Die hängenden Zweige aller Bäume rundum sind wie mit einer Motorsäge auf einer Höhe abrasiert. Soweit die wackeren Wüstenschiffe eben hinaufkommen.
Den Begriff „Kamel" möchte ich etwas ausführlicher erläutern: Das hier lebende Kamel aus dem Orient ist einhöckerig, heißt Dromedar. Das Kamel mit zwei Höckern heißt Trampeltier und ist eher im östlicheren Teil Asiens zuhause. Unser einhöckeriges heißt lateinisch Camelus Dromedarius, das zweihöckrige Camelus Ferus. Deshalb kann man also getrost beide Tiergattungen als Kamele bezeichnen.

Und so will ich denn auch die in meiner Erinnerung vorkommenden Kamele Kamele nennen.

Einkäufe tätigen ist anscheinend Männersache. Es erstaunt mich immer wieder, wie gut sie das können. Wie die benötigten Lebensmittel nach Qualität beurteilt werden. Wie die Auswahl getroffen wird. Sie sind nicht nur Handlanger, sondern können gut entscheiden. In meiner Generation im Westen ist die Hälfte der Menschheit, also die Männer, meist nicht in der Lage, einen Salatkopf von Weißkraut zu unterscheiden. Die wenigen Frauen hier tragen ihre Einkaufskörbe anmutig auf dem Kopf, nur manchmal hält eine Hand locker den Korbrand zum Stabilisieren. Es sind aber mit Sicherheit Frauen aus unteren Schichten, die ich beim Einkaufen des täglichen Bedarfs sehe.

Auf dem Suq, dem Markt, stehen Schubkarren als eine Art Einkaufswagen mit den dazugehörenden Buben als Schubkarrenschieber. Für ein paar Groschen fahren sie den Einkauf zum Auto oder zum Taxi oder auch um die Ecke nach Hause. Ich entdecke tatsächlich immer wieder Frauen, die eine Gasflasche auf dem Kopf balancieren. Und die sind sicher nicht alle leer. Selbst eine leere bekomme ich nur mit Mühe fort, geschweige denn eine volle. Für „Feinere Damen" kaufen generell die männlichen Familienmitglieder den Haushaltsbedarf und teilweise auch die Kleidung ein. Allerdings entstehen in letzter Zeit einige schillernde Einkaufs-Malls. Und da ist es schick geworden, auch als Dame selbst einzukaufen.

Vor allem in den Nachmittagsstunden kann man auf der Sanaaniner Flaniermeile, der Gamal-Gamil-Straße, dann doch bummelnde weibliche Wesen sehen. Alle züchtig mit Gesichtsschleier, jedoch mit freiem Blick. Über mich wird viel gekichert. Es kommt aber auch immer wieder ein leises *welcome* bei mir an. Eine Invasion von den in westlichen Gefilden von Wirten gefürchteten „Lattemacciatoweibern" hat Sanaa aber nicht zu befürchten. Erstens können die feinen Damen ihre Kinder zuhause bei Oma, Schwester oder Tante lassen – die Großfamilie sorgt immer noch für mehr Freiheit der Einzelnen, und zweitens gibt es keine Teestuben für Frauen. Die Damenwelt steht hauptsächlich vor den Schaufenstern der Goldläden oder begutachtet Stoffe oder Unterwäsche. Trotz Geschlechtertrennung

verkaufen diese heißen Waren ausschließlich Männer. Beate Uhse könnte die Lieferantin sein.
In den Achzigerjahren des letzten Jahrhunderts ist eine Fremde im Jemen, noch dazu eine Weiße und gar mit hellem Haar fast eine Sensation. Deshalb fühle ich mich beim Herumstrolchen schon etwas unwohl. Mit einem Ziel läuft man schneller, und so gewöhne ich es mir an, immer „zielstrebig" flott zu laufen. Selbst wenn ich mich genauso wie meine arabischen Schwestern kleiden würde, erkennt man mich auf 100 Schritt Entfernung sofort als Ausländerin. Der Gang ist es. Selbst tief verschleierte Frauen sind für Einheimische zweifellos als diese oder jene Person identifizierbar. Sowohl von Männern als auch von Frauen. Wir aus dem Westen können das nie und nimmer erlernen. Für uns sieht eine Vollverschleierte aus wie jede andere. Es sind die Feinheiten, welche auf anderen Ebenen wahrgenommen werden. Die Orientalen teilen sich viel mehr mit Körper- und Augensprache mit. Die Gabe, diese Merkmale zu erkennen, haben wir Europäer schon längst verloren. Wir sind einschichtiger geworden, körperlich stummer.

Aus fast allen Läden strömen betörende Düfte. Tongefäße stehen auf dem Boden oder auf Brüstungen, gefüllt mit glühender Holzkohle. Darauf liegen ein paar Körnchen Weihrauch zum Verdampfen. Dabei entsteht der gute Räucherduft, und je nach Windrichtung wabert er um die Häuser. Die Ladenbesitzer locken damit ihre Kunden an. Das tägliche Räuchern sei aber auch Pflicht für jeden Haushalt.
Sanaa liegt an der Weihrauchstraße aus antiken Zeiten. Sie führte vom Süden des Omans über Marib und Sanaa durch Saudi-Arabien nach Petra, Ghaza und Damaskus. Neben Gewürzen und Edelsteinen wurden auf den Rücken von Kamelen Tonnen von Weihrauch und Myrrhe in die Mittelmeergebiete transportiert. Für die besonders begehrte Importware dürfte Rom der größte Abnehmer für das

Räucherwerk gewesen sein. Zirka 100 Tage war so eine Karawane unterwegs durch die Große Arabische Sandwüste und legte dabei über 3.000 Kilometer zurück. Das gewonnene Harz des Weihrauchbaums wird Weihrauch genannt. Getrocknet hat er die Form eines Granulats mit hellgelber Farbe. Die kleinen Kügelchen entwickeln beim Räuchern einen aromatischen Duft. Sie dürfen nicht verbrannt werden, sie sollen nur verglühen, verdampfen. Am besten geschieht das auf Holzkohle.

Das Räucherwerk wird auch heute noch, vor allem im Jemen, als desinfizierendes und entzündungshemmendes Mittel genutzt. So kann man am Morgen Männer mit gebastelten Konservendosen laufen sehen, die brockenweise angeglühte Holzkohle für die einzelnen Haushalte verkaufen. In diese Dosen sind Löcher für die Luftzufuhr gestochen, und sie haben einen angelöteten Stab als Henkel, damit man sich nicht die Finger verbrennt. Mit einer kleinen Zange holt der Straßenverkäufer die gewünschte Menge an Kohlenstückchen heraus und legt sie gleich auf die hingehaltenen Weihrauchbrenner. Diese sind aus Ton hergestellt, haben aber vielfältige Formen. Mal weiß geschlämmt, mal bunt angemalt oder nur in der gebrannten Tonfarbe sehen sie wie größere Kelche aus, haben einen Henkel und einen höheren Standfuß, manchmal sogar einen gelöcherten Deckel. Das jeweilige Familienmitglied bringt die Glut ins Haus, und die Hausherrin übernimmt es, das Räuchergut darauf zu legen.

Wird in Arabien von Weihrauch gesprochen, vom Bohour, meint man damit meist nicht das Harz vom Weihrauchbaum, den Luban shihri, sondern ein Gemisch aus rituell hergestelltem Dufträucherwerk, der für meine Nase noch viel, viel besser riecht. Wir aus dem Westen kennen den speziellen Geruch vom Weihrauchbaum von den Gottesdiensten in katholischen Kirchen. Ich meine nun die andere Sorte, welche auf arabisch ebenfalls Bohour genannt wird. Dafür werden vom Oud-Baum kleine Aststückchen geraspelt und mit erlesenen Duftölen und weiteren Ingredienzien vermischt. Zucker spielt dabei auch eine Rolle. Die Rezepte sind von Familie zu Familie verschieden und werden oft auch geheim gehalten. So ein Holzstück in Fingergröße kann bis zu 100 Dollar kosten. Natürlich gibt es auch die billige „Hausmannskost", die aber auch sehr gut riecht. Täglich duftet es also

aus Haustüren, Fenstern, Ladenöffnungen, und sogar die Gemüsehändler führen so eine duftende Glut auf ihren Schubkarren mit.
Die Heiligen Drei Könige brachten dem Christuskind im Stall von Bethlehem Gold, Weihrauch und Myrrhe aus Südarabien mit. Der dornige Myrrhestrauch spendet auch ein aromatisches Gummiharz, das zu Granulaten trocknet. Die alten Ägypter verwendeten Myrrhe zum Einbalsamieren. Geräuchert wird sie im Jemen immer noch für medizinische Zwecke verwendet. Dieses Harz riecht dann scheußlich dumpf. Trotzdem scheint es als fixierende Komponente der Parfümherstellung von Nutzen zu sein. In der griechischen Mythologie gibt es folgende Legende: Smyrna, die Tochter des Königs Kinyras von Zypern, soll von ihrem Vater geschwängert worden sein. Sie gebar den Adonis und wurde der Legende nach dabei in einen Myrrhe-Strauch verwandelt. Smyrna heißt auf griechisch Myrrhe, auf arabisch murr, bitter.

Am dritten Tag in dem mir so fremden Land mit seiner so fremden Kultur fahre ich also mit dem Bus Richtung Süden. Fahre nach Taizz, mit 20 Tesrir-Kopien bewaffnet. Wie nicht anders zu erwarten, bin ich die einzige Fremde im Reisebus und lasse das unverhohlen Angestarrtwerden über mich ergehen. Vom Kopf bis zu den Füßen eingepackt, habe ich aus Unsicherheit sogar mein Gesicht etwas in einem Tuch versteckt. Ich sehe aus wie eine Vogelscheuche. In Europa hätte man mich so für eine Zigeunerin gehalten. Neudeutsch für eine Roma. Ein bisschen arabisch babbeln kann ich schon, und so ist meine Nachbarin glücklich, mich ausfragen zu können. Die allererste Frage ist immer und überall und wieder immer und überall die nach den Kindern.
Ich legte mir für diese allgegenwärtigen Erkundigungen eine Geschichte zurecht: Ich bin verheiratet, mein Mann, auch ein Deutscher, ist mit im Jemen. Wir arbeiten zusammen in Sanaa in einem Krankenhaus, und ich unternehme gerade eine Geschäftsreise da und da

hin. Kinder haben wir auch, und zwar drei. Damit mutiere ich zu einer relativ normalen, akzeptierbaren Ausländerfrau. Welche trotzdem argwöhnisch beäugt wird. Wenn ich mich als alleinreisende Frau zu erkennen gäbe, die nur aus Lust am Reisen herumfährt, hätte ich sofort den Ruch einer unmoralischen Abenteuerin am Hals. Diese Ehrlichkeit würde mich mit einem Freibrief für Männeranmache ausstatten, was ich ja verhindern will. Meine erfundene Familie macht mich geschützter, als wenn ich sage: Ich bin geschieden, habe einen Sohn, der derzeit beim Vater lebt, und ich gondle im Land umher, weil ich neugierig bin. Ich würde in aller Augen mit Sicherheit auf Männerabenteuer aus sein und hätte ständig irgendwelche untergürtelige Angebote abzuwimmeln. Wenn nicht wirklich gefährliche Übergriffe.

Solche Lügen, im Orient „Weiße Lügen" genannt, dienen in so einem Fall einfach dem eigenen Schutz. Westliche Menschen denken sich dabei nun vielleicht, dass man zu sich selbst stehen muss, egal, was kommt. Man kann das sehr wohl. Aber warum soll ich die Menschen hier verunsichern oder gar schockieren? Jemenitinnen können aus ihrem Käfig in der Regel nicht ausbrechen. Nur wenige schaffen das, wenn sie sehr starke Persönlichkeiten sind. Sie können normalerweise überhaupt nicht nachvollziehen, was eine Frau in die Ferne treibt. Können nicht einmal nachvollziehen, warum eine Frau berufstätig sein möchte. Allein die Vorstellung, wie sie ein Leben, und sei es nur für kurze Zeit, ohne die Geborgenheit ihrer Familie aushalten könnten, ist für sie schrecklich. Zudem besteht für die allerallermeisten einfach keine Möglichkeit, solch ein Leben zu führen. Heute, fast 40 Jahre später, hat das Fernsehen etwas zu einer anderen Sichtweise beigetragen. Frauen haben ein Schulrecht, dürfen studieren, dürfen arbeiten, so die Familie dies akzeptiert. Ich möchte nicht tauschen, nie. Trotzdem möchte ich diese andere Weltanschauung nicht verurteilen. Sie lässt Frauen mehr Frauen sein. In manchem bewundere ich meine arabischen Schwestern. Sie sind liebenswerter, liebesfähiger, lebensklüger, warmherziger, lustvoller begabt als viele, viele Frauen aus dem Westen. Ich möchte die mir so fremden Freundinnen nicht verletzen. Und sie haben wirklich andere Probleme, als darüber nachzusinnen, wie man sich in unserem Luxus verwirklicht.

Bekommen unsere Kinder einen Platz in der Schule? Haben wir sauberes Wasser? Haben wir überhaupt Wasser? Gibt es heute wieder Gasflaschen zu kaufen? Wie können wir unser tägliches Essen bezahlen? Das treibt jemenitische Frauen und Männer der mittleren und erst recht der unteren Schichten um. Die Pflichten, auch Verantwortung genannt, bestimmen den Alltag.
Je näher man sich steht, desto „ehrlicher" kann ich sein. Das macht dann auch Sinn, anders als bei einer zufälligen Sitznachbarin im Bus. Unsere Welten sind so verschieden, dass sich dies umgekehrt auch normale Europäer und Europäerinnen gar nicht vorstellen können. Auch heute noch sind Rollenverteilungen und Regeln starr und sehr traditionell. Auch heute noch, 35 Jahre nach meinem Einstieg ins Arabia Felix, ins Glückliche Arabien der Antike.
Die fünfstündige Busfahrt führt zuerst sanft ansteigend über Dhamar und Yarim auf den Naqil-Sumara-Pass mit 2.900 Meter Höhe. Dort erschließt sich ein grandioser Ausblick nach Süden. Weit reicht er, und vor dem Horizont staffeln sich die Linien der im Dunst heller und heller werdenden Bergrücken. Jäh stürzt das Bergmassiv nun in 100.000 Schluchten 1.000 Meter in die Tiefe. Die Straße windet sich gefährlich in engen Kurven um die Flanken der abstürzenden Felswände. Im Bus halten alle den Atem an. Etlichen Frauen wird es schlecht. Sie jammern laut und übergeben sich einfach auf den Fußboden. Mehr oder weniger schwappt deren Mageninhalt durch die Gegend, und ein entsetzlicher Gestank nach Erbrochenem breitet sich aus. Dem lauten Seufzen, Stöhnen und Schreien nach, könnte man glauben, sich auf einem sinkenden Schiff zu befinden.
Undamenhaft geräuschvoll wird gekotzt und zwischendurch Allah zu Hilfe gerufen. AllahAllahAllah! ... Die Säuglinge und Kleinkinder, und es sind deren viele, schreien dann auch, weil es den Mamas so schlecht geht. Die Männer ertragen es gottergeben. Alle halten sich ihre Kopftuchzipfel vors Gesicht – die Männer tragen ja wohlgemerkt auch alle Kopftücher, nur werden sie da elegant Turbane genannt und erregen in westlichen Regionen keine Aufstände – und alle versuchen möglichst flach zu atmen. Aber kein Mensch findet etwas Besonderes dabei. Is' halt mal so, inshallah.

Der Blick also geruchsgetrübt in die wundervoll heroische Landschaft, die nach Taizz Meter für Meter abfällt. Am Fuße des Passes wechselt das Felsmassiv langsam in Terrassenanlagen über, die sich an den Bergrücken entlang winden. Jetzt im Spätsommer ist alles abgeerntet, und die braune gepflügte Erde bestimmt das Farbbild und wartet auf neuen Regen. Das letzte Zipfelchen Erde wird genützt. Wie Höhenlinien auf Landkarten sehen die terrassenbildenden Stützmauern aus. Zweimal im Jahr wird geerntet, was mit den zwei Regenzeiten zu tun hat. Die kleine ist im März und April, die große im August und September. Sie hängen mit den Monsunregen aus dem Osten, aus Indien kommend, zusammen. Diese garantieren hier mit dem feuchten Klima der Mittel- und Tieflagen das Gedeihen von Getreide, Mais und Hülsenfrüchten. Erst in den letzten Jahren sind die Niederschläge etwas zurückgegangen. So wird verschwenderisch das Grundwasser heraufgepumpt und immer mehr mit den kostbaren Wasserreserven Raubbau getrieben.
Noch weiter abwärts wandelt sich die Landschaft von tiefgründigen Tälern in sanfte grüne Matten. Der Bewuchs besteht neben den terrassierten Feldern aus bodendeckendem Gemüseanbau, durchsetzt mit Schirmakazien und Tamarisken, Pfefferbäumen und Dattelpalmen, Papayas und Bananenstauden. Fast lieblich ist es geworden und merklich wärmer. Die mittleren Lagen im Jemen haben subtropisches Klima, begünstigt durch die Monsune, wie schon erwähnt, wo alles üppig wächst und wuchert, von landwirtschaftlichem Anbau bis zu Gewächsen in freier Wildbahn. Vor 50 Jahren gab es in diesen Regionen noch viele Wölfe, Luchse und Bären. Sie sind noch nicht ganz ausgestorben, und so kann es sein, dass einem im Bergjemen tatsächlich einmal ein Braunbär gegenüber steht. In den Lüften wimmelt es überall noch von Geiern, Weihen, Adlern, Falken und Singvögeln jeglicher Art.
Irgendwo auf der Strecke ein Pinkelstopp. Die Männer steigen aus und hocken sich dazu tatsächlich direkt an den Straßenrand mit dem Gesicht in die Landschaft, wieder nach ihrer Vogel-Strauß-Politik. Gucken sich wie immer von vorn zwischen die Knie in den Wickelrock. Keiner findet das komisch. Ich muss mich zusammennehmen, um nicht zu neugierig hinzuschauen. Es sieht sehr lustig aus, die

jemenitischen Männle, wie die Hühner auf der Stange aufgereiht. Denn klein sind sie alle, na ja, die meisten, und unsagbar dünn. Das Wirtschaftswunder hat hier noch nicht zugeschlagen. Die Damenwelt ist auch klein und zierlich gewachsen, Hautfarbe eher ein dunkler Olivton, tiefgründige schwarze Augen, manchmal auch in dunkelbraun, die immer zu lächeln scheinen. Die Frauen sind meist im Pulk beisammen. Ein süßer, kichernder Haufen, der sich über alles amüsieren kann, oder geschäftige Mütter, die ihren Kindern mit ihrem Rock die Nase putzen.
Vor der Stadt Ibb wird an einer Garküche ein weiterer Stopp eingelegt. Restaurants dieser Art sind vorne offene Buden mit einer Theke. Dorthin stürzt sich nun die männliche Busbelegschaft. Die Damen gehen dafür erst einmal so gut wie geschlossen zur Toilette, weil sie vorher am Straßenrand nicht mithalten konnten. Da ich in Sachen Fremd-Toiletten ein gebranntes Kind bin, verkneife ich mir das Ereignis und trinke deswegen auch keinen Tee ...
Die Männer bestellen schreiend und sich gegenseitig wegdrückend ihr Mittagessen. Im hinteren Teil der Garküche stehen drei Gaskocher, wo fast wie mit Flammenwerfern das Kochgut zubereitet wird. Der Krach der Kocher ist unglaublich. Man muss wirklich schreien, um sich verständlich zu machen. Ful mit Fladenbrot, weiße Bohnen mit Fladenbrot, grüne Bohnen mit Fladenbrot, Rühreier mit und ohne Hackfleisch, aber mit Fladenbrot, und alles gut gewürzt.
Selber will ich nichts essen, weil ich bei den kommenden Kurven nicht auch noch etwas beisteuern möchte. Dafür habe ich die im Jemen hergestellten Abu Walad-Kekse dabei, welche für mich für lange Zeit die ultimative Reiseverpflegung darstellen. Ein wenig wie unsere „Prinzenrolle", also nicht schlecht und gut verdaubar und hoffentlich etwas aufsaugend.
Das Fladenbrot sieht immer und überall lecker aus. Die Bäcker sind wahre Künstler. Sie nehmen zuerst einen kleinen Teigbatzen in Handtellergröße von einer schon vorbereiteten Teigbatzenreihe. Dieser wird mit Schwung auf die Tischplatte geknallt und mit Draufdrücken flacher gemacht. Immer wieder wird geknallt und gedrückt, bis eine tellergroße Form entstanden ist. Dann beginnt der Brotkünstler wie ein Jongleur das kleine Teigrad hochkant ganz schnell

mit beiden Händen zu drehen, immer schneller, wobei das Rädle zum Rad und schließlich fast wirklich so groß wie ein Wagenrad wird. Ganz dünn kommt es mit einem Schieber in eine Art Pizzaofen. In Minutenschnelle kommt es wieder heraus, duftend, lecker braun und etwas aufgegangen. Das ist die große Variante. Die kleine bäckt man im normalen Tanur, mit Rock zu übersetzen, eher im häuslichen Bereich. Es ist ein traditioneller Backofen aus Ton. Zuhause ist Brotbacken Frauensache. In den Garküchen sind ausschließlich Männer am Wirken.

Die vom Hamam, der Toilette, zurückgekehrten Damen haben sich inzwischen etwas vom Kurvenfahren erholt. Sie bekommen von ihren Männern im Bus auf kleinen Tellern die heißen Speisen serviert. Sie essen wieder verdeckt mit den Gesichtsschleiern vor dem Gesicht, was mir unbegreiflich ist, aber inshallah, so wie Gott es will. Zudem haben sie Übung darin, denn innerhalb kürzester Zeit sind die Teller leer. Dann gibt es noch heißen Tee. Schwarz, als Schai ahmar, was roter Tee heißt oder Tee mit Milch, Schai halib. Im Schai nana sind Pfefferminzblättchen drin, und es schmeckt herrlich. Ich trinke aber immer noch keinen, der Leser und die Leserin weiß warum.

Der Bus hupt laut als Zeichen, dass gleich abgefahren wird, und nach und nach füllt sich das Gefährt wieder. Es sind damals durchwegs alte bis uralte Busse gewesen, laut und nicht annähernd staubdicht, schlecht gefedert und mit schlechten Bremsen, was die Allah-Anrufe beim weiteren Abwärtsfahren sicher nicht verkehrt sein lässt. Hinein in die angenehme Wärme des breiten Talgrundes, hinein nach Taizz, zu unserem Ziel. Die Stadt erstreckt sich weit über Hügel, wuchert sich im Süden sogar auf die Gipfelausläufer des Gebirgstocks des Berges Sabir hoch, dem Gebal Sabir, dem Berg der Geduld, 3006 m über dem Meeresspiegel.

Der Busbahnhof liegt unten in der Altstadt. Etwas benommen trudle ich an die frische Luft und bekomme meinen total staubig gewordenen Koffer überreicht. So ein Reiseding war in damaliger Zeit noch eine Seltenheit. Der Jemenite reist mit einem Pappkarton. Mehrfach verschnürt. Die Damen haben allerdings große Handtaschen, wo sie Lappen zum Babywickeln, Lappen zum Hände Abwischen, Lappen zu allem Möglichen Aufwischen hervorzaubern können. Geschneutzt wird ins Kopftuch. Als Reisegepäck ist sicher auch ein Spiegelchen dabei, vielleicht ein Hausgewand, wir würden es eher als Nachthemd identifizieren. Das Reisekostüm ist natürlich in Schwarz gehalten. Ganz traditionell im schwarzen Scharschaff, dem gefältelten Plisseerock und darüber eine Art Pelerine über den Hintern gehend. Der Kopf ist verhüllt von einem länglichen Tuch, eng um Haare, Stirn und Hals gewunden. Durch Hochziehen der Halspartie können zusätzlich auch Kinn und Mund ganz schnell bedeckt werden und sogar die Nase. Darüber kommt das zweifache Gesichtstuch aus Chiffon. Es wird um Stirn und Hinterkopf festgebunden. Einmal zurückgeschlagen lässt es die Augen frei, ansonsten verdeckt die zweite Lage auch noch diese. Beim Gehen ist das sicher sehr hinderlich. Aber die westlichen Damen behindern sich beim Gehen ebenfalls. Mit den schicken Stilettos und Plateausohlen wird das Fortkommen auch etwas abenteuerlich. Wo ist der Unterschied? Dass es bei uns freiwillig geschieht! Aber wirklich? Sind wir da so sicher?
Das Funduq de Lux in der Altstadt verspricht dem Namen nach einen angenehmen Aufenthalt. Ich frage mich dahin durch. Es ist bald gefunden, denn in Windeseile schart sich ein Tross von Buben und jüngeren Männern um mich, die mit meiner Frage nach dem Hotel andere fragen, diese schließen sich uns wiederum an und so marschieren mit mir schließlich zwei Dutzend Neugierige auf das Etablissement zu. Ich hoffe nur, dass es flohfrei ist. Ich frage gleich nach Zidlah und Ferridun aus Sanaa und werde auf deren Zimmer geschickt. Sie sind also da, öffnen auf mein Klopfen hin die Türe und Zwei Tage begleiten dürfe und werde mit Freuden aufgenommen.
Die beiden sind aus dem Iran und vor ca. fünf Jahren von dort geflüchtet. Der letzte Schah, Mohammad Reza Pahlavi, wurde 1979 vertrieben, und Ajatollah Khomeni machte aus dem säkularisierten

amerikaabhängigen Staat eine schiitische Religions-Diktatur. Erst wurden die höheren und nicht höheren Regierungsmitglieder hingerichtet, dann begann die „Säuberung" in der Bevölkerung. Es traf Schah-Regierungstreue, Intellektuelle, die Oberschicht. Als es zu gefährlich wurde und eine normale Ausreise nicht mehr möglich war, flohen Tausende über die Berge ins Ausland. Hauptsächlich nach Westen in den Irak und weiter in die Türkei. Darunter waren auch Zidlah und Ferridun. Die tagelange Flucht der beiden bei Nacht und Nebel, sich tagsüber verstecken und nachts marschieren, und das auch noch bei Eiseskälte, war eine Strapaze ohnegleichen. Die Angst, entdeckt zu werden, mit den üblichen Folgen von Folter und schließlich der Hinrichtung, teilten sie mit Heerscharen von Flüchtenden. Inzwischen ist der Iran wieder im Fokus der Weltpolitik. Erneut geht es um die Frage: Krieg oder Frieden.

Beide sind Architekten und strandeten im Deutschen Archäologischen Institut in der Station Sanaa im Jemen. Sie haben großes Heimweh. Es gibt keinen Kontakt in ihr Land, und eine ständige Angst um die Zurückgebliebenen gehört zu ihrem Leben. Sie wohnen in Ar-Rawdah ganzjährig im Archäologischen Institut und können dort ihren Beruf ausüben. Was für ein Glück. Hauptsächlich machen sie Bauaufnahmen bedeutender Moscheen des Landes. Das heißt, dass sie die Moscheen innen und außen genauestens vermessen und davon Planzeichnungen erstellen. Hier in Taizz ist es die berühmte Ashrafija-Moschee in der Altstadt. Und dahin darf ich am nächsten Tag mitkommen.

Doch zunächst gibt es Tee, und wir erzählen uns voneinander. Sie sind vielleicht in meinem Alter. Nicht mehr jung und noch nicht alt. Zidlah ist eine Schönheit mit weichen Gesichtszügen. „In ihren Augen ist immer Mitternacht", schwärmt von ihr ein Mitglied der Deutschen Botschaft. Glut und Trauer sind vereint in ihren schwarzen Augen. Feridun ist ein agiler, feingliedriger Mensch, ständig in Bewegung. Das Tagwerk der beiden ist für heute abgeschlossen, und so gehen wir zu dritt zum Bummeln in die Altstadt. Sie erzählen mir viel über ihr Leben hier im Exil, und es berührt mich tief.

Ich bin erstaunt, hier in den Sträßchen und im Suq, dem Markt, so viele Frauen zu sehen. Viel mehr als in Sanaa. Die Bewohner in den südlichen Teilen des Nordjemens sind also offener, sowohl in der Kleidung, als auch in ihrem ganzen Verhalten. Wahrscheinlich wirkt sich die Nähe zur Tihama aus, dem jemenitischen Küstenstrich am Roten Meer, welcher auf der anderen Seite Afrika zum Nachbarn hat. Dschibuti, Sudan und Äthiopien. Eritrea spaltete sich mit dem Krieg von 1998 bis 2000 ab. Als Folge gab es Millionen äthiopischer Flüchtlinge, und Äthiopien verlor seinen Zugang zum Meer.

In all diesen Ländern geht es etwas freizügiger zu, etwas, obwohl Teile der Bevölkerung dort ebenfalls muslimisch sind. Sicher haben auch die Briten mit der Kronkolonie ihres Weltreichs von 1937 bis 1963 im Süden und der seit 1967 bis 1990 sozialistisch gewordene Südjemen als Demokratische Volksrepublik Jemen diese Gebiete beeinflusst. Die Hafenstadt Aden gewann mit dem Bau des Suezkanals 1859 bis 1869 noch mehr an Bedeutung. Frischer Wind kam mit einer Vielzahl von Ausländern, vor allem Griechen, Indern und Chinesen, welche heute noch das Stadtbild prägen. Vom Kaffeehandel zeugt die inzwischen total verfallene Stadt Mokha am Roten Meer. Der uns geläufige Name Mokka kommt von ihr. Aden als Dreh- und Angelpunkt für den Fernhandel per Schiff nach Indien und Hinterindien und bis nach China hatte seine Blütezeit unter Königin Viktoria. Richtung Mittelmeer wurde nun mehr Handel betrieben, was die Karawanenrouten durch die Wüsten beeinträchtigte, die an Bedeutung verloren. Da der Hafen in Aden eine natürliche Tiefe von über 20 Metern aufweist, können dort auch große Schiffe problemlos anlegen. Das begünstigte und begünstigt weiterhin den Handel über die Wasserwege. Die britische und sozialistische Zeit lockerte Traditionen, während der seit Anbeginn hermetisch abgeschottete Nordjemen starr in seinem Weltbild verharrte und weiterhin verharrt. Schritte der Regierung Richtung Westen schmecken den Regierungsgegnern im Norden nicht besonders.

Heute zählen Aden, der Golf von Aden und das Kap „Bab Al Mandab", was Tor der Tränen heißt, sowie das Rote Meer insbesondere

mit seiner Hafenstadt Hudaida und Salif zu den begehrtesten Stützpunkten, vor allem von Saudi Arabien und den USA. Tausende von Toten und Abertausende von verhungerten Kindern zeugen von dem unmenschlichen Kampf um die Vorherrschaft.
Spürbar ist es also sofort, dass die Menschen hier im Süden ein freieres Lebensgefühl ausstrahlen. Die Männer sind wie in Sanaa gekleidet, mit langärmeligen Hemden, das Aufkrempeln ist unanständig. Kurze Hosen sind sowieso ein absolutes Tabu. Selbst lange Hosen gibt es nirgendwo zu sehen. Der Siegeszug der „Blue Jeans" dauert noch einige Jahre. Die männliche Bevölkerung, ob jung, ob alt, trägt wadenlange Röcke. Das lange, weiße Gewand, die Galabia, ist eher ein Festtagsgewand. Von den Männerröcken gibt es zwei Varianten: einmal die Futa, auch Tanour genannt, eine indonesische Erfindung. Es ist ein zu einem Schlauch genähtes Stoffteil, meist kariert. Dieses wird vorne am Bauch auf Körpermaß gefaltet und dann rundum eingeschlagen. So hält der Rock und durch die Falte hat man vorne die nötige Beinfreiheit. Variation Nummer zwei ist ein Tuch, die Mouws. Ursprünglich eher südjemenitisch, inzwischen überall im Jemen beliebt. Dieses Tuch wird ebenfalls um die Hüfte geschlungen und mit einem Gürtel gehalten. Die teure Ausgabe ist handgewebt und weist wunderschöne Farben und Muster auf. Die Gürtel können wahre Stickereikunstwerke haben, manchmal sogar mit Koransprüchen. Und an diesem Gürtel ist nun die Scheide für den berühmten Krummdolch, die Djambija, befestigt. In tausendenVariationen hängen sie in den betreffenden Läden. Für Reiche und Arme ist sie das Statussymbol für jemenitische Männlichkeit. Und für Reiche und Arme in verschiedenen Preislagen zu erstehen. Hochwertige Silberarbeiten am Griff und als Scheide zeichnen die wertvollsten Stücke aus. Der teuerste Griff des Dolches ist aber aus dem Horn eines Nashorns geschnitzt. Dem wird eine magische Kraft zugesprochen. Zudem soll das pulverisierte Horn eines Bullen dem Manne eine ungeheuerliche Potenz geben. Die Apotheken sind voll mit traditionellen Heilmitteln. Die Potenzmittel nehmen dort einen breiten Raum ein. Vom getrockneten Pilz zur Pottasche, von der Gelbwurz zum Rosenwasser, alles, sogar der Rettich soll Wunder bewirken. Rettiche sind sehr selten auf dem Markt zu haben. Als ich mich dort einmal

auf einen stürze, weil mir eine bayerische Brotzeit vorschwebt, grinst mich der Gemüsemann komplizenhaft an und meint, dass sich mein Mann darüber freuen wird. Um dem Leser eine Freude zu machen, werde ich jetzt die Zutaten eines traditionelles Potenzmittels aufzählen. Ich entnahm es dem Buch von Armin Schopen: Traditionelle Heilmittel im Jemen, von 1983.
Rezept, murrakab, Nr. 24: Mazis, Muskatnuss, Galant, Langer Pfeffer, Gewürznelken, Safran, Ingwerwurzel, Teile des gefleckten Walzenskink, Fenchel, Mischung aus Ambra und Ambraöl, Adlerholz, Pyrethrumwurzel, Wurzelstücke von Whitania, Schwarzer Pfeffer, Zimtkassie, Kreuzkümmel, Ajowankümmel, Kardamom. Die Bestandteile werden zerstoßen und mit Honig zu einer gelben Paste, magmu'a, verarbeitet. Glück auf!!!

Kurze Hosen sind also tabu. Es seien Unterhosen, und in Unterhosen läuft man nicht herum. Es sei eine Schande. Dagegen fläzen sich vor allem jüngere Männer ungeniert beim Hocken in der Gegend herum, dass hier und dort durchaus die richtige Unterhose, eine lange Short aus weißem Stoff, herausguckt. Das ist anscheinend adi, in Ordnung. Wenn es regnet, dann schürzen die Nachfahren Mohammeds ihre langen Gewänder hoch, damit sie nicht nass werden. Sie ziehen sie weit über die Knie und wickeln den Rockteil um ihren Krummdolch, der ihnen vorne vom Bauch absteht. Man könnte zu Interpretationen neigen, die den Einheimischen anscheinend total abwegig sind. Und die Unterhosen schauen dabei auch ein gutes Stück heraus. Selbst feine, elegante Männer laufen dann so herum. Man muss sich dazu noch geringelte, wadenlange Socken vorstellen und diese eingeklemmt in Zehensandalen, den Shipships. Soweit, museumsreif beschrieben, die Outdoor-Kleidung des Jemeniten bei Regen. Die Fischer können das sogar noch toppen. Bei ihren waghalsigen Klettereien auf ihren Booten kann man ihre Unterhosen nicht sehen, sondern eben gar keine.

Die Kefije, das Kopftuch, gehört auch zu jedem männlichen Wesen. Schon mit zehn Jahren wollen die Burschen zeigen, wohin sie gehören. Ein ganz armer Tropf bindet sich manchmal nur ein Handtuch um das edle Haupt. Hauptsache, der Kopf ist bedeckt. Es war in den damaligen Zeiten ein Muss. Kein Mann oder Jugendlicher ging ohne. Die verschiedenen Bindetechniken entsprechen dem jeweiligen Temperament und der zugehörigen Schicht. Würdenträger kann man an der besonders akkuraten Form ihres Kopfschmucks erkennen. Von salopp bis nur über den Kopf gehängt und gar nicht gebunden ist alles in der Männer-Kopftuch-Palette zu sehen. Wenn sich einer das Tuch gerade abgenommen hat, um es neu zu binden, ist er fast nicht wiederzuerkennen. So sehr wird das Gesicht dadurch verändert, dass aus den heldenmäßig verwegen Aussehenden sofort ein ganz normaler Mensch wird.
Noch ein Teil gehört zur männlichen etwas eleganteren Standartbekleidung: ein größeres Tuch. Es kann ein Schal aus Kaschmir sein. Noch größere Teile sind als Umhang oder Mantelersatz gedacht. Denn in den Morgenstunden kann es in den höheren Lagen zapfig kalt sein. Sogar so sehr, dass die Wasserleitungen eingefroren sind. Jedoch dürfte es im Jemen niemals Schnee gegeben haben, trotz von mir gemessener sieben Minusgrade. Warum? Im Winter gibt es keine Monsounregen ...
Die Frauen sind hier zwar auch in den schwarzen Scharschaff-Rock wie die Sanaaninerinnen gekleidet und mit der verhüllenden Pelerine, aber oft sind die Gesichter frei. Welche Überraschung, tatsächlich frei. Das Kopftuch verhüllt Haare und Hals und kann bei Bedarf schnell bis über die Nase hochgezogen werden. Wenn es ganz schlimm kommt, werden die über den Hinterkopf zurückgeschlagenen Gesichtsschleierlappen, die zur gesamten Ausrüstung gehören, einfach wieder nach vorne gezogen. Zuerst das Teil mit dem freien Augenschlitz und vielleicht dann auch noch das zweite ohne.
Immer wieder erschrecke ich, wenn mir eine Frau entgegenkommt, die für mich wie ein Monster aussieht: Kopftuch, aber im Gesicht eine quietschgelbe Pampe, sogar der Mund ist zugeschmiert. Es sieht mit den schwarzen Augenhöhlen schrecklich aus, wie eine Horrormaske, aber es verleitet auch geradezu zum Lachen. Zidlah klärt mich

auf: Es ist ein mit der Gelbwurz Kurkuma angerührter Brei, der aufgetragen wie eine Gesichtsmaske antrocknet. Dick, wie gefärbter Haferbrei in Riefen. Das Ingwergewächs Kurkuma hat eine stark gelb färbende Wirkung und ist auch ein Bestandteil von Curry. Dem Pulver werden starke medizinische Eigenschaften zugesprochen, heilend von Krebs bis Alzheimer, und im jemenitischen Süden soll es als Schönheitsmittel auch Hautausschläge heilen. Für die so verunstalteten Damen ist es vollkommen in Ordnung, ihre Einkaufsrunde zu drehen. Und jeder weiß trotzdem, wer hinter dem Gelbgesicht steckt.

Wir bummeln im Suq herum, auf dem Markt. Meist sehen die Geschäfte wie Garagen aus, und nachts werden einfach die Tore geschlossen. Am Boden liegen die ausgebreiteten Waren. Bunt ist das Angebot von Gewürzen, Stoffen und Teppichen, von Gemüse, Süßigkeiten und Schmuck. Die Läden mit all den schwarzen Ausgehmänteln verunsichern das Auge. Man schaut wie in große, schwarze Löcher, wie in den Kasten einer Camera obscura, und kann im ersten Moment überhaupt nichts erkennen. Damenunterwäsche wird freizügig angeboten. Die steifen BHs sind quadratmeterweise zu Hügellandschaften drapiert und werden wieder von Männern verkauft. Man findet bunte lange Kleider, Unterröcke, Kopftücher, Schals, Männertücher, Männerkopftücher, Männerröcke, Wasserpfeifen, die Mada'as, die hohen also, die so fürchterlich stinken und natürlich alle Arten von Shishas. Plastikschuhe, Eimer aus Autoreifen gebastelt, mit Blumenmustern oder Moscheen bemalte Blechkoffer, von denen ich mir sofort einen zulegen muss, säumen die Wege. Saftstände mit gepressten Orangen, Bananen, Mangos und Zuckerrohr verlocken zum Kosten. In Schubkarren werden gekochte Kartoffeln angeboten, noch heiß und mit passendem Gewürz, wahrscheinlich ein Gemisch aus Kreuzkümmel, Salz und Pfeffer. Dazu noch gekochte Eier und Fladenbrot. Alles riecht lecker und sieht appetitlich aus.

Die Buden sind inzwischen im Schein der Petroleumlampen, sie erstrahlen wie eine erleuchtete Bühne im Theater, das Umfeld ist dunkel. Die Sträßchen und Gässchen und Winkel erscheinen recht heimelig. Unrat verdeckt nun der Schatten von allerlei Gesträuch. Dazwischen ein Stand mit Musikkassetten, die ohrenbetäubend alles beschallen, dann wieder ein Tisch mit Duftölen und Weihrauch.

Die angezündeten Wohlgerüche streichen einem verführerisch um die Nase. Es riecht wunderbar nach Orient. Manche der uns begegnenden Damengrüppchen kichern erst mal wie üblich, dann kommt von einer ganz Mutigen vielleicht „good morning", jetzt am Abend, und wieder wird gekichert. Das sind alles junge Frauen, eher noch Teenager. Die Verheirateten erscheinen schon nach ein paar Jährchen im Ehehafen matronenhaft mit Watschelgang, aber immer schlank bis dürr. Das heißt natürlich, dass der tägliche Speiseplan nicht gerade üppig ausfällt. Der Großteil der Bevölkerung ist bettelarm. Deshalb werden wir Besucher aus dem Westen durchweg als unermesslich reich angesehen. Und im Vergleich zu ihnen stimmt das auch. Der Kampf ums tägliche Leben hat hier ganz andere Dimensionen als in unseren gesättigten Wohlstandsstaaten.
Langsam müde geworden, setzen wir uns in eines der „Straßencafés" und bestellen Rühreier mit Hackfleisch, Tomaten, Zwiebeln und Knoblauch. Mit Brot essen wir unser Abendmahl. Es schmeckt. Als Getränk gibt es einen heißen Tee, den Shai ahmar. Danach bummeln wir nochmal zum Sonnenuntergang eine Runde in der Altstadt. Gleich beginnt ein Muezzin von seinem Minarett den Abendgebetsruf zu singen. Dann ertönt ein zweiter, dann noch einer und noch einer, und innerhalb von zwei Minuten erschallt von Berg und Tal das Allahu akbar. Es klingt wie ein dichter Tonteppich, alles durcheinander und doch wunderschön verschlungen und sehr mystisch und geheimnisvoll mit beginnender Dämmerung. 100.000 Echos werfen die Hügel zurück, schweben über der Stadt. Viele Männer begeben sich zum Beten in eine der zahlreichen Moscheen. Manche beten sogar an Ort und Stelle auf dem Gehweg. Ein aufgefalteter Pappkarton ist dann der Ersatz für den Gebetsteppich. Die Gebetsrichtung der Muslime ist immer in Richtung Mekka, egal, wo in der Welt sie sich gerade aufhalten. Es gibt kleine Reisegebetsteppiche, und in einigen ist sogar ein Kompass eingepasst, welcher immer nach Mekka zeigt. Es ist die Geburtsstadt von Mohammed, dem Propheten und Begründer des Islam. Das wichtigste Heiligtum befindet sich dort, die Kaaba. Deshalb richten sich die Muslime beim Beten zu dieser heiligen Stätte aus. Das riesige, fensterlose, würfelförmige Gebäude im Hof der Hauptmoschee hat einen schwarzen Samt-

wurf. An der südöstlichen Ecke des Gebäudes befindet sich ein schwarzer Stein, möglicherweise ein Meteorit. Diesen empfing der Überlieferung nach der Prophet Abraham vom Engel Gabriel. Im Koran sind 25 Propheten genannt. Sie sind von Allah auserwählt, um den Menschen sein Wort zu übermitteln. Alle, bis auf Mohammed, haben ihre Entsprechung auch in der Bibel.

Zurück im Hotel, das eher einer Herberge gleicht, wünschen wir uns eine gute Luxus-Nacht. Mein Bett ist zwar frisch bezogen, immerhin, trotzdem bete ich um einen flohfreien Schlaf. Die Laken sind wohl zum hundertsten Mal gewaschen, so löchrig und fadenscheinig ist das Gewebe. Das sogenannte Badezimmer mit Toilette dürfte vor zehn Jahren das letzte Mal geputzt worden sein. Um sich zu duschen, muss man in eine Badewanne mit Löwenfüßen steigen. Sicherheitshalber ziehe ich dazu meine Straßenschuhe wieder an, denn dem schwarzen Belag nach hätte ich mir wahrscheinlich die Krätze geholt. Die Armaturen, grün vom Salpeter, im letzten Stadium vor dem Zusammenbruch. Aber ich schaffe es, mir mit einem dünnen Rinnsal den in der Hitze des Bergjemen gesammelten Reisestaub abzuwaschen. Als Handtuch dient dann mein Rock, in Ermangelung eines Hotel-de-Lux-eigenen.

Es ist sehr stickig im Zimmer und es fällt mir schwer zu schlafen. Aircondition gibt es im „Nullsternehotel" natürlich nicht. Aber diese laut ratternden Belüftungen fürchte ich sowieso, und ich hätte auch keine eingeschaltet. Denn man erkältet sich in dem kalten Luftstrom im Handumdrehen. Auch soll aus den feuchten Schläuchen und Schächten irgendein Morbussoundso ausgespuckt werden, den man nicht wirklich bekommen will. Vor den Ventilatoren muss man sich ebenfalls wegen höchster Erkältungsgefahr in Acht nehmen. Also ist Schwitzen angesagt und ein ständiges Herumwälzen.

Am nächsten Morgen gehe ich wieder straßenbeschuht unter die Dusche. Wir frühstücken zu dritt in einem Restaurant um die Ecke. Das „De Lux" bietet nur die Übernachtung an, wie viele andere Hotels im Land. Tee mit Milch und Ful mit Fladenbrot bestellen wir uns. Wir essen aus einer gemeinsamen Schüssel. Jeder hat seine Ecke und mit dem einmal angebissenen Brot wird nicht nochmal in das Essen getunkt, werde ich aufgeklärt. Eine Hygieneregel, siehe an.
Nun aber kommt für mich das spannende Geschenk: Ich darf mit in die Moschee, die Zidlah und Ferridun dieser Tage aufmessen.
Es ist die berühmte Ashrafiya-Moschee, das Wahrzeichen von Taizz. Zeitweise war Taizz die Hauptstadt des Jemen. So erklärt sich der prächtige Bau mit zwei Minaretten, flankiert von acht Kuppeln auf dem Flachdach. Ende des 13. Jahrhunderts wurde der Bau begonnen, und innerhalb der nächsten 100 Jahre ist er in seine jetzige Form gebracht worden. Im offenen Innenhof sind steinerne Gräber der Rasuliden-Herrscher, der jemenitischen Sultane. Die Dynastie der Banu Rasul herrschten im Jemen von 1228 bis 1454. Ihr Reichtum ermöglichte den Sultanen eine umfangreiche und äußerst kreative Bautätigkeit. Aber herausragend ist unsere Moschee hier in Taizz. Die Gebetshalle zeigt großartige Stuckelemente mit Mosaiken und Wandmalereien mit Koranzitaten. Kostbare Deckengemälde werden durch diese Restaurierung nun der Nachwelt erhalten.
Da das Gebäude derzeit restauriert wird, liegen keine Teppiche aus. Es ist geschlossen. So dürfen wir die Schuhe anbehalten. Zidla und Ferridun vermessen mit langen Maßbändern Längen, Breiten und Höhen des Gebäudes. Sie messen die Abstände von den vielen Säulen zueinander und zu den Wänden, messen alle Architekturteile in und außerhalb der Gebetshalle. Sie steigen auf Leitern und legen sich auf den Boden, wenn es erforderlich ist. Die Zeichnungen fertigen sie im verkleinerten Maßstab an und versehen sie mit den Maßen. Zuhause in Sanaa werden die Skizzen dann ordentlich in Tusche umgezeichnet. Bauaufnahme nennt man diese Arbeit. Jedes kleinste Detail von Türen und der Kanzel, von Bemalungen und Deckenmustern wird zeichnerisch dokumentiert.

Zidlah trägt ein Kopftuch, lange Hosen und darüber einen wadenlangen Rock. So kleide ich mich seit meiner Ankunft im Jemen also instinktiv angemessen und fühle mich langsam wohl in meinen Kleiderschichten. Ich darf das gesamte historische Gebäude erkunden. Darf sogar das Dach besteigen. Die beiden Minarette sind schon restauriert und überstrahlen mit ihrer weißen Farbe die Altstadt. Die kleinen Kuppeln mit den knopfartigen Abschlüssen muten an wie riesige Frauenbrüste. Ob das wohl bewusst so gebaut wurde? Oder ob sich nur eine westliche Phantasie das einbilden kann?
Mit dem Mittagsgebet ertönt wieder der gemischte wunderbare Singsang der Muezzine, und die Hügel der Stadt werfen sich gegenseitig die Klänge zu. Für mich sind die Abendgebetsrufe und die des Nachtgebets am schönsten, weil sich im Dunkeln alles noch berührender anhört. Es gibt insgesamt fünf Gebetszeiten: am Morgen, mittags, nachmittags, abends und das Nachtgebet. Das Morgengebet beginnt mit einsetzender Dämmerung. Es schallt in derselben Lautstärke über Stadt und Land. Der Vorruf zum eigentlichen Gebet kommt noch bei kompletter Dunkelheit und reißt einen aus dem Schlaf. Viele fromme Männer eilen in die Moschee, verrichten ihre Morgenandacht und danach beginnt ihr Tagwerk noch vor sechs Uhr morgens. Die Frauen dürfen zuhause beten. Es gibt für sie allerdings in vielen Moscheen einen Gebetsraum, meist eine Etage höher und mit Gitter versehen als Schutz gegen aufdringliche Blicke. Also genau so, wie in unseren Frauenklöstern. Ja, auch bei uns beten die Nonnen, aber auch Mönche hinter Gittern. Inzwischen, nach so vielen Jahren, bin ich mehr und mehr mit der arabischen Kultur verwoben. So möchte auch ich den Morgenruf nicht mehr missen.
In meinen ersten Zeiten kamen die Gebetsrufe von den Imamen noch selbst intoniert vom Minarett. Im Laufe der kommenden Jahre aber verschwindet diese uralte Tradition mehr und mehr und macht dem Tonband Platz. Womit sich die Qualität der Gesänge wirklich nicht verschlechtert. Koransingen ist eine große Kunst, eine eigene Singkunst mit schwierigen Regeln, die in arabischen Ländern sogar an Musikhochschulen unterrichtet und geprüft wird. So hört man als Tonwiedergabe oft die besten der besten Interpreten. Aber zunächst erfreue ich mich noch an den wunderbaren Sängern in natura.

In alten Zeiten kam es vor, dass Blinde mit der Aufgabe betraut waren, zum Gebet zu rufen. Überhaupt sind Behinderte die Lieblinge Allahs und stehen unter seinem besonderen Schutz. Ein Blinder, ausgebildet als religiöser Führer einer Gemeinde, kann ohne sein Augenlicht vom Minarett hoch oben nicht auf die Flachdächer und Innenhöfe der traditionell gebauten Wohnhäuser schauen. Dort halten sich die Frauen auf. Dort gehen sie ihren vielfältigen hausfraulichen Arbeiten nach. Und es wäre haram, eine religiöse Schande, sie zu beobachten. Um solchen Versuchungen vorzubeugen, wurden in ganz frommen Gegenden den Muezzinen die Augen ausgestochen. Ich las allerdings auch, dass manch frommer Imam dies freiwillig mit sich geschehen ließ, um besonders heilig zu sein. Diese Grausamkeit kreierten wahabitisch-fundamentalistische Wüstenstämme. Sie haben heute ihren Hochsitz in Saudi-Arabien. Beduinen, welche ein hartes Leben führen, hatten vor Jahrhunderten vielleicht auch ein anderes Verhältnis zum Schmerz. Wilfried Thesiger, ein Wüstenexperte des vorletzten Jahrhunderts, beschrieb in seinem Buch „Die Brunnen der Wüste" ein grausames Ritual: Ein jemenitisch-saudi-arabischer Grenzstamm beschneidet seine männlichen Nachkommen erst spät im Jünglingsalter, an der Grenze zum Erwachsensein, als eine Art Initialritus. Dabei geben sich die dortigen Beduinen nicht nur mit dem Abschneiden der Vorhaut zufrieden, sondern die ganze Haut um das Glied herum wird abgeschält. Solche Rituale kann und will man sich heute gar nicht mehr ausmalen. Mit Folter und Krieg werden noch viel schlimmere Dinge gemacht. Diese sind auch jetzt allgegenwärtig, sowohl im Nahen Osten als auch in westlichen Ländern, allen voran in den USA. Unsere sogenannten Zivilisationsländer zerstören im Namen von Gerechtigkeit und Freiheit. Und die wahren Hintergründe sind Macht und Gewinn.

Islam bedeutet Ergebung, Hingabe, Unterwerfung unter den Willen Gottes. Er hat an sich nichts Kriegerisches oder gar Terroristisches. Eine kleine Gruppe von skrupellosen Fundamentalisten rückt diese Religion in ein furchterregendes Feld. Ich glaube, dass 99 Prozent aller Muslime dies ablehnen und sich für die gewaltsamen und schrecklichen Übergriffe ihrer Glaubensgenossen schämen und empören. Selbst die Eroberungszüge nach der Religionsgründung sind

großteils unblutig verlaufen. Im Gegensatz dazu waren unsere christlichen Kreuzzüge ein gnadenloses Wüten.
Die Grundlage des Islam ist der Koran. Es sind Allahs unumstößliche Worte, von denen es keine Auslegung geben darf. Das heilige Buch wurde dem Propheten Mohammed vom Engel Gabriel offenbart. Man sollte es, insbesondere ich als „Ungläubige", nicht einmal berühren. Zwei weitere wichtige Schriften über religiöse Verhaltensweisen gibt es: Die Hadithe – es sind gesammelte Überlieferungen über Aussprüche und Handlungen des Propheten, an welchen sich die Gläubigen orientieren sollen. In der Sunna sind Handlungsweisen des Propheten niedergeschrieben, die meist mit juristischen Problemen zu tun haben und als Rechtsquelle Auskunft geben. Zu damaliger Zeit, im ausgehenden 7. Jahrhundert n. Chr., war die neue theistische Religion in Sachen Menschenrechte ein großer Fortschritt. Ihre sozialen Gesetze, für Männer und für Frauen, ermöglichten es dem Islam, die halbe Welt im Sturm zu erobern. Und das, wie schon gesagt, zum größten Teil auf unblutige Weise. Auch daran hätte Jesus seinen Gefallen gefunden. Nicht ohne Grund gilt er im Islam als großer Prophet.
Eine einfache Definition für den Islam sind seine Fünf Säulen, die fünf Pflichten der Gläubigen: das islamische Glaubensbekenntnis, das Pflichtgebet, die Almosengabe, das Fasten im Ramadan und, so man es gesundheitlich und/oder finanziell tun kann, die Pilgerfahrt nach Mekka.
Ich lebte volle 20 Jahre im Jemen, verteilt über 35 Jahre. Ich lebte mit muslimischen Frauen und Männern. Fast alle sind mir gegenüber, die ich doch eine Kaffer, keine Muslima bin, immer respektvoll gewesen. Na ja, ein paar Ausnahmen hat es gegeben. Aber wo gibt es die nicht!

Der zweite Tag schenkt mir den ersehnten Ausflug direkt an die Grenze zum Südjemen, zur Demokratischen Republik Jemen. Zidla und Ferridun setzen mich in ein Sammeltaxi und beschreiben dem

Fahrer genau, wohin ich möchte. Bei dieser Art von Fortbewegungsmittel gibt es ein Start- und ein Endziel mit festgelegter Route. Am Ausgangspunkt stehen die Limousinen und warten auf Fahrgäste. Die Fahrer schreien laut wie auf dem Jahrmarkt, in welche Richtung es gehen soll, sodass die Reisenden das richtige Gefährt besser finden. Der riesige Platz quillt über von Fahrzeugen. Es geht von hier aus in verschiedene Richtungen. So überbieten sich die vielen Fahrer in der Lautstärke, um Fahrgäste zu bekommen und schreien sich die Hälse wund. Ein einziges Durcheinander von Menschen und Tieren und Schachteln und Reissäcken, Kartoffelsäcken, Baumaterial, Waschmaschinen, Eimer mit Honig. Und alles soll auf den Autodächern festgezurrt werden. Ein einziges Geschrei erfüllt den Platz. Man muss selber schreien, um sich verständlich zu machen. Kassettenmusik aus jedem Fahrzeug, Dauergehupe, Gekreische von Kindern und Hühnern. An den Beinen zusammengebundene Schafe blöken, dazu versuchen die Verkäufer für Getränke, Kekse, Melonenkerne, Zeitungen, Taschentücher, lauthals alle anderen noch mehr zu übertönen. In Schubkarren oder Bauchläden bieten sie diese Reiseartikel an. Es könnte einem schwindelig werden.

Langsam füllt sich meine Limousine mit zwei Rücksitzreihen. Sie ist betagt bis sehr betagt. Nie und nimmer würde sie einen TÜV bestehen. Vorne neben dem Fahrer quetschen sich zwei zusammen, die Bank dahinter wird mit vier Gästen besetzt und ganz hinten ist beim besten Willen nur noch Platz für drei, macht zusammen neun Fahrgäste plus dem Fahrer. Jeder bezahlt beim Einsteigen, jgemessen an der Wegstrecke, die er mitfährt. Denn die Sammeltaxen halten genau nach Wunsch, aber nur auf der vorgegebenen Strecke. Es ist eine sehr praktische Art, sich fortzubewegen.

Ist das Auto voll besetzt, und das dauert hier nur wenige Minuten, schreibt der Inhaber des Gefährts die Wagennummer auf, denn er hat mehrere Autos im Rennen, und der Fahrer überreicht ihm das eingesammelte Geld. Es sind Spottpreise, vielleicht nur 20 Cent für eine Strecke von 30 Kilometern – das Fortbewegungsmittel für einfache Leute. Die größeren Busse sind noch billiger, aber sie fahren nur zu festen Zeiten, und man muss wenigstens einen Tag vorher das Ticket gekauft haben. Ich also im Sammeltaxi eingequetscht und

einen Mann neben mir in Tuchfühlung. Bei der Rückfahrt werde ich schlauer sein – ich bezahle für zwei Sitzplätze. So habe ich dann mehr Luft und werde nicht als unsittlich angesehen. Alleinreisende Frauen gibt es fast gar nicht, nur in Begleitung vom Ehemann oder einem Familienmitglied. Die Frauen werden immer an eine Außenseite gesetzt, und der Begleiter ist dann zwischen ihr und einem anderen Reisenden. Ich möchte auch in Deutschland nicht in so enger Berührung neben einem fremden Mann sitzen, wie es in solchen Fahrzeugen aus Platzgründen nicht anders möglich ist. Nach dem Registrieren und Bezahlen geht es los. Erst mal raus aus Taizz. Hässliche Hütten am Stadtrand sind Slums nicht unähnlich. Viele Äthiopier und Somalier leben hier in selbst zusammengeschusterten Behausungen. Sie verwenden dazu Wellblech, Pappe und Plastikplanen. Sie haben kein Wasser und auch keinen Strom. Aber sie konnten dem Krieg entfliehen und sind im Jemen aufgenommen worden, in einem der ärmsten Länder der Erde.
Befreit von all dem Schmutz und Staub und Geschrei, geht es hinein in eine hügelige, liebevolle Landschaft auf einer schmalen, nicht befestigten Straße. Mein Ziel ist zugleich auch die Endstation – der Ort Al-Turbah, gesprochen At-Turbach. 80 Kilometer sind es bis dahin, bis zum Ende des Nordjemen, zur hermetisch verschlossenen Grenze in den Süden. Sicher dürfte es den kleinen Grenzverkehr geben, aber bestimmt nicht für normale Reisende.
Zunächst beherrscht der riesige Gebal Sabir das Blickfeld. An seinen Flanken windet und schlängelt sich unsere Straße auf seine Rückseite hinüber. Lichte Akazienwäldchen mit grünen Bodendeckergewächsen, ab und zu ein Feld mit Mais oder Getreide, Baumwolle oder Tabak ziehen an uns vorbei. Hirseanbau wird wenig später vorherrschend. Die Kolben mit den kleinen Hirsekügelchen neigen sich beim Reifwerden in einem eleganten Bogen zur Erde. Seltsamerweise wird ganz wenig Gemüse angebaut, obwohl hier sonnengereift alles wachsen würde wie Butzenstengel, wie die Allgäuerin sagt. Wenn, dann nur Tomaten, Zwiebeln, Paprikaschoten und Auberginen, wenig Kartoffeln. Die gelten als keine Sattmacher-Beilage, seien Gemüse und werden in gemischtes Gemüse geschnitten und dazu natürlich immer Reis und Reis und Reis.

Vereinzelt stehen in felsiger Landschaft auch Dattelpalmen. In der Regenzeit graben sich die Fahrspuren als tiefe Rinnen in die rote Erde. In der Trockenzeit walzen die Fahrzeuge alles wieder zu Staub. Und wie trocken das Wetter derzeit ist, Sonnenschein pur. Deshalb wirbelt hinter unserem Gefährt eine lange Staubfahne, die sich bestimmt erst nach 500 Metern wieder gesetzt hat. So lassen nachkommende Fahrzeuge gerne einen größeren Abstand, um nicht im Staub zu ersticken. Wie in einer dicken Nebelsuppe wären sie sogar sichtbehindert. Die liebliche Landschaft ist ab und zu durchsetzt mit Steinhäusern im landesüblichen Stil, die Fenster immer mit den bunten Gamerijas. Viele sieht man oben auf einer Hügelkuppe, jäh an einen Abgrund gelehnt. Jemeniten lieben den Überblick. Das oberste Zimmer ist deshalb meistens rundum mit Fenstern ausgestattet. Es ist das Herrenzimmer zum Khat Kauen. Tische und Stühle sind selbst in gehobeneren Schichten immer noch unüblich, und so sitzt man traditionell überall in der Mafradj, dem Diwan, entsprechend unseren Couchgarnituren. Ganze Räume sind rundum mit Polstern ausgelegt. Fest mit Baumwolle ausgestopft, lässt es sich gut darauf sitzen. Die Baumwolle kommt aus eigenem Anbau, und die überschüssige Wunderwatte wird in Säcken auf dem Markt verkauft. An den Matratzen sind Knöpfe in Rautenmustern verteilt angenäht, um den Inhalt zu festigen. Zum Ensemble gehören Rückenkissen und Armstützen. Mit Sägemehl gefüllt stützen sie starr und angenehm Rücken und Arme. Ein kleineres weiches Kissen gehört noch auf jede zweite Armstütze zwecks der Bequemlichkeit. Das Sägemehl macht die ausgestopften Teile sehr schwer. So verrutschen sie nicht, und man kann sich mit angezogenen Beinen sehr bequem in seine Ecke kuscheln. Es ist sehr unhöflich, seinem Gegenüber die nackten Fußsohlen hinzustrecken. Deshalb winkeln wir Frauen immer unsere Beine an, wickeln die Röcke darüber und lassen so auch die Fußsohlen darunter verschwinden. Die Männer sitzen im Schneidersitz und können das Problem eleganter lösen. Das Aufstehen gehört aber schon damals nicht mehr zu meinen elegantesten Übungen. Ein Ächzen und Knacksen verrät die steif gewordenen Glieder.
In so einem Ausguck sitzen die jemenitischen Männer am Nachmittag und schauen beim Khat Kauen in die Landschaft. Ob in der

Stadt, oder auf dem Land, sie thronen immer ganz oben. Ihre Frauen halten sich einen Stock tiefer auf, wo zwar dieselbe Einrichtung besteht, vielleicht etwas weniger elegant, und die Fensterscheiben mit weißem Stoff auf gummiähnlichen Schnüren zugehängt sind. Alle Fenster von Gebäuden, wo sich Frauen aufhalten, haben diese weißen Vorhänge. Es wäre höchst unschicklich, wenn man eine Frau hinter einer Scheibe wahrnehmen könnte. Es hätte auch zur Folge, dass sich Frauen im häuslichen Bereich mehr bedeckt halten müssten, weil man sie ja vielleicht sehen könnte. Nur die älteren Damen tragen auch zuhause ein Kopftuch.

Die Landschaft fällt weiter ab, wir durchqueren ab und zu kleine Wadis. Jetzt, in der Trockenzeit, keine Spur von Wasser. Sie werden aber bei üppigen Regenfällen schnell zu reißenden Sturzbächen, die ein Durchfahren unmöglich machen. Da hilft dann nur, ein paar Stunden abzuwarten, bis sich der Wasserstand wieder so weit gesenkt hat, dass die Furt durchfahren werden kann. Kinder treiben Schafe, Ziegen oder die kleinen Buckelrinder die Straße entlang. Männer sind mit beladenen Eseln unterwegs, Frauen schleppen auf Kopf oder Rücken dürre Holzbündel. Die Bäuerinnen tragen bunte, langärmelige und wadenlange Kleider. Darunter sind bis zu den Knöcheln weite Pluderhosen sichtbar. Zwei, drei Unterröcke machen das Ganze zu einem undurchsichtigen Gebilde. Ein Kopftuch ist fest um Stirn und Hinterkopf gebunden, zudem eine Tuchschlaufe um den Hals. Schnell ziehen sie sich beim Vorbeifahren dieses Teil über die Nase hoch. Ab und zu sind Kamele zu sehen. Sie stehen mit zusammengebundenen Vorderbeinen an einer Akazie und knabbern an deren Blättern. Die Stacheln fressen sie also mit, denn die reichen bis in die kleinsten Zweigspitzen. Wir überholen eines dieser Wüstenschiffe. Es ist einem zweirädrigen Holzgefährt vorgespannt, welches eine Plattform für allerlei Transporte hat. Bausteine sind darauf. Steine aus Zement. Leider ersetzt dieses billige Baumaterial immer mehr die traditionell handgeformten Lehmziegel und die behauenen Granitsteine. Der Verlust eines ausgewogeneren Klimas im Haus geht damit Hand in Hand. Im Sommer wird es brütend heiß, im Winter sehr kalt. Heizungen gibt es nicht.

Ein riesiger Baum versetzt mich in Staunen. Gerne wäre ich ausgestiegen und um den sicher drei Meter dicken Stamm herumgelaufen. Er hat alle Blätter abgeworfen, es ist Herbst und steht wie ein zu Stein gewordenes, riesenhaftes Denkmal da. In die unteren Äste sind Stofffetzen gebunden. Heute weiß ich, dass es ein heiliger Baum ist, jahrhundertealt. Mit solchen Stoffbändern geben die Menschen ihre Wünsche an ihn weiter. In unseren voralpenländischen Kapellen gab es auch oft einen Raum für Votivgaben. Man bittet mit kleinen Gegenständen um Heilung, erbittet ein gutes Erntejahr. Hat man einen Kinderwunsch oder muss eine gefährliche Reise machen – Riten, um seine Wünsche erfüllt zu bekommen, gibt es also auch im Orient. Auch als Dank an die himmlischen Mächte sind hier Bäume die richtigen Orte. Wobei solche Handlungen sicher auf animistische Zeiten zurückgreifen, im Glauben an die belebte Natur. Zwar verbietet der Islam den Glauben an Geister und dergleichen, aber vor allem die ländliche Bevölkerung steckt noch tief im Aberglauben verwurzelt. Immer wieder habe ich hier im Jemen solche Wunderbäume gesehen, oder auch Orte, die an unsere bayerischen Marterln erinnern.
Endlich kommt mein Ziel in Sicht. Es ist ein kleines Dorf mit vielleicht zwei Dutzend Steinhäusern im Rund. Eine Gruppe Verkaufsbuden zieht sich entlang der Straße. Es sind Holz- oder Blech-Buden mit heruntergeklappten Läden, sodass eine Art Theke den Blick in den Verkaufsraum freigibt. Das Endziel Al-Turbah ist also erreicht, und unsere Männer stürzen sich sofort auf die Tresen, denn es sind Khatbuden, und es ist Mittagszeit. Sie besichtigen und feilschen und kaufen ihr tägliches Quantum.
Ich pilgere zu der Abbruchstelle hinter dem Dorf und schaue nach Osten, wo die große Arabische Wüste und das Tal meiner Träume liegt, das Hadramaut. Weit ist alles weg, aber die Sicht lässt mich über grüne Abstürze und sandüberzogene Böden der Vorküste im Dunst den Indischen Ozean erahnen. Dahin soll es mich in späteren Jahren führen – das Schicksal, das Kismet, oder was auch immer. Lange stehe ich noch und schaue. Direkt vor mir fällt das Gebirge senkrecht in die Tiefe. Ich muss aufpassen, keinen Schritt zu weit zu gehen. Bergdohlen segeln mit dem Aufwind nah an mir vorbei. Und gleich

wird es kühler, obwohl die Sonne noch einen weiten Weg zum Horizont hat.
Später als vier Uhr am Nachmittag fahren keine Sammeltaxen mehr los. Ab sechs Uhr abends ist es dunkel, im Laufe der Jahreszeiten nur um eine halbe Stunde versetzt. Ja, wir sind näher am Äquator. Autofahren bei Dunkelheit wird gemieden, denn bei den schlechten Straßenverhältnissen ist es immer gefährlich. Schnell auftauchende tiefe Schlaglöcher, unbeleuchtete Fahrzeuge, frei laufende Esel oder gar Kamele können die Fahrt zur Höllenfahrt werden lassen. Viele Kurven und Schluchten, schlechte Bremsen, rutschende Steine, fehlende Randbefestigungen gebieten, vor Einbruch der Dunkelheit am Zielort zu sein.
So ist es für mich Zeit, nach einem Fahrzeug zurück nach Taizz Ausschau zu halten. Das letzte für heute steht schon bereit. Auf dem vorderen Sitz hockt ein betagter Mann mit Turban und langem Bart und einem freundlichen Gesicht. Ich bedeute ihm, dass ich gerne vorne sitzen will, er aber nach hinten soll, damit ich meine zwei Plätze habe. Dazu ist er nicht zu bewegen, und mein Gezetere amüsierte ihn nur, und er streicht sich dabei mit blitzenden Äuglein ständig durch seinen orangeroten Henna-Bart, was heißt: beim Barte des Propheten, was soll der Unsinn. Ich bin ein anständiger Mann und hab keine Probleme, neben einer Ausländerin zu sitzen. Und in Klammern fügt er sicher noch hinzu: Das Gegenteil ist der Fall, was für eine schöne Fahrt wird das werden. So bleibt mir nichts Anderes übrig, als mich neben ihn zu quetschen. Aber der Bart des Propheten muss für die Sittlichkeit meines Reisegefährten herhalten. Und die soziale Kontrolle ist mit weiteren acht Mitfahrenden ja gegeben.
Ein nie vergessenes Ereignis ist mein Besuch des stadthistorischen Museums in Taizz, das mir mein dritter Tag beschert. Es ist in dem ehemaligen Palast des letzten königlichen Imams, Imam Ahmad Ibn Yahya. Die Stadt war von 1370 bis letztmals 1961 Residenz und Hauptstadt im Königreich Jemen. Dieser Imam Yahya war seiner jemenitischen Zeit weit, weit voraus. Er war, wie man es heute sagen würde, ein Technikfreak. Wahrscheinlich hatte er seine Spione im Südjemen, welche sein ungezügeltes Interesse für Produkte aus England ausspionierten. Aden war damals noch eine Britische

Kronkolonie. Auf sicher verschlungenen Wegen importierte er waggonweise Waren aus England, dem Land, das er heiß verehrte. Er sammelte also Schätze an. Und diese stapelte, räumte, stopfte, legte, hängte, wurstelte, verwahrte, sammelte und schloss er in seinen Taizzer Palast. Dort dürfte er wie ein Drache auf seinen Schätzen gehockt sein. Er sammelte Hunderte von Telefonen und Dutzende von Appa-raten: elektrische Heizgeräte, Waffeleisen, Eierkocher, elektrische Messer, halbautomatische Waschmaschinen, Mixer, Bügeleisen, Tauch-sieder, Lötkolben, Handbohrmaschinen und maschinell betriebene. Waffen fanden sich ebenfalls, aber eher westliche Gebrauchs- und Luxusgegenstände. Und unzählige Ferngläser und Abhörgeräte. Mit diesen belauschte er seine Diener und kundschaftete sie zusätzlich mit einem Fernglas aus. So wurde er als wundertätig verehrt und gefürchtet, weil sich niemand solch physikalische Phänomene vorstellen konnte. Die hinters Licht geführten Untergebenen wurden auch nicht schlau, wenn der Imam einen seiner 200 Fotoapparate zückte und seine Leute fotografierte. Filmapparate und belichtete Filmrollen betrachtete er als besondere Highlights seiner Schätze. Die Vorführungen genoss er sicher nur alleine, denn alle anderen fürchteten sich dabei. All seine elektrischen Apparate probierte er aus, all diese technischen Gegenstände. Dem jemenitischen Volk fremd, waren sie sicher auch als Teufelszeug gemieden worden.

Imam Yahya sammelte auch Kleider von Frauen, alle pompös im Theaterstil wie für die Salzburger Festspiele. Festliche Männerkleidung dürfte er als Herrscher mehr als ein Dutzend besessen haben, was die Kleiderkammer verrät. Seine ganz große Leidenschaft galt aber dem Parfüm. Und zwar dem westlichen. Die bevorzugte Marke war Eau de Cologne. Er sammelte das in Fünf- bis Zehnliterflaschen. Hektoliterweise lagern die Flaschen noch immer in seinem Palast.

Während der Revolution wurde der verhasste Königssitz vernagelt und hermetisch verschlossen gehalten. Erst nach all den Wirren öffneten sich wieder seine Tore. Auf diese Weise hat sich der wunderbare Plunder und kuriose Inhalt erhalten. Die neue Regierung beließ die Ansammlungen in all den Räumen und funktionierte alles, fast so wie es war, in ein Museum um. Das meiste wurde wirklich so belassen, wie man es vorgefunden hatte. Alles hoffnungslos verstaubt,

ein Durcheinander wie auf dem Sperrmüll und auf einem Schrottplatz zusammen, gespickt mit 100.000 Geschichtsdokumenten der ersten Hälfte des 20. Jahrhunderts.
Diese wunderbare Ansammlung ist in allen Räumen des wunderbar seltsamen Gebäudes zu besichtigen. Wasserrohrleitungen führen prosaisch als Treppengeländer in die oberen Stockwerke. Ein Zeugnis des Niedergangs der jemenitischen Hochkultur zum Schmunzeln. Es ist das schönste Museum, das ich je gesehen habe.
Die Revolution ging mit der Königsfamilie und den Adeligen nicht zimperlich um. Köpfen war die Antwort auf Jahrhunderte alte Unterdrückung und Feudalherrschaft. Im Militärmuseum in Sanaa hängen jede Menge Fotos von solchen Hinrichtungen. Viele als Nahaufnahmen. Nichts für schwache Nerven. Das beeindruckendste Foto zeigt, wie ein Delinquent geköpft wird, das Schwert hat den Hals schon durchtrennt, der Kopf scheint aber noch an seinem richtigen Platz zu sitzen. Erst bei genauem Hinsehen erschließt es sich einem richtig. Viel Blut ist da geflossen. Und wieder fließt es ...
Im Bus tags darauf, auf der Rückfahrt nach Sanaa, sitze ich neben einer netten Frau aus Jibla. Sie lädt mich ein, ihre Familie kennenzulernen. Damals nehme ich noch jede Gelegenheit zu einer Einladung wahr. Doch oft sind diese spontanen Aufforderungen nicht ernst gemeint. Denn als Jemenitin würde ich mich erst einmal bedanken und höflich absagen. Ist die Einladung ernster gemeint, dann wird sie ein zweites Mal ausgesprochen. Wenn der erwiderten zweiten Absage nun keine dritte Aufforderung folgt, ist sie nicht wirklich ernst gemeint, sondern eine freundliche Höflichkeitsformel. Was ja auch sehr nett ist. Beim dritten Mal darf man dann aber getrost Ja sagen. Denn da ist es eine richtige Einladung. Sagt man gleich zu, könnte man die Familie in arge Bedrängnis bringen. Sie muss aus gebotener Gastfreundschaft vielleicht ihr letztes Huhn schlachten, und das für eine satte Europäerin. Sie stellen ihr letztes Brot auf den Tisch und müssen sich schämen, dass es kein Geld für ein Festmahl gibt.
Ich hoffe sehr, dass mir diese Familie aus Jibla meine Unwissenheit verzeiht. Doch sie gibt mir das Gefühl eines herzlichen Willkommens. Ganz sicher hat noch nie eine Europäerin ihr Haus betreten. Es wird ein einfacher Gemüseeintopf gekocht, und die Gastgeberin zeigt mir,

wie sie Brot bäckt. Traditionell gehört dazu ein spezieller Backofen. Im Suq stehen manchmal riesige, runde Töpfe aus Ton. Sie haben oben und unten ein Loch und sind geformt wie ein steifer Rock, nach unten ausgestellt. So ein Ding ist in fast allen Küchen des Landes eingebaut. Das Ding heißt Tanour und ist ein Lehmofen. Unten ist das Feuerloch für Holz. Auf die obere Öffnung kommt ein Holzdeckel. Wo sich in den großen Wohnhäusern die Küchen befinden, erkennt man schon von außen. Kleine Fensterchen und rußgeschwärzte Außenwände zeigen es. Drinnen ist alles voller Rauch, dass die Augen tränen. Kein leichtes Dasein für die Frauenwelt.

Die Brotfladen werden aus kleinen runden Teigballen geformt und durch geschicktes Drehen zu tellergroßen Rädern, wie schon beschrieben, ausgezogen. Hier im Privathaus werden diese Fladen nicht so groß, weil die Öfen dies nicht hergeben. In Restaurants haben sie dazu bessere Möglichkeiten. Diese Teigfladen von hier kommen auf eine Art rundes Polster in Tellergröße. Die Rückseite des Polsters hat eine Stoffschlaufe, in die die rechte Hand geschoben wird. Die linke öffnet den Deckel des Ofens, die rechte greift in den heißen Schlund und klatscht den Teigfladen mit Schwung an die glühend heiße Innenwand des Lehmofens. Dabei muss mit der Hand ausgeholt werden, und viel Platz zum Ausholen ist nicht vorhanden. Das Brot darf dabei auf keinen Fall herunterfallen. Es würde sofort verbrennen, und Brot ist die Ernährungsgrundlage. Am persönlichen Geschick, wie die Hausfrau Brot bäckt, wird ihre Tüchtigkeit gemessen. Für die Töchter ist es immer eine Mutprobe, dies zu erlernen. Verbrennungen am Unterarm sind immer wieder an Verbänden zu erkennen, die teilweise sogar mit Stolz getragen werden. Die unhygienischen Verhältnisse führen oft zu Entzündungen und lassen die so schmerzhaften Brandwunden lange nicht heilen.
Nach wenigen Minuten ist der Fladen fertig gebacken. Er darf nicht zu dunkel werden, soll eine leichte Bräune aufweisen. Die sich dabei bildenden Blasen werden schneller braun, was hübsch aussieht. Aber wie kommt das fertige Brot nun wieder aus dem Ofen? Mit einer erneuten Feuerprobe: Mit einer Gabel wird es herausbefördert, in die hauseigenen, selbst geflochtenen flachen Körbe gelegt und sofort

verspeist. Mit der rechten Hand werden Stücke abgerissen, die jemenitischen Finger können das, ohne die andere unreine Hand zu benötigen. Eine kleine Tüte wird geformt und damit das meist breiähnliche Essen aufgeschaufelt. Selbst in bäuerlichen Haushalten wird die Regel eingehalten, dass man mit einem bereits angebissenen Stück Brot nicht nochmal in die Schüssel tunkt. Und man fummelt nicht im Abteil des Nachbarn rum, sondern bleibt schön im eigenen Bereich. Dieses Hygiene-Muss hat sich sicher als soziales Verhalten verselbstständigt. Weil es halt so üblich ist, wird es so gemacht. Denn sonst dürfte alles andere Drumherum nicht auf die Weise ablaufen, wie es abläuft: für westliche Magen- und Darmtrakte unhygienisch. Inzwischen gibt es Brotbacköfen mit Gas betrieben. Jede Hausfrau sehnt sich so ein Ding herbei. Und es überrascht, in welch armen Hütten solche Geräte schon Einzug gehalten haben.

Ich soll unbedingt auch noch über Nacht bleiben. So liege ich neben der Großmutter. Sie schläft mitsamt ihrem Kopftuch und hat neben sich einen länglichen Becher liegen. Von derselben Sorte stehen auch in einigen Ecken des Hauses welche. Es sind Spucknäpfe. Am nächsten Morgen frühstückt die ganze Familie zusammen, das heißt, dass auch die Männer zugegen sind. Wir sitzen im Kreis am Boden, in der Mitte eine runde, geflochtene Strohmatte als Tisch. Es gibt Rühreier mit dem frisch gebackenen Fladenbrot. Es wird viel geredet und gelacht, alle sind sehr herzlich miteinander. Danach kommt der Strohtisch einfach an einen Wandhaken, fertig ist der Aufräumdienst. Ich darf anschließend über eine Stunde lang eine große Kalebasse auf den Knien schütteln. Milch von einem eigenen Buckelrind soll zu Butter werden. In diesen Flaschenkürbissen, die zu den ältesten Kulturpflanzen weltweit gehören, werden überwiegend Flüssigkeiten aufbewahrt. Mit Samenfunden konnte man sie bis 12.000 vor unserer Zeit datieren. Nach der Ernte wird der Kürbis vorsichtig ausgehöhlt und getrocknet. So bildet seine Fruchthülle eine harte, wasserundurchlässige Haut. Die Schüttelei ist anstrengend, aber so langsam entstehen Klumpen, und nach einer Stunde habe ich wirklich Butter erzeugt.

Bevor ich zum Bus gebracht werde, begleiten mich meine Gastgeberinnen umringt von ihrer Kinderschar noch zur Moschee von

Jiblah. Sie soll von 1064 bis 1138 erbaut worden sein. Einen kleinen Rundgang durch das ehrwürdige Gebäude erlaubt mir der Wächter. Der große Innenhof ist von Wandelgängen umgeben. In der Halle finde ich das Grab der Sajjida Arwa. Es ist mit der alten Kufischrift umrankt. Die Sajjida Arwa Bint Ahmad war Sultana, die Königin der dortigen ismaelitischen Dynastie. Mit ihrem Tod erlosch die königliche Erbfolge.
Sie steht als wirklich gelebte Herrscherin der Königin von Saba zur Seite. Diese ist aber immer noch Legende. Trotzdem wird sie als Bilqis in den Herzen aller Jemenitinnen und Jemeniten heiß verehrt. Garküchen und Hotels, Friseurstuben und Bäckereien, Fischläden, und natürlich kleine Mädchen tragen ihren Namen.

Wenn mich Menschen mit muslimischem Glauben besonders ins Herz geschlossen haben, halten sie die Vorstellung nicht aus, dass ich als Christin einst in der Hölle brennen werde. So versuchen sie, mich zu bekehren. Sich auf eine richtige Diskussion einzulassen, wäre verkehrt. Meine Argumente würden sie beleidigen, denn der Islam ist der einzig seligmachende Weg in den Himmel. Die Christen behaupten das aber auch. Zwar hat sich ihre Sicht in Richtung Ökumene in den letzten 50 Jahren gelockert, aber unterm Strich durften noch zu meiner Kindheit nur wir Christen in den Himmel kommen. Meine Erklärung bei diesen manchmal sogar penetranten Bekehrungsversuchen ist immer die, dass ich auf keinen Fall eine Muslima werden kann, denn meine Familie ist christlich, und sie erlaubt mir das nicht. Solch ein Argument wird dann widerspruchslos akzeptiert. Zudem spricht Mohammed in der Hadith davon, dass „Muslime, Christen und Juden Gläubige des Buches“ sind, also gottgläubig mit Koran, Bibel und Thora. Was man von allen anderen Religionen ja nicht sagen kann, sagen die Muslime. Deshalb dürfte Allah bei mir vielleicht doch etwas gnädig sein, sage ich.

Inshallah bukra

So Gott will, morgen

إنشا الله، بكرا

Inshallah heißt übersetzt so Gott will. Alle Äußerungen werden von dieser religiösen Formel begleitet. Wenn also gesagt wird, ich komme morgen zu dir, inshallah, so heißt das im Normalfall, ich komme. Punkt. Aber es kann ja ein Erdbeben geben, und dann kann ich nicht kommen. So ist es Gottes Wille. Es kann natürlich auch heißen, ich bin mir nicht ganz sicher, ob ich wirklich kommen kann, so ist es dann auch Gottes Wille. Und es kann ebenfalls heißen, ich will nicht wirklich kommen, aber es ist unhöflich, dies zu sagen, und so ist es ebenfalls Gottes Wille, nicht zu kommen. Gottes Wille ist die Hingabe an Gott in allem, was geschieht und was nicht geschieht. Womit aber nicht gesagt ist, dass der eigene Wille nichts wollen darf.
Inshallah schmeckt das Essen, inshallah werde ich gesund, inshallah haben wir keinen Autounfall, inshallah kommt mein Kind in die Schule ... Man kann die fromme Formel aber auch nachstellen: Ich werde dich morgen besuchen – inshallah, übermorgen wird es regnen – inshallah.
Für westliche Menschen sind dies alles keine Aussagen, weil sie für uns vage und diffus bleiben. Für den frommen Muslim ist dieser Fatalismus nicht gepaart mit unselbstständigem Handeln, mit alles Schleifenlassen. Der eigene Wille wurde von Gott gegeben, aber alles wird vorherbestimmt in dem Sinne, dass man von Gott die richtigen Handlungen oder Unterlassungen ins Unterbewusstsein gelegt bekommt. Insofern wird man geführt. Nur sehr Einschichtige interpretieren die Formel als „die Hände in den Schoß legen“ und keinen eigenen Willen zu haben.
Dieses Geführt-Werden ist bei unserer christlichen Religion auch ein Bestandteil des Glaubens. Wir glauben an Gott. Auch in Bayern gab und gibt es noch immer bei frommen Menschen die Formel: In-Gott's Namen. Alles geschieht mit Gott. Hier klingt es weniger fatalistisch, sondern einfach so, dass ein in Religion eingebundenes Leben den „Lieben Gott" immer dabei sein lässt.

Ein halbes Jahr später bin ich wieder im Dar Al-Hammd-Hotel. Diesmal ohne Rattenbesuch. In einem Monat werde ich im Vorort Ar-Rawdah als Zeichnerin für das Deutsche Archäologische Institut Berlin anfangen zu arbeiten. Einen Monat gönne ich mir zum Eingewöhnen, und sieben Monate möchte ich für dieses Jahr bleiben. Dass daraus volle 22 Jahre wurden, verteilt über 35 meiner Lebensjahre, hatte ich mir damals noch nicht ausgemalt.
Sogleich stelle ich mich wieder dem Direktor des Instituts vor. Ich bitte ihn, mich die vier Wochen vorher in das alte, große, fast leere Gebäude aufzunehmen. Gegen eine Bezahlung selbstverständlich.
Der Herr und Meister ist über meinen Wunsch unangenehm berührt, ja sogar pikiert. „Nein, das geht auf gar keinen Fall. Wie kommen Sie auf so eine absurde Idee!? Da müssen Sie schon im Hotel wohnen!" „Na sauber", denke ich mir, „das ist ja ein guter Anfang". In Istanbul und in Damaskus durfte man jederzeit zum verlängerten privaten Grabungsaufenthalt ein Gästezimmer in Anspruch nehmen. Das kostete an die 10 Mark pro Nacht. Sehr verärgert lasse ich mich mit einem Taxi schnurstracks in die Deutsche Botschaft fahren und beschwere mich postwendend bei dem Herrn Botschafter. Dieser gibt mich etwas verlegen an seine Sekretärin weiter. Später erfahre ich, dass der Herr Direktor in Ar-Rawdah und der Herr Botschafter in Sanaa befreundet sind. Also ein weiteres Fettnäpfchen. Die Sekretärin ist aber sehr nett, versteht meinen Ärger und auch meinen Geldbeutel und verweist mich auf das Gästehaus vom DED, dem Deutschen Entwicklungsdienst. Dieser wurde 1963 im Beisein von Heinrich Lübke, Konrad Adenauer und John F. Kennedy in Bonn gegründet. Der DED ist 2011 in die GIZ übergegangen, die Deutsche Gesellschaft für Internationale Zusammenarbeit. Das grobe Motto „Hilfe zur Selbsthilfe" verschob sich später mehr auf die Wirtschaftsförderung. Laut namhaften Kritikern werde die Armutsbekämpfung dadurch sträflich vernachlässigt.
Im DED-Büro empfängt mich die Sekretärin Gloria sehr freundlich und gibt mir sofort ein nettes Zimmer zu einem bezahlbaren Preis.

Das Gute daran ist, dass ich auf einen Schlag alle möglichen Entwicklungshelferinnen und Entwicklungshelfer kennenlerne. Zunächst welche, die in Sanaa arbeiten. Sie sind hauptsächlich in Krankenhäusern als Krankenschwestern oder Pfleger angestellt oder im Lehrbereich tätig. Auch Hebammen gibt es und Handwerker, wie Schreiner, Metallbauer, Automechaniker und auch einen Architekten. Ich fühle mich in der Umgebung sofort wohl und sehr willkommen. Gleich am nächsten islamischen Wochenende, dem Donnerstag und Freitag, sehe ich auch andere DED-ler im Gästehaus. Sie kommen fürs Wochenende aus allen Teilen des Landes, um sich in bekannter Umgebung mit befreundeten Menschen entspannen zu können. Sie sind in ihren Dörfern sehr den engen moralischen Vorstellungen der jemenitischen Kultur ausgesetzt. Deshalb tanken sie mit einer kleinen Auszeit im geschützten Haus in Sanaa wieder Kraft für ihren anstrengenden Alltag. Sie stürzen sich sofort auf mich. Frischfleisch vom Westen, mit neuen Geschichten zu neuem Schwung und auch zu neuem Klatsch. Ich werde in alle Teile des Landes eingeladen, und das lasse ich mir nicht zweimal sagen.
Doch zunächst bin ich in Sanaa auf Wohnungssuche. („Dem werde ich es zeigen!“) Krankenschwester Irmgard wird mir dabei zur besten Freundin. Sie steht in dem Ruf, dass Ihr Arabisch nahezu perfekt sei. Das fasziniert mich natürlich besonders. Sie wohnt in ihrer eigenen Wohnung, wunderschön eingerichtet, unweit vom Gästehaus in der Shari 26. September. Die Revolution begann 1962 an diesem Tag, der jährlich entsprechend gefeiert wird. Entsprechend heißt im Jemen: mit wilden Schießereien. Für uns Ausländer kam von den Botschaften dazu immer die Weisung, unsere Häuser an diesem Tag nicht zu verlassen.
Irmgard arbeitet im Gumhurrija-Krankenhaus, dem Landeskrankenhaus. Zu Ihren Aufgaben gehört es auch, bei der Bestrafung eines Delinquenten dabei zu sein, dessen Hand abgehackt wird. Sie macht die Erstversorgung am Tatort. Zu dieser Zeit ist man schon „gnädig" und hackt nur die Finger und ein Drittel der Handfläche ab. Öffentlich. Der Daumen darf bleiben. Ich sah seinerzeit noch solche Amputationsteile am Bab Al-Jemen, dem Tor zum Jemen, angenagelt hängen. Zur Abschreckung.

Die verstümmelte Handfläche wird sofort in heißen Teer getaucht. Das klingt noch brutaler, aber dadurch wird die offene Wunde luftdicht verschlossen, was die Möglichkeit einer todbringenden Entzündung verringert. Irmgard verbindet dann den Unglücklichen und versorgt die Wunde auch die nächsten Tage ambulant. Schmerzmittel gibt es im Strafvollzug keine.
Soviel ich weiß, wird diese archaische Strafe nur bei Wiederholungstätern verhängt. Es müssen schwerwiegende Fälle nach zweimaligen Verwarnungen sein. Meist Diebstahl und ähnliche Delikte. Immer wieder sehe ich Männer mit ausgeheilten Verletzungen dieser Art. Sie sind behindert fürs ganze Leben und stigmatisiert. Jeder weiß sofort, mit wem er es zu tun hat. Andererseits bekomme ich immer wieder mit, dass bestraften Verbrechern, kleinen wie großen, nichts nachgetragen wird. Sie hatten ihre Strafe ja bekommen. Sie haben gesühnt. Sie dürfen mit weißer Weste wieder in den Alltag einsteigen.
Irmgard hilft mir, einen Makler zu finden. Ja, es gibt welche in der Hauptstadt. Sie übersetzt für mich, und nach einigen Tagen ist tatsächlich eine Wohnung gefunden, die mir auf Anhieb gefällt. Sie liegt an der Hauptstraße durch Sanaa, an der Einkaufsmeile für goldsüchtige Jemenitinnen und spendable Ehemänner. Die Gamal Gamil-Straße ist benannt nach dem 1962 auf dem Tahrirplatz geköpften Adeligen Gamal Gamil. Meine Wohnung ist oben in einem zweistöckigen Gebäude, und sie gehört, ursprünglich als Wächterwohnung, zu dem dahinter liegenden Palast. In diesem wohnte einst die Großfamilie Gamal Gamil, die der Straße ihren Namen gab. Die Witwe des Helden der Revolution verbringt ihre alten Tage nun allein in dem herrschaftlichen Gebäude. Sie ist meine Vermieterin. Und als Biest und schwerhörige alte Hexe verschrien.
„Ich habe eine Wohnung im Zentrum von Sanaa!“ Mir hüpft das Herz, ich könnte jubeln! Eine Außentreppe führt zum Wohnungseingang hoch. Ein Flur und zwei Zimmerchen, eine kleine Küche und ein Duschbad mit dem berühmten Steh-Klo mit Loch im Boden und dem Duschkopf darüber sind nun mein Reich. Die wichtigsten Sachen für meine Wohnung sind in einem Tag eingekauft und so schlafe ich bereits zwei Wochen nach meiner Ankunft im Jemen im eigenen Refugium. Im Parterre wohnen drei ägyptische Schwestern,

welche als Lehrerinnen ihre mittellosen Familien in Kairo unterstützen. Ein Viermäderlhaus sind wir nun. Ägyptische Lehrerinnen sind eine Seltenheit. In der Regel arbeiten hier Männer aus Ägypten, welche zu dieser Zeit als Lehrer sehr gebraucht werden. Sie werden hauptsächlich in ländlichen Gegenden eingesetzt. Der eklatante Lehrermangel holt diese Gastarbeiter ins Land. Sie fühlen sich hier bei den „Barbaren" kreuzunglücklich und spotten und schimpfen über das rückständige Land. Die Jemeniten wiederum schimpfen über die hochnäsigen, dummen Ägypter.

Von meinem ersten Besuch vor einem halben Jahr weiß ich von Zidla und Feridun, dass ich mich unbedingt an Fuad Al-Futaih wenden soll, wenn ich Hilfe brauche. Er sei mit einer deutschen Frau verheiratet und könne mir mit Rat und Tat zur Seite stehen. Er ist der jemenitische Vorzeigekünstler schlechthin, welcher mit Regierungsaufträgen überhäuft wird. Er ist der Lokalmatador, obwohl es einige andere sehr begabte Künstler gibt, welche ihm voll das Wasser reichen können, sich aber nur mit viel Mühe am Existenzminimum herumhangeln. Ich finde Fuad im Ministerium für Tourismus. Er hat dort eine feste Arbeit: checkt jeden Vormittag die am Flughafen beschlagnahmten Videofilme auf Moral und Anstand. Entsprechen sie nicht der jemenitischen und muslimischen Vorstellung, werden sie einbehalten. Das heißt, dass beim Kofferöffnen am Zoll alle Filme eingesammelt werden. Auch alle Zeitschriften – unbesehen. Zwischen der Kleidung versteckt kann man manchmal die Unmoral aus dem Westen hineinschmuggeln. Nun ist der Spiegel wirklich kein Sexblatt, aber selbst er fällt regelmäßig der Zensur zum Opfer. Die Werbeseiten sind es, wo leichtgeschürzte „Barbiepuppen" die Zöllner verärgern. Manch einer sackt sich aber das unmoralische Blatt für sich selbst ein. Denn nichts vergleichbar Anrüchiges gibt es hier zu finden.

Nicht einmal solche Filme gehen durch, die bei uns ohne Altersbeschränkung gekennzeichnet sind. Filmszenen mit Umarmungen und Küssen oder gar noch mehr sind schockierend. Schon eine schlichte Film-Umarmung von Mann und Frau auf einer Straße rückt in Pornographienähe. Selbst Bücher werden von den Zollbeamten scheel angeschaut. Es könnten ja irgendwelche Schweinereien drinstehen. Eine schlaue Freundin gibt mir den Tipp, solch brisanten Dinge ganz unten in den Koffer zu packen. Sichtbar oben drauf dann eine Packung Tampons verstreuen. Da ziehen die neugierigen Kofferwühler ihre Finger wie verbrannt zurück. Gesagt, getan – es funktioniert.
Ich muss gestehen, dass die Freundschaft mit Fuad und seiner Frau Illona nicht weit gediehen ist. Zwar will ich dankbar sein, weil ich von ihnen ein paar Einrichtungsgegenstände geliehen bekam. Ich verscherze mir aber die Freundschaft, als ich mir beim Einweihen meiner Wohnung erlaube, auf dem Balkon ein Tischchen und Stühle für die Raucher hinzustellen und somit die Wohnung zur rauchfreien Zone erkläre. Hm. Das war wieder ein Fehler! Im Jemen! Die Raucher nötigen, dazu ins Freie zu gehen! Nach Jahren finden wir uns wenigstens zu einem Smalltalk wieder zusammen. Jener Fuad schrieb nach 20 Ehejahren, mit Kindern gesegnet, seiner Ehefrau, als diese bei ihrer Familie in Köln weilte, in einer SMS, dass er sich wegen einer anderen Frau scheiden lasse. Wie einfühlsam. Schon Jahre zuvor hatte er in Aden ein Haus als Liebesnest gebaut und gab vor, dort künstlerisch zu arbeiten.
Nicht viele Jemeniten sind so schnöde, ihre Frauen auf diese Weise zu behandeln. Ich lerne sie als sehr höfliche, zurückhaltende Männer kennen. Egal, ob es Städter sind oder welche vom Bergland, von der Wüste oder von der Küste, allen ist eine vornehme Zurückhaltung eigen. Gut, schwarze Schafe gibt es überall, aber sie prägen nicht die Männerlandschaft. Man kann zum Beispiel hier eher um Mitternacht durch dunkle Gassen nach Hause gehen als bei uns in Europa. Sich an einer Frau zu vergehen, wäre ein so schlimmes Delikt mit schlimmen Folgen, sodass man unbehelligt bleibt. Touristinnen werden von frechen Burschen im Suq begrapscht. Ja. Aber das verdankt sich dem Image dieser besonderen Gattung von Reisenden. Der Vorwurf lautet: falsche Kleidung und falsches Verhalten. Einen Blick in die

Reiseführer zu werfen, könnte einigen empfohlen werden. Da wird immer auf die Besonderheiten des Arabischen Landes hingewiesen und dass darauf Rücksicht genommen werden soll. Eigentlich könnte man von selbst darauf kommen, wenn man sieht, wie verhüllt sich die einheimischen Frauen zeigen.
Die jüngeren unseres Geschlechts, zwar voll bis halbvoll verschleiert, sind lebenslustig, zwinkern einem gerne aus ihrem Augenschlitz heraus zu. Sie beim Feilschen in den Geschäften zu beobachten, ist eine Gratislektion im Flirten. Dazu kommen ihre weichen, fließenden Körperbewegungen – selbstbewusster geht es nicht. Natürlich ist es mir klar, dass diese Frauen der Mittel- und Oberschicht angehören. Von der ärmeren Schicht wird man aber nicht unhöflicher behandelt. Die jungen Mädchen sind wie ein Hühnerhaufen unterwegs, kichern, flüstern einem hinter ihrem Gesichtsschleier „I love you" zu und albern einfach rum. Die Matronen, meist komplett verhängt, watscheln eher behäbig dahin. Man muss sie überholen, sonst bekommt man Zustände. Die Männer beschränken sich meist aufs Beobachten. Es ist auch schon mal vorgekommen, dass ein Jüngerer am Vorbeigehen „I fuck you" zischt. Aber der lacht nicht lange. Ich packe ihn am Kragen, und zische zurück, dass Allah das gehört hat. Anfangs hatte ich Bedenken, bei einem solchen Vorkommnis handgreiflich zu werden, aber man kann sich das ruhig trauen. Es ist dann eine Oberschande für den dummen Kerl, denn Zuschauer gibt es immer.

***

Gleich in einer meiner ersten Nächte rüttelt jemand an meiner Eingangstüre. Ich empöre mich tags darauf bei Umm Gamal Gamil. Sie bestellt für die nächsten Abende einen Wächter, und tatsächlich wird in der dritten Nacht einer beim Herumstreichen im Palastgarten erwischt, an den Ohren zur Polizei um die Ecke gezogen und verprügelt. Nun habe ich Ruhe.
An deutsche Wohnsitten gewöhnt, verhängte ich hier anfangs nicht einmal mein Fenster im Badezimmer. Denn nur ein Rohbau steht

gegenüber. Nach ein paar Tagen entdecke ich aber dort zufällig aus dem Dunkeln heraus im zweiten Stock ein rotes Aufglühen. Es wiederholt sich. Also hockt da tatsächlich ein Spanner und wartet auf das Abendprogramm. Seine Zigarette hat ihn verraten. Das ist mir eine Lehre. Seitdem kommen überall, wo ich wohne, als allererstes Vorhänge oder Tücher an die Fenster, und ich lasse sie keinen Zentimeter mehr offen. Der Kerl mit der Zigarette harrt noch zwei Tage ohne die erhoffte Peepshow aus, was ich am Aufglühen seiner Zigarette erspähe. Dann gibt er auf.
Eine Einladung kann ich vor meinem Arbeitseinstieg noch wahrnehmen, die von Monika. Sie lebt als Lehrerin in der kleinen Stadt Bagil, nur 30 Kilometer vom Roten Meer entfernt. Wir sind also in der Tiefebene der Tihama. Sie gehört zu den heißesten und schwülsten Regionen der Erde. Die Menschen hier zeigen Einflüsse aus dem nicht weit entfernten Afrika. Sie wohnen auf den Dörfern in traditionellen Rundhütten aus Lehm, Stroh und Palmrippen. Die Frauen sind unverschleiert und bunt gekleidet. Noch.
Für die trockenen jemenitischen Hochlandverhältnisse wäre die Küstenebene ein Land, wo Milch und Honig fließt, aber die Hitze fordert trotzdem ihren Tribut. Die Feldarbeit laugt die Körper aus, das viele Kinderkriegen zehrt an den Frauen. Die ersten Jahre sah ich hier nirgendwo einen dickleibigen Menschen. Die Armut lässt sie schnell altern, lässt sie durch schlechte medizinische Versorgung früh sterben. Das Durchschnittsalter im Jemen war zu dieser Zeit 34 Jahre!!! Bedingt durch die hohe Kindersterblichkeit und die schlechten Lebensbedingungen hier in der Tihama.
Ich fahre mit dem Bus sieben Stunden über die Bergschluchten des Jemen aus der Hochgebirgsregion bis hinunter auf Meereshöhe. Mit jedem verlorenen Höhenmeter merke ich, dass es wärmer wird. Natürlich hatte der Bus damals noch keine Aircondition. Gottseidank. Denn ein Mittelding zwischen Affenhitze und Polarkälte ist bei Klimaanlagen anscheinend nicht einstellbar. Und bei einer Wahlmöglichkeit wähle ich ersteres.
Die Landschaft ist atemberaubend schön. Nach den steilen Bergflanken mit Terrassenanlagen für Landwirtschaftsanbau in der Gebirgsregion wechseln die Abhänge in fruchtbare Wadis, in Täler. Dort

wachsen Dattelpalmen, Bananen, Papayas und allerlei Gemüse. Die Wadis führen zur Zeit kein Wasser, immer nur in den zwei jährlichen Regenzeiten. Diese kommen mit dem Monsun aus dem Osten und meist regnen sich die Wasser an den Bergflanken des Bergjemen ab. In diesen mittleren Lagen bestimmt üppiges subtropisches Klima die Landschaft.

Die Tihama auf Meeresniveau ist trotzdem ein fruchtbarer Küstenstrich von vielleicht 60 Kilometern Breite. Die Luftfeuchtigkeit beträgt immer um die 96 Prozent. Das lässt einen die Hitze noch schwerer ertragen. Aber die Damen der Region benötigen sicher keine Feuchtigkeitscreme. Ich hier also auch nicht. Man hat das Gefühl, dass die Entspannung der Haut einen gleich 10 Jahre jünger aussehen lässt. Die Last der Hitze und der dichte Staub von Bagil macht die Verjüngung leider wieder zunichte. In der Umgebung sind große Zementfabriken, welche die Stadt ununterbrochen mit ihrem Staubhauch überziehen.

Ich finde dank der Wegbeschreibung ohne Mühe den richtigen Ortsteil von Monika. Dort frage ich einfach nach der deutschen Mudarissa, der Lehrerin. Gleich springen zehn Jungs um mich herum und zeigen mir das richtige Haus. Es ist abgrundtief hässlich, ein Gebäude im sozialistischen Stil, plump mit viel Beton gebaut. Für die Seele ist in den massigen Mietskasernen wenig Platz. Die Wohnungstüre ist angelehnt, und noch ehe ich mich wundere, ruft mich Monika herein. Ich finde sie auf ihrer Matratze liegend unterm Moskitonetz vor. Sie hat dieser Tage wieder einen Malariaschub. Hier in Küstennähe treibt sich in Massen die Anophelesmücke herum. Sie ist verantwortlich für die nicht nur in früheren Jahrhunderten tödlich verlaufende Infektionskrankheit Malaria. Die weiblichen Mücken brauchen Frischblut für ihre Brut, und so verbreiten sie die Krankheit von Tier zu Tier und von Mensch zu Mensch. Einmal infiziert, gibt man mit der nächsten Mücke, die einen sticht, sein verseuchtes Blut weiter. Die Krankheit muss aber bei einem Infizierten nicht unbedingt ausbrechen. Aber wenn, dann schlägt sie immer wieder zu. In unkalkulierbaren Schüben mit hohem Fieber und Schüttelfrost und rasenden Kopfschmerzen. Damals gibt es schon wirksame Hilfe mit Medikamenten. Wegen ihrer Nebenwirkungen wie Haarausfall,

Leber-schäden, Suchtverhalten – die Liste ließe sich noch weiter fortsetzen – wurde Fansidar aus dem Verkehr gezogen. Für Menschen, welche sich monatelang in solch malariaträchtigen Gebieten aufhalten, empfiehlt sich keine Prophylaxe. Dies nur bei kürzeren Aufenthalten. Über lange Zeiträume oder gar als Dauerzustand solche Tabletten einzunehmen, wäre eine zu starke Belastung für den Körper.
Sich gegen Mückenstiche zu schützen, ist die beste Vorsorge. Man trägt ganz geschlossene Kleidungsstücke und schläft prinzipiell unter einem Moskitonetz. Man lässt es darauf ankommen, ob man erkrankt, und dann muss eine Hammer-Therapie her, mit einer gnadenlosen Überdosierung, welche aber hilft. Mein probates Schutzmittel ist Autan und nichts Anderes für Gesicht, Hals und Hände. Auf einer Grabung in der Türkei schliefen wir drei Monate auf einem Hausdach. Durch die bewässerten Baumwollfelder rings-um gab es Moskitos zuhauf. Jede Nacht rieb ich mich deshalb mit Autan ein. Ich habe keine bleibenden Schäden davongetragen.
Monika hat sich schon wieder soweit erholt, dass sie sich mir widmen kann. Sie erzählt mir auch gleich eine lustige Geschichte: Sie arbeitet hier als Lehrerin in einem Alphabetisierungsprogramm für Erwachsene. Dort geht es eines Tages um Tiere, die in der Tihama vorkommen. Dazu hängt Monika Poster mit den abgebildeten Individuen an die Schulzimmerwände. Auch eine Malariamücke ist dabei, vergrößert auf einen halben Meter. Sie frägt reihum, was für Tiere da abgebildet sind. Als Antworten kommen dann Kamel, Rind, Schaf, Huhn, Taube usw. Bei der Malariamücke weiß niemand so richtig, was das für ein Tier sein soll. Monika erklärt, dass es eine dieser Malariamücken von hier sei, welche einen sehr krank machen und manchmal sogar sterben lassen. Da kam prompt die Antwort: „Nein, das kann nicht sein. So groß sind unsere Mücken nicht!"
Nun hat mich in Bagil nicht die Malaria erwischt, sondern Montezumas Rache. Mein Magen mitsamt der Darmflora ist noch nicht auf jemenitische Garküchen geeicht. Zwar schmeckte das in Bananenblätter gewickelte Kamelfleisch himmlisch zart, aber es waren wohl die Zutaten. Dieses Tanour-Fleisch ist eine Spezialität in der Tihama. Schon früh am Morgen werden die Fleischstücke von frisch geschlachteten Tieren portioniert und in Bananenblätter gewickelt.

Diese packen die Köche in Keramiköfen verschiedener Form und Ausmaße. Zunächst brennt ein Holzfeuer unter den leckeren Stücken. Dann werden das Feuerloch und die Öffnung oben mit Lehm komplett verschlossen. So gart nun der Inhalt den ganzen Tag vor sich hin. Und, simsallabim, nach zwölf Stunden ist das Fleisch butterweich und zergeht auf der Zunge. Und ist sicher keimfrei. Aber dann legen die netten Köche noch ein paar Tomatenstücke dazu und etwas vom grünen Salat, und das war's dann. Mit Salat ist das immer so eine Sache. Oft wird er mit Fäkalien gedüngt, und selbst mit Waschen gehen die parasitären Schädlinge nicht ab. Würmer will man nicht wirklich bekommen und eine Hepatitis auch nicht. Ich selbst habe da einschlägige Erfahrungen. Oweia.

Zu meinen beleidigten Innereien kommt noch eine weitere Sache: Es ist in Bagil überhaupt und in dem Betonbau zudem unsagbar heiß. Deshalb kann ich nicht einschlafen. So schaltet die dumme Ausländerin den Ventilator über ihrem Bett ein. Das ist sehr, sehr angenehm, und der Luftstrom hält auch die Malariamücken ab, weil die dumme Ausländerin ohne Mückennetz verreist ist. Schon am nächsten Morgen kratzt es im Hals. Ich fühle mich hundehundeelend. Fürchte die Busfahrt. So schickt mich die liebe Monika mit ihrem Fahrer in ihrem Dienstauto nach Sanaa. Die Fahrt war schrecklich wegen diverser Stopps, um Montezuma zu opfern, und zuhause hat sich das Kratzen im Hals zu einer ausgewachsenen Kehlkopfentzündung entwickelt.

In zwei Tagen soll ich meine Arbeitsstelle antreten, und nun habe ich die Bescherung. Mein Kreislauf lässt mich fast nicht auf eigenen Beinen stehen und nur mit höchstem Kraftaufwand auf die Toilette kommen. Sprechen geht auch nicht, nur ein Krächzen kommt aus meiner Kehle. Irmgard versorgt mich mit Tee und Keksen und kündigt mich bei Dr. Moujed an. Er ist der Vertragsarzt vom DED. Er schreibt mich für zwei Wochen krank, und die benötige ich wirklich, um wieder auf die Füße zu kommen.

Irmgard ruft im Institut in Ar-Rawdah an und entschuldigt mich. Es ist wirklich oberpeinlich, gleich am ersten Tag zu fehlen. Aber ich kann es nicht ändern. Der Herr Direktor lässt meine Krankmeldung nicht gelten. Ich soll zu einer Frau Dr. Sowieso gehen, der Vertragsärztin der Botschaft. Ich versuche diese mehrere Male telefonisch zu erreichen, wozu ich mich immer in eine Telefonzentrale um die Ecke schleppen muss. Bei mir brennt dann fast die Sicherung durch, und ich schreibe meinem Chef einen Brief, in dem ich mich für meinen Ausfall entschuldige, aber darauf hinweise, dass Dr. Moujed mein Arzt ist und bleibt, und ich nicht länger hinter einem Phantom herlaufen kann.

Dann erscheine ich pünktlich nach zwei Wochen im Institut. In meinen Hinterkopf habe ich fest eingehämmert: Nur ein schräges Wort von ihm, und ich bin weg. Den Pass habe ich ja. Und eine Wohnung. Es kommt aber kein schräges Wort. Statt dessen ein höflicher Empfang.

Nun aber verkünde ich, dass ich kein Zimmer im Institut brauche, denn ich habe mir in der Innenstadt eine Wohnung angemietet. Der Kinnladen des Guten fällt weit herunter und die Worte „Das ist aber verboten!“ kommen etwas mühsam heraus. Innerlich grinsend zucke ich nur die Achseln.

Das also ist mein Arbeitseinstieg ins Deutsche Archäologische Institut Berlin, Zweigstelle Sanaa. Die Arbeit hgefällt mir aber sofort. Ich darf zunächst in Bleistift angefertigte Pläne von Mauern aller möglichen Tempel aus dem Jemen und auch aus dem Irak in Tusche umsetzen. Dies braucht ein gutes Auge, eine ruhige Hand und Geduld. Ich zeichne in einem kleinen Tuffsteinhäuschen. Es steht auf dem Gelände des Instituts im Garten. Eine Zimmerwand ist voll verglast und mit Klapptüren zu öffnen. Davor ist eine Birka, ein gemauerter Springbrunnen, allerdings ohne Wasser. Das kleine Gebäude dürfte früher einer Art Gartenpavillon entsprochen haben, wo der Herr Imam mit Familie seine Sonntagsnachmittage verbracht hatte.

Der heutige Herr und Meister wird von allen mit Mudir angesprochen, was übersetzt einfach nur Direktor heißt. So nenne ich ihn nun auch. Und siehe da, wir kommen plötzlich wunderbar klar mitsammen. Sein unbestechliches Auge erkennt auf einen Blick aus zwei Meter Entfernung, wo bei mir die Sandkörner noch dichter sein könnten, wo die Steine sich an den Schattenseiten nicht richtig als Linie hervorheben, und wo Schraffurlinien noch klarer in ihren

Abständen erscheinen können. Natürlich lege ich meinen Ehrgeiz hinein, alles gut zu machen. Und so bereitet mir das Arbeiten wirklich nur Vergnügen.
Weniger vergnüglich ist es aber, zusehen zu müssen, wie der Mudir die anderen Anwesenden behandelt. Man könnte glauben, dass es ihm Vergnügen bereitet, Menschen zu demütigen. Am meisten leiden darunter Zidla und Ferridun. Sie werden behandelt, als ob sie das Gnadenbrot bekämen. Dabei sind beide erstklassige Architekten und Bauforscher. Die Geschichte ihrer Flucht habe ich schon weiter oben erzählt. Über Umwege erreichten sie die Außenstelle Sanaa im Jemen. Von ihrer Flucht dürften sie immer noch traumatisiert sein. Als billige Arbeitskräfte sind sie hier nun mal mehr, mal weniger gern gesehen. In dem geräumigen ehemaligen Sommerpalast unseres Instituts dürfen sie ein Zimmerchen von 9 Quadratmetern bewohnen, obwohl das Haus die meiste Zeit des Jahres so gut wie leer steht.
Ahmad und Muqbil kommen aus dem Bergjemen, beide aus demselben Dorf. Sie sind die Institutsdiener. Ahmad war 15, als er hier angestellt wurde. Ich lerne ihn als jungen Burschen kennen, vielleicht schon vier Jahre älter. Er ist der Hausmann, hat täglich abzustauben und zu putzen. Schon damals nützt er jede unbewachte Minute, um sich in einer Ecke zu einem Schläfchen zurückzuziehen. Sein Talent dazu entwickelt er im Laufe der kommenden Jahre zur wahren Meisterschaft.
Klar, dass seine Arbeit eigentlich unter der Würde eines Jemeniten ist. Putzen! Dementsprechend schwungvoll klatscht er den nassen Mopp auf die Granitsteine der Eingangshalle. Ein ganzer Eimer voll Wasser geht dabei drauf. Dieses lässt er durch die Ritzen einsickern, voilà, sauber ist der Boden. Beim Abstauben klopft er mit einem Lappen auf Fenstersimsen und Regale, über Tische und Stühle. Der Staub wirbelt auf in Wolken, die beklopften Teile sind entstaubt. In Kürze hat er aber auf den angestammten Sachen wieder Platz genommen, senkt sich ab auf den Boden. Da kommt Ahmads Mopp wieder zum Einsatz. Kreislauf des Staubes könnte man die Aktionen nennen, denn wenn die Fußbodenlachen aufgetrocknet sind, wird der Staub erneut in die Höhe gewirbelt, senkt sich auf Fenstersimsen und Regale, auf Tische und Stühle – da capo al fine.

Es staubt allerdings unvorstellbar in dieser Gegend. Überall offene Erdreiche, keine befestigten Flächen, außer den Grundflächen der Gebäude. Wie anders ist es in Deutschland! Da kämpft man inzwischen gegen die komplette Versiegelung der Erdoberfläche. Muss Gesetze dazu erlassen. Hier aber kämpft Ahmad seinen Sisyphus-Kampf gegen den Staub.
Zur damaligen Zeit gibt es noch keine digitalen Kameras. Ich fotografiere mit Rollfilmen. Die bringe ich in den üblichen Döschen aus Deutschland mit. Wenn man sie ins Wasser werfen würde, schwämmen sie und blieben dicht. Gegen den Staub sind sie es nicht. Denn wenn ich zum Beispiel nach drei Monaten in Ar Rawdah einen neuen Film einlegen will, ihn aus dem Döschen nehme und die Filmlasche zum Einspannen aus der Rolle ziehe, sehe ich auf der Lasche deutlich den Staub. Ganz klar sieht man die Grenze, wo der Film in der Rolle steckte. Trotz des guten Döschenverschlusses. Nehme ich heute ein Buch aus meinem Bücherregal, weiß ich immer sofort, dass ich dieses in Ar Rawdah stehen hatte. Dementsprechend staubig fühlt sich das Papier an.
Ahmad hat also wirklich zu tun. Er muss auch spülen und aufräumen. Beim Arrangieren von Mudirs Nippes auf den Teetischchen steht dann alles in Reih und Glied. Da pusselt er daran herum, und dafür wird er auch immer gelobt. Er hat aber seinem Arbeitgeber einmal einen Schlüsselbund vor die Füße geschmissen und gerufen: „Alle hassen dich!“ Der Mudir legt bei unseren arabischen Angestellten ein großzügigeres Verhalten an den Tag als bei seinen europäischen Mitmenschen. Seine Launen sind schwer zu ertragen. Muqbil findet eigene Wege, um sich dem Druck zeitweise zu entziehen. Er ist für die administrativen Sachen zuständig. Er handelt Besprechungstermine mit der Antikenverwaltung aus. Er kümmert sich darum, dass unsere Pässe die richtigen Visa bekommen, dass wir eine Arbeitsgenehmigung erhalten. Das ist aus versicherungstechnischen Aspekten nötig. Kurz, er erledigt auch den ganzen Papierkram mit der Botschaft und den diversen Ministerien. Muqbil kümmert sich zudem um den Nachschub von Gasflaschen, beschafft Elektriker, Klempner, wenn es sein muss. Im Laufe all der Jahre ist er unentbehrlich geworden.

Er hat bereits fünf Kinder, will aber seit dem dritten keine weiteren mehr. Seine Frau soll immer die Antibabypille einnehmen, aber bevor nach einer Geburt der Warte-Monat vorbei ist, um diese nehmen zu können, ist sie schon wieder schwanger. Ein in Sanaa hinter vorgehaltener Hand propagierter Verhütungsschaum hat auch nicht geholfen. Muqbils Frau Samara sprühte sich diesen in den Mund. Ob mit oder ohne Tüte, war dann auch immer die Frage. Jedenfalls sind es im Laufe meiner Rawdah-Zeit acht Kinder geworden.
Muqbil hat eine Schwäche für Alkohol. In früheren Jahren war sie sehr ausgeprägt. Die allermeisten Jemeniten rühren als gläubige Muslime keinen Alkohol an, tun auch nicht nur so. Aber die wenigen anderen sind eher Quartalssäufer. Spezialisiert auf harte Sachen. Denn damit hat man von einer Flasche mehr vom Rausch als nur von einer Flasche Bier. Und meist ist es dann auch so, dass so lange getrunken wird, bis die Flasche leer ist. Zu dieser Sorte gehört Muqbil. Er weiß, wo er sich den Alk schwarz besorgen kann. Die Polizei weiß das auch. So kommt er manchmal blaugeprügelt ins Institut gekrochen. Wenn er geschickter vorgeht, kommt er drei Tage überhaupt nicht. Dann hat er seinen Rausch ausgeschlafen und vom Kater wieder genug für ein paar Wochen. Ich glaube, dass er inzwischen gar nichts mehr trinkt. Seine Quellen sind einfach versiegt. Wie gut.
Der jemenitische Mann meiner guten Freundin Magda spielt abends gerne auf seiner Oud, einer Art Gitarre mit geknicktem Hals. Sein Freund Aqram, ein Angestellter im Innenministerium, kommt oft hinzu, und sie machen sich einen gemütlichen Männerabend mit Musik und einem geistigen Getränk. Sie beide wissen, wie man sich Alkohol beschaffen kann, ohne erwischt zu werden. An den geselligen Abenden wird gesungen, und ein Glas Whisky gehört dazu. Sie sind keine Quartalssäufer, sondern Genießer, die wissen, wann es Zeit ist aufzuhören. Meist wird es dann spät abends. Aqram fährt bei solchen Anlässen nie mit seinem eigenen Auto, er nimmt sich ein Taxi. Selbst nachts findet man immer eines. Vom späten Abend ab sind in der Hauptstadt zusätzliche Straßensperren vom Militär, wo Ausweise kontrolliert werden, wo nach versteckten Waffen gesucht wird, nach verdächtigen Typen Ausschau gehalten wird. Bei einer dieser Nachhausefahrten stoppt ein Militärmensch das Taxi, steckt seinen Kopf

in das Fahrerhaus, riecht Alkohol und verhaftet Aqram. Er ist nicht betrunken, wird aber ins Gefängnis geschleppt. Da sich sein Ministerium für ihn einsetzt, lässt ihn die Polizei nach zwei Tagen frei. Er bekommt auch die obligatorischen Prügel, diesmal aber nicht real mit dem Schlagstock. Er bekommt sie symbolisch auf Unterschenkel und Schultern mit der Hand geschlagen. Somit hat er gesühnt und ist frei. Vielleicht kann man daran ermessen, was es bedeutet, als Ausländer Alkohol in der Wohnung herumstehen zu haben. 2 Liter darf man einführen. Aber wie die leeren Flaschen entsorgen? Am besten steckt man sie in eine blickdichte Tüte und wirft sie mindestens 200 Meter von seiner Haustüre entfernt in einen Müllcontainer.
Zu unserem Instituts-Hausstand gehören auch fünf Katzen, zwei Hunde, zwei Hähne und zehn Hennen. Die Katzen und Hunde werden hier mit Fleisch vom Suq gefüttert. Wir würden es als Abfallfleisch bezeichnen. Aber hier sind die Leute darüber empört, dass für nutzlose Tiere Geld ausgegeben wird. Ahmad muss sich das beim Einkauf immer anhören. Jeden zweiten Tag stinkt es schrecklich in der Küche, weil er das Zeug auch noch kochen muss. Einen riesigen Topf mit dem Gekröse und einen riesigen Topf mit Reis. Das übelriechende Fleischzeug schneidet Ahmad mit verzogenem angewiderten Gesicht klein und vermischt es mit dem Reis. Den faul gewordenen Katzen kredenzt er morgens und abends ihr Mahl. Einen Tag bekommen sie das Fleisch-Reisgemisch, einen anderen Makrelenfisch und Reis. Deshalb kann ich diese Fischdosen bald nicht mehr riechen, es kommt mir dabei hoch. Die Katzen liegen den ganzen Tag dösend auf den Stufen der Eingangstüre des Instituts. Eine Maus könnte 10 Zentimeter vor ihren Nasen vorbeilaufen – es käme sicher nur ein müdes Winken mit einer Pfote, so gemästet liegen sie da. Aber kaum macht einer die Türe auf, um im Hof etwas zu erledigen, springt die ganze Meute auf und schreit kreischend nach Futter. Sie haben wirklich einen sozialen Dachschaden. Die normalen Rawdaher Katzen sind dürr, haben die Räude, meist nur noch ein Ohr oder einen halben Schwanz, hocken in den neuerdings hingestellten Abfallcontainern. Aber es sind normale Katzen.
Einer der Abfallcontainer steht auf dem Dorfplatz, unweit unseres Eingangstors. Da einem beim Reinwerfen einer Mülltüte oder der-

gleichen immer gleich drei Katzen fast ins Gesicht springen, geht keiner näher als 2 Meter an das Behältnis heran. Dann trifft man aber nicht hinein. So liegt ein Großteil stinkend darum herum. Und je mehr darum herum liegt, desto weniger nah geht man heran und trifft noch schlechter. Da die Müllabfuhr mit Glück wohl erst in zwei Wochen wieder kommt, häuft sich der stinkende Unrat gewaltig.
Daran tun sich nun die Dorfhunde gütlich. Es reicht gerade dazu, ein Hundeleben zu führen. Ein Dasein zum Erbarmen. Denn Steinewerfen ist die große Leidenschaft der Kinder. Und Hunde sind ein amüsantes Ziel. Steine liegen überall und Spielsachen gibt es nicht. Bei jeder Gelegenheit fliegen Steine. Hunde sind in muslimischen Augen unreine Tiere. Also werden sie gejagt, wo immer sie sich aufhalten. Trotzdem vermehren sie sich wie die Karnickel, wobei die wenigsten Welpen durchkommen. Durch Steinwürfe sind viele der Hunde verletzt und humpeln durch die Gegend. Am Tag lassen sie sich aus diesem Grund nicht gerne sehen. Erst des Nachts bilden sie ihre Rudel und heulen. Heulen stundenlang in den sternenbesäten Nachthimmel.
Noch so viel Steinwürfe können die Hundepopulation aber nicht eindämmen. Deshalb werden die armen Tiere von der Regierung immer wieder mit einem Großeinsatz vergiftet. Gegen Mitternacht, wenn jeder brave Jemenite mit seiner braven Jemenitin im Bett liegt, werden vergiftete Fleischstücke auf den Hauptstraßen ausgeworfen. Sehr gerne liegen die Hunde nachts mitten auf den Straßen, besonders gerne auf dem noch warmen Asphalt der neuen Teerstraße vom Bab Al Jemen bis hinaus zum Flughafen. Viel Verkehr gibt es dann nicht mehr. So sind die Meuten unter sich und haben ihre Ruhe. Die Fahrzeuge mit dem tödlichen Futter sind schnell wieder verschwunden und nichts wie drauf auf die Himmelsgabe. Bis morgens um fünf sind alle tot. Qualvoll gestorben. Noch ein Einsammelkommando bevor die Frühaufsteher unterwegs sind, und Tausende Hunde sind es wieder einmal weniger geworden.
Unsere zwei Institutshunde hingegen haben es wesentlich besser als die armen Leute hier im Dorf. Aus Ahmads Fleischtopf bekommen die schon fett werdenden Promenadenmischungen ihr Futter. Und das nicht nur zweimal wie die Katzen, sondern dreimal am Tag.

Die unappetitlichen Schüsseln stinken zu unser aller Freude in der Küche vor sich hin.
Im Institutshof gibt es auch ein Hühnervolk. Nachts ist das Federvieh im Stall, denn nach Hühnchen lechzen Füchse auch im Jemen. Tagsüber picken die Hühnerdamen fleißig die ausgestreuten Körner und Sonnenblumensamen auf, nachdem die zwei Gockel ihrem überwachten Hofstaat das Feld überlassen. Die beiden Hähne sind zutiefst verfeindet. So krähen sie nicht nur zu verschiedenen falschen Zeiten, sie bekämpfen sich immer wieder. Und zwar im Stil eines professionellen Hahnenkampfes. Einen solchen erlebe ich nun aus nächster Nähe. Die beiden kämpfen drei volle Tage miteinander. Nachts lassen sie sich in Ruhe. Aber in der Restzeit zerfleischen sie sich nach allen Regeln der Kunst. Es sind eher Bonsai-Hähne, jemenitisch klein, dürr, aber zäh. Sie zielen auf den Hals ihres Gegners und hacken auf Kopf und Körper ein, wo es die Deckung des anderen gerade erlaubt. Die Federn fliegen, ein Hahnengeschrei als ein schrilles Gekreische spricht vom Stand der Dinge. Die Kampfpausen werden nun immer länger, und am dritten Tag sind die Hälse nur noch dünne, federlose Stängelchen, wo die Hautfetzen herunterhängen. Auch sonst könnte man mit den verlorenen Federn ein Kopfkissen ausstopfen. Langsam zeichnet es sich ab, wer der Sieger wird. Es ist natürlich der Don Juan der Damenwelt, der schon vor dem Kampf einen Dachschaden hatte. Bevor der Verlierer nun endgültig zu Tode gehackt ist, lässt der andere von ihm ab, dreht hoch erhobenen Hauptes seine Siegerrunde. Könnte er sich im Spiegel sehen, würde er in Ohnmacht fallen, so zerrupft sieht er aus. Der am Boden Liegende wird von unserem Wächter erlöst, wandert sicher in dessen Kochtopf. Der Sieger hat sich nun aber den letzten Verstand aus dem Kopf hacken lassen. Nach einiger Zeit hat er wieder einen Flaum am Hals, bleibt bösartig.
Geht irgendjemand über den Hof, kommt er dahergerannt, plustert sich auf und versucht, nach dessen Beinen zu hacken. Jeder hat Angst vor dem Vieh, aber der Mudir und er scheinen sich zu mögen. Ich will einmal zwei große Glasplatten für Bilderrahmen in mein Zeichenzimmer tragen, da fällt mich der Verrückte an. Durch die Gläser bin ich behindert, kann diese aber immer wieder dem ansprin-

genden Tier gegen den Körper klatschen, dass er davonfliegt. Das macht ihn noch wütender. Sofort wieder auf den Beinen, springt er mich erneut an. Seine Ausdauer ist ja bekannt. Ich kämpfe wirklich ernsthaft gegen das Vieh. Irgendwann sind ihm meine Schläge denn doch zu heftig, und er lässt mich in Ruhe. Dummerweise zerbricht eine der Scheiben und verletzt mich am Fuß. Aber von da ab lässt mich mein Liebling tatsächlich in Ruhe.

Zum festen Bestandteil unseres täglichen Lebens in Ar-Rawdah gehört ein Imam mit seiner Moschee. Sie ist sehr groß, sieht von außen wunderschön aus und hat ein sehr hohes Minarett. Wenn man von Marib kommt, ist es schon von weit her sichtbar und kündigt die nahe Stadtgrenze an. Als Christen dürfen wir nicht hinein. Denn wir haben einen sehr frommen Imam. Und einen sehr lauten. Er nimmt es mit den Gebetszeiten sehr genau. Besonders vor dem Morgengrauen. Es ist noch stockdunkel, vielleicht vier Uhr morgens. Da wird man erst einmal von einem lauten Kratzen über das Moschee-Mikrophon geweckt. Ich habe den Verdacht, dass die Lautsprecherschüssel noch mehr in Richtung Institut gedreht wurde und die Dezibel in Richtung Rennwagenmotor aufgedreht, was uns einen halben Meter aus dem Bett hebt. Es gehen damit sicher Missionierungswünsche einher. Das ist aber erst die Vor-Ouvertüre. Die Ouvertüre selbst kommt nach einer die Spannung steigernden kleinen Pause: Imam Hussein holt nämlich aus tiefster Lunge seinen Staubinhalt des letzten Tages hoch und spuckt ihn mit längerem Gewürge, Gekrächze und Geschleime über das Geländer des Minarettbalkons. Wieder kurze dramaturgisch bedeutsame Pause zur Haupteröffnung: Wie eine Sirene fängt er mit einem tiefen Ton an, wackelt sich in die richtige Stimmlage hoch. Er kreischt wie unser Siegerhahn, welcher inzwischen ebenfalls in Dahans Kochtopf verschwunden ist.

Das hochgezogene Gekreische geht über in ein Martinshorn, sein Allahu akbar. Er kann den Ton nicht halten und krächzt schleimig in Dissonanzen weiter sein Morgengebet. Angelangt beim „Beten ist besser als schlafen“, setzt Hussein erneut im Heulton an, bis er sich überschlägt. Er schreit, was seine Stimmbänder hergeben. Gegen Ende hat er sich wohl zu sehr verausgabt. Denn nun haspelt er den weiteren Text im Karacho herunter, wird leiser und leiser, bis man am Schluss nur noch das Knacksen des Mikrophons hört. Es ist wirklich unglaublich und grotesk, wie ein Imam so fürchterliche Töne von sich geben kann. Ich muss immer laut lachen, auch wenn es mich deswegen noch mehr Zeit kostet, wieder einzuschlafen. Es ist mir wirklich schleierhaft, wie sich die muslimische Gemeinde von Ar-Rawdah das gefallen lassen kann. Wahrscheinlich sind die Koranworte so heilig, dass nicht einmal so eine verhunzte Wiedergabe dies schmälern kann.

Nun gibt es aber noch vier weitere Gebete, mittags, nachmittags, eines für abends und eines für die Nacht. Keines der folgenden bringt Hussein so brillant hin, wie sein Morgengebet. Allerdings gibt es beim Mittagsgebet auch eine besondere Einlage. Die Gebetsrufe sollen die Gläubigen darauf aufmerksam machen, dass die Arbeit nun unterbrochen werden darf, um mit Gott zu sprechen. Um richtig beten zu können, muss man sich vorher waschen, und dazu gibt es ein bestimmtes Ritual. Das erledigen die Gläubigen meist im Vorhof der Moschee, wo ein Brunnen Wasser spendet. Nun gibt es auch einen Moscheegarten mit allerlei Gemüse. Deshalb bekommt der Imam von seiner Frau nach dem Beten immer ein gutes Mittagessen vorgesetzt. Sie wässert also den Garten, damit alles wächst und gedeiht. Meist vergisst sie aber, den Wasserhahn wieder zuzudrehen. Deshalb hat der Moscheebrunnen kein Wasser, und die Beter können ihre Waschungen nicht vornehmen. So kommt dann der nächste Imam-Auftritt, wieder über den Minarettlautsprecher. Erst das geräuschvolle, leicht abgeschwächte Vorspiel, dann ertönt krächzend über den ganzen Ort: „Mohammed, taduri iftach al moija“, was bedeutet: „Mohammed, dreh's Wassser auf.“ Mehrere Male schallt es laut über die Köpfe der Gläubigen. Da es höchst schandvoll ist, den Namen einer oder gar seiner eigenen Frau öffentlich zu nennen und schon gar nicht vom Minarett herunter, wird seine Hulda einfach zum Mohammed.

Von der Zentrale in Berlin wird noch vor meinem verspäteten Arbeitsbeginn ein Verwalter in die Station Sanaa entsandt. Olaf. Zum ersten Mal, seit es das Institut gibt, wird diese Stelle besetzt. Deshalb kommt er höchst motiviert hier an. Und irgendwie verliebt er sich augenblicklich in die Blenderfigur Mudir. Er könnte für ihn ein großes Vorbild, eine Vaterfigur, gewesen sein. Doch bereits nach einigen Wochen kippt das Verhältnis. Olaf, als guter Verwalter, wird immer enttäuschter und frustrierter, je mehr er sich anstrengt. Er hat natürlich voll den Einblick in die ganzen finanziellen Verhältnisse und er hat auch in gewissem Sinne das Sagen, was die Verteilung der Mittel anbelangt. So ist er der Störenfried für Mudirs bislang bestens geregeltes Leben. Die beschaulichen Ar- Rawdaher Tage sind für ihn dahin. Und das lässt er Olaf spüren. Wahrlich! „Es kostet mich ein Lächeln, Sie nach Berlin zurückzuschicken!", muss ich mir einmal mit anhören, als Olaf abgekanzelt wird.
Schnell sind wir dick befreundet. Unser Hauptthema ist Mudir hinten und Mudir vorne, so belastet uns dieser Mensch. Langsam reift bei Olaf der Entschluss, sich aus dem Abhängigkeitsverhältnis wenigstens etwas herauszuschälen, indem er sich ebenfalls eine Wohnung in der Stadt sucht.
Ich fahre immer mit einem Sammeltaxi zum Arbeiten. Um acht Uhr bin ich zur Stelle. Gearbeitet wird bis 15 Uhr, dann ist für diesen Tag Feierabend.
Nicht nur für Verwaltungsangelegenheiten eingesetzt, soll Olaf für den Meister auch noch kochen. Zu fünft sitzen wir dann um einen großen Tisch und führen während des Essens eine gequälte Unterhaltung. Zidla, Feridun, Olaf und ich teilen uns die Lebensmittelkosten, der Mudir sieht keinen Grund, sich daran zu beteiligen. Und niemand traut sich, ihm etwas derart Unzumutbares zu sagen. Seltsamerweise kann ich unter vier Augen eher Klartext sprechen und sage ihm auch einmal, dass er eine Schreckensherrschaft führt. Ob er das so wolle. Ja, er sei für Zucht und Ordnung.
Nun beginnen mit Olaf die frühabendlichen Streifzüge und Partys. Wir sind mit unseren Erkundungen unersättlich. Die Altstadt hat es uns besonders angetan. Jedes kleine Gässchen und jeder Winkel interessiert uns. Mit einbrechender Dunkelheit erglühen die bunten

Glasscheiben der Gamerijas, erstrahlen die Geschäfte mit ihren hunderttausend Sächelchen. Wir probieren alle angebotenen Speisen aus Schubkarren oder irgendwelchen zusammengebastelten Ständen. Seien es gekochte Kartoffel und Eier, gebratene Fleischküchle, frittierte Sambusek, Pfannkuchen oder Hühnchenteile. Damals war meine Hemmschwelle, in all den Garküchen und auf dem Markt zu essen, unter null. Von Magenverstimmungen und Schlimmerem werde ich verschont. Wir schauen den Männern beim Khat Kaufen zu. Vor allem, wenn sie beim Kauf gierig herumfeilschen.
Mit heimlichem Vergnügen lassen wir uns in entsprechenden Geschäften Damenunterhosen und Büstenhalter vorführen. Es sind ausschließlich männliche Verkäufer, die mit beiden Händen und Geschick in diese Teile hineinfahren und demonstrieren, wieviel Platz da wäre und wie groß ein Busen sein kann, damit er ebenfalls in solch steife Dinger passt. Sie zeigen die Brauchbarkeit der Dessous, die aus einem Sexshop stammen könnten, als ob wir uns für die Verwendbarkeit von Handfegern oder Kaffeekannen interessieren würden. Und das im oberprüden Sanaa! Wir stöbern in Supermärkten neue Waren auf, um unsere Küchenzettel zu bereichern. Olaf probiert sogar einmal das Pinkeln in der Hocke aus. Kurz, wir genießen das altsüdarabische Flair bis zum Umfallen.
Wir probieren jedes Dubab in alle Richtungen aus. Das sind Minibusse und heißen übersetzt „Fliege“. Sie fahren auf vorgeschriebenen Richtungen, halten aber an jeder gewünschten Stelle. Man klopft dazu mit einer Münze ans Fenster und sagt: Ala gamp!, an die Seite! Wir haben unsere Freude am Geschrei und Gedränge an den Sammelplätzen der Dubabs.
Einmal steige ich in so ein Gefährt, klemme mich zwischen zwei Jemenitinnen auf die Rückbank. Gegenüber sitzt ein Paar, der Hautfarbe nach eindeutig aus Afrika. Der Fahrer bedeutet den beiden, sofort auszusteigen, was sie umgehend auch tun. Zu mir gewandt erklärt er, dass er mir die Fahrt mir den Schwarzen nicht zumuten will. Natürlich steige ich den beiden ohne Schrecksekunde hinterher.
Es kommt sogar vor, dass manche Einheimische mit ihrem Geschichtswissen brillieren wollen. Wenn sie herausgefunden haben, dass ich Deutsche bin, dann kommt sofort: Hitler und Beckenbauer

in einem Atemzug. Hitler hat die Juden verfolgt, und die Juden sind den Arabern verhasst. Also ist Hitler gut. Es ist nicht zu fassen, wie rassistisch manche sind und wie unverhohlen sie das sagen. Da spürt man dann, dass sich unsereins aus dem Westen vielleicht ja doch nur an der Oberfläche der jemenitischen Seele bewegt. So gesehen: Haben meine harmlosen Erkundungen und die damit verbundenen Kontakte zu Einheimischen wirklich etwas mit deren Welt zu tun? Mit Erstaunen stellen wir fest, wie die Ausländerkommunen ihre Feste feiern. Immer wieder sind es dieselben Partygänger und Partygängerinnen, wo Olaf und ich natürlich auch dabei sein müssen. Teilweise ziemliche Schluckspechte. Zum Futtern gibt es immer Leckeres auf Fingerfoodbasis. Und die diversen Singles halten dabei Ausschau nach nächtlichen Turnübungen. Ein Botschaftsmensch hat den Spitznamen „Mister Bed and Breakfast", so erfolgreich scheint er zu sein. Allerdings hat er meine Hochachtung, als er, zurück nach Deutschland versetzt, seine somalische Hausangestellte dorthin mitnimmt und sie heiratet. Das Partyleben ist hauptsächlich deshalb so am Blühen, weil es in ganz Sanaa keine Lokale gibt, wo man zum Essen danach einfach bei einem Bierchen noch sitzen bleiben kann. Es gibt nur Mousi, ein alkoholfreies Bier aus Saudi-Arabien, wo man wenigstens den Hauch des bekannten Getränks abbekommt. Die Einheimischen sehen Restaurants nur als Orte zum Sattmachen. Und das im Schnellgang. Tische und Fußböden sehen nach deren Mahlzeiten immer aus, dass Herkules zum Saubermachen seinen berühmten Fluss durch die Maatams, die Restaurants, durchleiten müsste.

Ein in meinen Augen abartiges Fest wird in der Deutschen Botschaft ausgerichtet. Ein Oktoberfest. Und das im Jemen. Schon Wochen vorher geht die Kunde um, dass es Bier gibt und Schweinsbraten und Schweinswürstel und Schweinshaxen. Man stelle sich das vor! Die Botschaft liegt in einem bebauten Gebiet! Das Fest wird auf einer riesigen Terrasse im ersten Stock ausgerichtet. Die Holzkohlengrills

schaffen es locker, den Schweineduft im Umkreis von 100 Metern zu verbreiten. Schweinefleischessen dürfte wohl eine der allerletzten Hürden für Muslime sein, wenn sie sich nach dem Westen orientieren. Alkoholtrinken ist wahrscheinlich eine lässliche Sünde, während Schweinefleischessen eine richtige Todsünde darstellt!
Und dies wird nun von uns Ungläubigen in der Botschaft offen und einseh- sowie riechbar veranstaltet. Es stehen dort natürlich auch Biertischgarnituren mit weißblauen Papiertischdecken. Und das Bier gibt es gezapft in Maßkrügen. Trotz unserer Bedenken müssen wir natürlich auch mit dabei sein. So ein Saudi sitzt uns gegenüber mit Kefije und der schwarzen Kordel auf dem Kopf, dem Agal, in blütenweißem bodenlangem Hemd und stemmt einen Bierkrug. Irgendwie peinlich. Aber die Oberpeinlichkeit ist die, dass die gesamte Bedienung, es sind alles junge Inder, in Lederhosen herumlaufen müssen. Es sind ganz kurze Höschen, die keineswegs mit den wenigstens fast knielangen aus Bayern etwas zu tun haben. Doch damit nicht genug, Sepplhüte in Kindergröße sind ihre läppischen Kopfbedeckungen. Die Wadlstutzen vervollständigen die Erscheinung der Armen, welche mit ihrer Aufmachung am liebsten im Boden versunken wären. Eine weitere „Gaudi" hält die Botschaft bereit: Die Biermöslblosn, auf Hochdeutsch: die Bierkrugblaskapelle, spielt auf. Mit viel Juhuhuhei bieten sie dem Publikum tatsächlich auch noch einen Schuhplattlertanz mit Gejodel.
Eine Party in Sanaa ist mir ebenfalls noch in besonderer Erinnerung. Der Gastgeber war kurz vorher im Iran und bringt tatsächlich 10 Kilogrammdosen Kaviar mit. Den echten. Die stehen nun schon teilweise geöffnet auf dem Buffet, und man soll bitteschön kräftig zulangen. Ich esse löffelweise die schwarze Delikatesse mit Weißbrot, schaufle sie fast in mich hinein. Zu den üblichen alkoholischen Getränken, die ein GTZ- oder Botschaftsmensch sich containerweise bestellen kann, gibt es als köstliches Getränk Honigmelonensaft aus dem Mixer, gemischt mit Kognak. Erwischt man einen Jemeniten mit Alkoholfahne, dann kommt er ins Gefängnis. Mit ein paar Prügeln gratis. Wenn unsereins nächtens aus so einem Ausländerhaus den Heimweg antritt, weiß jeder Bewohner rundum, dass Alkohol getrunken wurde. In den meisten Fällen stimmt das ja auch. So bewirkt

unser Ruf, dass eine Immigration in dieses Land etwas abschätzig angesehen wird.
Die Erinnerung an das Fest ist mir aber hauptsächlich deshalb geblieben, weil zwei Piloten der Jemenia-Air-Line mit anwesend sind. Sie erzählen ein bisschen, was bei ihnen so alles abgeht. Sie sind Muslime – klar, hier gibt es so gut wie keine Christen –, sie trinken Alkohol, würden aber nie, nie Schweinefleisch essen! Haben diverse Techtelmechtel in Deutschland und anderswo auf der Welt, würden aber nie, nie so ein Mädel heiraten! Sie wollen von ihren Eltern eine ausgesucht bekommen. Eine Jungfrau. Und diese darf dann als Verheiratete nur mit Gesichtsschleier ausgehen. Die Krone setzt allem aber ihre politische Meinung auf. Die beiden heißen für gut, dass Salman Rushdie durch die Scharia zum Tod verurteilt wird. Er hat mit seinem Roman Die *satanischen Verse*, erschienen 1988, als Gotteslästerer den Tod verdient. Wie verschlossen mögen da erst die Ansichten der „normalen" Bevölkerung sein, wenn in unseren Augen aufgeschlossene, studierte, auslandserfahrene junge Männer so ein Weltbild mit sich herumtragen. Was für eines haben die Scharen von Flüchtlingen, die aus dörflichen Gegenden zu uns kommen? Was für eines diejenigen, die als Analphabeten aufwuchsen? Deshalb halte ich persönlich die Chancen einer wirklichen Integration auch in der heutigen Zeit, im Jahre 2019, nicht für allzu groß.

Irmgard gibt mir mehr und mehr Einblick in ihre eigene Welt. Sie lebt bereits seit fünf Jahren hier. Sie hat einen jemenitischen Kater adoptiert, Alibaba, und sie hat einen jemenitischen Liebhaber, Abdul Karim. Der pechschwarze Alibaba ist vom Straßenraudi zur Schmusekatze mutiert. Da er gefüttert wird, gehören Raufereien mit Artgenossen in Müllcontainern zu seiner Vergangenheit. Über die Dächer hat er Zugang zur Wohnung. Mit Abdul Karim geht das leider nicht so einfach. Irmgard bildet in ihrem Krankenhaus den angehenden Krankenpfleger aus. Die beiden arbeiten also zusammen. So scheint

die Nachbarschaft die Besuche zu tolerieren, die angeblich beruflichen Dingen gewidmet sind. Das heißt aber auch, Zugang nur untertags – und auch da nie zu lange. Die Nächte sind tabu. Abdul Karim ist in Irmgard heiß verliebt. Sie hat aschblondes langes Naturhaar, blaue Augen und eine helle Haut. Für Jemeniten sind das die absoluten Schönheitsattribute. Abdu kommt daher mit Glutblick und der Kefije elegant ums Haupt gewickelt. Ein immer blütenweißes langes Männerhemd, die Galabija, dazu ein goldbestickter Gürtel mit einem Koran-Spruch und der Djambija, dem berühmten Krummdolch daran, vervollständigen sein Bild. Nein, das dunkle Männerjacket, wie auch immer das in die jemenitische Männerbekleidung Einzug fand, gehört natürlich auch dazu. Er hat Umgangsformen, spuckt nicht in die Zimmerecken und schnäuzt sich nicht ins Kopftuch. Also eine rundum wohltuende Erscheinung.
Irmgards fünfjährige Zeit im Jemen geht bald zu Ende. Sie will nach England, um dort ihre Doktorarbeit zu schreiben. Doch vorher wünscht sie sich noch eine lang ersehnte abenteuerliche Reise nach Norden in den gefährlichen Dschouf. Wo schon damals die Huthis der Zentralregierung trotzten. Mit ihrem engeren Freundeskreis und im DED-eigenen Toyota fahren sie zuerst über Amran in die schwierig zu erreichende Zaiditen-Stadt Saada. Hier enden alle normalen Straßen. Weiter, in Richtung Nordosten, in die Wüste Rub Al-Khali, führen nur schwer zu findende Pisten. Dort gibt es Beduinenstämme, die als Nomaden ihre Sommer- und Winterplätze haben und in ihren großen Zelten leben. Kamele, Ziegen- und Schafherden sind der Reichtum der weit verstreut siedelnden Stämme. Kleine Oasen mit Dattelpalmen und den dunkelgrünen saftigen Luzernefeldern wechseln mit den weiten Flächen der Sandwüste. Nur Spuren im Wüstensand führen zu ihren Wohnstätten.
Und da steht dann doch tatsächlich so ein Hundesohn auf freiem Feld und hält das Fahrzeug in seiner 100 Meter langen Sandwolke mit eindeutigen Bewegungen seiner Kalaschnikow an. Er will den Autoschlüssel und das Auto. Sonst wird es Probleme geben. Alle steigen ängstlich und angenervt aus. Man weiß ja nie, wie so ein Räuber tickt. Nun hat der Wüstensohn aber nicht mit Irmgard gerechnet. In wunderbarem Arabisch legt sie ihm eine Koransure aus, dass Raub

ein schlimmes Vergehen ist. So spricht Allah! Und – die Jemeniten hätten Reisende immer mit ihrer Gastfreundschaft bedacht. Er frefelt als Räuber also nicht nur gegen Allah, sondern auch gegen die unumstößlichen Gesetze der Wüste! Er bringe Schande über sich und seine Familie! Allah werde ihn strafen, und er wird in der Hölle brennen! Schon wird der forsche Stammeskrieger unsicher und zerknirscht. Weiß nicht, wie er sich aus der Sache herauswinden kann, ohne sein Gesicht zu verlieren. So fordert er grimmig mit dem Nachdruck seiner Waffe etwas zu essen. Doch selbst da erklärt ihm Irmgard, dass dies Mundraub sei und ebenfalls nicht mit dem Gastrecht der Wüste zu vereinbaren wäre. Aber er könne eine Flasche Wasser bekommen, denn es sei sehr, sehr heiß, und ohne Trinken würde er kollabieren. Und das will ihm doch niemand zumuten. Zufrieden zieht unser räuberischer „Hans im Glück" mit einer Flasche Shamlan-Wasser von dannen.

Irmgard lebt inzwischen in Australien an der Ostküste und unterrichtet in zwei Städten an Unis. Sie scheint ein glückliches und erfülltes Leben zu führen. Und am Flughafen von Sanaa sprach mich vor ein paar Jahren ein Mann an. Er kenne mich. Es war jener Abdul Karim, welcher zwar seine Liebste verlor, aber nun durch eine fundierte Ausbildung sein Leben in England meistert.

In Ar-Rawdah scheint die Zeit still zu stehen. Bis auf Esel, Hunde, Schafe und Ziegen auf dem weiten Platz sieht man untertags kaum jemanden laufen. Wege und Plätze bestehen nur aus festgefahrenem Sand. Dementsprechend staubt es bei jedem Auto. Dementsprechend staubig sind die Häuser innen und außen. Der Staub liegt auf den Blättern der Pfefferbäume, umhüllt Akazien, Eukalyptusbäume, die im Winter so wunderbar blau blühenden Jakarandas und die trockenresistenten Mareimarabäume, eine Eschenart. Diese sorgen sogar für weniger Malaria. Denn ihre kleinen chininhaltigen Früchte werden gerne von Krähen, Spatzen, Webervögeln und weiterem Fluggetier gefressen. Ihr Kot fällt auf die Erde, und für die unzähligen Ratten sind diese Köttel anscheinend Leckerbissen. Der Rattenkot wird somit auch chininhaltig. Wenn es regnet, schwemmt es diesen in die Zisternen, wo das Trinkwasser geholt wird. So kommt Chinin in die Körper der Bevölkerung. Und Chinin ist ein guter Abwehrstoff gegen Malaria. Was die anderen Rattenüberbleibsel verursachen, das wissen die Götter.

Dass aus bestimmten Blättern deodorierende Seife gemacht wird, dass Baumharze, zu Weihrauch verarbeitet, Ungeziefer abhält, sind nur einige Beispiele, wie Naturprodukte daran mitwirken, traditionelle Hygiene- und Schönheitsmittel weiterhin herzustellen. Hennah vom Hennahstrauch pflegt und färbt die Haare, die Blätter eines mimosenartigen Strauchs werden zu einer deodorierenden Paste verarbeitet. Das Wissen um solch probate Mittel aus der Volksapotheke kann so schnell verloren gehen. Hanne aus Deutschland schrieb ihre Doktorarbeit über jemenitische Schönheitsmittel. Sie erkundete im ganzen Jemen mit großem Erfolg landauf und landab, was und für was hier alles verwendet werden kann. Sich schminken ist ein Urbedürfnis, und das nicht nur für Frauen. Hier im Jemen sehe ich immer wieder Männer, welche sich mit Kuchl die Augen schminken. Es ist zu Staub zerriebene Holzkohle vermischt mit Sesamöl und es soll auch gegen Augenkrankheiten schützen.

Leider, leider sind die wunderbaren Weintrauben hier nicht zur Verarbeitung für geistige Getränke bestimmt. Ganze Plantagen gibt es mit 1.000 verschiedenen Sorten. Sie gehören als Grundnahrungsmittel in jeden Haushalt. Das milde Klima in Ar-Rawdah begünstigt ihr prächtiges Gedeihen. Und da haben sich manche Ausländer der Winzerei besonnen. Mit Buchwissen lernten Sie das Herstellen von Wein und keltern nun im Dunkel ihrer Häuser. Die nötigen Zutaten mitsamt dem Blubberröhrchen werden aus Deutschland mitgebracht, und schon gärt der rote Traubensaft in Gallonen in den dunklen Gewölben der einstigen Paläste. Da über Wochen die Maische täglich umgerührt werden muss, sollten Jemeniten in dieser Zeit vom Haus eher ferngehalten werden. Denn es riecht im Umkreis eindeutig nach Vergorenem. Sollten die heimlichen Winzer verreisen müssen, dann hilft als Umrührer nur ein Angestellter aus Somalia oder Äthiopien. Ein christlicher, versteht sich.

Unser Wächter heißt Dahan. Hätte ihn jemand aus meinem heimatlichen Umfeld gesehen, dann würde dieser oder diese annehmen, dass es sich um den verkommensten Penner handelt, den man sich überhaupt vorstellen kann: dreckige und zerrissene Kleidung, das übliche lange Männerhemd in ehemals Hellgrau für die einfache männliche Bevölkerung, ein Gebiss, dass man sofort wieder wegschaut, und Hände wie die Klauen von einem Krokodil. Ein sehr erhebender Anblick also.
Dieser Dahan ist aber ein freundliches Männlein. Und leicht hat er es unter unserem Institutschef auch nicht. Für einen Hungerlohn muss er 24 Stunden am Tag anwesend sein und auf unser Institut aufpassen. Es könnten ja Diebe kommen. Denn von Ausländern gibt es immer etwas zu holen. Es könnten Entführer kommen – oder noch schlimmer: Attentäter. Denn schon zu dieser Zeit muss man auf der Hut sein. Was da aber so eine halbe Portion von unbewaffnetem Wächter hätte ausrichten sollen, ist mir schleierhaft.
Eines Tages fehlen die sechs von Olaf besorgten neuen Stühle. Sie waren noch im Magazin verstaut gewesen. Und dann über Nacht plötzlich weg. Großer Aufstand in der Chefetage. Ein aufgebrochenes Schloss beweist einen Einbruch. Diebstahl ist hier alles andere als ein Kavaliersdelikt. Die Strafen sind mindestens ordentliche Prügel auf dem Polizeirevier. Bei Diebstählen von wertvollen Gegenständen kommt die Hand weg, wie ich es schon beschrieben habe.
Nun stellt es sich heraus, dass ein sehr dummer Mensch am Werke war. Ein Garküchenbetreiber von Ar-Rawdah, der seine Bude an der „Hauptstraße" unseres Dorfes hat. Sie ist von uns mit dem Namen „Gasthaus zum schmutzigen Löffel" bedacht worden. Genau dort stehen nun, akkurat am Morgen nach der Entdeckung des Diebstahls, unsere sechs Stühle in Reih und Glied vor der Kaschemme. Sie haben noch die schützende Plastikhülle um die Sitze und wollen Gäste finden. Dahan hat sie entdeckt, und ohne großes Trara schnappen sich Ahmad und Muqbil je drei dieser delinquenten Sitzgelegenheiten und tragen sie im Stapel zurück ins Institut. Den Übeltäter

sehen wir die nächsten Tage etwas krumm daherkommen.
Der Gedanke an Dahan ist bei mir unwiederbringlich mit Heuschrecken verbunden. Es wurde nämlich schon seit Tagen über das Fernsehen ein riesiger Heuschreckenschwarm angekündigt. Er fresse derzeit noch in Afrika alles kahl, komme der Flugrichtung nach aber über den Sudan und Djibuti in den Jemen. So rüsten sich die Gemüse- und Obstplantagenbesitzer des Bergjemen dagegen. Mit Plastikplanen und Netzen werden Vorkehrungen getroffen, welche sich dann aber als völlig nutzlos erweisen. In Mahwith, einem Bergdorf auf 2.000 Meter Höhe, gibt es ein deutsches Entwicklungshilfeprojekt für Landwirtschaft. Effektivere Anbau- und Erntemethoden werden hier vermittelt. Große Felder werden landwirtschaftlich genutzt.
Mit einem Versuchsprojekt sollen vor allem Apfelbäume an das jemenitische Klima angepasst werden. Bislang wollen die Bäume keine Blüten ansetzen. Somit gibt es auch keine Früchte. Was probieren die Deutschen aus? Mit ihren kleinen Propellerflugzeugen, womit Unkrautvernichter und Düngemittel weitflächig gestreut werden, wird ein neuer Weg gesucht, die Apfelbäume dazu zu bewegen, endlich Früchte zu tragen: Sie werden im Herbst chemisch entlaubt. Gekränkt blühen sie auf Sparflamme im Januar und setzen Früchte an im März. Bevor sie ausgereift sind, werfen sie sie im Mai wieder ab. Die Versuche werden eingestellt.

Nun aber wieder zurück zu den erwarteten Heuschrecken. Mit ihren fliegenden Kisten warten die dafür ausgebildeten Jemenis auf ihren Einsatz. Mit einer Giftladung. Nach Vorschrift gemixt. Endlich erscheint der angekündigte Schwarm. Und er ist gewaltig.
Ich selbst erlebe ihn, als er in Sanaa im Hochland ankommt. Es ist spät am Nachmittag, die Sonne scheint schräg in das heranbrausende Etwas. Wie Schneegestöber flirrt es durch die Lüfte. Der ganze Himmel wird bedeckt von den Lebewesen – ein endloses Gewimmel im Hoch und Tief, im Kreis auf dem Anflug. Nun aber beginnt erst das richtige Schauspiel. Denn auf den Hausdächern wird es ebenfalls lebendig. Die Bewohner drängen sich oben mit Plastiktüten als Köcher bewaffnet und hüpfen und fangen mit Stülpbewegungen die fliegenden Tiere ein. Gleichzeitig hüpfen die Katzen, hüpfen die

Hunde und die Hühner ebenso auf den Straßen und Plätzen, um die Leckerbissen zu ergattern. Für die Einwohner ist solch ein durchziehender Schwarm der Eiweißlieferant des Jahres. Denn Fleisch kann sich die arme Bevölkerung kaum leisten, und dieses Protein fliegt ihnen wie im Schlaraffenland so quasi in den Mund. Allerdings sollten die großen Insekten gekocht oder gebraten verzehrt werden.
Dahan nun packt so eine grüne geflügelte Landplage aus der Luft, hält sie mir unter die Nase, beißt hinein, kaut und schluckt alles hinunter. Mein Magen macht dazu beinahe die gegensätzliche Bewegung. Er verspeist die Dinger roh mit Kopf und Fuß und Aug und Darm. Na, Hunde und Katzen machen es ihm ja gleich. Alles hüpft wie irre durch die Gegend. Unten die Vierbeiner und oben die Zweibeiner auf den Hausdächern. Ich weiß nicht, wer wem die Schau stiehlt – die Bewohner dem fliegenden Schwarm oder umgekehrt.
Aber nochmal zurück zu den Propellerflugzeugen in Mahwith. Die Flieger steigen auf, als der unüberschaubare Pulk angerückt ist. Sie steigen höher als die Heuschreckenwolken und sprühen das Gift in langen, parallel geführten Zügen über die Ankommenden. Hin und her und her und hin. Nun denken unsere Jemenis aber, dass die Besprühten augenblicklich tot sein müssten. Warum fallen sie dann nicht herunter? Das Gift ist zu schwach dosiert. Deshalb legen sie noch etwas darauf, und damit es bestimmt hilft, vielleicht die fünffache Menge. Noch immer fallen die Dinger nicht vom Himmel. Also wird die Dosis bis auf das Siebenfache erhöht. Nun muss es aber gut sein. Und es war viel zu gut. Denn am nächsten Morgen ist in Sanaa die Erde mit toten Heuschrecken bedeckt, aber auch mit toten Ziegen, Schafen, Hunden, Katzen und Hühnern.
Über Radio und Fernsehen wird vor dem Verzehr der wichtigen Eiweißlieferanten gewarnt, denn die ersten Menschen werden schon mit Vergiftungen in die Krankenhäuser eingeliefert. Mindestens 100 sind daran gestorben. Trotz der Warnungen sieht man noch Tage danach in Schubkarren zum Verkauf angebotene Heuschrecken. Das Tragische an dem Vorfall ist aber, dass sich der Schwarm vor dem Überfliegen des Roten Meeres im Sudan satt gefressen hatte und hier wirklich nur auf der Durchreise war.

Inzwischen wird im Institut ein ganzer Trupp von Experten erwartet. Es soll nun endlich in Marib eine richtige Grabungskampagne beginnen. Einige kleine Versuchsgrabungen wurden dort schon ausgeführt, aber jetzt wird die antike Stätte vom Bar'an-Tempel im großen Stil angegangen.
Die Araber in der Mariber Provinz nennen den Mudir Abu Feisal. Es ist eine Verballhornung von „Vater der Deutschen" und er heißt jetzt nur noch „Vater des Feisal". Dieser Abu ist als Hühne eine eindrucksvolle Erscheinung. Er ist den Scheikhs, den Stammesführern, im Auftreten ebenbürtig. Das kommt natürlich an. Beim Stamm der Ashrafs ist er besonders beliebt, und sie verkünden immer, sollten wir einmal von einem anderen Stamm entführt werden, dann kämpfen sie uns frei. Sobald der Mudir irgendwo auftaucht, wird er großartig begrüßt, sehr ehrenvoll, und er hält Hof. Er ist davon überzeugt, dass ihm auf Erden nur drei Männer das Wasser reichen können: Herbert von Karajan, Reynold Burton und Salvador Dali. Nun ja.
Die Verträge mit der Antikenverwaltung und mit den zuständigen Stämmen der betreffenden Region des Bar'an-Tempels sind unterschrieben. Es kommen drei Archäologinnen, zwei Architekten, eine mit Frau und Töchterchen im Schlepptau und ein Fotograf. Die brave Zeichnerin ist eh schon vor Ort und nimmt eine Sonderstellung ein. Ihre Wahrnehmung vom Arbeitgeber ist von anfänglicher Wut, wechselnd in Gleichmut bis Bewunderung ins Unterirdische gesunken – sie hat sich jedoch in den Jemen verliebt, will im Jemen bleiben. Sie verschmähte deshalb sogar das Angebot einer Professur in Deutschland. Sie muss sich deshalb irgendwie mit dem Chef arrangieren. Das Arbeitsverhältnis geht dann mal gut, mal weniger gut. Ich werde so eine Art Gouvernante, bin aber auch die Advocata Diaboli und sogar etwas wie eine Freundin. Und immerhin hatten wir es 5 Jahre in Ar-Rawdah mitsammen ausgehalten. Und es waren für mich wahrlich keine schlechten Jahre.
Für den Mudir ist es natürlich klar, dass ich nicht mit auf die Grabung gehen soll. Bin im Institut unentbehrlich. Begleite ihn beim

Einkaufen, berate ihn in den Stoffgeschäften, welche Hemden er sich nähen lassen soll. Gehe mitunter auch mit auf einen Ausflug. Mit der Grabung in Marib wird es in den kommenden drei Wochen doch noch nichts. Die Stämme wollen mehr Geld, und das bedarf weiterer Verhandlungen, die wiederum viel Zeit in Anspruch nehmen. Also sitzen die Ankömmlinge hier erst einmal fest. Sie hocken sehr beengt aufeinander. So zeigen sich in Kürze die einzelnen Charaktere gruppendynamisch sehr deutlich.

Unauslöschlich hat sich der Fotograf im Gedächtnis verewigt. Bei allen. Der Mudir kannte ihn schon aus früheren Jahren, und er freute sich diebisch auf ihn. Er soll in Mainz ein ganz normaler Mensch sein, aber sobald er im Jemen angekommen ist, mutiert er zu einem Schwein. Er wäscht sich nicht mehr, kämmt sich nicht mehr. Er neigt zu Schuppen, und schon bald trägt er diese als weißen großen Pfarrerskragen um seine Schultern. Das absolut Schreckliche ist aber, dass er jeden Morgen zum Frühstück eine ganze Knolle Knoblauch verspeist. Eine Knolle! Zu Mittag dann fünf Knollen, zu Abend zehn. Und das jeden Tag. Ich übertreibe nicht. Nun fängt er bereits am dritten Tag an zu stinken. Mudir ergötzt sich über den Ekel der anderen. Vorsorglich ist der fürchterliche Mensch allerdings in einer Art Zwischendeck im Institut untergebracht. Doch wenn man im Treppenhaus hochgeht, muss man sich schon vor seiner geschlossenen Türe die Nase zuhalten. Wie lange lassen wir uns das gefallen? Höfliche Bemerkungen helfen nichts und später auch keine massiveren Forderungen. Neugierig beobachtet der Mudir, wann die Gruppe massiv wird. Und das wird sie denn doch. Wir erlauben ihm eine Zehe pro Tag, was seinen stinkenden Radius ohnehin nicht mehr wesentlich verkleinert. Was geht in diesem Menschen nur vor sich? Er redet mit niemandem. Erstaunlich ist, dass ihn keine Senfgasvergiftung niederstreckt. Trotzdem ist er ein brauchbarer Fotograf.

Eine sehr liebe Freundin wird mir Susy. Sie studierte Archäologie und arbeitet an ihrer Doktorarbeit. Schon seit einigen Jahren. Das Weinlaub auf Säulen und Tempelverkleidungen hat es ihr angetan. Dazu gibt es in den antiken Stätten des Jemen viele Beispiele, und clever verbindet sie Grabungsaufenthalte damit, Beziehungen herzustellen und zu pflegen. Sie ist eine sehr agile Frau, eine sehr üppige.

Was in Deutschland in den Jahren des Barbie-Puppen-Idols nicht so gut ankommt. Aber hier im Jemen schwärmt bald jeder von ihrem Charme. Sie wird zudem an dem jemenitischen Reisebüro Yata von Abu Taleb Reiseführerin. Da lernt sie Jemeniten über Jemeniten kennen. Teilweise sehr gut. Und da jeder Muslim vier Frauen rechtmäßig haben darf und einige auch noch probeweise dazu, wird sie von ihren Verehrern landauf, landab zum gerne gesehenen Gast. Jeder ist entzückt, wenn Susy aufkreuzt. Ein ernsthafterer Freund wird ihr Ahmad Shathan. Er hat ein schönes Haus in Ar-Rawdah und bewohnt es mit seiner Familie. Er ist beim Geheimdienst, und das kann durchaus auch Vorteile bringen. Von Natur aus freundlich und hilfsbereit, genießen wir alle vom Institut seine Hilfe am Flughafen. Er hilft beim Rausschleusen aus dem Zoll, hilft, dass ehrliche Taxifahrer uns befördern, hilft, dass kein Übergepäck bezahlt werden muss. Gerne lässt er sich auch mal eine mitgebrachte Flasche Whisky schenken. Ich hatte einmal bei einem Flug von Sanaa nach München 96 Kilo beisammen. Ein Wink von Ahmad, und ich war durch. Er arbeitet hauptsächlich bei Yata, dem Reisebüro, als Guide. Er war sicher einer der beliebtesten Reiseführer. Wahrscheinlich konnte er sich vor weiblichen Angeboten nicht retten. Trotzdem war Susy seine unumstrittene Favoritin und Lieblingsfreundin.
Einer der beiden Architekten ist mir fremd geblieben. Mehr habe ich mit dem anderen zu tun. Seine Frau Anne mit dem dreijährigen Töchterchen Pia bringen in das fast im Dornröschenschlaf ruhende Institut etwas Leben. Das Paar lebte einige Jahre in Afghanistan, wovon sie immer noch schwärmen. Gastfreundschaft und Offenheit ist ihr größter Eindruck von dem doch sehr der Tradition verhafteten Land. Schon damals wünschten sie sich sehnsüchtig ein Kind. Leider hatte Anne in Kabul drei Fehlgeburten. So wird die kleine Pia, die Langersehnte, dementsprechend verwöhnt. Was auch etwas nervt. Diese überbehütete, verwöhnte Tochter flippte später im jugendlichen Alter total aus. Die Berliner Punkszene war ihr Vorbild geworden. Sie ließ sich eine Glatze scheren, trug Rasierklingen als Ohrringe, die meiste Zeit führte sie eine lebendige Ratte, ihr Haustier, auf der Schulter spazieren. Für die Eltern war es eine ganz schreckliche Zeit. Ich hatte jahrelang mit ihnen auch in Deutschland

Kontakt, deshalb weiß ich das alles. Eines Tages fand Pia ihren Ehemann, und sie gebar ihm ein Kind, wie man so schön sagt. Und von da an wurde sie die hausfraulichste Hausfrau, die man sich vorstellen kann. Ein zweites Kind rundet die Familie noch ab. Sie ist nun Mutter und Hausfrau und berufstätig, und die Eltern sind glücklich und stolz auf ihr gelungenes Produkt. Papa Werner hat viel Humor und schnell einen Scherz auf den Lippen. Für eine Gruppendynamik immer gut. Sein meist verwendeter Spruch ist „Der frühe Vogel fängt den Wurm!". Zur eher introvertierten Anne hatte ich die erste Zeit gar keinen Draht. So fragt sie mich eines Tages, ob ich etwas gegen sie hätte. Erschrocken bekräftige ich, nein keinesfalls, – und von da an wurden wir befreundet. Sie arbeitet auch künstlerisch, malt kleine bis winzig kleine Miniaturen mit zauberhaften Motiven aus dem Umfeld von Tausendundeiner Nacht.
Ein weiteres, kleines Nachspiel bringt uns das Heuschreckensterben. Archäologin Edelgard aus Freiburg hatte sich hier im Institut eine schöne und arbeitsreiche Zeit vorgestellt und erhofft. Sie katalogisiert die Oberflächenfunde der letzten Jahre. Auch sie erliegt dem auf den ersten Blick beeindruckenden Charme unseres Mudirs. Aber schon nach kurzer Zeit schikaniert er sie nur noch. Ihr enttäuschter Zuneigungsvorschuss wandelt sich aber nicht in Wut, sondern in abgrundtiefe Traurigkeit. „Wäre ich ein Hund, hätte ich es bei ihm besser." Um nicht ganz abzustürzen, verliebt sie sich in einen kleinen Hundewelpen. Die Tierchen sind so jung natürlich allerliebst. Später werden sie zu unansehlichen Straßenkötern, verrauft, verräudet, dreckig, hinkend, verfolgt von Kindern mit Steinwürfen. Arme Kreaturen.
Dieser kleine Welpe liegt am Morgen nach der Heuschreckenplage mit seinen Geschwistern ebenfalls tot im Institutsgarten. Die Mutter lebt noch. So stülpt Heike all ihre Enttäuschung über die todkranke Hündin. Sie liegt da, heftig atmend mit Schaum vor dem Maul, und die Fliegen fangen schon an, auf ihrem Kopf und auf ihren Augen herumzukriechen. In diesem Zustand schleppt Heike das Tier hoch ins Gästehaus, oben auf eine Terrasse. Bettet sie in teure Institutsdecken. Von einem Tierarzt sollen Elektrolyte gekauft werden. Glaubt, dass dies Hilfe bringt. Sie zwingt der Hündin das Zeug ins Maul, worauf sie von ihr gebissen wird. Wir anderen sind alle entsetzt.

Sie könnte Tollwut kriegen oder auch eine schlimme Vergiftung. Aber alles Zureden nützt nichts. Eine weitere Nacht vergeht, und die Hündin liegt wirklich im Sterben. Nun will aber niemand von uns ein totes Tier mit all dem Getier, das bereits auf ihr herumkrabbelt, durchs Haus hinuntertragen. Schon gar nicht Ahmed und Muqbil. Diese werden aber dazu abkommandiert und kommen an im Beerdigungsoutfit: je zwei Kopftücher, eines um den Kopf, das andere um Mund und Nase gewickelt. Dazu schwarze ellbogenlange Gummihandschuhe und Küchenschürzen. Das schockt Heike noch mehr, und sie dreht nun vollkommen durch. Schreit: „Der Hund bleibt hier, sonst springe ich aus dem 4. Stock hinunter." Sie schlägt um sich, gebärdet sich wie eine Wahnsinnige. Ich knalle ihr einfach eine und sage, wir bringen den Hund zum Tierarzt. Daraufhin fällt sie in sich zusammen und rührt sich nicht mehr.
Das todkranke Tier packen wir in eine stabile Schachtel und fahren es mit dem Instituts-Mercedes auf seiner letzten Fahrt hinaus in die Felder. Dort bekommt er seinen Sterbeplatz im Schatten eines Pfefferbaums.

Inzwischen sind drei Wochen vergangen, und unsere Expertengruppe hockt immer noch im Institut. Jeden Nachmittag um fünf Uhr ist Teatime bei und mit dem Mudir. Ein Ritual, das nicht versäumt werden darf. Ich bin da außen vor, bin bei mir zuhause in der Stadt. Olaf wohnt inzwischen auch in der Altstadt, im Beit Al Sunaydar. Einem Zweig der letzten Imamsfamilie gehört der Prachtbau. Es ist ein hochherrschaftliches Gebäude mit sieben Stockwerken, wunderbar mit Gipsarbeiten, Gamerijas und Holzschnitzereien ausgestattet. In den alten Häusern für Großfamilien gibt es ganz oben sogar ein Zimmer, wo die Verstorbenen gewaschen werden. Es sind eigene Räume mit Wasser und Abflußrinnen, und aus wasserfestem Gips dient eine Liege dem Toten zur letzten Waschung, für seinen Weg ins Jenseits. In Olafs Haus sind die einzelnen Stockwerke in edle

Wohnungen unterteilt worden, die allerdings nicht billig sind. Es gibt einiges zu tun, um die verschmierten Glasfenster vom jemenitischen Charme zu befreien. So putzen wir einige Nachmittage, bis alles blitzt. Das Haus steht nahe dem Altstadtsuq, also innerhalb der alten Stadtmauer. Dort zu leben, ist für Ausländer und noch mehr für Ausländerinnen etwas schwierig. Die Bewohner sind arm und sehr traditionell. Sie fühlen sich in ihrem geordneten Lebensraum gestört. So fliegen auch mal von frechen Kindern Steine. Und die Erwachsenen finden das eher gut.
Die Altstadt ist der allerschönste Teil von Sanaa. Die typischen Lehmhäuser mit ihren charakteristischen Kalkbemalungen lassen einen in ihrer Vielfalt einfach staunen. Der Suq wird von ganz wenigen Touristen besucht. So kann man in dieser Zeit noch herumstromern, ohne betatscht zu werden. Es gibt hier alles, was man sich für den Haushalt vorstellen kann. Mottenpulver, Rattengift, Gasflaschendichtungen, Mäusefallen, Kochlöffel, Töpfe, Essschalen, Bonbons in Massen und alles dekoriert wie im grünen Gewölbe von Dresden. Es gibt Weihrauch aller Arten, Rosinen, Sultaninen, Mandeln, Pistazien, Erdnüsse, Gewürze aus dem ganzen Orient, dann die Grundnahrungsmittel in Säcken, wie Reis, Bohnen, Hirse und Kaffee und Tee natürlich. Schuhe, Werkzeuge, die allgegenwärtigen Krummdolche und die Gürtel dazu, Schneider, Kesselflicker, Messingtablette und Kannen, eine Ölmühle von einem Kamel angetrieben. Dieses arbeitet acht Stunden am Tag, leider in einem Raum fast ohne Tageslicht. Es läuft dabei immer im Kreis, um die Mühlsteine anzutreiben. In den Ruhephasen werden ihm die Scheuklappen abgenommen. Es liegt dann am Boden und kaut Zuckerrohr. Eine Touristin mit falsch gemeinter Tierliebe will das arme Tier streicheln. Es beißt ihr heftig in den Oberarm. Mit Blutvergiftung infiziert, muss ihr der Arm abgenommen werden.
Ein paar Frauen sitzen gleich am Eingang hinter dem Bab Al Jemen. Sie sind als Händlerinnen die große weibliche Ausnahme. Am Eingang des Suqs sitzen sie auf dem Gehsteig, wie Hühner aufgereiht. Sie tragen über den ganzen Kopftucheinwickelungen das traditionelle Altstadttuch darüber, das über Kopf, Schultern und Körper hängt. Es hat ein ornamentales Muster in leuchtendem Rot und Grün und

Gelb. Als dichter Schleier hängt vor dem Gesicht zusätzlich ein gebatiktes Tuch. Es hat auf schwarzem Grund drei weiße Ringe, knallrot umrandet. Ein richtiger Hingucker. Für uns sieht es aus wie eine Dreifachschießscheibe. Diese Altstadtfrauen verkaufen auf großen Tabletts große Brotfladen. Diese haben eine Oberfläche wie ein nasses Frotteehandtuch, die Farbe von in Formalin eingelegten Hühnerbeinen und die Konsistenz von aufgeweichtem Gummi. Klar, dass ich das säuerliche Brot, welches die Äthiopier so lieben, nicht mag.
Bei den Schmuckläden kullern einem dafür die Augen aus dem Kopf. Die Vielfalt, die Menge und die schöne Präsentation in Schaufenstern und in Verkaufsräumen sind eine Augenweide. Überhaupt haben die Jemeniten viel Sinn für Schönheit und Arrangements, Glitzer und auch für Kitsch. Vielleicht nicht im Sinne unserer westlich geprägten Sehweisen. Immer etwas kindlich und erfrischend. Ich könnte noch seitenweise vom Suq schwärmen. Aber einen Einblick habe ich nun gegeben. Zusätzlich muss man sich vorstellen, dass sich am Nachmittag so gut wie alle Händler beim Khatkauen dem Müßiggang hingeben. Sie erholen sich von der Arbeit am Vormittag, der bei einigen schon mit dem Morgengrauen beginnt.
Gegen Abend wird die Backe geleert, und die tennisballgroßen Beulen sind normalen Gesichtern gewichen. Immer wieder wird man aufgefordert, die Blätter doch auch zu probieren. Einmal kaue ich ein kleines Blättchen, um den Geschmack kennen zu lernen. Es schmeckt mir überhaupt nicht. Zudem schreckt mich das bescheuerte Aussehen der Khatkauer, welche das grüne Gebrösel im Gebiss haben und es bei jedem Sprechen oder Lachen zeigen. Nein danke. Zudem bin ich auch wirklich über das Alter hinaus, wo ich mir mit einer Droge etwas geben müsste. Es heißt nicht zu Unrecht, die Orientalen können eher mit Drogen umgehen, nicht mit Alkohol. Bei uns Westlern sei es umgekehrt. Allerdings ist Khat eher in die Richtung vom Suchtmittel Koffein einzuordnen.

In meiner Wohnung fühle ich mich sehr wohl. Auch mit Umm Gamal Gamil komme ich gut zurecht. Ausländische Mieter werden immer bevorzugt. Ihr Ruf von Ordnung und Sauberkeit ist allgemein verbreitet. Jeden Monat am 1. ist die Miete fällig. Die überreiche ich immer in einem Umschlag, bekomme aber keine Quittung dafür. In meiner Naivität denke ich, dass es keine Probleme geben kann, denn für den Monat habe ich nun ja bezahlt. Jetzt kommt die gute Umm aber nach drei Monaten an und behauptet, ich hätte für den vorletzten keine Miete bezahlt. Ich versichere ihr, dass dem nicht so ist, und dass ich so etwas nie tun würde und ich ehrlich bin und dass sie sich irrt. Natürlich irrt sie sich nicht, ich soll umgehend bezahlen. Zwar wunderte ich mich darüber, keine Quittungen erhalten zu haben, aber ich dachte mir, dass ein arabischer Handschlag eine Unterschrift bedeutet. Ich schreibe ihr einen Brief, wo ich alles nochmal darlege. Sicher sehr naiv. Sie schmeißt ihn mir mit großer Geste vor die Füße und zerrt mich zur Polizei. Dort bringe ich wieder meine Story an. Die netten Polizisten schauen sich nur an, wissen nicht, was sie davon halten sollen. Aber ich kann nichts vorweisen. Also muss ich bezahlen. Immer noch weigere ich mich stur. So geht die Sache tatsächlich zum Innenministerium. Vorladung in zwei Tagen. Ich vorsorglich schon mit dem Geld in der Tasche.
Umm Gamal Gamil erscheint dort mit eingewickeltem Kopf, die Augen frei. Da sitzt ihre dicke Brille, welche ihre Augen dreimal so groß erscheinen lassen, darüber das Tuch, darunter das Tuch. Alles in schwarz. Mit einem Rechtsbeistand an der Seite kommt sie angewackelt. Durch drei Vorzimmer sitzen wir uns durch und ignorieren uns tunlichst. Im Heiligtum sitzt hinter einem riesigen Schreibtisch der oberste Verantwortliche. Das Ergebnis ist, dass ich natürlich die geforderte Miete bezahlen muss. Was hatte ich mir da nur eingebildet. So rücke ich das Geld heraus. Der Akt wird mit zehn Stempeln und 20 Durchschlägen besiegelt. Umm ist zufrieden und gemeinsam dackeln wir aus dem Gebäude. Hand in Hand.

Das Innenministerium ist ganz in der Nähe von Umms Palast und meiner kleinen Wächterwohnung. Gleich neben dem Jüdischen Viertel. Bereits 1948 sind die meisten Juden ausgewandert, als ihnen die Einreise nach Israel erlaubt wurde. Trotzdem lebt noch eine Community hier im Herzen von Sanaa. Es sind Strenggläubige, die Männer an ihren Schläfenlocken zu erkennen. Ihr Stadtteil fällt auf durch die durchwegs weiß gekalkten Häuser, welche nach der Städtebauverordnung nur ein Stockwerk hoch sein dürfen. Um den mangelnden Wohnraum auszugleichen, bauten sie sich Kellerräume. Diese wiederum gibt es in den alten Hochhäusern der einheimischen Moslems nicht.

Ursprünglich war die Herstellung des wunderbaren Silberschmucks voll in jüdischer Hand. Schmuck für Frauen, wie Halsketten, Kopfschmuck, Fingerringe, Ohrgehänge, Armreifen, Fußreifen und Zehenringe. Es sind wunderbare Arbeiten. Feinziseliert. Teilweise als manufaktorierte Auflagen, teilweise mit eingelegten Schmucksteinen, manchmal aus reinem Silber, manchmal aus Legierungen. Die Schmuckläden im Suq quellen davon über. Frauen aus den Bergregionen tragen immer noch stolz ihre gesamte silberne Habe täglich am Körper. Im Suq sieht man oft Männer mit eingewickelten Päckchen von Laden zu Laden gehen. Sie wollen den Schmuck ihrer Frauen verhökern. Sicher, sie sind arm. Und vielleicht muss ein Kind operiert werden oder ein Zahnarztbesuch steht an. Böse Zungen behaupten, dass damit der tägliche Khatbedarf wieder für eine Weile gesichert wäre. Wie auch immer, ein Kulturausverkauf ist damit in Gang gekommen. Kurioserweise sind viele dieser schweren Brustornate mit Maria-Theresien-Talern bestückt. Denn die Münze mit Österreichs Majestät war seit dem 19. Jahrhundert lange Zeit das alleinige Zahlungsmittel in Jemen und Oman. Selbst gegen den Widerstand des Osmanischen Reiches setzte sich die Währung durch. Aus einer „fast" vertrauenswürdigen Quelle erfahre ich von einem sagenhaften Schatz von Maria-Theresien-Talern, welcher irgendwo im steilen Bergjemen mit einem Flugzeug während des Ersten Weltkrieges abgestürzt sei. Er ist nie gefunden worden.

In Sanaa sprießen die Goldläden wie Pilze aus dem Boden. Die holde Weiblichkeit belagert Auslagen und Verkaufstresen. Es ist für die

Reichen fein geworden, Gold zu tragen. Der traditionelle Schmuck, wunderschön und fantasievoll, sei trampelhaft, bäurisch. Die teilweise so kitschigen Goldmodelle kommen nun aus Lybien und Italien. Schade, dass sich tradierte Muster und Strukturen so schnell wandeln können. Auch mit den herkömmlichen Utensilien für den Haushalt geht es zu Ende. Das Plastikzeitalter rückt unaufhaltsam vor.
Die erste Straße in Sanaa wird soeben geteert. Sie geht an meinem Haus vorbei und in Verlängerung hinaus zum Flughafen. Schwere Rüttelmaschinen, wie sie bei uns eher zur Befestigung von Autobahnen verwendet werden, stampfen die Erde fest. Stundenlang erschüttern sie die ganzen umliegenden Gebäude. Auch mein Häuschen wackelt erheblich. Den Boiler im Badezimmer hat es aus der Verankerung gerissen, und über meinem Bett erscheint in der Decke ein tiefer Riss. Als ich eines Tages von der Arbeit nach Hause komme, liegen 15 Zentimeter dicke Platten aus Putzmörtel auf meinem Bett. Wenn sich die paar Zentner in der Nacht gelöst hätten, wäre ich erschlagen worden.

Eines Wochenendes wage ich den Ausflug nach Rehab im Bergland, um Christine zu besuchen. Sie ist Hebamme und bildet an dem dortigen Health Center jemenitische Hebammen aus. Um überhaupt aus der Stadt herauszukommen, muss ich mir Tesrirs besorgen. Inzwischen weiß ich, wo es diese gibt. Es ist immer aufregend, ob man überhaupt welche erhält. Denn manchmal gibt es Ausgangssperren, wenn wieder einmal ein Anschlag auf Militärposten verübt wurde. Ganze Streckennetze sind dann blockiert. Aber es klappt. Ich hatte mir den Weg gut beschreiben lassen. So fahre ich zuerst mit dem Bus in Richtung Taizz nach Süden, hoch auf einen Pass auf fast 3.000 Meter Höhe. Der Ausblick ist atemberaubend. Und schon geht es in steilen Haarnadelkurven den Sumarapass bergab ins grüne Bergland. Ich soll dem Busfahrer sagen, dass ich unten am Pass aussteigen muss, an der Abzweigung nach Rehab. Dort finde ich einen VW-Bus, der auf Fahrgäste wartet. Gleich ist er voll. Ich verscheuche den Reisenden vom Vordersitz, bezahle somit zwei Sitze. Damit brauche ich mich nicht in die hinteren Reihen hineinquetschen. Und ich steige auch gleich in der Achtung der Einheimischen, weil ich mich dadurch als anständige Frau zeige.

Über Schotterwege geht es nun weiter durch Wadis, durch kleine Dörfer, vorbei an Papayaplantagen, Tabakfeldern und Bananenstauden. Ich bin Gast bei Christine. Rehab ist ein Dorf mit vielleicht 1.000 Einwohnern. Auf dem Dorfplatz, der Endstation, wissen die herumlungernden Kinder sofort, wo ich hin will. Zur Duktura, der Ausländerin. Und mit viel Geschrei werde ich zum richtigen Haus gebracht. Christine ist auf dem Weg in die Klinik und nimmt mich gleich mit. Es ist eine einfache Station für Geburten und Frauensachen. Bei jeder Komplikation werden die Hebammenkünste gebraucht. Viele Male klopft nachts ein verzweifelter Mann an ihre Türe oder vom Krankenhaus kommt ein Notruf. Diesmal hilft die Freundin bei einer Geburt. Und ich darf dabei sein. Hab so etwas noch nie gesehen. Es ist ein überwältigendes Gefühl, wie so ein kleines Menschlein auf die Welt kommt. Ich gratuliere der Mutter ganz gerührt, und sie gibt mir lapidar zur Antwort: „Willst es haben?“ Und das meint sie ernst.

Auch eine andere Deutsche arbeitet in dieser Klinik als Krankenschwester. Die beiden verstehen sich überhaupt nicht, haben sich verkracht. Das muss die Hölle sein, in einem jemenitischen Dorf, wo jeder von jedem alles weiß, wo einen die ganzen kulturellen Beschränkungen ins Mittelalter versetzen, wo jeder Atemzug registriert wird und natürlich auch kommentiert. Gegen die Regeln verstoßen geht gar nicht, dann wird man nicht akzeptiert, was sich gravierend auf die Arbeit auswirkt. Christine zählt schon die Tage, bis ihr Vertrag ausgelaufen sein wird, so ausgelaugt ist sie.

Hier am Rande eines tiefen Wadis, das sogar etwas Wasser außerhalb der Regenzeit führt, gibt es exotische Obstsorten, die ich noch nie gesehen habe. Davon steht ein Fruchtsalat zum Abendessen auf dem Tisch. Ich fühle mich in der einfachen, aber riesigen Wohnung wohl. Hier mache ich aber zum ersten Mal die Bekanntschaft mit Flöhen. Sie gehören seitdem zu meinen absoluten Lieblingstieren. Die meisten

Flöhe schnappt Christine beim Untersuchen ihrer Schwangeren auf. Da werden die Röcke gelüftet, die Plagegeister schrecken auf und hüpfen zielsicher zum frischen Blut und haben für die nächsten Tage ausgesorgt.

Die andere Deutsche heißt Sibylle. Sie lernte ursprünglich Krankenschwester, studierte dann Ethnologie. Sie will während ihres zweijährigen Aufenthalts hier ihre Doktorarbeit in Rohform schreiben. Zudem schreibt sie Gedichte und hat auch schon einige veröffentlicht. Ich fühle mich sofort zu ihr hingezogen, und sie wird mir im Jemen ein sehr wichtiger Mensch. Auch danach. Ihre Wohnung ist im ersten Stock eines größeren Hauses. Im Erdgeschoss lebt die Vermieter-Familie. Somit also soziale Kontrolle pur, denn abgeschlossene Wohnungen gibt es nicht. Somit auch kein wirkliches Privatleben.

Nun hatte sich Sibylle ganz kurz vor ihrer Abreise in den Jemen in einen Mann verliebt. Typisch. Als Entwicklungshelferin kann man als begleitende Ehefrau oder in diesem Falle als begleitender Ehemann mit einreisen. Was macht die Freundin? Sie heiratet Schnall auf Fall ihren Schwarm. Natürlich nachdem er verbal auf Herz und Nieren geprüft wurde. Ob er einen Hausmannstatus zwei Jahre ertragen könne. Er hat große Pläne für diese Zeit. Zu große. Kaum angekommen – für die Einheimischen natürlich ein Exot, welcher nicht ganz richtig im Kopf ist, – verfällt er dem Trübsinn. 18 Stunden am Tag liegt er im Bett, die Restzeit starrt er aus dem Fenster, geht nicht mehr aus dem Haus. Er treibt Sibylle fast in den Wahnsinn. Nach einem halben Jahr jagt sie ihn endlich zum Teufel.

Ich komme in der Phase zu ihr, als der Ehemann den Tag verdämmert. Geistig von ihm isoliert sind die Tage für sie verdammt schwer zu ertragen. Um wenigstens zwischendurch den Kopf wieder hochzukriegen, organisiert Sibylle zu Weihnachten eine Einladung von vielleicht zehn Personen aus Sanaa. Alle, einschließlich mir, sagen zu. Jeder soll einen Beitrag zum Weihnachtsessen mitbringen, denn in Rehab gibt es nichts, was verwöhnte Westler für ein Festessen nur ansatzweise erfreuen könnte. Schon bei Einkäufen in der Hauptstadt muss man seine ganze Phantasie aufwenden, um so einen Schmaus zu kreieren. Eine eingeladene Freundin ist Hauswirtschaftslehrerin.

Sie will einen Sauerbraten und Spätzle hinkriegen. Ersatz-Glühwein wird mit Traubensaft gemacht, die einschlägigen Gewürze dazu gibt es im Suq. Die Gemüseauswahl beschränkt sich nur auf Zwiebel, Tomaten, Auberginen, Zuccini und Karotten. Aber mit viel Knoblauch gibt es ein leckeres Mischgemüse. Als Nachtisch wieder ein exotischer Obstsalat, und fertig ist das Weihnachtsessen.
Wir kommen mit zwei DED-Dienstautos, zwei junge Jemeniten sind auch dabei, die heimlichen Lover von zwei Entwicklungshelferinnen aus Sanaa. Ich kann bei einem der Autos mitfahren, was natürlich sehr praktisch ist und mir auch Zeit spart. Höchst vergnügt kommen wir zur Mittagszeit an, und gleich geht die gemeinsame Kocherei los. Es macht richtig Spaß, in vertrauter Runde zu lachen, zu erzählen und dann zu speisen. Denn das Essen verdient diese Bezeichnung.
Die „Bescherung" ist sehr bescheiden, aber liebevoll. Alle bekommen von allen eine winzige Kleinigkeit. Und, da wir ja so cool sind – Weihnachtslieder werden keine gesungen. Aber gesungen wird trotzdem. Irgendwelche Schlager. Dann kommt doch ein Volkslied dran und noch eines und noch eines, und kaum haben wir es uns versehen, sind wir beim Tannenbaum angelangt. Und dann natürlich aus vollen Kehlen das Stille-Nacht-heilige-Nacht.
Am nächsten Tag ist mit unseren zwei Autos ein Ausflug geplant. Wir wollen weiter das Wadi runter in Richtung Meer. Dort gibt es heiße Quellen. Vielleicht darf man in diese Grotten rein. Über Stock und Stein geht es dahin. Wieder singen wir. Vom Zigeunerleben zum Wiesengrund und es klappert die Mühle am rauschenden Bach. Und wieder zu den Weihnachtliedern. Die heute sogar zweistimmig erklingen. Wir finden die Badeanlage und sind ganz erstaunt, dass da einige hundert Menschen in Zelten lagern. Ganze Familien. Es sind Pilger auf dem Weg an die Rotmeerküste. Hier beten sie gemeinsam und erhoffen sich von dem heißen Wasser Erlösung von allerlei Ungemach. An einem Tag ist Männertag, am anderen dürfen die Frauen in die Grotte. Heute wäre etwas für Männer. Die unsrigen schauen einmal kurz in die Höhle, kommen aber bald darauf wieder ans Tageslicht. Es sei stickig und ziemlich dreckig, und von dem Wasser holt man sich eher noch ein Geschwür, als dass man eines abgeben könnte.

So drehen wir um, und zurück geht es wieder durch Mango- und Kaffeeplantagen, durch Bananenstauden und Tabakfelder. Es warten auf uns die üppigen Reste vom Festmahl des Vortages. Nach einer weiteren Nacht fahren wir glücklich und zufrieden zurück in die Hauptstadt.

Wir haben für das neue Gästehaus in Ar-Rawdah auch eine Putzfrau. Sie heißt Fatma. Sie ist eine Jemenitin aus sehr einfacher Familie. Eine ganz liebe. In Ausländerkreisen wird von jemenitischen Putzfrauen abgeraten. Sie können nicht putzen. Vor allem können sie Bäder und Küchen nicht sauber machen und sauber halten. Unseren Reinlichkeitsvorstellungen genügen sie einfach nicht. In gutem Ruf stehen da Somalierinnen und Äthiopierinnen. Bei uns ist aber Fatma. Natürlich ist sie sehr nett. Natürlich putzt sie wie ihr vorauseilender Ruf. Sie ist oft krank. Es muss etwas Schlimmes sein. Immer wieder versucht ihre Familie, sie traditionell zu heilen. Dazu gehören Aderlässe. Und kleine Löcher werden ihr in den Rücken gebrannt. Sie soll damit besser Luft bekommen. Fatma wird immer schwächer. Eines Tages erscheint sie zur Arbeit und zeigt mir ihren Rücken. Der Abdruck eines heißen Bügeleisens ist zu sehen. Voller Blasen und stark entzündet. Daran ist sie gestorben. Vielleicht hatte ihre Familie kein Geld für ärztliche Hilfe. Es mag aber auch so gewesen sein, dass sie der modernen Schulmedizin mit Misstrauen begegneten. Arme Fatma.

Ich bin in Rawdah also das Faktotum, die Unterhalterin, die unentbehrlich neutrale Freundin. Für den Mudir gibt es aber außer dem

Kumpel Marianne auch eine Ehefrau in Berlin, eine echte Freundin in Osnabrück und eine, welche ebenfalls von Zeit zu Zeit mit ihm im Institut arbeitet. Sie ist Wasser-Wirtschaftlerin und interessiert sich hauptsächlich für die Kanalanlagen und Zisternen aus prähistorischen Zeiten. Ich habe sie noch nicht kennen gelernt. Angeblich soll der schon sehr an orientalische Sitten angepasste Direktor während der Aufenthalte von zuletzt Genannter in Ar-Rawdah immer besonders schwer zu ertragen sein. Ein dauerndes Gestreit erfülle das Institut, sagen Ahmad und Muqbil. Und weil ich doch die muntere Unterhalterin bin, hat der Schlaue es so gedeichselt, dass ich während ihren Zeiten nie anwesend bin. Es kommt sogar öfter vor, dass ich abfliege, und sie bereits mit derselben Maschine gelandet war oder umgekehrt. Mir soll es nur recht sein. Ich lerne die Dame Jahre später in Ar-Rawdah kennen. Sie kann mich natürlich nicht leiden.
Ihr seltsames Verhältnis zu Mitmenschen kompensiert sie mit Tierliebe. Jeden noch so räudigen Hund findet sie zum Dahinschmelzen. Ihr so ausgeprägter Sinn für die Tierpsyche gipfelt in der Einrichtung eines Altersheims für Esel. Die Studien über Wasserwirtschaft lassen Raum, jeden Esel einzusammeln, der hinkt. Allerdings gibt es natürlich richtig traurige Gestalten. Welche mit drei Beinen, welche mit offenen Wunden, welche mit fehlendem Ohr und welche, die gar nicht mehr laufen können. Sie findet ein Grundstück, welches an unseren Institutsgarten grenzt. Dort hinein schafft sie die kranken und verkrüppelten Tiere. Bindet ihnen einen Strick um den Hals und zerrt sie hinter sich her. Eigenhändig. Sie muss ständig durch Ar-Rawdah und Umland gelaufen sein, um die Veteranen ausfindig zu machen. Dabei setzt sie sich darüber hinweg, dass diese Esel von der Regierung ganz armen Familien versprochen waren. Große Empörung von Seiten der Dorfbewohner kümmert sie nicht. Ihr nächstes Problem ist aber das Futter. So über 20 Esel fressen nicht wenig. Und das kostet auch nicht wenig. Der Mudir soll das zahlen. Ich bin zur Gründungszeit des Esel-Vereins nicht anwesend. Bei Esel Nummer 25 fliegt die Wissenschaftlerin nach Deutschland zurück, und ich komme wieder aus der Entsorgungskiste. Sofort soll sich die Stimmung vom Herrn und Meister von unter Null beträchtlich

gehoben haben. Die Esel sind ihm so ein Dorn im Auge, dass er beschließt, diesem Treiben ein Ende zu setzen. Nun ist er ja auch eher tier- als menschenlieb. Deshalb wird Muqbil als Kundschafter in die Tihama geschickt, immerhin acht Stunden mit dem Bus hin und acht Stunden wieder zurück, um Ausschau nach saftigen Weideplätzen zu halten. Muqbil macht sich zwei schöne Tage, besucht sogar eine in der Tihama lebende Hure, wie er mir leuchtenden Auges erzählt. Nun ist der erste Teil des Planes erfüllt, denn Muqbil sieht paradiesische Auen für 25 verkrüppelte Esel.
Tags darauf wird ein Lastauto bestellt. Mit Rampe. Da hinauf wird nun die ganze Eselsschar Esel für Esel hinaufgetrieben, hinaufgeschoben, hinaufgeprügelt und schließlich sogar hinaufgetragen. Die hintere Klappe rastet ein, der Transport ist bereit. Fahrer mit Muqbil fahren los. Wieder mit 2 Tagen Reisekostenzulage. Sie brettern nur bis nach Menaha, zwei Stunden von Sanaa entfernt, und treiben das zusammengepferchte Altersheim mit Stöcken in die Diaspora.

Endlich ist Aufbruch für die Grabungsleute. Die Geldverhandlungen sind erfolgreich verlaufen. Die Wüstensöhne bekommen einen Teil ihrer neuen Forderungen zugesagt. Die ersten Tage organisiert Mudir vor Ort. So haben wir im Institut sturmfreie Bude. Was wir Hinterbliebenen sehr genießen. Die Arbeit kommt dabei etwas zu kurz, das müssen wir uns eingestehen. Es ist aber auch ein weiterer Mitarbeiter aus Berlin angekommen, der archäologische Referent Dr. Burkhard Vogt. Da muss man doch erst einmal Bekanntschaft schließen. Wir drei, Olaf, Burkhard und ich mögen uns alle, bilden den harten Kern des Instituts. So sind wir förderhin zu dritt, die sich ihr Mudirleid klagen. Denn Burkhard ergeht es nach kurzer Zeit nicht viel anders als Olaf. Da aber geteiltes Leid halbes Leid sein soll, geht es uns Dreien zusammen prächtig.
Ich zeichne inzwischen weiter archäologische Pläne, zeichne die fotografierten und digital entzerrten Fotos der Schleusenanlagen des

Staudammes von Marib, eines der Weltwunder der Antike. Ich zeichne Stein für Stein die große Rundmauer der Tempelanlage in Sirwah, zeichne Fundstücke aus dem Bar'an-Tempel. Aus dem schon fast zusammengefallenen Tempel Samsara weit in den Bergen gibt es Keramik und Figurinen. Ich zeichne Grundrisse von den Tempelruinen Ma'in und Mesagid. Sie sind aus dem 8. Jahrhundert vor Christus, liegen in der Wüstenregion um Marib. Ich zeichne weiterhin Pläne aus Uruk im Irak. Zeichne Rekonstruktionen von den alten Tempelanlagen. Mudirs Kellerleichen. Olaf schaltet und waltet und macht das Institut wohnlicher. Kocht weiterhin für den Mudir, wenn dieser alleine ist. Burkhard als Sachbearbeiter gewöhnt sich an den Stil des Hauses und liebt den Jemen. Ziemlich bald kommen seine Frau Ute und die geliebte Tochter Miriam nach. Er findet in Sanaa ein schönes Haus mit Garten. So bin ich oft und oft bei ihm eingeladen, und wir genießen die gemeinsamen Stunden.

Schon zu damaliger Zeit kommen immer wieder Entführungen vor und bewaffnete Überfälle, um Autos von Ausländern zu rauben. Diese Autos sind teure Modelle von Mercedes und Toyota. Eine Bekannte vom DED ist mit ihrem Fahrer unterwegs in der Tihama, einer eher entspannten Gegend. Aber ein anderes Fahrzeug versperrt ihnen im freien Gelände den Weg, drei Männer springen heraus mit Kalaschnikows im Anschlag. „Gebt das Auto her, gebt mir die Wagenschlüssel!" Die Anweisung vom Auswärtigen Amt ist in solchen Fällen die, auf keinen Fall Widerstand zu leisten. Der Fahrer ist so schockiert, dass er keinen Ton hervorbringt. Erika reißt dem erstarrten Lutfen den Schlüssel aus der Hand. Dann schmeißt sie diesen den drei Räubern wutentbrannt vor die Füße und schreit: „Ihr Hundesöhne verschwindet, möge Allah euch strafen!" So müssen die Kerle sich nach dem Schlüssel selber bücken, was eine große Schande bedeutet. Aber das Auto war weg.
Burkhard hat auch eine einschlägige Erfahrung mit räuberischen Überfällen. Seine Mutter besucht ihn, und er will ihr die Schönheit

des Landes zeigen. An einem Wochenende fährt er mit ihr und seiner zweijährigen Tochter Miriam über Amran weiter nach Norden. Sie sind schon fast in Saada, als ihnen auf offener Strecke ein Auto plötzlich den Weg versperrt. Sein Landrover ist zu verlockend. Die Räuber springen mit ihren Waffen im Anschlag aus ihrem Toyota. Burkhard stoppt augenblicklich. Geschockt steigt er mit seiner Mutter aus. Bevor die anfangen zu schießen, hält er den Banditen die Autoschlüssel hin. Damit schwingt sich einer von den Dreien blitzschnell hinters Lenkrad der Beute, startet und fährt mit Karacho los. Die anderen Ganoven haben auch bereits das Weite gesucht. Alles geschieht innerhalb von ein paar Sekunden. Erst da merken die beiden Beraubten entsetzt, dass Miriam noch im Auto ist. Sie schläft auf der Rückbank. Sie sind in ihrer Verzweiflung unfähig, klar zu denken. Stehen wie Salzsäulen am Straßenrand und sind völlig verzweifelt. Handys gibt es zu dieser Zeit noch keine. Doch was geschieht? Nach einigen Minuten kommt das gestohlene Auto zurück, bremst, dass die Reifen quietschen, der Fahrer steigt aus und drückt die weinende Miriam dem Vater in die Arme. Und ist schon wieder davongebraust.
Ein paar Tage darauf kommt in der Gumhurrija-Tageszeitung ein Artikel über Burkhard und das gestohlene Auto. Das kleine Mädchen sei irrtümlicherweise bei der Flucht im Auto vergessen worden. Doch die „braven" Räuber hätten sie unversehrt zurückgebracht.

Überhaupt ist die Strecke in den Norden hoch für Überfälle und Entführungen berüchtigt. Es ist die Gegend der Huthi, gegen welche Saudi-Arabien seit 2015 Krieg führt. Direkt gefördert von den USA und Großbritannien; indirekt durch Waffenlieferungen von Deutschland.
Olaf und ich schließen uns einer DED-Gruppe an. Wir wollen einen Wochenendausflug nach Schihara und nach Saada unternehmen. Schihara ist ein Dorf und liegt über 3.000 Meter hoch. Dort gibt es die legendäre Schiharabrücke, welche über eine abgrundtiefe

Schlucht zwei Bergzüge verbindet. Auf der geteerten Ausfallstraße von Sanaa geht es schnurstracks nach Norden. Nach einigen Stunden sind wir mit unseren zwei Toyotas an der Abzweigung in Huth angekommen. Das kleine Städtchen war damals schon berüchtigt. Auf unsere weitere Fahrt sind wir alle schon sehr gespannt. Denn deren Ausgang steht den erzählten Geschichten nach zunächst noch in den Sternen. Die staubige schmale Stichstraße führt an den eigentlichen Gebirgsstock heran. Von da ab geht es dann in Serpentinen fast senkrecht 1.000 Meter in die Höhe. Die Kerle, die uns am „Einstieg" empfangen, gebärden sich wie die Berserker. Eigentlich sind wir überzeugt, dass sie uns etwas vorspielen. Aber irgendwie trauen wir dem Ganzen doch nicht. Denn das vorgeführte Schauspiel ist filmreif: Zwei Pickups preschen auf uns zu, stoppen erstmal, dass sich Bremsspuren eingraben. Dann springen beide Parteien aus den Fahrerhäusern und beschimpfen sich gegenseitig lauthals. Fangen an, wild in der Luft herumzuballern. Wir sollen mitkriegen, dass es hier nicht weitergeht. Die beiden Streithähne beruhigen sich nach einiger Zeit und scheinen zu kooperieren. Dass es mit ihnen ein gefährliches Unterfangen wird, haben sie uns vorgeführt. Und endlich scheinen sie sich zu einigen: Wir werden von ihren beiden Autos hochgefahren. Unsere müssen unten bleiben. Und der Preis muss stimmen. Also nur gegen eine fette Bezahlung. Das Schauspiel jagt uns trotz allem einen gewaltigen Schrecken ein. Wir kratzen unser Geld zusammen, hieven unsere Rucksäcke auf die Ladeflächen der beiden Pickups, klettern dazu und los geht's ...
Schihara, unser Ziel, gehört damals schon zu den verbotenen Gegenden mit Ausgangssperre, Räubereien und Schießereien, sobald es dunkel wird. Unsere Wegelagerer gehören mit zu der Bande, die sich mit ihrer Show über die Ausländer lustig macht und ihnen übertrieben viel Geld aus der Tasche zieht. Deshalb kommt kein fremdes Gefährt auf den einsamen Gebirgsstock hinauf. Ursula hat es einmal versucht, indem sie mit einem mutigen Fahrer abends in der Dämmerung einfach die Straßensperre mit Karacho umfahren hatten und so den wilden Kerlen davon gekommen waren. Aber sie hatten die Rechnung ohne den Wirt gemacht. Die vermeintlich Überlisteten hatten sie wohl nur entwischen lassen, um sich rächen zu können.

Denn am nächsten Morgen sind bei Ursulas Auto alle vier Reifen aufgestochen, und anstelle der Batterie liegen vertrocknete Khatblätter im Motorraum.
Schon auf den ersten Metern ist klar, was uns erwartet: ein Höllenritt. Wie die Geisteskranken scheppern die beiden Jüngelchen ihre Karren bergauf. Bereits um zwölf Uhr mittags haben sie ihre dicken Khatbacken und schauen mehr nach hinten auf die leckeren deutschen Mädels, als auf den ausgesetzten Weg. Sie schauen nicht nur dauernd in den Rückspiegel, sie drehen sich auch laufend um, hängen lässig den linken Ellbogen mitsamt Unterarm aus dem Fenster. Eine Kassettenmusik kracht ohrenbetäubend aus dem Recorder. Immer wieder bleibt das Band hängen. Nun übernimmt die linke Hand locker das Steuer, und mit der rechten holen sie die defekte Kassette aus dem Gerät, klopfen damit raffiniert auf das Armaturenbrett, spulen damit das lockere Band wieder auf, was ihnen für die nächsten 5 Minuten auch gelingt. Dabei wird wieder beifallheischend nach hinten geblickt, laut lachend mit offenem Mund und sichtbarem Khatbrei. Nur eine Hand am Steuer, mal die rechte, mal die linke. Das macht sich für uns Passagiere an den Abgründen sehr prickelnd. So weit wie möglich fahren die Kerle an die abstürzenden Flanken heran. Dann, in den oberen Regionen, werden die Haarnadelkurven so schmal, dass mit einem Mal kein direktes Herumkommen mehr möglich ist. Nur mit einem Vor- und Zurückmanöver.
Wir klammern uns auf der Ladenfläche überall an, wo es geht. Ginge beim Zurücksetzen des Fahrzeugs die hintere Ladeklappe auf, würden wir im freien Fall Hunderte von Metern in die Tiefe stürzen. Endlich oben angekommen, sind alle grün um die Nase. Für die Jüngelchen ist es ein Heidenspaß gewesen, uns zu ängstigen und sich als heldenhafte Fahrer zu präsentieren.
Schihara ist einer dieser magischen Orte, welche man nie vergisst. Die Einwohner scheu bis ablehnend. Kinder frech bis sehr frech. Und nun unsere Herberge: spelunkenmäßig. Es gibt nur die eine hier oben auf 3.000 Meter Höhe, und die ist im ganzen Jemen verrufen. Das Wirtshaus im Spessart war dagegen harmlos. Die Wirtin, eine fette Matrone ganz in schwarz, wahrscheinlich die schwarze Witwe von Schihara, welches ihr Männchen gefressen hatte. Sie soll nächtens

im Lager vor den schlafenden Gästen aufkreuzen mit Gewehr im Anschlag. Als spektakuläre Erscheinung im schwachen Licht ihrer Petroleumlampe, verlangt sie dann mehr Geld. Auch die Töchter sind vom Feinsten. Zwei Mädels, welche einem das grauenhafteste Foul, das ich je gegessen habe, als Abendessen servieren. Auch in Schwarz gewandet. Aber der Ausschnitt beim affektierten Reichen des Brottellers ist plötzlich offen, das Kopftuch rutscht nach hinten, wird mit aufreizender Bewegung wieder nach vorne gezogen. Rollende schmachtende Augen, nie wieder so gesehen, laden unsere strammen Männer ein. Es ist irgendwie ordinär und irgendwie zum Lachen. Und irgendwie bin ich sicher, dass eine kleine Überlegung bei unserer männlichen Begleitung durchs Gehirn blitzt, „Soll ich?“, das aber dann beim nächsten klareren Gedanken schnellstens verworfen wird, „Nein, nie im Leben! Was kann man sich da alles holen! Vom Tripper über Aids bis hin zum Ehrenmord!“
So legen wir uns ängstlich, auf alle möglichen Finten gefasst, ziemlich nahe aneinander, unsere Taschenlampen in Griffweite. Wir wollen schon vor dem Morgengrauen aufbrechen, um die Wegezölle mit den dummen, wortreichen Verhandlungen der Schiharis zu umgehen. Wir haben die Übernachtung ja bezahlt. Wir schleichen also im noch absoluten Dunkel durchs Haus, hoffen, die Schwarze Witwe nicht zu wecken. Tapsen die knarzenden Treppen hinunter, suchen den Türriegel – und sind aufatmend im Freien ...
Im Morgengrauen dann bei Ausgangssperre durchs Dorf, wo wir die berühmte Brücke vermuten, machen wir uns davon. Die Polizisten schlafen noch. Und richtig, noch versperren uns keine Wegelagerer den Zugang. Frauen sind schon unterwegs zu den zwei großen Zisternen. Es sind vor Jahrhunderten ausgegrabene Schächte, stufenförmig nach unten angelegt, sind Auffangbecken für Regenwasser der zweimaligen Regenzeit in Jahr. Für Felderbewässerung reicht es sicherlich nicht, nur für den Bedarf in den Haushalten des Ortes. Viel Wasser gibt es dieses Jahr nicht mehr, so müssen die Frauen weit in die Becken hinuntersteigen. Die Wasseroberfläche ist mit grünem Zeug überzogen, mit Algen, die auch im Trinkwasser landen. Besonders gesund dürfte das nicht sein. Wir Westler würden uns sicher sofort eine Hepatitis oder gar die Cholera holen. Die Frauen

füllen ihre Behältnisse und tragen sie auf dem Kopf im Gänsemarsch wieder den steilen Berg hinauf in ihre Häuser. Zwischen 10 und 20 Kilogramm schleppen die mageren Persönchen. Und das mehrmals täglich.
Noch ist die Sonne nicht aufgegangen. Wir platzieren uns für dieses Ereignis auf einen schönen Felsen und genießen Höhe, Weite und Freiheit. Dann ruft aber die Brücke, über die wir staunend gehen. Fast traut man sich nicht in die Tiefe zu schauen, so schreckt einen der Abgrund. Wie dieser Bogen nur von einem Berg zum anderen gespannt werden konnte! Immerhin ist das Wunderwerk ein paar 100 Jahre alt. Schon seit einigen Jahren lassen die Huthis keine Fremden mehr in diese, ihre Gegend. Somit können Jemenreisende von hier nur noch träumen. Der letzte König des Imamats Jemen, Muhammad Al-Badr, der Sohn von Imam Ahmed Ibn Yahya, konnte in Frauenkleidern über die Brücke fliehen. Seine Regentschaft dauerte nur eine Woche, dann brach die Revolution aus. 1962 wird das Imamat eine Republik. Alle Adeligen werden ermordet, auch Imam Yahia. Sein Sohn Muhammad aber findet bei den Engländern Zuflucht.
Da die Fahrt die 1.000 Meter hoch nach Schihara so furchterregend war, will ich auf gar keinen Fall mit einem der Pickups wieder hinunterfahren. Es gibt einen Pfad ins Tal. Olaf kommt mit mir. Unser Gepäck schicken wir mit den anderen Todesmutigen zur Hochebene hinunter. Anfangs kommen wir an zahlreichen, verstreuten Bauernhäusern vorbei. Und jedesmal steht da so ein Typ und will Fulus. Will Geld. Die erste Zeit verneinen wir freundlich oder zeigen nur mit dem rechten Zeigefinger zum Himmel, was bedeutet, Allah ist groß. In Wirklichkeit meint man damit, ich gebe nichts. Wenn wir Einheimische wären, hätten wir unsere Ruhe. Als Fremde werden wir angebettelt. Beim 20. Kerl platzt mir der Kragen und ich sage auf Deutsch sehr unfein: „Leck mich am Arsch!", von der Betonung her auch für jemenitische Ohren eindeutig ein saftiger Ausdruck. Da nimmt der seine Kalaschnikow von der Schulter, entspannt hörbar die Sicherung, zielt auf uns und wiederholt deutlich „Fulus", deutet auf meinen Lederbeutel vor meiner Brust. Wir sind verunsichert, zögern. Er steht so fünf Meter vor uns auf dem Weg. Hier ist kein

Bauernhaus. Hinter ihm fällt der Weg in einer Haarnadel-Kurve weiter ab. Wir gehen langsam auf ihn zu. Ich sage zu ihm, dass Allah ihn sieht, dass Raub Haram sei, eine religiöse Schande, dass er in die Hölle komme. Er macht nur mit dem Gewehrlauf eindeutige Ruckbewegungen und wiederholt „Fulus". Wir sind auf seiner Höhe, ich sage meine Vorhaltungen ein weiteres Mal. Er ruckt mit dem Lauf. Wir gehen langsam an ihm vorbei, er dreht sich ebenfalls mit um. Wir gehen noch langsamer weiter mit sehr ungutem Gefühl, sein Gewehr im Rücken, halten die Luft an. Gehen weiter. Schauen uns um. Wieder das Gleiche, gehen weiter auf dem Weg, entfernen uns aber nicht wirklich von ihm, da wir um ihn herum der Kurve des Weges folgen. Gehen aber nur noch zentimeterweise, nun rückwärts und mit dem Gesicht zu ihm.

Da kommt ein kleines Mädchen aus dem Nichts an dem religionslosen Sünder vorbei den Weg herunter. Hat es sicher nicht mitbekommen, was gerade abläuft. Aus einem wirklich falschen Instinkt heraus schnappe ich nach der Kleinen und halte sie mir hoch vor den Körper. Denke, der schießt doch nicht auf seine eigenen Leute. Doch in diesem Moment schießt der Kerl zweimal knapp über mich hinweg, dass ich den Luftsog spüre. Sofort lasse ich das Mädchen los, das wie der Blitz über die Mauer verschwunden ist. Olaf steht noch weiter oben, völlig paralysiert. Und ich bin weichgeklopft. Mit weit ausholender Geste lege ich den mir um den Hals hängenden Lederbeutel auf das Mäuerchen. Unser Räuber macht nochmal eine Bewegung mit dem Gewehrlauf. Welche jetzt aber sicher bedeuten soll, dass wir verschwinden können. Olaf steht weiter wie angewurzelt. Ich rufe ihm zu, lauf, lauf, und so kommt er in die Gänge. Nichts wie weg! Weiß man doch, dass so ein Gewehr auf 200 Meter immer noch trifft. Aber endlich rennen wir beide den Berg hinab und entkommen der Reichweite eines Schusses.

Viel weiter unten ist eine Hochzeit. Dort sitzen auf einem Feld vielleicht 30 Männer im Kreis. Alle auch mit Gewehren, mit denen sie ab und zu in die Luft schießen. Der Hochzeit wegen. Wir stürzen uns in den Kreis und japsen atemlos etwas von „Harami, Harami", von Räuber, Räuber. Die Runde schaut sich an, wiegt die Köpfe, die alten Männer streichen sich über ihre mit Henna rot gefärbten

Festtagsbärte und wiegen weiter ihre Köpfe. Wir stehen da und japsen weiter, bis sich das Köpfewiegen und Japsen irgendwie eingependelt hat, langsamer wird. Wir stehen da wie die letzten Trottel. So drehen wir dumm starrend ab und rennen weiter ins beschützende Tal. Erst unten erlauben wir unseren Knien, dass sie zittern dürfen.
Kein Mensch hätte sich bei weiteren Schüssen von oben etwas gedacht. Uns hätte man hinter einer Mauer erst am Geruch entdeckt, wenn wilde Hunde oder Wölfe nicht schneller gewesen wären. Aber hereingelegt habe ich den Typen doch, denn meine Hauptbarschaft, nämlich 400 Dollar, hatte ich in einem Briefumschlag in meiner Strickjacke stecken. Aus einem unerfindlichen Grund hatte ich ihn immer noch nicht in den Lederbeutel getan. Und da drin befinden sich nur 35 Dollar und ein halber.

Es war bereits zwei Jahre nach meinem Jemen-Einstieg, da hatte mir der Mudir das Wächterhaus vom neu angemieteten Beit Al-Amri in Ar-Rawdah zum Wohnen angeboten. Die nun jährlich laufenden Grabungen bedingen ein größeres Team. Somit ist ein Gästehaus notwendig geworden. Das wunderbare Gebäude ist ebenfalls ein alter fürstlicher Palast mit einem großen Garten mit Weintrauben, Pfefferbäumen und kleinerem Gesträuch.
Auf diesem Gelände steht auch ein zweistöckiges Häuschen, ziemlich am Zusammenfallen. Das darf ich sanieren und schönmachen und zum Wohnen herrichten. Klar, ich bin damit mehr verfügbar. Für mich ist es aber auch sehr praktisch – ich brauche nicht mehr täglich aus der Innenstadt die fast 20 Kilometer mit dem Taxi hin- und wieder zurückzufahren. Muqbil und Ahmed erklären sich einverstanden, mir dabei zu helfen. So verdienen sie sich etwas Geld dazu. Für die grundlegenden Arbeiten, wie Strom und Wasser organisieren sie mir die entsprechenden Arbeiter. Doch zuerst muss das Dach abgedichtet werden. Im traditionellen Stil gebaut, ruhen über den oberen Zimmerchen auf den Mauerkronen kleine Baumstämme,

Pappelholz. Quer dazu liegen Holzbretter in Dielenbreite. Darauf sind Reisig und Geäst geschichtet und schlussendlich dann mit Tonnen von Sand aufgefüllt und darüber hinaus noch eine reine Schicht Sand ohne Füllmaterial. Dieser ist aus der Umgebung einfach zusammengescharrt und so fein wie Mehl. Deshalb verschließen sich beim Wässern alle Luftlöcher und dünne restliche undichte Stellen. Damit ist das Dach abgedichtet. Allerdings soll man bei solcher Art von Dachkonstruktion einmal im Jahr immer vor einer der Regenzeiten eine neue Sandschicht darauffüllen. So schwemmt der Regen die feinen Partikel in eventuell entstandene Risse und das Dach bleibt weiterhin dicht. Dies wurde bei meinem Häuschen seit Jahren nicht mehr gemacht. Deshalb muß ein Dachdecker her. Innerhalb von ein paar Tagen war das wichtigste Werk vollbracht.
Nun kommen die Muhandissin, die Arbeiter, für Wasser in Bad und Küche und Strom für jedes Zimmer. Die Wohnetage wird im ersten Stock sein, unten entsteht ein Atelier. Eines der Zimmer ist groß, das Wohnzimmer also, mit wunderbaren bunten Glasfenstern. Eine kleine Diele davor bietet Platz für den Esstisch. Dahinter ist die bislang noch rußgeschwärzte Küche. Zwei Tanoure, Lehmöfen, stehen hier und zwei riesige Kamine führen nach oben. Ein Arbeiter befreit die wohl seit 100 Jahren mit dicken Rußplatten immer mehr verstopften Schächte. Es ist eine schreckliche Arbeit. Der Tapfere wäre daran fast erstickt. Ich will die Öfen nicht mehr benützen, will kein Feuer machen. Ich koche mit Gas auf einem kleinen Zweiplattenkocher, das genügt mir. So kommt auf die beiden Öffnungen der Öfen eine Holzplatte, die dann später vom Gips-Mann überzogen wird. Dieser kleistert nun Gips in alle Unebenheiten des Hauses, streicht Gips über Holzregälchen und Mauervorsprünge. Damit bekommen alle Räume ein weiches und strahlendes Bild. Der jemenitische Gips zieht nicht so schnell an als der bei uns bekannte. So hat der Arbeiter mehr Zeit, mit Putzbrett und Kelle erst das Material hinzuklatschen und dann mit den Fingern alles geschmeidig zu verstreichen. Dabei stößt er im Rhythmus seiner Bewegungen ein zischendes Geräusch aus. Den ganzen Tag zischt er vor sich hin und gibt sich damit selbst den Takt. Auch alle Fußböden in den Kämmerchen werden mit Gips verstrichen. Nach einer uralten Sitte soll es so gewesen sein, dass

Frauen erst in den trockenen Gips pinkelten, damit er zu einer feuchten Masse wurde. Dann nahmen sie einen Mund voll Material, kauten darauf herum und vermischten damit das Ganze mit ihrem Speichel. Das spuckten sie dann aus und so langsam, langsam entstand die Fußbodenfläche. Diese wurde sogleich Spucke für Spucke glattgestrichen. Diese Fußböden sind für immer wasserdicht.
In das Mini-Bad und in die Mini-Küche kommen noch Fliesen. Eine halbe Woche trocknet alles aus. Nun treten Muqbil und Ahmad an zum Haupteinsatz. Sie wollen alle Wände streichen. Vorsorglich malte ich vorher schon große Felder um die Schalter-und Steckdosenflächen, ich kenne meine Burschis, montiere alle Steckdosen und Lichtschalter selbst, sie sind nun ja geschützt. Aber denkste. Die Wände werden tadellos gestrichen. Leider tatschen sie an den bereits mit Öl eingelassenen dunklen Holzbalkendecken mit ihren Farbhänden herum. Und eines Mittags sehe ich, dass über meine schon präparierten Schalter- und Steckdosen-Rundumflächen mit Schwung darüber gestrichen wird. Mit Wutsch und noch einem Wutsch. Was soll man dazu sagen! Mühsam kratze ich nach dem Antrocknen die Farbe aus den Schaltern und Steckdosen wieder heraus. Als Letztes kommt die Betontreppe dran. Die streiche ich vorsichtshalber selber von oben nach unten. Es gibt in Sanaa eine Art von Dispersionsfarbe und eine mit Öl. Für die Treppe kommt nur die Ölfarbe infrage. Sie ist aber sehr zäh, mit sehr viel Öl gemischt, aber mit noch mehr heftigem Lösungsmittel. Es könnte Trichloräthylen gewesen sein. Ich liege nach meiner Streichaktion tatsächlich einen Tag fast im Koma.
Die schönen geschnitzten Türen lasse ich selbst mit Öl ein. So bekommen sie wieder einen tiefschwarzen Glanz. Noch ein Teppichboden für den Wohnraum, ja, das gibt es hier auch schon.

Da es meine Knie schon damals nicht gerne haben, direkt auf dem Boden zu sitzen, lasse ich mir von einem Schreiner über eine Raumbreite des Wohnzimmers Gestelle zimmern als Sofaunterlagen. Darauf schmale Matratzen und ein Samttuch darüber, Rückenkissen und Armstützen. Noch ein paar kleine Teppiche, ein Esstisch, eine Holzplatte auf zwei Böcken als Schreibtisch, ein paar Stühle und eine Matratze, fertig ist das Puppenhaus.

In drei Monaten ist aus einer Ruine ein Schmuckkästchen geworden. In dieser Zeit bin ich jeden Morgen um sehcs Uhr aufgestanden, um die Arbeiter einzutakten. Ich verdrückte jeden Morgen drei Spiegeleier und über einen Monat verteilt, kamen sicher noch weitere zehn dazu. So habe ich in drei Monaten 300 Eier verspeist. Meinem Cholesterinspiegel ist diese Kur gut bekommen.

Nun habe ich die leidigen Sammeltaxifahrten zur Arbeit los. Da Olaf und ich uns aber ins Sanaaniner Gesellschaftsleben gestürzt haben, kommt Einladung über Einladung. Dafür habe ich nun das gegenteilige Problem am Hals, ich muss zu den Einladungen mit dem Sammeltaxi in die Stadt fahren. Und auch wieder heraus. Einzeltaxen vermeide ich sowieso, da Ar-Rawdah doch ziemlich außerhalb liegt, und die Fahrer mich im Dunkeln gerne anmachen wollen. So habe ich eine glorreiche Idee: Ich kaufe mir ein Motorrad!
Den Helm brachte ich mir schon beim letzten Flug hierher mit. Ich habe keine Ahnung vom Motorradfahren und so auch keinen Führerschein dazu. Aber das stört hier niemanden. Muqbil hat einen Freund, dessen Freund Geld braucht, und so verkauft mir dieser sein Ding. 50 PS sind im Jemen die Obergrenze für Motorräder. Die Beschränkung gibt es deshalb, weil die Polizei auf ihren eigenen Motorrädern anderen mit höheren Geschwindigkeiten sonst nicht nachkommen würde. Ich habe also ein besseres Moped. Ich bringe mir das Fahren selbst bei. Fahre nachmittags Richtung Norden über Schotterwege zu einem Checkpoint. Die Soldaten lassen mich durch, damit ich auf der Asphaltstraße das Fahren besser lernen kann. Ist doch wirklich nett. Ich bin keine gute Autofahrerin, so werde ich wohl auch nie ein Ass im Motorradfahren werden. Aber ich habe mir in den Kopf gesetzt, dass ich zu meinen Abendeinladungen und am Wochenende auf diese Weise in die Stadt kommen kann. Ich dürfte die erste weibliche Fahrerin eines solchen Gefährts im ganzen Jemen gewesen sein.

Nun zeigen sich aber auch gewisse Tücken mit dieser Art von Fortbewegung: Mit einem wehenden Rock kann ich unmöglich fahren. Mit Helm und Hosen ahnt niemand, dass ich eine Frau bin. So wird das meine Fahrertracht. Ich parke immer auf dem Parkplatzgelände des Taj-Hotels im Zentrum. Den Wächtern kullern fast die Augen raus, wenn sie realisieren, dass ich eine Frau bin. Denn irgendwie kommt ihnen die Gestalt etwas seltsam vor. Und nun nehme ich den Helm ab – ein Staunen ohnegleichen. Ich rein in die Hotelhalle, rein in die Damentoilette, über die Hose den obligatorischen langen, weiten, schwarzen Rock und fertig ist die Ausgehdame. Leider verdrückt mir der Helm die Frisur. So komme ich immer eher abgehübscht bei den Partys an. Diese finden so gut wie immer privat statt. Passende Lokale gibt es immer noch nicht. Man kennt es nicht, dass man vor und nach dem Essen beisammensitzt und erzählt. Ich aber weiterhin Partyfrau. Nicht zu spät starte ich zurück, muss ja meist am nächsten Tag arbeiten. Und da merke ich, dass meine glorreiche Idee denn doch nicht so glorreich aufgeht. Wenn ich von der Flughafenstraße nach Ar-Rawdah einbiege, warten schon die Hunde. Sie verfolgen hechelnd Autos und natürlich auch mich. Hier sind aber nur noch Schotterwege und einige Kurven bereichern meine Versuche, die Köter loszukriegen. Sie versuchen tatsächlich nach meinen Beinen zu schnappen. Gekriegt hat mich keiner, aber die Wettrennen lassen meine Euphorie von Freiheit doch merklich sinken.

In Sanaa hat eine Kunst-Galerie eröffnet. Die Galerie No 1. Die allererste im ganzen Jemen! Es gibt hier, wie ich schon erzählte, tatsächlich eine kleine aber feine Kunstszene. Alle sind so engagiert, dass man wirklich nicht von Sonntagsmalern reden kann. Aber keiner außer dem Galeristen, der auch Künstler ist, kann davon leben. Feisal hörte, dass es hier eine deutsche Künstlerin gäbe. Und es ist für ihn nicht schwierig, mich zu finden. Er bietet mir in seinen Räumen eine Ausstellung an.

Im unteren Teil meines neuen Häuschens in Ar-Rawdah waren früher kleine Ställe, vom Eingang aus zu erreichen. Mit Bauphase zwei verschließe ich die zwei Eingänge, weil ich den Geruch nicht mehr ertragen kann. Da hier im Jemen immer improvisiert werden muss, und ich darin eine Meisterin bin, besorge ich mir zwei Teile Fliegengitter für die zwei Türöffnungen. Denn Türen selbst gibt es dazu nicht. Diese Gitter nagle ich in den relativ weichen Gipsbelag. Und nun kommt der Clou: Ich streiche weiße Ölfarbe darüber. Zunächst nur von oben, damit diese über das luftige Gewirk hinunterfließt und immer mehr die kleinen Löcher schließt. Irgendwann, nach dem fünften Anstrich, hat sich alles geschlossen. Ich streiche noch einmal voll darüber, vor allem an den Kanten. Und – der Geruch im Wohnteil ist weg. Mit Bauphase drei kommt das Atelier dran. Ein von außen zugänglicher Raum war immer nur als Magazin genützt worden. Deshalb bedarf er keiner Geruchsbremse. Er wird von Muqbil und Ahmad weiß gestrichen, der Fußboden darf aus Beton bleiben, fertig.
Und da habe ich nun Platz, um in fünf Monaten in meinen freien Nachmittagsstunden eine Ausstellung zu erarbeiten. Ich zeichne Männertänze mit ihren Krummdolchen, den Djambijas. Ich zeichne Frauen mit Körben auf dem Kopf, zeichne Kinder, zeichne Schiffe vom Roten Meer. Aber ohne mich zu versehen, bin ich wieder in meinem alten Fahrwasser. Mittelalterliche, abendländische Totentänze, Apokalypsen und dicke, nackte Frauen als Urmütter bevölkern meine Papierbahnen. Als ich glaube, eine ordentliche Ausstellung beisammen zu haben, lade ich den Galeristen zu einer kleinen Werkschau zu mir ein. Er erstarrt, als er die teilweise sehr großen Zeichnungen sieht. Schaut mich böse an. Ich kapiere immer noch nichts. Dann: „Bist du noch ganz bei Trost, ich kann hier im Jemen doch keine Nackten zeigen!“
Ja, inzwischen weiß ich es. Nach einem Jahr im Jemen hatte ich aber immer noch nicht verstanden, dass Kunst hier den strengen Regeln der Schicklichkeit unterworfen ist. Dass die Religion die Schicklichkeit bestimmt. Dazu gehört nun mal eine Bekleidung, welche keine Geschlechtsmerkmale erkennen lässt. Zudem dürfen Mann und Frau nicht zu nahe beieinander abgebildet werden. Nicht einmal Kinder

verschiedenen Geschlechts. Die muslimischen Regeln, streng ausgelegt, besagen sogar, dass Mensch und Tier nicht dargestellt sein dürfen. Wir sind Ebenbilder Gottes, und es ist Blasphemie, gottähnliche Geschöpfe in Bildern zu zeigen. Nach fundamentalistischen Ansichten gibt es sogar ein generelles Bilderverbot, sogar für nicht religiöse Kalligraphien.
Für Künstler und Künstlerinnen (auch die gibt es) ist es im erzkonservativen Nordjemen immer ein Seiltanz, Bilder zu malen und diese dann auch auszustellen. Die meisten retten sich ins Ornamentale, was dann schnell auch etwas Banales hat. Figürliches darzustellen, braucht enormes Fingerspitzengefühl. Denn auch im Orient malen Männer sehr gerne die Weiblichkeit. Und da gibt es nun mal schöne Gesichter, es gibt Brüste und weitere Kurven. Feisals Galerie wird immer wieder polizeilich geschlossen, weil irgendein Kodex überschritten wurde. Meine Bilder würden also einen Skandal hervorrufen. Und Skandale in totalistischen Systemen enden für einen selber meist ungut ...
Aber was tun? Meine Zeichnungen mag ich. So überlege ich nicht lange. Ich kaufe weißen Nesselstoff und schneide für meine Totentanzdamen passende Hemdchen aus, für den noch nicht ganz skelettierten Tod ein Schamtuch. Diese Stücke klemme ich zwischen Glas und Zeichnung. Perfekt. Der Galerist ist zufrieden. Beim Aufhängen in der Galerie entdeckt er aber in einem der schon fix gerahmten und gehängten Bilder eine weitere Ungeheuerlichkeit. Die darf unmöglich gezeigt werden. In einer Stunde ist die Eröffnung. Also keine Zeit für eine gute Lösung. So klebe ich mit einem braunen Packpapierklebestreifen in Doppelschicht zwei Eidechsen zu, welche auf dem Unterschenkelknochen des Tods neues Leben zeugen.
Der Galerist ist wiederum zufrieden, bedenkt aber nicht, dass dies nun die besondere Neugier des zahlreichen jemenitischen Publikums weckt. Hauptsächlich des männlichen Teils. Der Klebestreifen muss im Laufe der Ausstellungsdauer mehrfach erneuert werden, weil er durch das viele Lüften nicht lange haften bleibt. Bis in die deutsche Botschaft ist es gedrungen, dass die Manda Pornografie ausstellt. Aber wie es immer so läuft, ist das eine gute Publicity, und dem Galeristen werden die Bilder fast aus den Händen gerissen.

Im Jahr darauf will ich wieder eine Ausstellung machen. Ich radierte in Deutschland eine umfangreiche Serie von arabischen Kalligraphien in Farbe. Vielleicht 450 Stück im A4- und A3-Format, welche ich mitgebracht habe. Ich möchte meine Bilder in meinen eigenen vier Wänden und im Garten davor zeigen. Darf die Stelltafeln vom Institut verwenden. So arrangiere ich in meinem neuen Häuschen, im Atelier und in Hof und Garten meine Bilderschau. Ein kleines Büffet mit Knabberzeug und Säften ist auch aufgebaut. Als Bediener fungieren wieder Muqbil und Ahmed, meine unverzichtbaren Helfer. Einladungen sind in Botschaften verteilt, in der GTZ und beim DED plus Mundpropaganda.

Zwei Tage vor dem Ausstellungsbeginn kommt der Mudir daher und will mir diese plötzlich verbieten. Zuerst hatte er eingewilligt. Ich kümmere mich einfach nicht mehr darum, die Einladungen sind verteilt. Eine Neuheit in Sanaa: Die Eröffnung findet als Matinee an einem Donnerstag, hier mit unserem Samstag vergleichbar, vormittags um elf Uhr statt. Für hier eine sehr ungewöhnliche Zeit, aber es funktioniert. Viele Gäste kommen, und sieh an, viele Gäste kaufen. Klar, die geladenen Ausländerinnen und Ausländer verdienen hier sehr, sehr gut. Und gegen Ende erscheint auch der Herr Direktor, sichtlich verschnupft. Aber er will es doch nicht versäumen, wieder einmal zu glänzen.

Für Ankäufe von Einheimischen mache ich unter der Hand den halben Preis. Das darf ich zwar nicht ganz laut sagen, aber ich finde es angemessen, und ich stehe dazu. Der Kultusminister hat sich entschuldigen lassen, möchte sich die Ausstellung aber an einem anderen Tag anschauen. Dazu arrangiere ich eine Teestunde mit Torte vom Sheraton-Hotel. Und einen Anstandsdiener brauche ich auch. Es wird Ahmad. Er ist vielleicht 22 Jahre alt, und er zittert beim Teeeinschenken so sehr ob des hohen Besuchs, dass er dauernd kleckert.

Aber erst einmal klopft es am Tor. Ich stehe empfangsbereit in angemessener Entfernung. Ahmad öffnet. Herein kommt der hohe

Herr ohne seine Bodygards. Kommt einfach mit dem Taxi. Er ist jemenitisch gekleidet mit einer Glitzerfuta(!,) dem Wickelrock, einer Kefija um den Kopf, einem weißen langärmeligen Hemd und – mit Gummilatschen. Herzerfrischend. Dementsprechend nett ist dann auch das Téte-à-Téte. Meine Bilder betrachtet er gründlich und sachkundig. Vielleicht hätte er erwartet, dass ich ihm ein Bild schenke. Mir kam der Gedanke gar nicht. Aber heute tut es mit deswegen leid.

Endlich wird am Bar'an-Tempel gegraben. Das Heiligtum stammt aus der Zeit vom 5.bis 6. Jahrhundert v. Chr. Es ist der schönste und besterhaltendste Kultbau Südarabiens, dem Hauptgott Almaqah gewidmet. Seine fünfeinhalb Pfeiler des Eingangbereiches waren damals noch fast zur Hälfte mit Sand bedeckt und sind zum Nationalsymbol des Jemen geworden. Die wunderbar gearbeiteten Kalksteinquader der Tempelwände wurden als Baumaterial rundum abgeschleppt. Wurden hauptsächlich zum Bau des neuen Gouverneurspalastes in Marib-Stadt verwendet. Trotzdem kommt im Laufe der Konsolidierungsjahre 1988 bis 1997 des Deutschen Archäologischen Instituts eine beeindruckende, prunkvolle Weihestätte ans Licht.

Und endlich gibt die Fundlage auf dieser Ausgrabung soviel her, dass ich als Zeichnerin vor Ort gebraucht werde. Es beginnt eine neue Kampagne, und somit beginnen für mich auch neue Zeiten. In Marib ist ein leerer Neubau mit drei Etagen angemietet worden. Allerdings ist es hier fast noch eine Baustelle mit den Resten von Mörtelbrocken, Holzabfällen und Plastikmüll. So hat unser Team erst einmal Haus-Säubern und Zimmer-Einrichten auf dem Programm. Alle bekommen ein einzelnes Zimmer, was wunderbar ist. Matratze auf einem Klappbett als wirklicher Luxus, denn der Staub ist enorm und auf dem Boden läge man wochenlang in einer noch größeren Staubwolke als sowieso schon. Ein Stuhl vervollständigt die Einrichtung. Ein kleines Blechregal kaufe ich mir selber, um nicht nur aus dem

Koffer leben zu müssen. Und natürlich klemme ich ein Tuch vors Fenster.

Ins Erdgeschoss kommt das Lager für alle möglichen Geräte. Auch ein Generator ist dabei. Wir haben damit Strom! Wenigstens stundenweise am Tag. In Marib gibt es von der Gemeinde her welchen, theoretisch. Aber die Ausfälle sind mehr als die Stunden, zu denen Strom geliefert wird. Ganze Stadtteile werden immer wieder mehrmals am Tag abgeschaltet. Oft auch nur, weil einer der Bewohner seine Stromrechnung nicht bezahlt hat. Damit wird Druck ausgeübt, und so kommt die Allgemeinheit schneller wieder zu Lichtblicken.

Unsere ausgegrabene Keramik kommt in Schachteln in die Magazinräume. Diese türmen sich bald, denn es gibt sie zuhauf. Im Erdgeschoss sind auch die Küche und unser Essraum. Knochenfunde haben wir im Tempel weniger, es gibt keine Gräber. Es sind eher Tierknochenfunde, Reste von den Festbanketts zu Ehren der Götter. Diese fanden hier zuhauf statt, die Marmorbänke und Tischfragmente innen um die Tempelwände erzählen davon. Bald zeichnet es sich ab, dass im Tempelhof ein Brunnen ist. Große Aufregung. Es kommt wirklich einer ans Tageslicht. Aber es dauert fast die ganze Kampagne, bis die Außenhülle ausgegraben ist. Der Schacht reicht mehr als 18 Meter in die Tiefe. Denn da wird das Ausgraben eingestellt. Es wäre zu gefährlich geworden. Schritt für Schritt und Schicht um Schicht kann immer nur vom über Jahrhunderte angefüllten Sandboden weggeschaufelt werden. Manchmal werden dazu sogar Bagger eingesetzt.

Ich arbeite in Marib im Haus, denn die Funde dürfen hierher gebracht werden. Für mich hat das den Vorteil, im Kühlen zu sitzen. „Auf dem Feld" wird es gegen Mittag sehr heiß und durch Windböen sehr sandig und staubig. Mein Zimmer ist auch mein Arbeitszimmer. Ab und zu darf ich raus aufs Gelände und sehe die Fortschritte. Als Aufgang zu den fünf Säulen des Propylons zeigt sich inzwischen ein breiter Treppenaufgang. Noch lange sind wir nicht auf der Grundfläche des Tempels angelangt. Ich fertige von den Inschriften an den Tempelwänden Frottagen an, vermesse die für den Transport zu großen und zu fragilen Gefäße, zeichne die zahlreichen Altäre, die im Boden stecken. Der wunderbare Ort war

die größte Weihe- und Pilgerstätte von ganz Südarabien. Wir alle vom Team sind höchst motiviert.
Unser Koch Mohammed ist ein selbsternannter Koch. Ein älterer Mann, der es sicher gut mit uns meint, aber den Sparmaßnahmen des Mudirs erliegt. Bei jedem Salatkopf rechnet er vor, dass er diesen billiger bekommen hat. Die Stimmung einer Gruppe in solch unwirtlicher Gegend mit Wüstenklima, mit spärlichem Marktangebot und vielen Arbeitsstunden steht und fällt mit dem Essen. Es nimmt hier plötzlich einen Raum ein, wie das zuhause nie der Fall ist. Nudelgerichte sind auf dem jemenitischen Speiseplan nicht üblich. Aber wir wünschen uns Spagetti mit Tomatensoße. Ein Blick in die Küche am nächsten Morgen lässt mich erschaudern. „Mohammed, was ist das?" – „Die eingeweichten Spagetti für heute Abend". Diesen Baatz gibt es dann tatsächlich. Meine Beteuerungen, dass die Nudeln mit 10 Minuten Kochzeit schon von zahnlosen Greisen gegessen werden können, halten ihn nicht ab, beim nächsten Mal wieder Nudeln mit Einweichmethode zu fabrizieren.
Eines Tages streiken unsere Abflüsse. Wir haben auf unserer Etage zwei Toiletten, und die sind verstopft. Sie laufen noch nicht über, aber lange wird es nicht mehr dauern. Wir berichten es der Chefetage im dritten Stock. Dort oben sei alles in Ordnung. Wir sollen selber schauen, wie wir zurechtkommen. Einen Klempner bräuchten wir nicht. Das bringt für unsere Gruppe zwar nicht die Klos, aber doch das Fass zum Überlaufen. Unsere Jungs nehmen Rache. Sie öffnen ein Rohr vom Abfluss des oberen Stockwerks und stopfen Mörtelbrocken hinein. Viele. Nach zwei weiteren Tagen kommt der Klempner ...

Etwas ganz Unwirkliches ist mir passiert, als ich noch in der Stadt in Umm Gamal Gamils Häuschen wohne: Mein Auftrag in Ar-Rawdah ist wieder zu Ende. Ich fliege nach Deutschland. In vielleicht drei Monaten will ich wieder zurück sein. Meine wertvollen Zeichenwerkzeuge nehme ich mit. Ich muss sie mindestens alle zwei Wochen warten. Stecke sie in eine Tüte. Dazu meine Uhr, meine Brille, ein paar Schmuckstücke. Ich fahre mit dem Sammeltaxi nach Sanaa, steige unterwegs aus, weil ich noch ein paar Dinge besorgen will. Kaum ausgestiegen merke ich, dass ich meine Tüte mit den teuren Tuschefüllern im Taxi liegen gelassen hatte. So ein Mist. Aber, man kennt nicht den Jemen – am Abend habe ich meine Sachen wieder. Es kam so: Ein Fahrgast dürfte dem Taxifahrer den Beutel nach vorne gereicht haben mit: „Das hat die Ausländerin liegen gelassen." Was tut der Fahrer? Er fährt seine normale Strecke zum Bab Al Jemen zu Ende, parkt, steigt aus, geht zum Platz der Taxen, die wieder nach Ar-Rawdah hinausfahren. Er hält Ausschau nach Ausländern. Da kommt Olaf daher. Er kommt gerade jetzt zufällig aus Marib zurück und will ins Institut rausfahren. Der Fahrer spricht ihn an, ob er eine Frau kenne, eine Ausländerin, welche von Ar-Rawdah in die Stadt gefahren sein könnte. Olaf nimmt den Beutel, guckt hinein, und ja, er gehört Marianne, meiner Kollegin. Kommt umgehend zu meiner Wohnung, klopft an meine Türe, grinst breit und hält den verlorenen Beutel hoch. Ist das nicht irre? In einer Millionenstadt! Der Fahrer sei zwei Stunden gestanden und hat dabei einige Fahrten verloren. Würde es so etwas in Deutschland geben?

Arbeiter entdecken 1972 im Dach der Großen Freitagsmoschee von Sanaa eine Sensation: Es ist der bis heute größte Fund von Koranhandschriften. Die ältesten dürften sogar aus dem 7. Jahrhundert stammen, von den ersten Stunden des Islam. Es werden in etwa 15.000 Pergamentfragmente geborgen. 1980 beginnt das Projekt der Koranrestaurierung. Jemenitische und deutschsprachige Wissenschaftler*innen konservieren nach modernsten Methoden die Bruchstücke. Deutschland und die UNESCO fördern das Projekt.
Es wird vermutet, dass der Fundort eine Sammelstelle für alte zerschlissene Korane war. Zu ungefähr 950 Korankopien konnten die Fragmente zugeordnet werden. Aber kein einziger kompletter Koran

ist dabei. Das Buch der Bücher ist heilig. Deshalb muss sehr respektvoll damit umgegangen werden.
Anna ist ein sehr offener und großzügiger Mensch. Sie ist Schweizerin, studierte an der Züricher Kunst-Akademie Papier-Restaurierung. Und nun versucht sie in mühevoller Arbeit, die teilweise kleinsten Pergament-Fitzelchen auseinander zu lösen, sie zu glätten und vor dem Zerbröseln zu schützen. Über viele Jahre hat sie Arbeit. Das bringt ihr viel Ehre ein, jeder Staatsbesuch wird in ihre Koran-Restaurierungsabteilung geführt.
Sie lebt alleine, hat viel Besuch. Ist großzügig und sehr gastlich mit Einladungen. Sie legt sich eine Katzenfamilie zu. Die expandiert immer mehr. Es spricht sich im Katzenreich herum, dass es bei ihr gutes Futter gibt. Inzwischen hat sie 25 Kinderchen. Einige dürfen ins Haus, die anderen werden draußen gefüttert. Dazu kauft sie auf dem Fleischmarkt Innereien und Abfallstücke. Anna ist in ihrer Umgebung bekannt und auch beliebt. Zwar weiß man nie genau, ob die Höflichkeit und Freundlichkeit der Orientalen immer wirklich so gemeint ist. Sicherlich nicht viel anders als bei uns im Westen. Na gut, im Orient ist die Freundlichkeit schon um einige Nuancen herzlicher. Und es tut einfach gut, so liebevoll behandelt zu werden. Von unserem hektischen Leben im Abendland wird man darin nicht gerade verwöhnt. Ich finde Anna sehr nett. Doch was ihr von ihrem Umfeld vielleicht nicht nachgesehen wird, würde ich mal aus meiner Erfahrung heraus sagen, sind ihre Männerbesuche. Es sind freundliche Einladungen, die sicher nichts mit dem zu tun haben, was sich manche Jemeniten mit Vorurteil gleich so vorstellen. Einladungen für nette Leute, welche ihre Gastfreundschaft annehmen. Nur, hier im Jemen ist es ein Unding. Mir wurde immer wieder eingetrichtert, als alleinstehende Frau keinen der Umgebung unbekannten Mann in die Wohnung zu lassen.
So haben die strengen Muslime sicher ihr Problem mit Anna. Vor allem hantiert sie täglich mit den heiligen Koranfragmenten. In den Vorstellungen von den ganz Frommen atmet sie den Atem einer Ungläubigen darauf. Ein weiteres Unding. Aber sie kümmert sich nicht darum. Deshalb dürfte auch Folgendes passiert sein: Anna ist für ein paar Wochen in Zürich und bietet ihr Haus einer ganz jungen

Archäologin an, es in dieser Zeit zu hüten. Gisela freut sich darüber riesig, entflieht sie dadurch doch der angespannten Institutsaura. Bereits am ersten Abend, sie ist noch nicht zu Bett gegangen, steht in der Wohnung plötzlich ein Einbrecher vor ihr. Mit gezücktem Messer! Er will auf sie einstechen. Der erste Schock weicht einem Überlebenskampf. Sie mobilisiert ungeahnte Kräfte. Der Eindringling sticht tatsächlich mehrmals auf sie ein, verletzt sie, aber einen tödlichen Stich wehrt sie immer wieder ab. Es gelingt ihr, ihn mit harten Schlägen und Stößen auf Abstand halten. Sie verletzt ihn sogar ebenfalls. Trotz zahlreicher Stich- und Schnittwunden entkommt sie ihm und kann aus der Wohnung fliehen. Sie rennt Richtung Bab Al Jemen. Da es schon spät am Abend ist, findet sie erst nach einer längeren Strecke eine Gruppe Männer, denen sie sich in die Arme wirft. Blutüberströmt bricht sie zusammen. Olaf wird im Institut angerufen. Er stürzt sich augenblicklich in das Institutsauto, um sie in ein Krankenhaus zu bringen. Nach einer Erstversorgung wird Gisela am nächsten Tag sofort mit Jemenia Air Lines nach Deutschland geflogen. Sie muss sogar im Flugzeug auf einer Trage transportiert werden, so schlimm sind ihre Verletzungen. Noch Monate später hat sie Albträume und kann nur bei eingeschaltetem Licht schlafen.

Die jemenitischen Ermittlungen ergeben zunächst gar nichts. Es wird behauptet, dass der versuchte Mord auf keinen Fall von einem Jemeniten verursacht sein kann, obwohl der Verbrecher eindeutig jemenitisch gekleidet war. „Die tun so etwas nicht", lautet die Ausrede. „Es muss ein Ausländer gewesen sein!" – Sicher ist aber, dass Gisela das Opfer einer tragischen Verwechslung mit der richtigen Hausbewohnerin war.

Weihnachten rückt näher und wir bekommen fünf Tage grabungsfrei. Zu viert wollen wir, Cathrin, Matthias, Hubert und ich, erst ans Rote Meer und von da aus nach Aden. 1990 ging der sozialistische

Süd-jemen mit dem konservativen Nordjemen zusammen. So kann man endlich den Süden bereisen, kann nach Aden und ins Wadi Hadramaut.
Ziemlich ausgelaugt treten wir die lange Fahrt von Marib über Sanaa in Richtung Hudaida an. Wir schaffen es, an einem Tag an unser Badeziel zu kommen: Von Hudaida dann weiter Richtung Süden, nach Haiz und von dort noch mit vier Motorradtaxen auf einer Sandpiste ans Meer. Ich bin hier nicht zum ersten Mal. Deshalb konnte ich dieses Fleckchen Paradies empfehlen. Ein Palmenhain unmittelbar an der Wasserkante, und soweit das Auge reicht das Rote Meer. Der Palmenhain ist unser Hotel ohne Rezeption. Es stehen ein paar hochbeinige Betten im Rund. Die speziellen Tihamabetten. Sie bestehen aus einem robusten Holzgestell. Meistens sind die Pfosten mit kleinen Schnitzarbeiten versehen. Statt der Holzauflage und einer Matratze ist ein Palmfasergeflecht gespannt. Man schläft direkt darauf, und so wird man bei der Hitze auch von unten belüftet. Denn sehr heiß ist es hier, bei Allah. Die hohen Beine schützen vor allerlei Getier. Auch kleinen Schlangen sind sie zu hoch, um sich hinauf zu schlängeln. Beziehungsweise, sie könnten das schon, aber es ist ihnen die Mühe nicht wert. Beim letzten Mal kroch abends über einen der ebenfalls vorhandenen Tische eine Tarantel. Sie war so groß wie meine gespreizte Hand bis zu den Fingerspitzen.
Bei einbrechender Dunkelheit kommen wir hier an. Werfen uns erst einmal in die Wellen und dann auf die Schlafgestelle. Am nächsten Tag ist Heiliger Abend. Zum Aufwachen und Waschen ins Meer. Wir wollen schnell sein, um der anrückenden Dorfjugend kein allzu großes Schauspiel zu bieten. Denn diese hockt sich ungeniert genau dorthin, wo wir wieder aus dem Wasser steigen. Für sie halbnackt. Und so fühlen wir uns bei dem Angestarrtwerden dann auch. Mittags werfen wir uns wieder in das kühle Nass. Wir Frauen diesmal mit unserem Nachthemd über dem Badeanzug. Erneute Ansammlung der Dorfjugend, erneutes Harren auf unseren Auftritt. Leider klatscht beim Heraussteigen aus dem Wasser das Hemd so am Körper, als ob wir keines trügen.
Zum Frühstück haben wir nur noch ein paar Kekse und Wasser, was soll's. Vermuten im 2 Kilometer entfernten Dorf Al Khukhah einen

Suq mit Essbarem. Wollen unser Heilig-Abend-Essen einkaufen. Wir pilgern im Schweiße unseres Angesichtes an der Wasserkante entlang zu den paar Fischerhütten und den paar Steinhäusern, das sich Dorf nennt. Aber – wir finden auf dem Markt nur Kekse, eine Dose mit Ananas, eine Packung Scheiblettenkäse und Fladenbrot. Aber nochmal: Was soll's! Wir geniiiiießen die Ferien. Und dann kommt ein Fischer vorbei. Wir können für abends einen gebratenen Fisch bestellen, den er uns dann bringen wird. Bei ihm bezahlen wir auch unseren Obolus für die zwei Übernachtungen. Der Fahrer einer Touristengruppe kennt unsere Bucht auch als Geheimtip. Sechs Schotten rasten hier im Palmenschatten nach einer Erfrischung im Meer. Wir erzählen von unserer harten Arbeit auf einer Ausgrabung im Norden. Das gefällt ihnen so sehr, dass sie uns ein bisschen Whisky schenken, in eine leere Wasserflasche abgefüllt. So haben wir ein wahres Festmahl beisammen.

Und gleich ist es Abend. Die Dämmerung sinkt wie Samt über Palmen und Wasser und uns. Vom sanften Rosa ins Grau geht es in die dunkelblaue Nacht. Und für uns kommt die Besinnung, kommt Weihnachtsstimmung auf. Wir setzen uns direkt ans Ufer. Der prächtige Sternenhimmel ist über uns, die Palmen rauschen in der Abendbrise, die Wellen klatschen zyklisch an den Sandstrand. Matthias hatte schon vor einer Woche von seiner Mutter einen Brief bekommen, wo sie ihm auch das Weihnachtsevangelium geschrieben hatte. „Und es begab sich zu der Zeit, als Kaiser Augustus ..." Das liest uns Matthias nun andächtig vor. Es ist von ihm ein wunderbarer Einfall. Wir alle sind ganz ergriffen. Die Heilige Nacht könnte hier bei uns weit im Süden vom Morgenland gewesen sein. Aber nun wird gespeist. Der Fischer hielt Wort und tuckert mit seinem Boot heran. In einem Korb liegen ein großer, frisch gebratener Fisch und Fladenbrot. Und alles ist köstlich, auch die Dose Ananas als Nachtisch. Das geistige Getränk ergibt durch vier geteilt für jeden etwa zwei Fingerhüte voll ab, und wir lassen uns den hochprozentigen Alkohol auf der Zunge zergehen.

Die Motorradmafia vom Vortag bringt uns wieder zurück an die Hauptstraße. Von dort nimmt uns ein Pickup mit bis Taizz und ein weiterer bis nach Aden. Direkt am Strand das Gold Mohur Hotel,

das Goldene Siegel. Zwei volle Tage können wir dort nochmal mit Nichtstun verbringen, mit gutem Essen und reichlich Bier. Von elf Uhr morgens bis in den späten Abend hinein sind wir dauerbeschwipst.
In Aden fällt uns der Unterschied von Nord und Süd sehr auf. Frauen als Bedienungen im Hotel ohne Kopftuch, Frauen als Verkäuferinnen, viele Frauen im Straßenbild. Männer in Hemden mit kurzen Ärmeln, Männer eher mit Mützchen als mit Tüchern auf dem Kopf, Männer im Schatten sitzend, mit einem Sitzband um Knie und Hintern. Der Tee wird hier mit Untertasse gereicht und aus dieser getrunken. So ist er nicht mehr so heiß. Am Meer sitzen Frauen oder stehen voll bekleidet in den kühlen Fluten, mit Kopftuch, ohne Kopftuch, mit Gesichtsschleier, ohne Gesichtsschleier.
Wir aalen uns im Badeanzug im Wasser, damals geht das hier noch. Wir stöbern im Suq herum, wir genießen. Am Abend gibt es im Ballsaal Bauchtanz. Dazu erscheint halb Aden. Die Damen im Tanzsaal kommen ohne Abaja, dem schwarzen Straßenmantel. Was wir hier zu sehen bekommen, lässt uns staunen: Die Abendkleider sind tief dekoltiert, auch schulterfrei, anliegend wie kurz vor dem Platzen, kurvig wabern sie durch die Gegend. Die Männer können dabei nicht ganz mithalten. Europäisch langweilig im Anzug. Da sehen unsere Wüstensöhne rassiger aus. Einige versprengte Nordjemeniten in Galabija und mit Krummdolch, ihre Frauen als schwarze Löcher. Wir im Räuberlook, aus Ermangelung von etwas Besserem.
Der Saal füllt sich langsam mit Geschiebe und Gedränge und Geschrei. Bis wir das bestellte Essen bekommen, vergehen zwei volle Stunden. Das scheint völlig normal zu sein. Nun aber kommt die Attraktion des Abends: die Bauchtänzerin. Es ist eine Ägypterin. Jemenitinnen ist es verboten, öffentlich als solche aufzutreten, sie dürfen übrigens auch keine Flugbegleiterinnen sein.
Diese Ägypterin kommt im geschlängelten Gang und vorgeschobenem Unterleib auf den Tanzplatz. Ein aufwallendes Ahhh des Publikums. Meine seit Monaten nur verhängte Gestalten sehenden Augen trauen sich fast nicht hinzuschauen. Die Tänzerin scheint die Erwartungen des kundigen Publikums zu erfüllen. Die andauernden Rufe mit Ahhhhhh, meist natürlich von den Männern mit verdrehten Augen herausgestöhnt, bestätigen dies. Aber auch die weibliche Welt

ist begeistert, klatscht, trillert und kommentiert. Die Tänzerin hat mit jeder ihrer Körperbewegungen die Zuschauer im Griff. Der Saal kocht. Die aus dem Norden sitzen unbewegt. Wir Westler schauen etwas betröpfelt und wissen nicht so richtig, ob wir uns schämen müssen. Denn die Männer fangen an, der Tänzerin Geldscheine ins sparsam gehaltene Oberteil zu stecken und in den Rockbund, welcher nicht weit über der Scham die geschüttelten Hüften frei gibt. Die Vorführung ist dem Gejohle nach rundum gelungen. Das Kontrastprogramm Marib dürfte uns wieder ins Lot bringen.
Im Jahr darauf geht es für mich weiter mit Grabung und Vor- und Nacharbeiten. Für Olaf ist die Situation so unerträglich geworden, dass er krank wird. Er geht zurück nach Berlin. Dann nach Spanien und Portugal. Zidla und Feridun finden auch den Absprung.
Anfang Januar 1991 werden wir des Golfkrieges wegen evakuiert. Bangen Herzens kommen wir wohlbehalten nach Deutschland zurück. Was wird die Zeit bringen? Doch ein halbes Jahr später erlaubt das Auswärtige Amt eine Wiederaufnahme unserer Arbeit. Tausende Irakis flohen in den Jemen, treffen sich zu Gedenkabenden bei irakischer Musik und weinen der verlorenen Heimat nach. Noch immer hat sich ihr Land nicht erholt.

Nach Marib kann man von Sanaa aus, egal ob einheimisch oder ausländisch, egal ob mit Bus, mit Sammeltaxi, mit Touristenfahrzeug oder Privatauto nur morgens starten. Am Hauptcheckpoint Richtung Osten wird man erst einmal gesammelt, gründlichst nach den Fahrgenehmigungen kontrolliert und dann mit aufgepflanzten Maschinengewehren auf Militärfahrzeugen im Konvoi nach Marib geleitet. Die Strecke ist nicht wirklich unter der Kontrolle der Regierung. Die Straße tangiert die Hoheitsgebiete einiger Stämme. Diese lassen es sich nicht nehmen, ihre Überlegenheit zu demonstrieren. Deshalb kommen hauptsächlich auf dieser Strecke immer wieder Entführungsversuche und auch gelungene Entführungen vor. Meist wollen

die Stämme damit Gefangene freipressen, wollen versprochene Zusagen, wie Straßenbau, Wasserversorgung etc. einfordern. Vor ein paar Wochen wird ein Engländer bei Amran Richtung Norden in ein Dorf entführt. Ein Bekenneranruf geht beim Innenministerium ein: Die Entführer verlangen im Austausch eine dorfeigene Universität.
Der Maribtrip ist mit Militärschutz immer spannend. Die Teepausen der Soldaten bilden eine Lücke in ihrer Aufmerksamkeit. Etwas bang beobachten wir immer das Gelände. An weiteren Checkpoints werden umso gründlicher die Pässe von undurchdringlich schauenden Soldaten kontrolliert, welche es teilweise nicht merken würden, wenn man ihnen diese umgedreht hinhielte. Die Analphabetenquote ist immer noch ziemlich hoch. Am meisten bei Frauen. Auf den Dörfern dürfen Mädchen oft nicht in die Schule, obwohl die allgemeine Schulpflicht besteht. Sie müssen im Haushalt helfen, bei der Kinderbetreuung, müssen Wasser holen und sogar bei der Ernte auf den Feldern mit anpacken.
Am einfachsten ist es, nach Marib mit dem Bus zu fahren. Da ist der Aufbruch nicht ganz so spektakulär. Zwar prüfen Soldaten gründlich die Fahrgäste, aber da hier weniger eine Entführung befürchtet wird, denn Touristen findet man hier nicht, und wer würde denn für die armen Jemenis etwas bezahlen, geht das Prozedere zügig durch. So nehme ich des Öfteren diese Reisemöglichkeit. Lustig ist es, wenn der „Kontrolleur" die Fahrkarten prüft. Er beißt mit den Zähnen ein Loch als Entwertung in das Papier.
Marib liegt 1.000 Meter tiefer als Sanaa. Doch zuerst geht es über zwei Pässe hinauf, bevor die Gebirgsstufe zur Wüste hin steil abfällt. Durch einen Vorort, wo einer der größten Viehmärkte des Landes ist, vorbei an Gipsbrennereinen, deren pulverisierte Substanz für den Hausbau eine wichtige Rolle spielt. Für die Hausbemalungen als Farbanstrich, für die Wand- und Deckenverkleidungen innen als Gipsschicht bis hin zu den Fußböden ist das Material für den ganzen Jemen unentbehrlich. Die Brennanlagen hätten in einer Doppelgarage Platz. Doch das Weiß des Pulvers sticht schon von Weitem aus dem Grau und Braun und Grün der Landschaft hervor. Die Brennerei sieht aus, als wenn 100 Mehlsäcke darüber ausgeschüttet worden wären. Und dementsprechend die Arbeiter.

Hier auf den Hochflächen wächst der beste Khat. Sagen die Männer aus Sanaa. Die Pflanzungen als kleine Wäldchen werden bis zu 10 Meter hoch. Sie werden bewacht, denn Khat ist teuer, und in Nachbars Garten wächst bekanntlich immer der bessere. Die kleinen Wächterhüttchen auf den Feldern ringsum haben also ihren Sinn. Sie stehen auf Stelzen, damit die Wächter einen besseren Überblick haben. Auch nachts sitzt immer ein bewaffneter Aufpasser drin. Khat ist eine Droge zum Kauen, etwas schwächer in der Wirkung als Alkohol. Der Großteil der männlichen Bevölkerung verbringt täglich ab dem Mittag ein paar Stunden mit Khatkauen. Auch Frauen können sich an dieser Entspannung erfreuen. Ich habe allerdings nicht eine einzige je beim Einkauf der grünen Blätter gesehen. Dagegen hängen die Männer in Trauben an den Khatbuden und begutachten und feilschen um die Blätter. Ich bin keine Freundin von der Droge, aber ich möchte auch nicht behaupten, wie mancher Reiseführer, dass deshalb ab mittags die ganze Volkswirtschaft im Jemen still liegt. Das Händlervolk arbeitet fleißig am Morgen und fleißig ab dem späten Nachmittag weit in den Abend hinein, manchmal bis Mitternacht. Also gönnen wir ihnen dieses Vergnügen, das leider nicht satt macht.
Die Anbaugebiete des Khatstrauchs sind hauptsächlich im Jemen und in Äthiopien. Die jungen Blätter und Blattspitzen werden von den Zweigen gezupft und im Mund zerkaut. Dabei stopft man den grünen Brei in eine Wange. Diese kann dann eine Beule von der Größe eines Tennisballs bekommen. Der Anbau ist sehr lukrativ, aber er benötigt hohe Mengen an Wasser. Dazu wird das Grundwasser gnadenlos heraufgepumpt. Bis aus 200 Metern Tiefe kommt es bereits in meinen ersten Jemenjahren. Zudem geht dadurch der Anbau von Kaffee und Gemüse extrem zurück und verwaist und zerstört durch die Absenkung des Grundwassers große Ackerflächen.
Irre Bergformationen auf dem Weg nach Marib geben Einblicke in Zeiten, als sich die Erde noch formte. Ein langgestrecktes Massiv mit einem kleinem Gipfelaufsatz erscheint auf der rechten Seite, gleich nach den Gipsbrennereien. Es ist der Gebal Ajub. Der Berg des Hiob; er ist einer der Propheten. Dort oben soll sein Grab sein. Es führt ein steiler Weg zu dieser Pilgerstätte. Immer wollte ich auch einmal dort hoch. Vielleicht schaffe ich es ja im nächsten Leben.

Die Fahrt könnte eine Lehrfahrt für erdgeschichtliche Bewegungen und Verformungen, für Pressungen und Verwerfungen sein. Deutlich sieht man Profile und Gesteinsoberflächen, kann die letzten Zusammenschiebungen fast erahnen, den letzten Blubber einer heißen Gesteinsmasse. Hinter Marib Richtung Süden wird das Gelände rein vulkanisch. Im Wüstensand sind kleine Vulkankegel mit ihren erkalteten kleinen Kratern. Sie heben sich in ihrem satten Schwarz so vom sandfarbenen Wüstenboden ab, dass man meint, vor die Sonne hat sich gerade eine Wolke geschoben. Immer mehr schwarze Gesteinsbrocken und teilweise ganze in Urzeiten berieselte Felder mit Lavagrus, eine bei einem Vulkanausbruch herausgespuckte Rieselmasse, überziehen das Gelände. Da sind Felder kilometerweise grauschwarz überzogen, wie beim Kohleabbau im Ruhrgebiet.
Langsam kann man die Camps vor Marib erkennen, langsam die 200 Meter hohe Sanddüne hinter Marib. Wir sind da. Sind da in einer Ansammlung von Scheußlichkeiten. Die Stadt entstand rapide aus einem Dorf, dem gefundenen Öl in Safir gedankt. Zunächst eine reine Männerstadt ohne Familien, vergleichbar mit den Goldgräberstädten des Wilden Westens auf der anderen Seite der Erdkugel. Fast an der Grenze zu Saudi-Arabien und am Rande der Großen Arabischen Wüste verspricht es unruhige und klimatisch heiße Zeiten. Das alte Marib war die Hauptstadt des Sabäischen Reiches und diese liegt verschüttet und überbaut 5 Kilometer außerhalb. Neumarib zeichnet die hässlichsten Bauten und Buden und Fahrzeuge aus, die dreckigsten Winkel und die bewaffnetsten Männeransammlungen weit im Rund. Ein Ort der wildesten Kerle, wo keine Frauen auch nur ein Minimum an deren Verwahrlosung verhindern, weil es hier einfach keine Frauen gibt.

Vor ein paar Tagen las ich, dass Marib inzwischen zu einer eineinhalb Millionenstadt angeschwollen sei. Unglaublich! Zu unserer Zeit hatte es zwei Hauptstraßen gegeben, und der Rest waren verstreute Häuser mit vielleicht 20.000 Bewohnern. Jetzt gibt es dort sogar eine Universität. Die Stadt ist seit 2015 für die Anhänger der Islah-Partei interessant geworden. Diese ist ein jemenitischer Ableger des fundamentalistischen Zweigs der Moslembrüder. Da Marib und auch

die Provinz relativ sicher seien und der Gouverneur ein starker Mann ist, bietet der Ort für alle Verfolgten eine Zuflucht, die vor den Huthis fliehen mussten. Nicht nur Reiche haben sich hier niedergelassen. Die Stadt boomt und das wegen des Krieges. Absurd. Früher war hier Al Qaida am Wirken, heute wird mit Ihnen gedealt, soweit sie hier mitmischen dürfen. Wie sich das alles weiter entwickeln wird?
Unweit von unserer damaligen Stadt der jemenitischen Glücksritter liegen die Ölbohrungen von Safir, direkt an der Grenze zu Saudi-Arabien. Ein Camp mit Amerikanern befindet sich dort in der Wüste. Es sind die Spezialisten, welche hemdsärmelig und meist betrunken im Flieger sitzen, der auch uns immer von und nach Frankfurt bringt. Sie arbeiten drei Monate fast Tag und Nacht und haben dann drei Monate Pause, wo ein anderer Trupp sie ablöst. Und für Jemeniten gibt es in Safir jede Menge Arbeitsplätze. Fährt man von Marib aus durch die Wüste ins Hadramaut, dann kommt man nahe an den Bohrungen vorbei, sieht die Flammen beim Abfackeln in den Himmel steigen. Die ganze Gegend wird schärfstens bewacht. Immer wieder gibt es Sabotagen an der Pipeline, welche weit durchs Land nach Mukallah an den Indischen Ozean führt. Zeitweise sollen die Anschläge auf dem Gelände der Bohrungen selbst so gravierend gewesen sein, dass die leitenden Experten nur noch per Hubschrauber eingeflogen werden konnten. Das Militär ist zwar sehr präsent, aber gegen Anschläge auch nicht gefeit. Das Leben im Containerdorf ist wie in einem Ghetto, zwar klimatisiert, aber trister als trist, und der Alkohol soll in Strömen fließen. So die Buschtrommel von Marib.
Als es in den späten 1980er Jahren für die Allgemeinheit bekannt wird, dass es bei Marib Öl gibt und dieses laut Regierung ein Allgemeingut sei, rechnen sich tatsächlich so gut wie alle Jemeniten am Taschenrechner aus, wieviel sie persönlich daran verdienen können. In den Zeitungen steht doch, was gefördert wird und wieviel der Ölsegen wert ist ...

Marib wird über viele Jahre unser Dreh- und Angelpunkt für unsere Ausgrabungen. Durch den legendären antiken Staudamm schufen sich die Sabäer vor mehr als 3.000 Jahren über Jahrhunderte eine blühende Oase, welche tausende von Menschen ernähren konnte. Vor dem Bau des Damms toste das Wasser unkontrolliert in die Felder, zerstörte den Anbau und somit die Lebensgrundlage der damaligen Bevölkerung. So entstand ein profundes Wissen, um zunächst das Wasser mit kleineren Anlagen zu bändigen.
Dieser große Staudamm schließlich wurde ca. 500 v. Chr. errichtet, war fast 700 Meter lang und 20 Meter hoch. Als Erddamm sperrte er das Wadi Dhana ab, und so konnte sich weit vom Hochland herunterströmendes Regenwasser sammeln. Die Wasserscheide versprach einen Einzug von einem Drittel des gesamten Jemens. Mit zwei Schleusenbauwerken am Nord- und Südhang wurde mit hoch entwickelter Technologie über Stauanlagen und Verteilerbauten das entstandene Kulturland bewässert. Über 1.000 Jahre hielten die Anlagen Erdbeben und Erosion stand und zum Schluss auch vernachlässigter Wartung. Verloren gegangenes Wissen um Technik und Instandhaltung ging mit dem Niedergang der Landwirtschaft Hand in Hand. Im 7. Jahrhundert n. Chr. erfolgte der letzte Dammbruch mit verheerenden Folgen. Das fruchtbare Land wurde wieder zur Wüste.
Die teilweise von Sand verschütteten Schleusenanlagen sind ebenfalls Teil unserer Ausgrabungen. Die Konsolidierung der an verschiedenen Stellen brüchig gewordenen Mauern und Mauerkronen steht an. Diese Monumentalbauten sind ein Meisterwerk sabäischer Baukunst. Kunstvoll behauene Kalksteinquader wurden fugenlos ohne Bindemittel vermauert. Bleiklammern armierten an den Ecken die Festigkeit. Die spannendste Arbeit für unsere Experten für Dammbau und Statik war aber die Erforschung der ganzen Technologie des „Weltwunders der Antike". Der entstandene Stausee war kein Reservoir, sondern er diente der Verteilung des anbrausenden Wassers in den Regenzeiten. Selbst heute steht die Expertenwelt staunend vor der bis in alle Einzelheiten durchkonzipierten Wasserverteilung. Über Jahre forschten Burkhard und Werner Herberg mit ihrem eigenen Team über das gesamte großartige Kulturerbe. Und Stück für Stück

entrissen sie die Geheimnisse der Beherrschung des Wassers der Südarabischen Wüste. Ich selbst hatte die Aufgabe, die gesamte Anlage der mächtigen Südschleusenmauer von entzerrten Fotos mit Tusche in druckreife Form umzuzeichnen.

Immer wieder verbringt unsere Gruppe ein Wochenende in Ar-Rawdah. Noch wird hier viel gekocht. Einige hungrige Mäuler wollen im Institut bedient werden. Wir sind ja auch eine große Familie jemenitischen Ausmaßes, die riesige Mengen verdrückt. Beim Bäcker sehen wir immer wieder, dass die Dorffrauen große runde Aluminiumtabletts mit Essen beladen von zuhause bringen, um diese in Bäckers Backofen backen zu lassen. Es sind Aufläufe oder Ähnliches. So haben wir die Idee, das auch einmal zu probieren, weil unser Backofen zu klein ist. Wir beladen also ein schönes großes Blech mit Hühnchen und Reis, und uns läuft davon jetzt schon das Wasser im Mund zusammen. Wir tragen es zu zweit zum Bäcker und bitten ihn, es mit seinem Brot zu backen. Er lehnt definitiv ab. Macht er nicht. Als wir den Grund wissen wollen, sagt er, dass wir auf dem Tablett sicher schon Schweinefleisch gekocht hätten. Davor graut ihm und allen Muslimen, es kommt nicht infrage. So ziehen wir etwas betröpfelt wieder ab. Das halbe Dorf sieht uns dabei zu und hat Gesprächsstoff für eine Woche.
Mit Saad Ayub zieht im Institut ein bisschen ein anderer Wind ein. Er ist Iraker, machte seinen Archäologie-Doktor in Deutschland, spricht deshalb gut Deutsch mit nettem Akzent. Verheiratet gewesen, nun ständig auf Brautschau. Er ist so um die 50, sehr fürsorglich, mir zu sehr, sodass ich ihm eines Tages an den Kopf werfe: „Wenn ich mit dir zusammen wäre, gingst du mir gewaltig auf den Geist.“ Von diesem Moment an mochte ich ihn.
Er kommt aus einer Familie der Oberschicht aus Baghdad. Ist schon lange vor dem Ersten Irakkrieg ins Ausland gegangen. Irgendwie heimatlos, werden wir Rawdaher seine Familie. Er arbeitet im Institut.

Eine Aufarbeitung verschiedener Oberflächensurveys der Provinz Marib geht er an.
Vor etlichen Jahren ist Saad gestorben, und ich trauere ihm immer noch nach. Er hatte Leukämie. Bekam nach der ersten Phase von seinem Bruder Knochenmark gespendet. Aber nach einem Jahr war der Krebs nicht mehr zu bekämpfen gewesen. In einem Münchner Krankenhaus hatte er den absoluten Besucher- und Besucherinnenrekord gebrochen. Leider fand er erst kurz vor dem Ausbruch seiner Krankheit die Liebe seines Lebens, Lamyaa. Sie ist eine wundervolle Frau, auch eine Irakerin.
Aber vorher hatte Saad nichts anbrennen lassen. Uns ist es immer schleierhaft gewesen, wo er die ganzen Schreckschrauben aufgetan hat.
Wohl auf irgendwelchen Partys in Sanaa. Touristinnen auf Sexurlaub. Auf einer Fahrt nach Marib lernt er aber eine deutsche Professorin für Kunstgeschichte aus Köln kennen. Sie ist mit einer Reisegruppe unterwegs. Sie interessiert sich für die Lehmbauten des Landes. Saad verliebt sich in sie. Karin ist nett, aber irgendwie auch schräg. Sie hat gerade eine Beziehung beendet, und ihr Innenleben ist auf Karussellfahrt. Saad glaubt, dass unbedingt sie es sein müsse. Fährt ihr nach Deutschland nach, betütelt sie, verwöhnt sie, bekocht sie. Das kann er gut. Mir hat er in Ar- Rawdah oft und oft ein Mittagessen hingezaubert. So schnell konnte ich gar nicht schauen, schon stand es auf dem Tisch.
Karin ist eine launische Primadonna, und Saad leidet. Er bringt mir immer wieder ihre Briefe, und ich muss ihm dann sagen, wie er sich verhalten soll. Die tollen Ratschläge von jemandem, der selber auch welche gebrauchen könnte, kennt man ja! Aber wieder hilft alles nichts, die Beziehung ist zu traumatisch. Inzwischen sind wir beide schon sehr vertraut. So erzählt mir der Schwerenöter, wie so eine gewisse Sache in Saudi-Arabien abgeht. Er war ein paar Jahre Professor für Archäologie in Riad. Strengere Sitten, was die Separierung der Weiblichkeit angeht, kann man sich auf der ganzen Welt nicht vorstellen. Aber es gab Partys, wo Studentinnen sehr wohl mit zugegen waren. Und es soll nicht nur einmal vorgekommen sein, dass die ganze Gesellschaft nachts in die Dünen fuhr und zwei rassige, junge

Araberinnen einen Striptease vom Feinsten hinlegten. Überhaupt sei Telefonsex gang und gäbe. Die Kandidatinnen schreiben ihre Telefonnummern auf Zettelchen und stecken sie irgendwelchen Autos in irgendeinem Parkhaus beim offenen Spalt eines Fensters hinein, oder sonst wo oder auch ganz speziell für Zielpersonen. Selbstverständlich haben sie ihr eigenes Handy.
Auch im prüden Jemen soll so einiges unter dem Schleier der Verschwiegenheit laufen. Wenn sich ein junger Mann für ein nettes Mädchen interessiert, sei es aus der Nachbarschaft oder der Verwandtschaft, auch Cousin und Cousine dürfen hier heiraten, dann gehen sie folgendermaßen vor: Sie befreunden sich mit den Brüdern der Angebeteten, deren Gesicht sie nicht kennen. Diese Brüder organisieren über eine ihrer Schwestern Zugang zu den Frauen. Die Mädels fotografieren sich gegenseitig heimlich, und so gelangt trotz Verschleierung manchmal ein Konterfei oder sogar ein Nacktfoto in die Hände des Galans. Hörte ich sagen ...
Saad hat nicht nur die Frauen im Kopf. Er kann mit den Jemeniten sehr gut umgehen. Schnell flammt zwischen denen Streit auf. Dieser kann im Handumdrehen in einer Messerstecherei oder in einer Schießerei enden. Saad kennt die Rituale, um die beiden Kontrahenten zu beruhigen. Saad weiß, wie Entschuldigungs-Rituale ablaufen. Saad weiß, wie man die Verhandlungen führt, damit solche erst zustande kommen. Saad weiß, wem man trauen kann und wem nicht. Saad, unser großer Fürsorglicher!
In Marib hat er Burkhard einmal sehr erbost: Ein wunderschöner Fund wurde ausgegraben, ein abgebrochener Fuß aus Alabaster in Lebensgröße. Eindeutig ein Frauenfuß. Saad lackierte die Zehennägel mit knallrotem Nagellack.
Im Ar-Rawdah-Garten setzt er mir einmal ein Chamäleon auf den Kopf. Es krallt sich mit seinen langen, dünnen und sehr spitzen Krallen in meine Kopfhaut. Das bringe Glück. Die Nadelspitzen tun weh, und ich bringe die kleine Echse fast nicht mehr aus meinen Haaren heraus. Ich nehme das schöne Tier in mein Häuschen, will es als Haustier. Aber immer wenn ich vom Arbeiten komme, hängt es an einem der Fensterholzrahmen und schaut sehnsüchtig nach draußen. Seine Ruhefarbe ist grasgrün. Wenn ich erscheine und mit ihm ein

paar Worte rede, geht in Wellen das Grün in Braun über und nach Kurzem wieder zurück ins Grün. Den Salat rührt es nicht an, Fliegen gibt es hier nicht. So entlasse ich meinen Glücksbringer wieder in die Freiheit. In unserem Institutsgarten sind auch zwei Wiedehopfe. Einer dieser Vögel soll der Königin von Saba die Botschaft von Salomon gebracht haben, mit welcher er sie zu sich einlud. Wiedehopfe, Hudhuds, sind für die Jemeniten fast heilige Vögel. Ihr schönes Gefieder in Weiß und Schwarz und der aufgestellte Kamm lassen sie sehr majestätisch aussehen.
Saad heiratete Lamyaa, und sie lebten noch einige Zeit zusammen glücklich und zufrieden. In Garmisch-Partenkirchen in Bayern. Dort war eine Sprachschule für amerikanische Soldaten. Er unterrichtete diese in irakischem Arabisch. Die Amerikaner hatten also noch Einiges vor.
Wenn Saad jemanden charakterisieren wollte, war einer seiner liebsten Sprüche: „Arschloch, aber netter Kerl!"

Nun ist ein Machtwechsel im Institut angesagt. Der Mudir geht in den Ruhestand, und Burkhard übernimmt das Ruder. Mein jahrelanges Verhältnis zum Institutschef entwickelte sich in dessen vorletztem Jahr nicht zum besten. Und im letzten kam dann das Out: Der damalige Chef der Antikenverwaltung, Prof. Dr. Yussuf Abdallah, schlug mich bei der Uni Sanaa vor, jemenitische Archäologinnen und Archäologen im Zeichnen auszubilden. Die Bezahlung sollte über die ZIM-Zentrale in Deutschland laufen. Ein Gutachter wurde gesucht, und er begutachtete. Es war der Mudir ...
So mag ich 1993 keinen Arbeitsvertrag mehr annehmen und warte auf bessere Zeiten. Der Herr Direktor schließt im Gegenzug mein Rawdaher Häuschen und lässt es ausräumen! Als Dr. Burkhard Vogt 1994 der Direktor der Station Sanaa geworden ist, war sein erster Akt, sich in der Innenstadt ein Haus zu suchen, welches das neue Archäologische Institut, Zweigstelle Sanaa, werden soll. So sind jetzt

neue Zeiten eingeläutet. Das Institut steht im Zentrum der Hauptstadt. Es hat endlich seine Tore geöffnet, damit jeder Interessierte Kontakt aufnehmen kann, die Bibliothek besuchen kann. Dadurch entsteht eine engere Verbindung zu Antikenverwaltung und Universität. Der Dornröschenschlaf von Ar-Rawdah gehört der Vergangenheit an.

Burkhard betreut weiter die Konsolidierung des Bar'an-Tempels, er treibt die Sanierung der Nord- und Südschleusen des antiken Damms voran. Er macht Oberflächensurveys und Notgrabungen oben im Jauwl im Hadramaut, wo die neue Pipeline nach Muqallah gebaut wird. Die Ölfunde bei Marib machen dies erforderlich. Schließlich eröffnet er in Aden im Gebäude der alten DDR-Botschaft eine Zweigstelle des Instituts. Er will in Sabir bei Aden graben. Dazu holt er mich postwendend gleich im Herbst 1994. So geht mein Jemenleben weiter.

Mit dem neuen Institut sind wirklich neue Zeiten angebrochen. Wir haben eine Sekretärin, Frau Herta Zabarah. Sie ist mit einem Jemeniten verheiratet, mit dem Mediziner Dr. Abbas Zabarah. Sie spricht fließend Arabisch, Englisch, Italienisch und natürlich Deutsch. Wir haben zusätzlich zu Ahmad und Muqbil auch einen Instituts-Fahrer bekommen, Haider Abdallah aus Haiz am Roten Meer. Er ist ein feiner Mensch. Als offenes Haus haben wir unsere Tore geöffnet und es wird eifrig von Studenten und Akademikern aus Sanaa und von Wissenschaftlern aus aller Welt frequentiert. Es werden Feste gefeiert, kurz, wir sind ins Zentrum des Geschehens gerückt.

Nicht mehr blicken ließ sich der Mudir. Mit der Verwaltung in Berlin hatte er einen jahrelangen Hickhack um die Rechte von allen Unterlagen. Inzwischen ruht er in Frieden.

Alhamdullilah

Gott sei Dank

الحمد لله

Schon allein in Sanaa anzukommen, von Haider am Flughafen abgeholt zu werden, dann in einem sauberen, schönen Zimmer unter die Bettdecke zu kriechen, um sich auszuschlafen, schon allein das ist wunderbar. Ich bin wieder gekommen, um für die Ausgrabung in Sabir von Aden aus zu zeichnen. In Aden, mir lieb geworden, als wir zu viert von der Bar'an-Grabung kommend, dort Weihnachten verbracht hatten.

1990 war der prunkvoll gefeierte Zusammenschluss des Nordjemens mit dem Süden.

1994 dann der große Knall zwischen den beiden. Mit äußerster Brutalität wollte sich der Süden wieder vom Norden separieren. Der Bürgerkrieg wütete, der Nordjemen gewann, im Süden wurden die bekannten Sozialisten und Kommunisten ermordet. Das Gold Mohur Hotel in Aden ist regelrecht geschliffen worden. Dort fand Unmoralisches statt in Form von Alkoholexzessen und Hurerei, deshalb wüteten die Horden hier besonders. Selbst den Tieren und Bäumen im schönen Hotel-Garten wurde Gewalt angetan – Vandalismus pur. Um die alten Seilschaften zu sprengen, tauschte man willkürlich Personen von Ministerien und vom öffentlichen Leben aus, Nord gegen Süd und Süd gegen Nord. Schnell verschwanden die unbedeckten Köpfe der Frauen, und schnell verschwanden sie selbst unter einer schwarzen Abaja.

Die neue Aden-Dependance ist von ihren DDR-Zeiten her noch mit DDR-Möblierung ausgestattet. Es riecht sogar noch nach dem DDR-Muff. Erst lachen wir darüber. Aber die Zimmer sind voll eingerichtet. Also auf Grabungsniveau luxuriös. Einen großen Essraum gibt es und eine große Küche. Einzel- und Zweibettzimmer, Arbeitsräume, Lagerräume und ein wunderbarer Garten mit Palmen und Blumenbeeten gehören zum Haus sowie ein paar Duschräume und jede Menge Wasser. Es kommt von der Baladija, der Stadtverwaltung, aus riesigen Entsalzungsanlagen. Das Meersalz kann man noch schmecken. Wir haben sogar eine Aircondition. Das Konsulat der Deutschen Botschaft ist im Nachbargebäude, und eine große Mauer mit Wächter vom Militär umschließt unser beider Anwesen. Ich rieche das Meer. Die warme Luft öffnet die Herzen, aber auch unsere Poren. Mein Arbeitsplatz ist im Garten im Schatten der Palmen.

Unser Ausgrabungsort ist in Sabir, ein bronzezeitlicher Fundort, ca. 25 Kilometer nördlich von Aden. Schon im Herbst 1994 gleich nach dem Krieg geht es los. Die Ausgrabung wird eine prähistorische Stadtanlage freilegen. Sie reicht zurück ins Neolithikum, in die Steinzeit. Diese ist die früheste Epoche der Menschheitsgeschichte. Erhalten gebliebene Steingeräte als Werkzeuge, Waffen und Schmuck gaben ihr den Namen. Die Ablösung brachte die Kupfersteinzeit. Die Datierungen sind von Europa zu Asien und Afrika unterschiedlich bestimmt worden.

Unsere neolithische Stadt unter dem heutigen Sabir geht bereits in die Zeit der Metallverarbeitung hinein. Die Besiedelung der antiken Stätte datiert etwa von 1.400 bis 800 v. Chr. Die Wohnbauten bestanden aus Lehmziegeln. Säulenhallen, vielleicht ein Tempel, in dessen Vorratsräumen sich 150 teils riesige Keramikgefäße fanden, gehören zu einem Areal von 1 mal 2 Kilometer Ausdehnung. Die Metallverarbeitung und Perlenherstellung, Tonproduktionen mit Menschen- und Tierdarstellungen zeugen von einem hohen Kulturniveau in Alt-Südarabien.

Wir sind eine kleine Gruppe: Burkhard vorneweg, dann unser liebster Archäologe Saad Ayub, Archäologin Vitoria aus Rom. Die beiden russischen Archäologen Juri Armirow und Sascha Kolnikow sind ebenfalls am Sabir-Projekt beteiligt, arbeiten aber auch im Hadramaut und in Qana, dem antiken Hafen Südarabiens hinter Mukallah. Als Fotograf ist wieder Matthias mit dabei, ich für das Kleinfundzeichnen. Harald soll die Keramik übernehmen. Zwei neue Köche bekochen

uns, Qassim und Nagi. Das Haus hält Fatma sauber. Im Garten pusselt Said den ganzen Tag mit seinem Besen herum.
Morgens um kurz nach fünf fährt das Ausgräber-Grüppchen mit dem Grabungs-Mercedes, der Off-Road-Ikone, nach Sabir. Der kleine Ort ist von Sanaa kommend das Eingangstor zu Aden und deshalb ein wichtiger militärischer Stützpunkt. Im Frühjahr 1994, als der Süden sich wieder vom Norden separieren wollte, finden dort besonders heftige Kämpfe statt. Der Aufstand wird blutigst niedergeschlagen. Um die Panzer des Nordens aufzuhalten, war das Gelände weitflächig vermint worden. Auch das ganze Gebiet von Aden am Meer entlang Richtung Oman und hoch zum Bollwerk des Gebal Al Awds. Niemand weiß inzwischen mehr genau, wo die Sprengkörper liegen. Immer wieder fliegen Menschen in die Luft, werden verstümmelt oder getötet. Die Region von Sabir ist bis heute noch nicht ganz von den Minen geräumt. Deshalb dürfen wir uns auf dem Grabungsgelände nur auf bereits ausgetretenen Pfaden bewegen. Bei der Anfahrt von Sanaa sieht man ausgebrannte Panzer an den Straßenrändern im Sand stecken. Je näher es auf Aden zu geht, desto mehr Militärfahrzeuge zeugen als Gerippe von den Kämpfen. Im Laufe der kommenden Jahre kann man sie immer mehr in den Sandverwehungen verschwinden sehen.
Das alte Aden liegt auf einer Insel. Inzwischen verbindet sie eine 5 Kilometer lange Schnell-Straße mit dem Festland. Die Straße ist eigentlich eine lange Brücke. Sie lässt Ebbe und Flut darunter zirkulieren. Mal bildet sie eine riesige Wasserfläche, mal wird diese als Schlickzone sichtbar, die zahlreichen Flamingos das Gründeln ermöglicht. Ein schönes Bild, die rosaroten Geschöpfe mit ihren eleganten Hälsen, welche zu Hunderten meist nur auf einem Bein im Wasser stehen. Manche Fischer machen es ihnen nach und suchen, bis zur Hüfte im Wasser, stundenlang nach Shrimps. Zweibeinig.
Die ursprüngliche Insel mit dem 517 Meter hohen Vulkan Dschebel Schamsan, fällt steil zur Küste hin ab. Aus mehreren Kratern spuckte er sein Inneres an die Oberfläche. Der unterste ist wie eine Riesenmulde, welche sich vor Milliarden von Jahren vor dem letzten Erkalten zum Meer hin geöffnet hatte und sein Magma ausspie. Die Altstadt, der alte Stadtkern, heißt Crater und wurde in dieser runden

Vulkangesteinsschüssel erbaut. Die in späteren Jahrhunderten dazu gekommenen Ortsteile Ma'alla und Tawahi schmiegen sich um den Berg herum. Viel Platz für Gebäude gibt es wegen der steilen Bergflanken nicht. Bei einem Drittel der Insel, das sich dem offenen Indische Ozean zuwendet, stürzen die Flanken direkt ins Meer. Hier ist gar keine Bebauung möglich.
Der Ortsteil Khor Maksar heißt Gebrochene Landzunge. Er ist das Verbindungsglied zwischen der Insel und der Brücke hinüber zum Festland zu Sheikh Osman, Al Mansura, usw. Der ganze Stadtteil wurde künstlich aufgeschüttet, um Wohnflächen zu gewinnen. Hier findet man elegante Villen in wunderbaren Gärten hinter hohen Mauern. Hier ist auch der Aufmarschplatz mit Tribüne für Truppenparaden und Staatsempfänge. Und hier befindet sich auch unser neues Grabungshaus.
Die Grabung hat begonnen. Für die angeworbenen Arbeiter der Umgebung und unsere Feldgruppe ist die Arbeitszeit von sechs Uhr morgens bis 14 Uhr. Um drei kommt das Team zurück ins Haus und stürzt sich wie die Wölfe auf die schön gedeckte Tafel. Das Hauptessen des Tages steht fertig bereit und ist im Nu auch vertilgt. Denn alle wollen so schnell wie möglich zu ihrem verdienten Mittagsschlaf. Gegen Mittag wird es in Sabir immer sehr ungemütlich – jeden Vormittag dräut sich ein Sandsturm zusammen, verbunden mit schwüler Hitze. Dies macht das Atmen schwer, und gerne schaut man dann auch auf seine Uhr.
Nach der wohlverdienten Pause ist leichtes Nacharbeiten im Haus angesagt, oder Besorgungen machen. Das Computerzeitalter hat noch keinen Einzug gehalten. Deshalb können wir die Vorabendstunden teilweise auch der Freizeit widmen. So ergibt es sich manchmal, dass einige an den Strand fahren. Dort ist ein wunderschönes Fleckchen Erde. Ein Tunnel führt durch den Berg hindurch auf seine andere Seite und in 5 Minuten öffnet sich das Tor zur Seeseite hin. Gleißendes Licht liegt auf dem Wasser. Zuerst am Hotel Gold-Mohur vorbei, hoch auf einen kleinen Sattel. Hier kann man parken. Über unebenes Granitgestein kommt man zu Fuß auf einen Sandstrand von 1 Kilometer Länge, die Conquest-Bay. Sie liegt zwischen zwei sich aufschichtenden, schwarzen Gesteinsübergängen. Wer wen

dort eroberte, habe ich noch nicht herausgefunden. Mit guten Schuhen kann man über die ins Meer abfallenden Bergflanken in noch zwei weitere Buchten klettern, aber dann sind die Abstürze unüberwindlich.
Im Wasser liegt das Wrack eines U-Boots aus früheren Kämpfen. Es bröselt sich langsam davon. Noch ist der Ausguck mit seinem Sitz vorhanden. Aber die Außenwände und Schotten zerfrisst der Rost. Man kann bei Ebbe in die Kammern steigen. In den Wassertümpeln im Innern siedeln kleine Meerestiere. Sie leben mit den Gezeiten. Noch zerfällt das eiserne Ungetüm nicht in seine Teile. So kann man gefahrlos an es heranschwimmen. Das Wasser ist herrlich, die untergehende Sonne blutrot, die Abendluft weich – und wir alle sind glücklich.
Die Adenis sitzen gerne zum Schischarauchen in ihren Autos oben am Abbruch. Sie lieben es, aufs Meer zu schauen und in den Sonnenuntergang. Einige Wenige sitzen unten am Strand, Familien und jung verheiratete Paare im Honeymoon. Am anderen Ende der langen Bucht befindet sich draußen im Meer eine Art Grotte. Sie ist nach oben geöffnet, sodass man gut hinein schwimmen kann. Das Areal ist vielleicht 15 Meter lang, 10 Meter breit und 5 Meter tief, ausgeschlagen mit Vulkangestein. Die Wände sind nicht glatt, sondern vom langen Erdzeitalter ausgewaschen und in kleine und größere Einbuchtungen geformt worden. In diesen Höhlungen leben Muränen, welche auf Beute lauern. Sie harren mit herausgestreckten Köpfen unbewegt auf unachtsame Fische. Sie lassen uns Schwimmer aber in Frieden. Tausende von fingerlangen Fischlein kurven mit den Wellen hin und her, glitzern je nach Schwarmbewegung in blau und weiß. Quietschgelbe Mondfische mit blauen Mustern stehen ruhig im Wasser. Kommt man ihnen zu nahe, dann weichen sie elegant aus. Blau- und grüngemusterte barschähnliche Fische, kleine zehnarmige Tintenfische, am Grund Seesterne und Seespinnen, welche zur einsetzenden Dämmerung umherstolzieren, sind zu sehen. Sogar Seepferdchen gibt es hier. Die Natur schenkt uns hier großzügig ein Riesenaquarium. Die Einheimischen trauen sich nicht so weit ins Wasser hinaus, wenn sie überhaupt schwimmen können. So erleben wir dieses Meereswunder als unser eigenes Territorium.

Am Wochenende kommen mehr Adenis an den Strand, hauptsächlich junge Burschen. Ausgelassen toben sie an Land und im Wasser. Spielen Fußball oder üben Karate oder Kickboxen. Deshalb sind wir an den Wochenenden lieber am Strand des Gold-Mohur-Hotels. Dort gibt es Sonnenschirme und Liegen und sogar einen Strandservice. Die Engländer bauten mit großen Granitsteinen einen Wellenbrecher, sodass ein riesiges beruhigtes Schwimmbecken entstand. Dort zu schwimmen lockt uns aber nicht allzu sehr, denn der ursprünglich schöne, goldene Sand wandelte sich im Wasser in schwarzen Schmodder. So glitschen die Füße wohl über die vergammelten Schweißreste von Tausenden von Badenden der letzten zwei Jahrhunderte. Wir weichen etwas nach rechts aus und haben wunderbares, sauberes Wasser, leichte Wellen und einen schönen Blick. Die Bucht heißt Elephant-Bay, weil ein riesengroßer Felsbrocken diese begrenzt und tatsächlich wie die Skulptur eines Elefantens von der Seite aussieht. Sein bodenlanger Rüssel bildet zum Körper und der ansetzenden Felskulisse ein großes, langes Loch, wo man durchsehen kann.

Unser Abendessen ist um 20 Uhr. Bis dahin sind Arbeit oder Freizeitaktivitäten beendet. Qassim und Nagi versorgen uns wieder mit schmackhaftem Essen. Wenn man sie lobt, sind sie glücklich. Weniger glücklich dürften sie hier in Aden sein. Sie stammen aus den Bergen. Das Meer macht ihnen Angst. Die Hitze, die sich beim Kochen noch verdoppelt, setzt ihnen zu. Im Fischmarkt ekeln sie sich. Fast täglich kommt ein Fischer am Grabungshaus vorbei mit seinen frischen Fängen. Er verwahrt sie in einem aus Palmfasern geflochtenen Korb, darüber ein nasses Tuch. Das lässt die Fische und sonstiges Meeresgetier nicht austrocknen und hält einigermaßen die Fliegen ab. Wir nimmersatten Ausgräber wollen Fisch und nochmal Fisch. Frischer als hier gibt es ihn nicht. Also müssen die beiden Bergziegen denn doch noch die Kunst der Fischzubereitung erlernen.

In ihrem Dorf wird so etwas Fremdes nicht gegessen. Das Ausnehmen und Schuppen der Fische übernimmt gegen einen kleinen Aufpreis schon mal der Fischer. Das Braten oder Dünsten zeige ich ihnen. Die ganz einfache Version, klar. Der allerbeste Fisch heißt hier Derriq, Kingfisch. Es ist ein Knorpelfisch, dem Hai ähnlich und er hat keine Schuppen. Unser Lieblingsfisch. Eines Tages kommt der Fischer, er heißt Amar, mit vielleicht 20 riesigen Krabben an. Alle leben noch. So stopfen unsere Köche diese Ekeldinger kurzerhand in das Gefrierabteil im Kühlschrank. Mittags fragen die beiden, was sie mit den schrecklichen Viechern mit den zehn Beinen anfangen sollen. Um sie uns zu zeigen, öffnet Nagi die Türe des Gefrierabteils und alle 20 Riesenkrabben purzeln ihm der Reihe nach entgegen. Wollen sich an ihm festkrallen und fallen auf den harten Fließenboden. Einige der Krabben büßen dabei das ein oder andere Bein ein. Einige krabbeln in Panik wie irre übereinander und untereinander durch die Gegend. Qassim und Nagi schreien um die Wette und hüpfen ebenfalls panisch den Meerestieren aus dem Weg. Halb durchgefrorene, abgebrochene Beine und Scheren liegen herum. Die Köche unter Schock. Durch unser etwas unpassendes Gelächter sind sie zutiefst beleidigt und schwören, Fischer Amar nie wieder etwas abzukaufen.

Ich habe es leichter als die Grabungsgruppe auf dem Feld. Ich sitze im Grün des Gartens. Um mich saubere Luft, Sonnenschein. Und ich bekomme ab und zu von Qassim einen leckeren Saft hingestellt. Kann in dünnen Kleidchen im Schutze der Mauer zeichnen. Die Fundstücke sind wunderschön. Figürchen aus Lehm von Menschen und Tieren. Ich kann anhand der Ritzungen sogar erkennen, ob der Töpfer oder gar die Töpferin links- oder rechtshändig war. Ich entdecke manchmal die Abdrücke der Finger-Papillarien des Menschen, welcher vor 3.500 Jahren den nassen Lehm zu einem Figürchen geformt hatte. Es kommt Schmuck zutage. Viel aus Muscheln und Schnecken gearbeitet. Bearbeitete Halbedelsteine, Werkzeuge wie Ahlen, Stichel, Nadeln, aus Knochen gefertigte Messerchen, Messer aus Silex, Spielsteine, Handschmeichler und Kamelchen bereichern meine Arbeitstage.

Ständige Begleiter im Innenhof sind die unzähligen Krähen. Sie wohnen und schlafen hier. Hocken in den riesigen Mareimarah-Bäumen. Sie sind das geschwätzigste und verschrieendste Vogelvolk auf Erden. Morgens um vier werden sie wach. Noch ist es stockdunkel. Alle anderen Vögel schlafen noch. Aber sie fangen an zu krächzen, zu schimpfen, zu streiten. In einer Lautstärke wie auf dem Bahnhof von Berlin. Man muss sich eine Technik ausdenken, wie man sein Gehör überlisten kann, ihr Geschrei auszublenden. Und so geht es den ganzen Tag weiter. Etwas ruhiger wird es zwischen zwei und drei zu Mittag. Aber dann kommt ihre Nachmittagsrunde in alter Fröhlichkeit zurück. Mit dem Abendgebet gehen sie schlafen. Dieses Volk ist wirklich streitsüchtig. Sie hacken aufeinander ein, dauernd fliegen Federn, und was noch mehr fliegt oder eher fällt, ist der Vogeldreck. Er pflatscht groß und feucht und mit viel Material aufs Pflaster. Also aufgepasst! Einmal passiert es, dass so ein Federvieh über mir etwas fallen lässt – auf meine allerbeste Zeichnung. Ich habe keine Schrecksekunde. Es ist eins: der Platsch und mein Wegwischen mit bloßer Hand. Klatsch und Wisch und weg. Wie gut, dass ich so schnell war, denn die Säure im Kot hat mir dabei die Tusche nur etwas angelöst. Hätte ich gezögert, wäre eine stundenlange Arbeit zerstört gewesen. Ich kann die Zeichnung des aufwändig geritzten Kamelfragments retten. Mit der Rasierklinge schabe ich die schwarzen Streifen weg. Großes Aufatmen. In Zukunft schaue ich erst nach oben, wenn ich meinen Zeichentisch aufstelle. Muss den Sitzplätzen des Federviehs ausweichen und darf nur dünnes Geäst über mir haben. Im Botschaftsgebäude lebt auch eine Familie. Der Hausherr besorgte sich ein Kleinkalibergewehr und wollte die Krähen abschießen. Er hat es bald aufgegeben, denn sobald sein Gewehrlauf vorsichtig Zentimeter für Zentimeter auf einem der Fensterbretter erschien, flog die ganze Schar mit noch mehr Geschrei auf und davon. Für kurze Zeit.

Harald soll die Keramik zeichnen. Normalerweise nur mit Bleistift. Viele Scherben passen oft zusammen, wenn sie im selben Areal gefunden wurden. Nach dem Säubern mit Wasser klebt er sie passend aneinander. Sand in einer großen Schüssel dient ausgezeichnet als Stützmaterial für die geklebten Stücke. Man kann sie so weit hineinstecken, dass sie nicht umfallen. Der Sand ist schwerer, als man glaubt. Er hält die Klebestellen perfekt zusammen und lässt nichts wieder auseinanderklaffen. Gibt es Bruchstücke eines ganzen Topfs zum Zusammenkleben, passen manchmal die verschiedenen Puzzles nicht mehr fugengerecht aneinander. Vor allem, wenn es um den „Schlussstein" geht. So legt man das bereits geklebte Gefäß über Nacht in die Sandschüssel und gibt ein Tuch darüber. Das Lösungsmittel des noch nicht ganz trockenen Klebstoffs wirkt in den Stunden auf die bereits fest geklebten Stellen ein, macht sie wieder weich. Am nächsten Morgen kann man das Gefäß vorsichtig in die richtige Form drücken und die noch nicht passenden Stellen korrigieren.

Ein besonderes Highlight ist es immer, wenn wir beschließen, abends zum „Chinesen" zu gehen. Das ist ein Restaurant in Aden-Maalla, spezialisiert auf Meeresbewohner, mit legendärem Ruf. Zu damaliger Zeit arbeiten jede Menge Koreaner und Chinesen im Jemen. Seit 1990 auch im Süden. Sie sind Spezialisten im Straßenbau und arbeiten als Hafenarbeiter. In der Höllenhitze erledigen sie härteste Arbeit. Sie sind überall höchst unbeliebt. Sie kommen dreckig und in zerrissenen Kleidern daher und sind zudem nicht einmal „Gläubige des Buches". Muslime benennen sich selbst mit Christen und Juden als solche. Sie, die Muslime, sind natürlich die Auserkorenen, weiter unten kommen die Christen und noch viel weiter unten dann die Juden. Aber immerhin habe alle drei als ihre Glaubens-Grundlage ein Buch, den Koran, die Bibel und die Thora. Alle anderen Religionen zählen nicht, ihre Anhänger sind richtige Kaffer, die ganz Ungläubigen. Sie sind den schlimmen Kommunisten und deren Ideologie gleichzusetzen.
Diese Arbeiter aus Ostasien verdienen ihr Geld in Dollars. Wenn sie die Währung in Banken in Jemen-Rials tauschen wollen, dann machen sich die Angestellten oft die hämische Freude, diese Arbeitstiere zu demütigen. Ihr Geld wird in den allerkleinsten Scheinen, und dies

entspricht etwa einem damaligen Pfennig, ausbezahlt. Wenn einer also hundert Dollar abheben will, bekommt er ein paar tausend Scheine in Einsern in vielen Stapeln hingestellt. Stundenlang sitzt dann so einer und zählt. Und nur in großen Koffern können sie ihr Geld nach Hause schleppen. Immer wieder kann ich das beobachten. Diese armen Kerle sind beim „Chinesen" die Stammgäste. Es ist eine Spelunke, wo es sogar Bier und härtere Sachen gibt. Und dahin gehen wir etwa einmal die Woche. Man steigt eine Treppe in einen spärlich beleuchteten Keller hinab. Niedrige Decke, aber ein großer Raum tut sich auf, dessen hinterste Ecken gar nicht einsichtig sind, so schummrig ist die Beleuchtung. Der Keller ist nahezu voll besetzt, man muss schauen, dass man noch einen Platz findet. Die besetzten Tische quellen über von Schalen von Meerestieren. Füße und Fühler und Scheren und Gräten lassen gar keine Teller mehr erkennen. Dazwischen Bierflaschen zuhauf. Die Besucher, ausschließlich Männer, liegen fast auf den Tischen, vor Müdigkeit oder voll vom Suff. Eine Seemannskneipe im verruchtesten Viertel in Shanghai kann man sich so vorstellen. Aber das Essen ist unerreicht vorzüglich, wundervoll, zum Niederknien. Egal, was man bestellt, alles ist herrlich. Und das sagen nicht nur wir, die nicht sonderlich vom Grabungsessen verwöhnt sind. Es kommen Leute bis aus Sanaa, um dort zu speisen. Sogar in den Arabischen Emiraten werde ich einmal daraufhin angesprochen. Da schwärmte mir einer vom Chinesen in Aden etwas vor. Und ich fiel in das Loblied mit ein.
Das Lokal führt ein halb chinesisches, halb jemenitisches Geschwisterpaar mittleren Alters. Ihre jüngeren Wurzeln sind als Ausgewanderte in Amerika zu finden. Sie heißt Nargis wie Narzisse, er Lütfen wie Ludwig.
Sie sind als Wirt und Wirtin keine zimperlichen oder ängstlichen Autoritäten. Handfest; als Rausschmeißerin kann man sich sogar Nargis gut vorstellen. Der Eingang zum Lokal wird schärfstens von Familienmitgliedern bewacht. Es sind ältere Chinesen, spindeldürr mit spärlich bestücktem Gebiss. Freundlich. Es sind gewiefte Leute, mit scharfem Blick, mit Geheimdienstlern vergleichbar. Immer wieder kommen in Aden Anschläge vor, und da speziell auf Lokalitäten, welche Alkohol ausschenken. Zusätzlich geht da Hand in Hand oft

auch etwas mit dem horizontalen Gewerbe. Das ist für Fundamentalisten Grund genug, den Ort des Teufels in die Luft zu sprengen. Deshalb die Habichtblicke der Türwächter. Allerdings kann man davon ausgehen, dass es der Lokalführung wert ist, ein beträchtliches Schutzgeld zu bezahlen. Denn alle möglichen Etablissements gehen im Laufe der Jahre in Rauch und Asche auf, aber der Chinese bleibt. Es bleibt auch seine gute Küche. Das Lokal wird bald in das Erdgeschoss verlegt mit besserer Beleuchtung. Es dürfen auch keine Leute mehr ins Lokal, die nur etwas trinken wollen. Damit halten sich Nargis und Lütfen die Säufer vom Hals, und ihr guter Ruf wird nicht besudelt. Wir Ausgräber genießen dort die Abende, es ist unser Kultrestaurant geworden. Und genudelt tragen wir dann unsere Bäuche nach Hause.

Manchmal fahre ich am Morgen mit auf die Grabung. Ich kann mich umsehen, kann den Fortschritt der Arbeit bewundern, kann mit den netten Arbeitern ein Schwätzchen halten. Interessant ist das Herausarbeiten der Lehmmauern. Zunächst erscheint so ein Maueransatz gesichtslos. Durch vorsichtiges Erspüren der Fugen zwischen den Lehmziegeln tritt langsam ein Mauergefüge zutage. Um dies zu können, gehört einiges an Erfahrung dazu. Einige der Arbeiter graben schon länger nach antiken Mauern und Funden. Sie sind Vorarbeiter geworden und leiten die Neueinsteiger an. Da auf dem ganzen Grabungsareal fast nur mit Lehm gebaut wurde, dem Baustoff der Umgebung, gibt es keine Architektur aus Stein und Marmor. Bei Weitem wären diese nicht so der Verwitterung ausgesetzt gewesen, wie der vergänglichere Lehm. Der feine Sand wurde zum Bauen nur mit Strohhäcksel und Wasser gebunden, zu Lehmziegeln geformt und in der Sonne getrocknet. Eigentlich gedörrt. Ein Baustoff, welcher nichts kostete.
Ich war nicht nur zu Grabungszeiten in Aden. Der Fundstücke sind es so viele geworden, dass ich wochenlang dort noch aufzuarbeiten

habe. Ich zeichne, was vorher nur mit Bleistift angelegt war, nun in eine druckreife Form um. Die meiste Zeit bin ich alleine mit Said, dem Gärtner, und dem Krähenvolk. Nein, ein paar Ratten gehören auch noch dazu. Die Malariahilfen. Sie stolzieren sogar am Tag frech in den Essraum hinein. Ach ja, die Kakerlaken darf ich ebenfalls nicht vergessen. In Aden erreichen sie ein Mutationsformat in XXXL-Größe.

Wenn ich alleine bin, fühle ich mich hier als Hausherrin, werde auch in Aden selbst heimisch. Ein Supermarkt ist direkt gegenüber. Er hat Produkte, welche es im Norden nicht gibt. Käse zum Beispiel. Emmentaler aus dem Allgäu, Butter, Mozzarella und Gorgonzola aus Dänemark, Avocados aus Saudi-Arabien, Red Bull! aus Österreich. Teuer, aber toll! Die meisten dieser Produkte kommen über die Grüne Grenze von Saudi-Arabien. Als es den Skandal mit den Verunglimpfungen vom Propheten Mohammed in einer Dänischen Zeitung gibt, sehr feinfühlig und geschmacklos – wird jegliche Einfuhr mit Dänemarkprodukten von allen arabischen Ländern gestoppt. Auch ich leide darunter. In Supermarkts Tiefkühltruhe liegen jede Art von Fischen, Langusten und Hummer. Ich will Abu Maqas, den Vater der Schere, etwas genauer ansehen, lange ihn mit den Fingern an, schreie auf! Er hat mich mit einer seiner Scheren so heftig geschnitten, dass es blutet. Also sind die tiefgekühlten Tiere trotzdem noch hellwach und finden sich lebendig in einem Massengrab wieder.

Es gibt in Aden ein Kino! Saad und ich wollen uns einen Film anschauen. Es laufen, was die Plakate außen an dem Lichtspielgebäude verraten, zwei zur Auswahl: „Die Rache des Würgers“ und „Ein Grab wartet“. Wir entscheiden uns für die Rache. Abends um sieben geht es los. Um sechs ist es immer schon dunkel. Die Nähe zum Äquator macht sich bemerkbar. Das Kino-Gebäude stammt noch aus sozialistischen Zeiten. Eine hohe Mauer in Rundform wurde an einen felsigen Abhang gebaut. Nur eine normale Türe mit Sperrgitter

führt hinein. Die Karten kauft man so: Neben der Türe sind in Bauchhöhe zwei Ziegelsteine herausgebrochen. Man bückt sich. Sieht auf der anderen Seite so etwas wie das Gesicht eines Mannes. Es ist der Kartenverkäufer. Man schreit den Titel des Films hinein, steckt die Hand mit dem Geld durch den Spalt. Der Kartenverkäufer nimmt das Geld krabbelnd aus der hingehaltenen Hand, Saad zieht die seine zurück und wartet. Kartenverkäufers Hand kommt aus dem Schlitz mit unseren zwei Karten.
Vor der gitterversperrten Türe wartet schon eine ganze Horde Jugendlicher. Bei den Adenis geht es lauter her als im Norden. Rundum ein Riesengeschrei. Endlich geht das Gitter auf, und alles stürzt sich gleichzeitig darauf. Wir sind dazu etwas zu schüchtern. Jugend vor. Als wir mehr oder weniger durchgeschoben werden, reißt ein Kondukteur die Karten ein. Wir sind drin. Treppen führen nach oben. Und dort tut sich der Kinosaal auf in Form eines Theaterrunds wie in Griechenland. Toll! Es gibt kein Dach – es regnet hier vielleicht zweimal im Jahr. Man schaut in den Nachthimmel. Die Stuhlreihen führen nach unten, und dort ist die Bühne mit der Kinoleinwand. Von den Stühlen funktionieren vielleicht noch 30 Prozent. Bei den anderen fehlen die Sitze. Das macht den jungen Männern gar nichts aus. Sie hängen mit ihren dünnen Hintern einfach in den Rahmen. Vielleicht fünf weibliche Personen sind mit Ehegatten ebenfalls zur indonesischen Rache mit viel Kung Fu gekommen. Man kann mit männlicher Begleitung ins Kino gehen. Allerdings sei es alleine als Frau nicht so empfehlenswert. Saad und ich wollen keine Stuhlgerippe und finden noch zwei ganze Sitze, mit dicken Plastikschnüren bespannt. Doch was mich fast umhaut ist die Naturkulisse. Der Himmel ist über uns und im Hintergrund erhebt sich im aufgehenden Mond der Umriss des Gebal Schamsans. Ohne Übertreibung, es war wirklich kurz nach Vollmond.
Das Publikum erlebt einen Film, als ob er Wirklichkeit wäre. Sollte eine Umarmung vorkommen, stöhnt das Publikum auf. Im Süden ist die Zensur nicht ganz so rigoros. Allerdings wird beim Erscheinen von zuviel nackter Haut eine Hand vor die Projektionslinse gehalten. Das muss sein. Ein Gejohle kommentiert den Bildausfall. Der Film ist grauenhaft. Das Publikum erlebenswert. Die Texte werden

kommentiert, Antworten gegeben. Alle sind mitten in der Handlung drin. Auf- und abwallende Töne des Missmuts oder der gemeinsame Seufzer, als der Held seine Angebetete verletzt vorfindet, großes Geschrei mit Fäusteschütteln sogar, als der Oberschurke den Helden bedrängt und Gejohle, als der Gute, fast halbtot geschlagen, zu seiner Braut kriecht. Kurz, wir belassen es beim ersten Teil. Denn in der Mitte des Films gibt es immer eine Pause.

Unweit vom Grabungshaus ist das Hotel Mövenpick. Dort kann man zwischen 6 und 8 Uhr abends an der Bar immer verbilligt einen sogenannten Sundowner bekommen. Alleine möchte ich dort nicht hingehen. Manchmal, wenn jemand aus Sanaa im Adener Grabungshaus Station macht, schließe ich mich dem Barbesuch an. Eigentlich sitzt man in der Hotelhalle an einem langen Tisch. Es ist erstaunlich, wer da alles zugegen ist. Mehr halbseidene Damen, welche auf den großen Coup hoffen, einen Westler aufzugabeln. Erscheinungsbild eher schrill. Keine Jemenitinnen, eher Libanesinnen. Kleinere Tische werden vom Halbdunkel der Halle verschluckt. Dort finden die Treffen der sich schon Gefundenen statt. Die Schnapsflaschen stehen auf den Tischchen, frei zum Nachschenken. Einer schläft mit dem Kopf auf dem Tisch. Eine leere Flasche Whisky neben sich. An einer Theke sitzen zwei Damen und warten augenscheinlich auf Freier. Hotelgäste, welche ihre Schönen der Nacht mit aufs Zimmer nehmen, verstoßen also nicht gegen die Haussitten. Da werden beide Augen zugedrückt. Will man aber als Europäerin hoch, wird vehement abgeblockt.
Von diesen armen Mädels abgesehen trifft sich zum Sonnenuntergang und dann auch später die spärliche Adener Ausländercommunity. Da kann man Beobachtungen anstellen, wer mit wem wann etwas hat. Die Konstellationen wechseln relativ oft. Viele Chinesen und Koreaner treffen sich hier ebenfalls zum „Vorglühen“, bevor es zum „Chinesen“ geht. Einmal werden Saad, Matthias und ich von

hier aus zu einer chinesischen Party eingeladen. Bei Hafenarbeitern. Erst schon mal die Fahrt dorthin im Dunkeln in Richtung Sklaveninsel macht einen mulmig, dann die Baracken, wo sie hausen. Mit Alkohol gut bestückt geht der Zug ab. Ohrenbetäubender Krach aus einem Recorder. Fleischbeschau von den Seemännern. Als irgendwie klar ist, dass nichts auf der Ebene läuft, schalten sie um auf Karaoke. Und das macht dann richtig Spaß. Trotzdem bringen mich Saad und Matthias noch vor Mitternacht zurück ins sichere Homesweethome.

In Aden geht es auch nach dem Zusammenschluss von Nord und Süd 1989 und auch nach dem Bürgerkrieg 1994 weiterhin offener zu als im Landesinneren. Als Hafenstadt floriert hier der Schiffshandel schon seit biblischen Zeiten. Zudem hat Aden den weitum tiefsten Naturhafen, geografisch bedingt. Die abstürzenden Flanken des Schamsam-Vulkans setzen sich unter Wasser fort. Das bedeutet, dass auch große Schiffe hier anlegen können. So lebt in Aden ein Völkergemisch aus Jemeniten, Griechen, Türken, Indern und Ostasiaten und selbstredend Ethnien aus Afrika. Fast alle waschechten Adener Jemeniten und Jemenitinnen dürften fremdes Blut in ihren Adern haben.

Hier in der Hafenstadt findet man leichter Kanäle, wo Alkohol aufzutreiben ist, als im strengen Nordjemen. In den paar größeren Hotels und auch in kleineren Kaschemmen bekommt man Bier und härtere Sachen. Allerdings wird nach zweierlei Maß gemessen: Es gibt für die Wirte eine Lizenz für den Kauf von Alkohol und eine für den Ausschank. Schleierhaft ist, wie Gaststätten mit nur einer Ausschankgenehmigung, denn das gibt es, zu ihren geistigen Getränken kommen. Der Handel ist offiziell verboten. Also sicher nur über den Schwarzmarkt. Der wiederum hat seine geschmuggelten Alkoholikas aus Afrika. Das muss der Regierung doch bewusst sein. Der einzig mögliche Schluss daraus ist, dass es zumindest einigen Regierungsabteilungen so nur recht ist, weil sie selber davon profitieren.

Auf dem Weg von Taizz nach Mokhah zur Rotmeerküste gibt es auf halbem Weg eine Kreuzung mit einer Schotterstraße von Hudaidah kommend. Sie heißt Mafraq, übersetzt Kreuzung. Es gibt dort kein Dorf, nur weiter weg zwei, drei Bauernhäuser in Terrassenanlagen und mit viel Gebüsch. Dort kann man geschmuggeltes Bier bekommen. Man hält am bewussten Ort genau an der Kreuzung und wartet ein bisschen. Aus dem Nichts taucht ein Jemeni auf, weiß natürlich sofort, was man will. Vorher hat er gecheckt, ob die Luft rein ist. Man kann ganze Paletten mit 25 Dosen erwerben, zu einem akzeptablen Preis. Kann sogar zwischen Heineke oder Amstel wählen.
Hinter dem so gut beleumundeten Mövenpick-Hotel türmt sich ein hoher Kieshaufen auf. Da ist es unbeleuchtet. Die Schattenseite der glanzvollen Vorderfront. Saad hat es ausgekundschaftet. Und dahin fährt man bei Dunkelheit, wenn man „Stoff",, braucht. Es sitzen immer zwei Männer oben auf dem Haufen, plaudern unverfänglich. Wir fahren mit unserem Auto nah heran, schalten die Scheinwerfer aus und sagen nur, was für eine Flasche es sein darf: Whisky, Gin oder Wodka. An der betreffenden Stelle greift eine Hand in den Kies und zieht das Gewünschte heraus. Gehandelt wird nicht. Die Geldübergabe muss schnell gehen.

Wir wollen ohne Saad – ein Araber klettert doch auf keinen Berg – einen Ausflug auf den Schamsan unternehmen. Oft hängen die Wolken tief über seinem Gipfel. Sie sehen weich aus wie nasse Bettwäsche. Die Luftfeuchtigkeit beträgt hier im Schnitt 96 Prozent. Wir fahren nach Crater. Zuerst führt uns die Straße über einen kleinen Pass und durch ein in den Fels gehauenes, riesiges Tor. Dann hinunter in den Krater selbst, dann weiter durch die Altstadt. Die Endstation ist am hintersten Ende des Ortsteils, bevor senkrechte schwarze Felswände den weiteren Weg versperren. Die ganze Straße dort entlang rätsle ich, was es mit den Hunderten von Bettgestellen auf sich hat, die am Straßenrand entlang in Fünferreihen aufgestellt sind. Einmal verbreitert sich der Pulk auf 10 Meter. Die Eisengestelle haben keine Matratzen. Dafür sind dicke Plastikschnüre als Ersatz hin- und hergespannt. Die Betten haben einen Abstand zum Nachbarbett von höchstens 15 Zentimeter. Es ist ein Straßenhotel! Und es soll in der Nacht auch immer ausgebucht sein.

Wir parken vor dem Tor zum Steinbruch. Wenn man Glück hat, ist es offen. Es ist. So wird gearbeitet. Und da erlauben einem die Wächter hinter dem Tor gegen ein kleines Bakschisch, die Straße auf den ersten Absatz hoch zu steigen, wo die Laster die riesigen Steinblöcke herunter transportieren. Es ist ein ausgewalzter Fahrweg, und man watet im Feinststaub, welcher einem bis über die Knöchel geht. Aber es ist trotzdem bequemer, von hier zum ersten Sattel zu gelangen. Riesige Lastautos kommen einem entgegen mit riesigen Felsbrocken zu irgendwelchen Baustellen. Es ist Vulkangestein, Granit. Kommt so ein Ungetüm auf einen zu, dann ab in den Straßengraben. Allein der Durchmesser der Räder ist um einiges größer als ein Mensch. Der Abbruch läuft aber auf Sparflamme. Es ist nicht viel los. Die Straße endet auf dem ersten Sattel und verzweigt sich zu den Abbruchstellen. Hier hat man schon ein Drittel des Aufstiegs hinter sich. Polsterartiges, wegloses Gelände ist mit grünem Flechtwerk überzogen.
Wir halten Ausschau, wie und wo es weitergeht. Drüben, fast auf unserer Höhe, sehen wir einen umfriedeten Geländeabschnitt. Dort ist der Turm des Schweigens. Weglos stolpern wir über einen unebenen Hang dort hinüber. Unser erstes Ziel. Viele wilde Hunde leben hier. Sie sind wirklich wild, nicht mit den in Horden lebenden Stadthunden vergleichbar. Kommt man ihnen nur auf 100 Meter nahe, dann gehen sie in Angriffsstellung und knurren und heulen den Mond vom Himmel. Hier allein unterwegs zu sein, wäre wirklich gefährlich. Aber wir sind zu viert. Und – kaum bückt man sich, tut so, als ob man einen Stein aufhebt, weicht die Meute zurück. Wenn sie wieder näherkommt, werfen wir die Steine, die schon vorsorglich in unseren Taschen stecken. Wieder weichen die Nachfahren der Wölfe geschmeidig aus. Irgendwann akzeptieren sie, dass wir stärker sind und drehen ab. Nur – wenn die wüssten ...

Wir also rückenfrei zum Turm des Schweigens. Völlig abseits ist hier die letzte Ruhestätte der Parsen, ein Bauwerk für Himmelsbestattungen. Bis ins 20. Jahrhundert lebten in Aden noch Anhänger der aus Indien stammenden Gemeinschaft. Sie folgen der Lehre des Zoroastrismus. Ein immerwährendes Feuer wurde mit dem letzten hier lebenden Mitglied dieser Religionsgemeinschaft mit einem Flugzeug zurück nach Indien gebracht. Die schwer zugängliche Anlage hier ist am Zusammenfallen. Sie liegt auf dem flacheren Teil einer Bergflanke. Trotzdem, die Rundmauer von einem geschätzten Durchmesser von 100 Metern, weiß gekalkt, ist weithin sichtbar. Ein Tor führt in den sakralen Bezirk. Die Mauer ist teilweise noch in Originalhöhe erhalten. Kleine Fensteröffnungen geben den Blick ins Tal und aufs Meer frei. In der Mitte des Runds steht der eigentliche Turm des Schweigens. Er besteht aus einer Rundmauer und einem gemauerten Sockel innen von 6 Metern Höhe. Darüber liegt als Dach ein Eisengitter. Dort hinauf betteten die Parsen ihre Toten und boten sie damit den Vögeln zum Fraß an. Deshalb heißt es Himmelsbestattung. Was nicht gefressen wurde, war der Verwesung anheimgestellt. Die Körpersäfte fing ein Rinnensystem am Fuße des Turms auf, und sie wurden in kleinen Kanälen zum Versickern abgeleitet. Obwohl unserer westlichen Kultur fremd, ist es doch sehr berührend, hier zu stehen und sich die Kulthandlung vorzustellen. Ein Kreislauf von Luft und Wasser, von Erde und Feuer, von Vergehen und Nähren.

Und weiter geht unsere Exkursion. Wir entdecken Richtung Gipfelplateau einen Pfad. Und als wir dort angekommen sind, zeigt sich, fast wie auf einer Riesenrampe, ein Heerespfad. Er ist mit Quadern befestigt, inzwischen überwuchert, aber trotzdem gut erkennbar. Die Türken waren hier oben und hatten auf dem Gipfel eine Befestigungsanlage. Daher stammt auch noch der schmale Pfad, der sich nach den gepflasterten Steinen steil nach oben windet. Wir kommen relativ bequem hoch, weil eine alte Wehr-Mauer an den steilen Außenkanten vor dem Abstürzen schützt. Die Vegetation ist fast so wie bei uns in den Alpen im Hochgebirge. Stille umgibt uns. Nur an den Abbrüchen wabern Geräuschfetzen der Stadt herauf. Der Gipfel ist breit, ein Krater ganz oben nur angedeutet und mit Grün überzogen. Wir spüren die Höhe. Ein kalter Wind lässt uns die Kopftücher enger binden. Als Belohnung gibt es einen Blick auf die Stadt, welche sich tief unter uns fast wie auf einer Landkarte zeigt. Die künstlich gebaute Verbindung zum Festland erscheint wie ein Bindfaden. Die Sklaveninsel vor Little Aden erinnert an schlimme Zeiten. Dort war ein Lager für die eingefangenen Sklaven aus Afrika. Zusammengepfercht warteten sie auf ihr Schicksal. Auf Schiffe verladen, die einzelnen Decks nicht hoch genug zum Sitzen, wochenlang angekettet auf hoher See, wusste keine und keiner, wer über dem Atlantik im Land der unbegrenzten Freiheit lebend ankommt oder als verwesende Leiche neben seinen vielleicht noch lebenden Nachbarn.

Weiter draußen die Halbinsel Little Aden mit den hohen Nadelspitzen als Überreste von seinen Vulkankernen. Erstarrte Magma beim letzten Aufstoßen. Die Berge selber wegerodiert. Ansonsten ein flaches Küstengebiet. Dahinter der weite blaue Ozean. Wir stromern ein bisschen in der Gegend herum. Entdecken einen kleinen historischen Salzabbau. Von außen in den Berg hinein abgebaut sind säulenartige Bögen als Eingänge stehen gelassen worden. Wie Arkaden aus versintertem Salz. Unser Abstieg ist über die steinigen, hohen Stufen mühsamer als der Aufstieg. Aber bald schon hat uns Crater wieder mit seinem Bettenparadies, seinem Lärm und seinem Dreck.

Auf Little Aden befindet sich eine Öl-Raffinerie, welche zwar wie eine Industrieanlage vom vorletzten Jahrhundert aussieht, aber noch in Betrieb ist. Öltanker bringen das Rohöl. Eine Pipeline vom Hafen bedient sie. Das Öl selbst kommt aus Marib über das Hochland des Jowls und runter nach Mukallah geleitet. Hier bunkern die Tanker das Schwarze Gold und in Aden wird es „raffiniert". Es sind gute Arbeitsplätze für die Adenis. Der verdreckte Schlick des Auswurfs der Maschinen breitet sich in einer fast Quadratkilometer weiten Fläche zum Meer hin aus. Ebbe und Flut besorgen eine notdürftige

Klärung. Aber im Meerwasser dürften einige Fische darunter leiden. Auf der schwarzen Schmodder-Fläche stehen wieder Hunderte von Flamingos, so wie im Schlick zwischen Insel und Festland. Aber man kann es fast nicht ertragen: Die eleganten Vögel sind ebenfalls schwarz wie der Schlick, ihr wunderbares rosa Gefieder kann man nur noch erahnen.

Unweit von der Ölraffinerie gibt es eine Siedlung mit niedrigen Häusern im englischen Stil. Sie wurde von den Engländern für ihre Führungskräfte erbaut. Sie sind heute noch gut erhalten. Auch eine christliche Kirche mit separatem Glockenturm steht hier. Allerdings ohne Gemeinde; ein christlicher Friedhof spricht nur von vergangenen Zeiten. Das Krankenhaus, welches ebenfalls zu der Anlage gehört, hat seinen guten Ruf immer noch. So wissen wir Westler, wo wir kompetente Hilfe finden können, falls es einmal nötig wird. Eine Anlage zum Bau von Schiffen, den Daus, und ein Fischerdorf versetzen einen wieder in die heutige Zeit. Die berühmten Daus sind große Segelboote. Sie haben einen, zwei oder drei Masten. Erfahrene Seeleute erfanden vor Jahrhunderten damit das Kreuzen, um in den Monsunwinden besser voranzukommen. Damit waren diese Schiffe viel besser in der Lage, zur 350 Kilometer weit entfernten Inselgruppe Sokotra mit seinen berühmten Drachenbäumen zu segeln. Sokotra gehört zum Jemen. Die Inseln werden auch das Galapagos des Indischen Ozeans genannt. Durch die isolierte Lage entwickelten sich spezielle Tier- und Pflanzenarten. Sokotra ist die Heimat des Drachenbaums, ein Relikt aus der Kreidezeit. Er hat einen verholzten Stamm und eine grüne Krone aus Ästen und dichten Laubblättern. Er sieht aus wie ein riesiger Sonnenschirm. Die Daus können wegen der rauhen See nur zu bestimmten Zeiten die Winde nutzen. So gerne wäre ich einmal nach Sokotra auf einer Dau mitgesegelt. Aber ich hätte das einer Besatzung nicht zumuten dürfen. Es gibt keine Kojen auf oder unter Deck, und die Toilette ist als kleiner, offener Holzhock mit freiem Fall am Heck des Schiffes, wo mich alle Mann sicher stieren Blicks beobachtet hätten. Vom Fischerdorf mit der „Werft" auf dem trockenen Küstenstreifen watet man noch ein Stück weiter im weichen Sand, erklimmt eine Sanddüne und hat dann einen weiten Blick auf Vulkane, auf Inseln und das Meer.

Im Konsulatsgebäude in Aden sind in den oberen zwei Stockwerken vier riesige Wohnungen, welche die Botschaft an Ausländer vermietet. Sie sind sündhaft teuer, eine kostet fast zweitausend DM. In einer wohnt ein GTZ-Experte für Wasseranlagen. Seine Frau ist aus Ghana. Pechschwarz und wunderschön. Mit ihr habe ich mich ein wenig angefreundet. Sie haben zwei kleine Kinder, gut erzogen. Aurora leidet unter den eingeschränkten Bedingungen hier. Aber drei Monate hat ihr Mann Heimaturlaub im Jahr, und die verbringen sie in Deutschland und in Ghana. Sie erzählt von dem Leben in ihrem Heimatland. Sie erzählt von deren faulen Männern. Erzählt, dass diese den ganzen lieben langen Tag herumsitzen und quatschen. Die Frauen erledigen die Hauptarbeit. Sind berufstätig, bekommen ihre Kinder, ziehen sie auf, bestellen die Felder, ernten und sind dabei selbstbewusst und fröhlich. Emanzipationsbestrebungen sind ihnen fremd. Einmal erzählt sie dort ihren Freundinnen und Freunden, dass in Deutschland viele nicht ohne Pornografie auskommen, sich Filme reinziehen oder in Sex-Shops Hilfsmittel und Spielzeuge kaufen. Die Erzählung löst erst äußerstes stummes Erstaunen aus und Unglauben, und dann schlagen sie sich auf die Schenkel und johlen und kriegen sich gar nicht mehr ein vor Lachen und kugeln sich fast auf dem Boden. So etwas brauchen sie nicht ...

Aurora ist Christin, wie die meisten ihrer Landsleute. Aber einige Muslime und Juden leben dort auch. Es gibt in ihrer Heimat eine ganz berühmte Kirche, welche unser Freund Erico aus Kairo Stück für Stück mit renoviert hat. Diese Kirche besuchte sogar Obama, als er noch Präsident war. Und diese Kirche ist beispielhaft für Ihre Gottesdienstordnung: Am Freitag sind die Muslime dran, am Samstag die Juden und am Sonntag die Christen. Ist das nicht wunderbar?

Ich lerne Mohammed Ba Obeid aus dem Hadramaut und seine Frau Fathoum kennen. Sie ist die Nichte vom Chef der Antikenverwaltung, Prof. Dr. Yussuf Abdallah. Mohammed spricht sehr gut Deutsch, er studierte noch vor der Wende an der Humbold-Universität in Berlin Forensische Psychologie. Er lebte dazu drei Jahre mit seiner Frau in Berlin. Nun ist er dabei, seine Doktorarbeit zu schreiben bzw. hat den Großteil dazu schon fertig. Er bittet mich um Sprach-Korrekturen. Gerne mache ich das. Inzwischen haben die beiden einen Sohn und leben, ursprünglich aus dem Hadramaut stammend, in Aden. Ich lade sie zu einem Abendessen ein und denke naiv, dass sie sich bestimmt freuen, wenn ich ihnen ein deutsches Essen hinstelle. Ich verkopfe mich, was ich da mit dem spärlichen Angebot fabrizieren könnte. Kartoffelsalat geht. Dazu aufgeschnittene Gurken. Dazu Dosenwürstchen aus Rindfleisch. Schmecken nicht berauschend, aber wenn man sie mit kleingeschnittenen Zwiebeln brät, sind sie akzeptabel. Dazu noch Stangensellerie, deren Stengel in 5 Zentimeter lange Stücke geschnitten und mit Schimmelkäse gefüllt sind. Bin stolz auf meine Kreation. Ach ja, in Scheiben geschnittene Bananen mit Yoghurt und Chili stehen als Nachtisch bereit.
Sie kommen deutsch-pünktlich. Er mit Futa und umgehängtem Tuch, alles in Glitzer, und Fathoum erscheint in einem wunderschönen dünnen Abendkleid. Als Gastgeschenk bringen sie mir drei ebenfalls wunderschöne Armreife mit, welche ich mir mit knapper Not übers Handgelenk schrabben kann. Wir setzen uns an den gedeckten Tisch, ein Bismillah – und ich will die Speisen reichen. Nun sagen die beiden tatsächlich, dass sie das nicht essen. Sie nehmen ein bisschen von den Gurken und vom Nachtisch – und das war's. Das ist mir aber eine Lehre! Also kann man sehr wohl bei arabischen Einladungen Gerichte ablehnen. So esse auch ich bei Einladungen nichts mehr aus falscher Höflichkeit, wenn ich denke, dass mir etwas nicht schmeckt oder gar fürchte, etwas nicht zu vertragen. Reis geht immer, klar, und Gemüse auch. Aber bei Därmen in Soße streike ich. Allerdings kommt es selten vor, dass ich das ganze Essen nicht anrühren will. Aber manchmal ist es einfach geboten, vorbeugend gegen inneren Aufruhr. Da benenne ich dann eine vorgeschobene Unpässlichkeit oder noch eleganter, ich führe an, dass ich gerade

faste. Das verstehen alle. Denn wer im Ramadan nicht alle 28 Tage aus irgendeinem Grund fasten kann, muss das immer nachholen. Das ist härter als mit der Gemeinschaft zu fasten. Ich löse mit so einer Essensablehnung aus Fastengründen allerdings Erstaunen aus. So erkläre ich, dass man in unserer Religion ebenfalls fastet, sowohl in der Adventszeit, als auch in den sechs Wochen vor Ostern, die ja auch Fastenzeit heißt.
Mohammed hat inzwischen seinen Doktor in der Tasche. Er liebt sein Land und weiß, dass es gut ausgebildete Menschen braucht. Deshalb zieht die Familie nach Sanaa. Er arbeitet in einem Ministerium und betreut zum Tod Verurteilte. Fathoum arbeitet in einer großen Bank. Ein anderer Teil der Familie kümmert sich am Vormittag um den kleinen Ali. Fathum geht mit Kopftuch, aber die Stirnhaare sind frei. Immer wieder wird sie auf der Straße von den Nordlern angepöbelt, dass sie eine Nutte aus dem Süden sei. Vergleichsweise – alle Frauen aus dem Süden sind Nutten, alle Frauen aus dem Westen ebenso.
Mohammed erzählt manchmal von seiner Arbeit. Er besucht die Verurteilten und fragt sie zuerst, ob sie mit ihm reden wollen. Manche lehnen es ab, und manche sind sehr froh, einen inneren Druck loszuwerden. Meist sind es Mörder. Es gibt aber auch Mörderinnen, als Racheakte begangen oder aus dem Affekt. Frauen würden dann morden, wenn sie bis aufs Blut schikaniert worden sind, geschlagen, gefoltert, oder wenn der Mann sich eine andere Frau genommen hat. Denn Eifersucht gibt es auch hier. Es ist ein harter Job, die gestrandeten, verzweifelten oder auch sadistisch veranlagten Verbrecher zu betreuen. Aber Mohammeds großes Herz hat oft mit den Straftätern Mitleid. Er bereitet sie auf die Hinrichtung vor. Betet auch mit ihnen. Am meisten erschüttert ihn der Fall, wo eine ältere Frau ihrem Mann, während er schlief, einen Eimer mit kochendem Zuckerwasser über Kopf und Oberkörper schüttete. Sie will keinen Beistand.
Zu meinen Sanaazeiten bin ich oft bei Mohammed und Fathoum oder bei Youssuf Abdallah eingeladen. Seinen Frauen aus der Großfamilie macht es Spaß, mir die Hände mit Henna zu bemalen und meine Haare mit derselben Pampe einzufärben. Immer gibt es etwas zu essen, was natürlich viiiiel besser schmeckt als der deutsche Fraß, wie sie den Satz sicher in Gedanken fortsetzen.

Immer wieder gibt es in Aden Anschläge auf Restaurants, wo Alkohol ausgeschenkt wird. Meist gehen die Bomben gegen 6 Uhr morgens los. Das besagt, dass möglichst wenig Menschen verletzt werden sollen. Es ist aber eine eindeutige Botschaft. Es gibt hier eine Baptistenkirche. Die zu betreuende Gemeinde setzt sich aus Äthiopiern zusammen, welche in den Kriegswirren 1998 zuhauf in den Jemen geflohen sind und nicht mehr zurückkönnen. Es sind fleißige Leute mit einem nahezu kindlichen Religionsverständnis. Mit meiner Freundin Elisabeth bin ich einmal in der Christmette zum Gottesdienst. Wir erwarten eine stimmungsvolle Beleuchtung mit Kerzen und Details, welche uns ans abendländische Weihnachten erinnert. Weit gefehlt – Der raum ist mit Neonstäben hell erleuchtet, nicht eine Kerze darin, ein kleiner Chor singt erbärmlich, und der angekündigte Superprediger aus den USA verkündet seine Segensworte, als ob er schwachsinnige Kleinkinder vor sich hätte. Lauter Platitüden, wie: Jesus liebt dich! Ist dein Leben hier auch schwer, freue dich auf das Himmelreich! Wählt das Gute, und ihr entgeht dem Höllenfeuer! Also enttäuschend auf der ganzen Linie. Der ortsansässige Pastor ist aber sehr nett. Und diesen erwischt eine Bombe, welche an seinem Wohnhaus angebracht worden war. Um 5 Uhr morgens. Er hinterlässt eine Witwe und fünf kleine Kinder. Kirchlichen Einrichtungen werden immer Missionierungsversuche vorgeworfen.
So ist es mit fremden Religionen und muslimischen Fundamentalisten eine gefährliche Sache. Diese wollen keine Ausländer aus dem Westen. Wollen mit der dekadenten westlichen Kultur nichts zu tun haben. Christen und Juden sind von Seiten der Regierung hier irgendwie immer noch geduldet. Aber die Erzkonservativen sehen schon eine Bedrohung allein durch deren Anwesenheit. Und sollte nur der Hauch einer versuchten Missionierung aufkommen, dann wird gehandelt. Deshalb wurden um 2003 vier Klosterfrauen in Hudaida erschossen. Andere Laienschwestern einer Sekte aus Hamburg wurden in der Gegend von Saada im Norden auf Nimmerwiedersehen entführt. Es kann 2000 gewesen sein. Jedesmal ergaben die

Untersuchungen einen Verdacht auf Missionierung, welcher sich bei weiteren Recherchen auch verfestigte. Die ersten Jahre meiner Jemenzeit lebten auch Mormonen im Land. Sie wurden eines Tages im Kollektiv ausgewiesen. Auch aus denselben Gründen. Damals waren die Methoden aber doch noch etwas humaner.

Der Fischmarkt in Aden direkt am Strand ist umwerfend. Zwischen vier und fünf Uhr am Nachmittag kommen die Fischer zurück vom Fang. Sie schippern durch die kleine Bucht mit heftigen Wellen, welche die Halbinsel Sira mit ihrem türkischen Fort oben drauf von dem Rest der Stadt trennt. Sie, die Halbinsel, gibt Aden eine markante Kulisse. Am Ufer der Stadtseite liegt der Gouverneurspalast. Er ist im indischen Stil gebaut, belüftungstechnisch den Briten abgeschaut, welche dies wiederum von den Indern gelernt hatten. Die raffinierte Anlage der Zimmer und Gänge lässt ständig Luft zirkulieren, welche bei der Adener Gluthitze Linderung bringt. Zurecht nennt André Breton Aden „das Tor zur Hölle". Er übersetzte grandios die Gedichte und Schriften von Arthur Rimbaud, welcher seine letzten Lebensjahre in Aden verbrachte. Sein Wohnhaus steht gegenüber vom Großen Minarett, dem eindruckvollsten und ältesten Bauwerk der Stadt. Rimbaud war hier gesundheitlich schon gezeichnet, hatte sein literarisches Werk geschrieben und betrieb Pelz- und Kaffeehandel. Manche Quellen schreiben auch von Waffenschiebereien. Mit 29 Jahren stellte man bei ihm Knochenkrebs fest, ein Bein musste amputiert werden. Als es zu Ende ging, schaffte er es gerade noch bis Marseille, wo er in einem Hospital 1891 starb. Der Gouverneur von Aden floh beim Bürgerkrieg 1994 ins Hadramaut, doch dieser Tage soll er zurückkommen. Unten in seinem Palast ist ein Museum mit wunderbaren antiken Stücken des Landes. Schwierig hineinzukommen, weil meist geschlossen, trotz angegebener Öffnungszeiten. Doch zurück zu den Fischern. Sie landen an dem schmalen Küstenstrich, der Anbindung zur Halbinsel Sira und schleppen in Körben ihren Fang an Land. Überdachte Stände bieten die schön präsentierten Fische auf Holztischen an, wo man diese auch gleich kaufen kann. Von Makrelen über Barsche zum Kingfisch, über Krabben, Shrimps zu Hummer gibt es alles, was ein fischfreudiges Herz begehrt. Man kann sich sogar einen Fisch aussuchen und diesen an Ort und Stelle braten lassen. Auf Zeitungspapier serviert, mit Fladenbrot und einer scharfen Tunke schmeckt das köstlich. Pfundweise essen wir da. In Deutschland kann man davon nur träumen. Sobald ein Fisch nach Fisch riecht, ist er zwar noch lange nicht schlecht, aber eben nicht mehr frisch vom Fang.

Eines Tages möchte ich mit einem Fischerboot um die Aden-Insel herumfahren, möchte sie von hinten, von den unzugänglichen Stellen sehen. Ich finde einen netten Fischer, den ich mit seinem Boot für die Rundfahrt mieten kann. Ganz um die Insel herum geht es nicht, weil diese schon beschriebene Verbindung zum Festland besteht. Ich steige hier an der Insel Sira in Mahmuds Boot. Gleich sind wir auf der dem offenen Meer zugewandten Seite. Gigantische Felsen stürzen senkrecht ins Meer. Und schon sind wir auch von höheren Wellen erfasst, preschen dahin. Unser Boot fällt jedesmal mit hartem Schlag in die Wellentäler, wo die nächste Welle uns hochnimmt, um uns gleich wieder nach unten krachen zu lassen. Der riesige, verschmolzene Fels des Schamsams aus dem Präkambrium wird kleiner, so weit draußen umrunden wir ihn. Man könnte den großen Granitstock mit einem Eisberg verwechseln, so glänzt er in der Nachmittagssonne. Als die Wellen ziemlich hoch werden, frage ich mich, ob ich Angst haben soll. Beschließe, das auszublenden. Wir werden nass von der Gischt. Und dann realisiere ich, dass das Wasser eine komische Farbe bekommen hat. Nach einiger Zeit erkenne ich es als grün, giftgrün. Ich befürchte, dass das Wasser schrecklich verseucht sein muss. Befürchte, dass mich das Spritzwasser verätzen könnte. Jetzt hat es sich in eine kupfervitriole Farbe geändert und schaut noch giftiger aus. Manchmal sehe ich in Deutschland Stämme und Blattwerk von Weinstöcken mit solch einer Farbe besprüht als Schutz gegen Schädlinge. Stelle Vermutungen an, was hier an verseuchtem Zeug abgeleitet wird. Als wir uns langsam wieder dem Festland nähern und auch deutlich in Richtung Westen Little Aden erkennen, wird das

Wasser wieder wasserfarben. Ich atme auf. Nun kommen wir schon an den senkrechten Rinnen vorbei, wo man über einschneidende Sättel in einsame Buchten klettern könnte. Dann unsere große Badebucht, die Conquest-Bay. Vorbei an Elephant-Bay und weiteres unzugängliches Land. Da taucht Tawahi auf, dann Maallah und schließlich Khor Maksar, unsere Endstation. Eine Woche später erfahre ich zufällig, dass weiter draußen noch eine Insel liegt, eine kleine, und darauf ist eine Meeresforschungsstation. Sie geben immer wieder ungiftige Farbe ins Wasser, um die Meeresströmungen besser beobachten zu können. Wie bin ich noch im Nachhinein erleichtert.

Ein schöner und lohnender Ausflug ist ein Besuch der Tanks. Vor allem, wenn man dem Ruf des Abendgebets dort lauschen möchte. Von hier ergoss sich einst einer der Magmaströme direkt ins Meer. Die Engländer siedelten in seinem untersten Krater. So heißt die Altstadt von Aden Crater. In den meisten Häusern aus dieser Zeit gibt es Wasserleitungen mit einer Kanalisation. Schöne luftige Holzbalkone und meist nur zweistöckige Gebäude kann man in die Engländer-zeit verorten. Durch die salzige Seeluft verkommt die Bausubstanz rasant. Der Kern unter dem Putz bestand damals immer aus grob behauenem Granit. Heute wird meist mit Betonsteinen gemauert, weil es billiger ist. Doch hier setzt sich Schimmel vermehrt an, Salpeter zerfrisst die Wände, von hässlichen Schwarzfärbungen ganz abgesehen. Die neueren Häuser hier sind allesamt kein erhebender Anblick. Hinzu kommt der Dauerstaub und die Angewohnheit der Einwohner, alles, was nicht gebraucht wird, einfach auf die Straße zu werfen. Der Müll sammelt sich in dicken, zusammengetretenen Teppichen und stinkt zwischen den Häusern und in den Ecken vor sich hin. Das kann nur noch von dem abfließenden Kanalwasser gesteigert werden. Was dieses auch tut.
So wird es Richtung Tanks etwas schäbig, die Häuser sind eher Baracken. In kleinen Lädelchen kann man Säfte und Kekse kaufen.

Hier gibt es auch Fahrzeuge zum stundenweise Anmieten. Es sind zweirädrige Karren mit einer Holzladefläche von ca. 2 Quadratmetern zum Transportieren von Lasten gedacht. Als Pferdekraft ist ein Kamel vorgespannt. Mein Lieblingskamel dort hat auf seinem Fell große, rotbraune Henna-Punkte. Bei einem religiösem Fest hat es ihm ein Witzbold wohl aufgemalt. Und so trägt Samira, so heißt das Kamel, ihren Fellmantel mit vielen apfelgroßen Punkten. Sei es jetzt an Mohammeds Geburtstag oder zum kleinen oder großen Id, bei alten Männern ist es Sitte, sich mit Henna Haare und die langen weißen Bärte orange zu färben. Je weißer die Haare, desto mehr ins Orange geht das gefärbte Ergebnis.

Die Muslime feiern, wie gerade schon erzählt, drei Feste im Jahr ganz groß. Einmal den Geburtstag des Propheten Mohammed, dann den Fastenmonat Ramadan mit seinem Abschlussfest Id Al-Fitr und das große Opferfest Id ul-Adha. Im Ramadan dürfen alle erwachsenen Muslime untertags weder essen noch trinken. Erst zum Sonnenuntergang wird gemeinsam „das Fasten gebrochen". In diesen vier Wochen wird viel gebetet. Eine innere Einkehr soll alles Weltliche zurückdrängen. Zum Morgengrauen beginnt der Fastentag „wenn man einen schwarzen von einem weißen Faden unterscheiden kann". Nach diesen vier Wochen der Läuterung wird froh und festlich das Abschlußfest gefeiert. Der Große Id findet drei Monate und eine Woche nach dem Ramadan statt. Es ist das bedeutendste Fest im Jahreskreis. Opferfest heißt es deshalb, weil der Prophet Abraham bereit war, seinen Sohn Isaak Allah zu opfern. Als Allah seine Folgschaft und sein Gottvertrauen sah, gebot er Einhalt. Das folgende Dankopfer mit einem Widder wird zum Andenken daran jedes Jahr mit einem Tieropfer und Verwandtenbesuchen gefeiert. Ärmere Menschen werden ebenfalls in den Feiertag mit einbezogen und verköstigt. Am festlichsten wird das Opferfest in Mekka begangen. Ein mitreißendes Ritual über vier Tage wird für die Pilger zu einem unvergesslichen Ereignis.

Ich erlebe in Sanaa einen Vorabend zum Opferfest. Die Innenstadt bebt vor Erwartung. Die letzten Geschenke werden gekauft. Straßenhändler preisen laut ihre Waren an. Käufer und Käuferinnen ringen um die letzten Stücke. Und langsam formiert sich eine lange,

lange Reihe mit Schubkarre neben Schubkarre, dicht an dicht. In ihnen liegen Kranke, Krüppel, Verletzte, geistig Behinderte. Erwachsene und Kinder sind es. Sie schauen mit leuchtenden Augen in die lichtergeschmückten Stände und Straßen und warten auf Almosen. Und jeder und jede gibt etwas. Die Begleitpersonen stehen hinter ihren kranken Verwandten und sammeln die Gaben ein. Es ist eine wunderschöne Tradition und sehr berührend. Man geht fast beschämt die endlose Reihe entlang. Zum Fest ist alles eine Gemeinschaft geworden.

Wir sind also auf dem Weg in die Tanks. Nach den letzten Häusern türmen sich zu beiden Seiten senkrechte Felswände auf. In einer Schlucht führt der Weg nach oben, wo sich ein kleines Tal auftut. Dort finden wir die Zisternen von Tawila. Ein in der Antike angelegtes Wassersammelsystem versorgte das alte Aden mit Trinkwasser. Durch Absperrungen in den tiefen Felseneinschnitten des Berges Schamsan konnte das Regenwasser gespeichert werden. Die Anlage ist eine Meisterleistung alt-südarabischer Ingenieurskunst. Sie wurde allerdings über Jahrhunderte nicht mehr genutzt. Die Rasuliden, sie regierten von 1228 bis 1454, setzten die verfallenden Zisternen wieder instand. Nach ihrer Herrschaft verfielen sie aber erneut. Erst die Engländer legten die Becken wieder frei. Ursprünglich gab es 53 Einzeltanks, aber nur 13 wurden aufwändig restauriert. Die größte Zisterne hat einen von mir geschätzten Durchmesser von 150 bis 200 und eine Tiefe von 20 Meter.
Die künstlichen Wände sind mit Qadad ausgemauert. Es ist die schon beschriebene Abdichtungsmasse für Staudämme aus Vulkanasche, Lavagrus und einem zementartigen Bindemittel. Eine sehr arbeitsintensive Herstellung. Es wurde auch für Badezimmer in den Lehmhäusern des Nordens verwendet. Hier ließen einige Schleusen das Regenwasser anstauen. Auch bei nur stundenweisen Regenfällen füllte sich das gesamte Reservoir. Nach Bedarf wurde es in die Haus-

halte der Altstadt abgelassen. In jedem Haus befand sich ein kleiner, unterirdischer Tank, wo wiederum Wasser gespeichert werden konnte. Dort war es kühl, und mit einer Pumpe kam es hoch in die einzelnen Stockwerke. Heutzutage regnet es leider viel weniger. So sind diese Tankanlagen inzwischen nur noch eine Touristenattraktion.

Man muss sich vorstellen, dass es bei den Monsunregen über Tage richtig geschüttet hat. Der Berg selber mit seinen steilen Flanken und dem glatten Fels und nur einer spärlichen Grasnarbe, ließ fast sein gesamtes aufgenommenes Wasser an der Seite nach Aden hin abfließen. Es muss weiter unten in den Schluchten gerauscht haben wie bei einem gewaltigen Wasserfall. Die Wasserscheide ist oben auf dem Gipfelgrat. Also eine Oberfläche von etlichen Quadratkilometern speiste die Altstadt Crater. 1920 gab es durch zu starke Wassermassen einen Bruch der untersten Schleuse. In einer breiten Sturzflut brachen sie durch, brachen einem Tsunami gleich in die Stadt ein und fluteten bis ins Meer. 20.000 Tote wurden beklagt.
Allerdings bietet die Schlucht auch ohne Wasser ein Schauspiel. Beim obersten letzten kleinen Tank geht es nur noch senkrecht hoch. Selbst klettern wäre schwierig. Die blankgewaschenen Granitwände führen den Blick in die Wolken. Es gibt allerdings weiter unten einen rasant in die Felsen gehauenen Pfad nach oben. Es sind nur herausgeschlagene Tritte. Nur bei absoluter Schwindelfreiheit und Trittsicherheit kann man es wagen, diesen hochzuklettern. In dem kleinen Tal auf halber Höhe gibt es eine Wiese. Sie besteht fast nur aus Quecken. Es sind Gräser, welche sich hier nur wegen der hohen Luftfeuchtigkeit halten können. Eher schlecht als recht ist der schüttere Teppich immer wieder am Vertrocknen. Aber die Natur weiß sich zu helfen. Quecken wurzeln tief; und da bleibt dann doch immer noch etwas zum Überleben. Die Büsche am Rande sind grün, sie existieren auch nur durch ihre tief reichenden Wurzeln. Früher war hier sogar eine Art Freizeitpark mit Bänken aufgestellt worden. Allerdings zerfällt der Kiosk wieder, und die Stühle werden durch den Rost vom Meersalz schnell immer weniger. Trotzdem picknicken hier Familien. Mit Ball- und Versteckspielen in und hinter den Büschen

toben die Kinder herum. Clevere Burschen verkaufen aus ihren Bauchläden Pepsi und Wasser. Viele arabische Touristen schauen sich das ehemalige Wunderwerk an und klettern bis zum letzten kleinen Tank hinauf.
Wenn die Sonne sich gegen Abend dem Horizont nähert, färbt sie Felsen und alles Grün in rosagetöntes Licht. Gleich taucht sie unter, das Licht wechselt vom Rosa ins Rosagrau. Und dann ist die Zeit gekommen, wo der erste Abendruf ertönt. Und schon folgt der nächste und wieder einer und wieder, und bald schallt von den Hunderten der Minarette und Gebetshäuser das Allahu akbar, Gott ist größer. Die Felswände lassen die Vielstimmigkeit als Echo widerhallen, und so entsteht ein Klangteppich, der verzaubert. Andächtig hört man zu und möchte, dass es gar nicht mehr endet. Doch gleicht verebbt der mystische Schleier. Ein Klangfetzen noch hier und einer da, und dann ist oben Abendruhe.

Nicht nur die antike Stadt Sabir hat Burkhard im Südjemen ausgegraben. Von den Schleusenanlagen bei Marib habe ich schon berichtet. Er hat aber auch ein Steckenpferd, ein berufliches, wenn ich das einmal so sagen darf. Er entdeckte hier in der Gegend prähistorische Muschelhaufen. Sie zählen zur Muschelhaufenkultur. Das sind schlicht gesagt Abfallhaufen aus Muschelschalen aus der Steinzeit. Es gibt sie auf Little Aden und überhaupt entlang der Küste. Und er ist fasziniert davon. Diese Kultur gibt es nur an Meeresufern nahe der Gezeitenzone. Und sie entstand so: Wir sind in der Jungsteinzeit, vielleicht 10.000 Jahre v. Chr. Fischer leben am Wasser. Sie bauen sich vielleicht notdürftige Hütten oder haben überhaupt keine, denn Holz ist kostbar. Sie haben kleine Boote. Weit trauen sie sich nicht hinaus aufs Wasser. Sie können nicht schwimmen. Wasser ist gefährlich. Deshalb sammeln sie am Ufer Meerestiere mit Schalen. Es gibt viele, viele Jakobsmuscheln. Die Fischer sitzen zusammen und verspeisen das gut schmeckende Muschelfleisch. Danach lassen sie die

Schalen unachtsam auf den Boden fallen. Schon gleich hat der Wind, und er weht stark, etwas Sand angeweht. Sie setzen sich am nächsten Tag wieder zusammen, wieder auf denselben Platz, und wieder lassen sie die Schalen ihrer Mahlzeit neben sich auf den Boden fallen. Und das geht so jahrein, jahraus. Der Wind weht heftig, und so entsteht über Jahrtausende langsam ein Hügel. Er ist stark verdichtet durch die feuchte Luft. Er birgt in seinem Inneren nicht nur die handflächengroßen Jakobsmuscheln, sondern auch Werkzeuge und Gefäße aus dem Zeitfenster des Neolithikums. Deshalb gräbt Burkhard an verschiedenen Stellen hier im Umland. Es sind eher Versuchsgrabungen. Aber er entdeckt 100 Kilometer westlich von Aden, direkt an der Küste, einen riesigen, 30 Meter hohen Kulturhaufen der Muschelhaufenkultur. Wenn man von Aden nach Westen Richtung Bab Al Mandab die Küste entlang fährt, kommt man an ein lang gezogenes Haff, das Khor Umeirah. Dort wird nun auch gegraben.

Das Leben zu prähistorischen Zeiten an der Küste war armselig und mühsam. Keine Tempel und Paläste werden sich hier aus der Vergangenheit erheben. Aber einen Blick in die Jäger- und Sammlerzeit werden wir bekommen. Der hohe Hügel ist 100 Meter lang und so verfestigt, dass man mit dem Auto hochfahren kann. Es werden Suchschnitte angelegt. Das heißt, dass ein vielleicht 1 Meter breiter Streifen über vielleicht 20 Meter Länge in Schichten abgegraben wird. So kann man besser beurteilen, ob es sich hier lohnt, weiter zu graben, oder besser an einer anderen Stelle. Es lohnt sich. Es kommen nicht nur Muschelschalen zu zigtausenden zutage, sondern steinzeitliche Gebrauchsgegenstände. Ich zeichne Schaber und Messer, Faustkeile, Webgewichte, Ahlen, Gewichte für Netze, Gefäße und deren Scherben.

Die Grabung ist nur mit sehr, sehr einfacher Infrastruktur für die Teilnehmenden möglich. Burkhard, zwei weitere Archäologen und eine Fotografin. Jeder hat ein kleines Zelt. Schon beim Aufstellen bläst einen der Wind damit fast davon. Es gibt die schmale Landzunge. An der Seite zum Land ist das Meer fast schlickig und zum offenen Meer hin wildumtost. Schwimmen ist zu gefährlich. Steht man im Wasser, spült einem die heftige Strömung den Feinkies unter den Fußsohlen weg. Den ganzen Tag ist man dem Wind ausgesetzt. Allein dies strengt an. Kein Schatten, denn der Wind würde ein Zeltdach einfach davon wehen. Die Zeltwände schlagen vom Wind ständig laut wie Segel in seiner Heftigkeit.

Ein paar der Nachfahren der Jakobsmuschelliebhaber leben noch heute hier. Auf fast demselben Kulturniveau. Es sind sehr arme Menschen. Sehr freundlich trotz ihrer Armut. Die paar Familien leben in schlecht zusammengenagelten Bretterbuden. Ein paar Boote garantieren ihr Überleben. Ein 800 Meter hoher Berg, der Gebal Haris, bestimmt die grandiose Landschaft. Er ist grün bewachsen, birgt aber sicher in seinem Innern einen vulkanischen Magmastumpf. Rund um ihn sind grüne Hügel und Täler. Heute dürften Panzerstellungen die Landschaft verschandeln. Bab Al Mandab, das Tor der Tränen, ist nicht weit Richtung Westen, der Zugang zum Roten Meer – begehrt von einigen kriegssüchtigen Ländern.
Burkhards Zeit geht im Jahr 2000 zu Ende. Er wurde Direktor der KAVA in Bonn, der Kommission für Archäologie Außereuropäischer Kulturen. Nun ist er in der ganzen Welt unterwegs. Von Peru bis in die Mongolei ist sein Forschungskreis, sogar die Osterinsel gehört dazu. Trotzdem bringt er im Jemen das Projekt an den Schleusenanlagen und die Konsolidierung des Bar'an-Tempels bei Marib zu Ende. Seine Nachfolgerin wird Frau Dr. Iris Gerlach, welche mein eigenes Schicksal bis heute immer noch mitbestimmt.

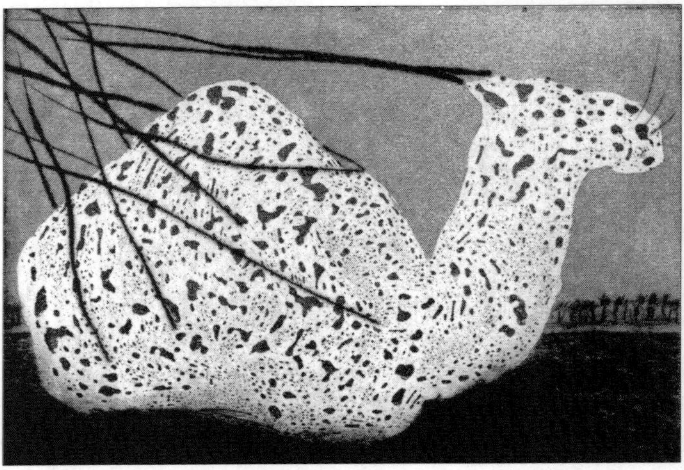

Wüstenschiff

Yallah, yallah ...

Auf geht's ...

ياللاه ياللاه

Iris studierte Vorderasiatische Archäologie. Sie erhielt ihren Doktor noch vor ihrem 30. Lebensjahr. Eine Besonderheit. Mit einem Reisestipendium vom Deutschen Archäologischen Institut Berlin, kurz vom DAI, als Belohnung für ihre besonderen Verdienste, besuchte sie zusammen mit ihrer ebenfalls ausgezeichneten Kollegin Sarah Japp ein ganzes Jahr alle relevanten Länder des Orients. Das Stipendium hat die Auflage, dass das Heimatland während der ganzen Zeit nicht besucht werden darf. Bei der Zimmermannszunft ist es in Deutschland ebenfalls immer noch Brauch, dass die frischgebackenen Lehrlinge ein Jahr lang auf die „Walz" gehen. Sie sollen neue Arbeitspraktiken, fremde Orte, Regionen und Länder kennenlernen sowie Lebenserfahrung sammeln. Dabei dürfen sie in dieser Zeit ebenfalls keinen Heimatboden betreten. Ein Freund einer meiner Enkel ist derzeit auf der Walz. Diese Gesellenwanderung ist 2015 von der UNESCO als Immaterielles Kulturerbe aufgenommen worden.

Iris ist nun die Nachfolgerin von Burkhard. Als oberste Archäologin im arabischen Raum leitet sie seit Oktober 2000 die Außenstelle Sanaa des DAI. Die Nekropole des Awam-Tempels bei Marib, die frühsabäische Siedlung von Wadi Jufaina, die Oase Marib und Altmarib selbst sind ihre ersten erfolgreichen Ausgrabungen. Marib wird unser Hauptsitz für alle Ausgrabungen dieser Region für lange Jahre, und Iris findet hier ein sehr gut geeignetes Mietobjekt als Grabungshaus. Es war ursprünglich ein zweistöckiges Wüstenkrankenhaus. Als jetziger Eigentümer kaufte Mohammed Al Nuri das Gebäude. Während unserer Grabungszeiten bewohnt er mit seiner Familie nur das Erdgeschoss. Wir haben dann oben das ganze Stockwerk angemietet. Das ist für ihn eine sehr gute Einnahmequelle. Er ist mit Nishla verheiratet. Sie ist eine richtig liebe junge Frau. Eine richtig dicke Nudel,

in hautengen Kleidern, die uns Frauen immer wieder zu Tee und selbstgemachtem Popcorn einlädt. So ganz kann sie es nicht verstehen, dass wir meist unter einem gewissen Zeitdruck arbeiten und bei solchen – zwar immer sehr netten – Einladungen doch eher auf Kohlen sitzen.
Nach einigen Jahren bekommt sie einen Sohn, auch einen Mohammed. Das neue Familienmitglied erschüttert Nishlas Dasein. Sie ist mit dem Kind eher unglücklich, ist unbeholfen, kommt mit ihrer neuen Lebenssituation nicht klar. So ist der Kleine ein richtiges Papakindle. Das geht aber auch nur, weil der Papa ein ganz liebevoller Mensch ist. Ein Hühne, er wiegt sicher seine 150 Kilo! Er besitzt ein Lastauto mit einem Planenaufsatz, und sein Hauptgeschäft ist Schmuggeln. In zwei Tagen brettert er durch die Wüste Rub Al-Khali nach Norden, nach Dubai. Kauft dort seine Waren ein und verkauft sie wieder im Jemen. Ich konnte nie herausfinden, worums es sich dabei handelte. Er scheint nicht arm zu sein. So dürfte sein Geschäft wohl florieren. Und als der kleine Mohammed noch nicht laufen kann, sitzt der schon bei Papa auf dem Schoß, wenn dieser mit dem Laster unterwegs ist. Soll der Bub mal zuhause bleiben, dann weint er so sehr, dass Papa ihn gleich wieder zu sich nimmt. Ohne Gebrüll seines Söhnchens kommt er keine 2 Meter aus dessen Reichweite. Auch in späteren Jahren hat sich nicht viel daran geändert. Da fährt Mohammedle mit Mohammed auf Schmuggeltour.

In dem Schmuggler-Haus sind wir also gut beherbergt. Es liegt bereits außerhalb der Stadt in Richtung unserer Grabung, sodass nicht jedes Mal ein Checkpoint angefahren werden muss. Im oberen Stockwerk befand sich zu Krankenhauszeiten auch ein Frauentrakt, bestehend aus zwei ineinander gehenden Zimmern. Ich darf im hinteren mein Domizil aufschlagen. Habe somit ein Einzelzimmer, was zugleich auch mein Zeichenzimmer ist. Vom großen, zentralen Essraum gehen die anderen Räume ab und die Küche. Meist müssen sich zwei ein Zimmer teilen. Bei mir kommt schon damals mein Altersbonus zum Tragen. Das ist eben Iris! Zwei Stehtoiletten mit Dusche und ein großer Arbeitsraum gehören auch noch zu unserem Bereich.

Im Erdgeschoss sind zudem unser Lager und eine Art Speisekammer, weil es dort kühler ist. Zudem gibt es noch die Schlafplätze unserer Wächter. Denn unser Haus muss bewacht werden. Wir haben dazu insgesamt zwölf Beduinen angestellt. Sie arbeiten immer zu viert im Acht-Stunden-Takt. Also Bewachung rund um die Uhr. Wir sind im wilden Osten bei den ganz bösen Buben! Iris setzt auf die Beduinen, sie will im Haus kein Militär und auch sonst nicht. Da unser Standort zum Stamme der Ashrafs gehört, übernimmt dieser die Oberhoheit über unseren Schutz. Das heißt aber auch, dass keine, und keiner von uns draußen alleine herumlaufen darf. Entführt ist man schnell und das würde, zu allem Unglück hin, auch das Ende der Grabung bedeuten. Das Auswärtige Amt, denen wir vom DAI zugehören, würde uns aus Sicherheitsgründen sofort nach Deutschland beordern. Ein Albtraum für Iris! Sehr eingesperrt fühlen wir uns trotzdem nicht. Erstens arbeitet der Großteil von uns bis zum späten Mittag auf dem „Feld", natürlich auch scharf bewacht. Zweitens sind wir mit den Arbeitszeiten so ausgelastet, dass meist keine großen Ambitionen zu Einkäufen in der Stadt oder zu kleinen Ausflügen bestehen. Drittens haben wir auch noch ein Dach. Es ist flach und hat eine brusthohe Mauer rundum. Sitzen wir auf Stühlen, kann uns niemand abschießen. Dort oben wird Tee getrunken, wird gearbeitet, Keramik sortiert, aber auch mal geratscht und nichts getan. Hier suchen unsere Köche den Reis aus – das muss man, weil immer kleine Käfer dazwischen sind –, putzen das Gemüse und haben als Söhne der Berge die glasklare Wüstenluft. Eher morgens, denn dann ziehen sandige Böen oder gar Sandstürme auf, welche sich aber meistens bis zum Sonnenuntergang wieder beruhigen.
Am Hauseingang ist das Lager unserer Wächter, unserer Gabilis – der Stammeskrieger. Sie haben sich eine Art gemütlichen Diwan mit Decken ausgelegt. Eine Zeltplane als Sichtschutz von der Straße her hängt in einem Orangenbaum. Das heißt aber nicht, dass sie die Straße nicht im Auge haben. Manchmal fahren Toyotas zu langsam am Haus vorbei und dies mehrere Male. Das sind potenzielle Entführer – oder könnten es sein –, welche die Lage peilen. Für unsere Wüstensöhne ist die Bewachung nicht nur ein bezahlter Job. Wir leben auf ihrem Grund, also sind sie allein schon deshalb für uns

verantwortlich. Ihr Boss ist Abdallah, und, obgleich noch jung, ist er sehr verantwortungsvoll, kein Hitzkopf. Er ist unbezahlbar. Er sieht auch noch umwerfend gut aus und hat ein angenehmes, sanftes Wesen. Was aber täuscht. Wenn es angemessen ist, wird er zum eiskalten Bodygard. Sein Gutshof ist nur einige Kilometer von uns entfernt. Und immer wieder sind wir bei seiner Familie eingeladen. Sein Vater hat beide Beine ab. Eine Mine. Beim Bürgerkrieg 1994 ist das passiert. Er sitzt im Rollstuhl und wird von seinem ganzen Clan bestens betreut. Hellwach und nicht verbittert, hat er immer noch das Ruder in der Hand.

Für mich bedeuten diese neuen Grabungen mit Iris längere Aufenthalte vor Ort. Marib hat milde Winter, aber der Sommer dort ist heißer als heiß. Schon im April kann man ahnen, wie heiß es dann sein wird. Es gibt nun immer zwei Grabungskampagnen im Jahr, eine im Herbst, eine im Frühjahr. Unser Team im Grabungshaus vergrößert sich. Zu den Archäologinnen und Archäologen kommen je nach Grabungsvorhaben weitere Experten hinzu. Es gibt aber unseren „harten Kern", welcher aus Iris besteht, Sarah und Holger, ebenfalls Archäologen, Mike und Nicole als Architekten für Bauforschung, inzwischen auch promoviert. Johannes fotografiert auf der Grabung die Befunde und im Haus die Fundstücke. Später ist Irmgard statt Abu Sura, dem Vater des Bildes, dabei. Sie ist die fest angestellte Fotografin vom DAI Berlin. Ich gehöre als die Haus- und Hofzeichnerin ebenfalls dazu. Manchmal sind noch weitere Archäologen dabei, Saad z.B., manchmal ein Geograph, ein Anthropologe, zeitweise Norbert Nebes als Sprachwissenschaftler, als Semitist. Geologe Christian, die Steinmetze Wolfgang mit Udo und Statiker Bretty. Studentinnen und Studenten vervollständigen manchmal die Runde. Die ersten Jahre besteht unsere Truppe im Schnitt aus zehn Personen, später sind es dann um die 15, und mit Zweitagegästen können es auch einmal 20 werden.

Ich bin zum Zeichnen fast immer im Haus. Von meinem Platz am Schreibtisch sehe ich über die Felder hinweg das alte Marib. Es ist eine verlassene Wüstenstadt in einer grünen Oase. Ganz rechts schaue ich auf Orangenplantagen. Sie blühen und fruchten das ganze Jahr über, aber zur Hauptblütezeit im Frühjahr duftet die ganze

Gegend wunderbar. Was für ein Unterschied zu meinen Adener-Zeiten. Es gibt Vorzüge hier und dort. Die ständig in der Luft liegenden Düfte der Orangenblüte punkten eindeutig für Marib. Dafür ist der Verkehrslärm hier anfangs unerträglich. Ich könnte im Bett liegend glauben, dass mir die daher preschenden Laster durchs Gehirn fahren. Dem Ganzen setzt aber das Ein- und Ausladen von Gasflaschen genau zur Mittagsschlafenszeit, genau unter meinem Fenster, die Krone auf. Die 20 Kilogramm wiegenden Teile kommen mit Lastautos und werden mit Karacho erst mal an die Laderampe vorgeworfen, krachen aneinander und fallen von dort, wieder krachend, runter auf den Boden. An die 50 Stück sind es jedes Mal. Beim Aufladen der leeren Flaschen derselbe Geräuschpegel. Sie werden mit Schwung auf die Ladefläche geworfen. Da stehe ich dann senkrecht im Bett. Ich muss aber auch sagen, dass man sich etwas programmieren kann. Ich trichtere mir ein: Mach deine Ohren dicht und schlafe! Was dann irgendwie auch klappt.

Der Awam-Tempel liegt in der Südoase von Marib und stammt aus dem 7. Jahrhundert v. Chr. Er ist dem sabäischen Hauptgott Almaqa geweiht und zeugt von der herausragenden sabäischen Baukunst. Der Tempel selbst hat ein Propylon mit acht Pfeilern, welche vom Sand der Zeit fast völlig zugeweht sind. Sie bildeten den Haupteingang zu dem ovalen Grundriss des Heiligtums. Die umschließende Mauer ist zirka 260 Meter lang und dürfte ursprünglich fast 16 Meter hoch gewesen sein. An die Tempelmauer im Außenbereich angelehnt erstreckt sich der sabäische Friedhof, eng mit dem Almaqa-Kult verbunden. Hier ist unsere Ausgrabungsstätte für die nächsten Jahre. Zunächst erwartet uns nur das Wüstengelände mit einigen herausragenden Kalksteinquadern. Klug angesetzt werden Areale abgesteckt, wo es mit dem Spaten in die Tiefe gehen wird. Die nach und nach frei gelegte Architektur der Totenhäuser, die Funde rundum und die Grabbeigaben lassen tief in die Vergangenheit der Sabäer

blicken. Unsere Wissenschaftler und Wissenschaftlerinnen setzen Stück für Stück ihrer gewonnenen Erkenntnisse zusammen, und mit den gefundenen Relikten gewinnen sie komplexe Zusammenhänge vom Gefüge der Vergangenheit.
Die Totenstadt wurde von der sabäischen Oberschicht bis ins vierte Jahrhundert nach Christus genutzt. In mehr als über 1.000 Jahren sind hier in etwa 20.000 Individuen beigesetzt worden. Sie ruhen in kleinen Mausoleen, welche dicht aneinander geschmiegt ein 1,7 Hektar großes Gelände belegen. Eingemeißelte Inschriften neben den Grabeingängen geben Auskunft über den Grabeigentümer. In Form eines Reliefs oder einer Plastik finden wir viele Stelen aus Kalkstein mit eingesetzten Alabasterköpfen, welche den Verstorbenen darstellen. Es sind Männer, Frauen und Kinder. Die Köpfe haben weniger individuelle als archaische Züge. Oft sind die Augen aus Lapislazuli eingelegt oder mit einer Glaspaste, manchmal auch die Augenbrauen. Sogar Haare aus Gips schmücken manchen Frauenkopf. 60 bis 70 Prozent der Bestatteten sind männlich. Die Toten lagen in den einzelnen Geschossen vermutlich in Hockerstellung. Durch Grabräubereien schon in der Antike sind genaue Angaben schwierig zu benennen.
Die Nekropole wurde immer dichter belegt. Steile Treppchen führten in die Gebäude, oft von oben zugängig. Eine Sensation waren die zu Tausenden gefundenen Grabbeigaben. In der Regel sind es Miniaturgefäße, Miniaturbecher, Miniaturweihrauchbrenner. Schmuck und Opferplatten mit Stier- oder Steinbockköpfen, Gegenstände des Alltags, Figurinen aus Terrakotta, meist Frauen, Schminkgefäße, Kamelchen, Stierchen, oft rot bemalt. All diese Schätze gibt der Wüstensand frei. Die vielen wunderschönen Funde sollten im Jenseits den Verstorbenen den Aufenthalt angenehmer machen. Die besten Fundstücke werden gezeichnet. Manchmal sind es 20 am Tag, so purzeln die Kultgegenstände aus der Vergangenheit. Ich komme fast nicht hinterher. Deshalb zeichne ich sie nur noch mit spitzem Bleistift mit allen nötigen Angaben. Erst zuhause in Deutschland kommen sie dann mit Tusche in die druckreife Form. Alle Fundstücke werden natürlich auch fotografiert und verbal in den Grabungstagebüchern beschrieben.

Unser Arbeitstag beginnt, wie üblich auf Grabungen in einer Gegend mit Wüstenklima, um sechs Uhr morgens. Aufstehen um fünf. Oder fünf Minuten später. Je früher, desto eher findet man ein Plätzchen in unseren zwei Toiletten und am Waschbecken. Morgens ist nur Katzenwäsche mit Zähneputzen angesagt. Wir duschen uns nach der Arbeit am Abend.
Es wohnen und arbeiten mit uns Ausländern noch vier jemenitische Representativs. Gemeint sind die Regierungsvertreter der Antikenverwaltung. Es ist Musleh, Ali Hababi, Samir und Haggar. Sie schlafen alle zusammen in einem der größeren Räume. Mit dabei ist auch Sadiq, der Chef der Antikenverwaltung der Provinz Marib. Und diese fünf Kerle rotzen und kotzen sich im Klo überaus geräuschvoll aus, besonders am Morgen. Da hier die Wände sehr dünn sind, hört man es, als ob es keine gäbe. Ich weiß nicht, warum die alle ihren Lungenstaub nach oben befördern müssen. Sie sollen ihn halt schlucken und das bitteschön ohne Geräusche. Aber daran müssen wir uns gewöhnen – müssten wir, obwohl uns das nach Jahren immer noch nicht gelungen ist. Durch unser drastisches Nachahmen ohne „Material' könnten sie schon merken, dass uns das enorm stört. Aber es scheint ihnen egal zu sein.

Iris's weibliche Intuition will immer das Bestmögliche für uns. Bei so unwirtlichen Ausgrabungsbedingungen steht und fällt die gute Laune mit dem Essen. So gibt es um neun auf der Grabung die Brotzeitpause mit Thunfischsalat mit Tomaten in Yoghurt und frischem Fladenbrot. Immer dasselbe, jahrelang. Aber es schmeckt uns immer vorzüglich. Qassim und Nagi schnipseln den Salat schon am Vorabend. Denn wir haben hier sogar einen großen Kühlschrank. Und wir haben auch Strom. Dieser wird allerdings täglich oder gar für

Tage immer mal wieder von der Stadtverwaltung abgeschaltet. Manchmal sind auch ganze Bezirke betroffen, wenn einer die Stromrechnung nicht bezahlt hat. So wird Druck auf den Säumigen gemacht, und die pünktlichen Bezahler bekunden lauthals ihren Unmut. Um davon nicht abhängig zu sein, haben wir einen hundsteuren, gasbetriebenen Kühlschrank. Die Gasflaschen dazu gibt es ja gleich unter meinem Bett. Und damit wir am Abend und nach dem Abendessen auch noch arbeiten können, haben wir einen Generator. Denn so langsam ziehen nun die Computer auch in unser Arbeitsleben ein. Die beiden seit Burkhards Zeiten bewährten Köche Qassim und Nagi bekommen noch einen „Lehrling" dazu. Fuad. Er ist flink und wissbegierig. Und als er zusätzlich bei einer italienischen Grabung einsteigt, in dem von den Saudis 2016 dann mit Bomben platt gemachten Baraqish, kommt er mit neuem Wissen und neuen Ideen zu uns. Die Italiener lernten ihm als erstes, wie man Spaghetti kocht. Nicht als Baatz, wie wir sie bislang beim regelmäßigen Donnerstagmittagessen vorgesetzt bekamen. Sie sind nun tatsächlich al dente. Es gibt plötzlich Champignons aus der Dose, die mit einer Knoblauchkräutertunke im Ofen gebacken werden. Es gibt Spinaträllchen und Dips dazu. Unsere Aaaahs und Oooohs kommen allerdings beim Küchenchef nicht so gut an. So dosieren wir unser Lob. Doch ässt sich Qassim von mir zeigen, wie man Kartoffelpuffer macht. Die gibt es immer am Donnerstagabend. Und ich muss sagen, es sind die absolut weltbesten. Qassims Mischgemüse hingegen ist weiterhin ein graues Mus. Wenn er in aller Frühe damit anfängt, riecht es sooo gut nach Zwiebeln und Knoblauch. Dann kommen dazu Karotten, Auberginen, Tomaten, Zuccini und Kartoffeln. Da riecht es immer noch herrlich. Damit aber ja alles gut durchgekocht ist, steht der Eintopf nun noch weitere drei Stunden bei kleiner Flamme auf dem Herd. Das Ergebnis: das graue Mus. Und so schmeckt es auch. Deshalb mische ich mich nach einem Jahr reiflicher Überlegung denn doch wieder ein. Ich zeige, dass wir die Gemüse gerne separat mögen. Also Karotten extra und Zuccini extra und gedünstete Zwiebeln ebenfalls extra. Und diese bittebitte etwas bissfest. Mit dem bissfest klappt es nicht so ganz, aber das Ergebnis ist trotzdem beachtenswert, weil etwas Butter den Geschmack immer

noch abrundet. Also gibt es diese leckere Gemüseplatte jeden Freitagabend mit selbstgemachten Pommes. Und die kommen aus unserer Küche haubenverdächtig.
Viermal in der Woche gibt es Hühnchen. Bei der ersten Grabung schlachtete Qassim die Hühner noch selber. Er hackt ihnen den Kopf ab, das kam dem Schächten am Nächsten. Dann rupft er sie nicht, sondern zieht ihnen das Federkleid mitsamt der Haut ab. Das ist hier allgemein üblich. So der guten Haut beraubt, kommen die Viecher in den Backofen. Inzwischen kann man sogar in Marib gefrorene Hühner kaufen. Sie kommen aus Polen. Qassims Domäne ist der Lebensmitteleinkauf. Morgens um 6 Uhr fährt ihn Fahrer Haider auf den Gemüsemarkt und in den Supermarkt zu den gefrorenen Hühnern. Nun sollen sie aber bis mittags bereits gebraten auf dem Tisch stehen. Qassim unterzieht sie einer Heißwasserkur. Legt alle drei oder vier oder gar fünf, denn jeder darf ein Viertel verschlingen, in eine große Plastikschüssel, übergießt sie mit kochendem Wasser. Dies wiederholt er einige Male, bis die Schockgefrorenen schockaufgetaut sind. Da bislang alle jemenitischen Hühner mit dem Federkleid auch gleich enthäutet waren, zieht er den unsrigen auch die Haut ab, die im Abfall landet. So nackt kommen die Hühner geviertelt ins Backrohr. Und das auch nicht zu kurz. Schön langsam werden sie einer weiteren Kur unterzogen, die der Dehydrierung. Sie kommen zwar wunderbar braun, aber völlig entsaftet auf den Tisch. Nun, für eine Grabung und für jemenitische Köche ist die Leistung von unserem Küchenteam wirklich großartig. Und Qassim wird auch viel gelobt, was er mit ergebenem Kopfsenken annimmt. In Wirklichkeit freut es ihn aber sehr, er lebt vom Lob, will es sich aber nicht anmerken lassen. Fuad bleibt weiter unter seiner Fuchtel. Unsere heimlichen Lobs Richtung Fuad quittiert dieser mit Feuereifer. Unsere Krankenquote Magen und Darm betreffend ist sehr gering, was dem wachsenden Sauberkeitsverständnis unserer Küchenkerle zu verdanken ist.
Nagi hinkt von Geburt an und hinkt im Laufe der Zeit immer mehr. Er ist schon älter. Immer freundlich macht er den Aufräum- und Spüljob, was nicht zu verachten ist. Er ist bis nachts um zehn fast im Dauereinsatz, und es geht bei den Köchen schon um halb fünf

Uhr morgens wieder los, weil da die Omletts von einer hungrigen Meute vertilgt werden wollen. Ich muss da immer passen. Kann allein den Geruch nicht mehr ausstehen. Da ich meist im Haus arbeite, werde ich aber von der Küche verwöhnt und bekomme um zehn eine total leckere Suppe hingestellt, welche es mittags auch für alle gibt.

Für Freitagmittag haben die Köche frei. Das ist ihr Sonntag. Sie putzen sich für den Kirchgang heraus, wozu auch immer der Djambijagürtel mit dem Krummdolch gehört. Also Feinmachen für den Besuch der Moschee. Die Freitagspredigten in Marib fallen immer besonders militant aus. Dazu sitzen wir gerne auf dem Dach, lesen oder unterhalten uns. Die Lautsprecher sind auf volles Rohr in unsere Richtung gestellt, und die Stakkatos des Predigers, der seinen Zorn über die sündigen Landsleute und die noch sündigeren Ausländer herausschreit, amüsieren uns immer sehr.

Eines Tages entschließe ich mich, zur Abwechslung einmal einen Riesentopf Hühnerfrikassee zu kochen. Lasse den Hühnern die Haut mit ihrem Fett und koche sie mit Gemüsezeug. „Die Brühe ja nicht wegschütten!", sage ich den befremdlich schauenden Köchen mit rollenden Augen. Als die Hühner gar sind, zerteile ich die hoffentlich nicht zu zähen Dinger in mundgerechte Stücke, dünste Zwiebelchen an, Hühnerfleisch dazu, Suppe als Soße, alles mit einer Art Sahnecreme aus kleinen Döschen verfeinert und mit Limetten abgeschmeckt. Noch Muskat drüber, Reis dazu, fertig. Alle sind begeistert, weil es halt einmal etwas anderes ist. Qassim spitzt natürlich Ohren und Augen, und so überrascht er uns einige Tage später, indem er einen großen Auftritt inszeniert: Fuad öffnet die Küchentüre und er schreitet heraus mit einem hochgehobenen Riesentablett. Und darauf liegen schön nebeneinander fünf weißgekochte nackete Hühner. Das sieht so absurd aus und so unappetittlich, dass alle erst einmal sprachlos auf die Hühner gucken und nach einer Schrecksekunde schallend zu lachen anfangen. Tief beleidigt zieht sich Qassim zurück. Er hat keine Ahnung, was wir da so lächerlich finden. Versteh einer die Deutschen. Immer wenn ich in der Küchentüre erscheine, geht er innerlich zwei Schritte zurück: Was kommt jetzt schon wieder! Aber unterm Strich mögen wir uns sehr.

Zu einer unserer Grabungen kommt ein Extra-Team, welches Alt-Marib einmal gründlicher angehen will. Die Stadt in der Wüste gibt schon lange Rätsel auf. Sie soll die Hauptstadt des Sabäischen Reiches gewesen sein. Eine Expertengruppe rückt ihr nun zuleibe. Oberflächensurveys und Versuchsschnitte waren bereits unternommen worden. Immer wieder erforschten Archäologen den Sandhügel mit den hohen Lehmbauten darauf. Sie fanden bei ihren Begehungen des Geländes allerlei antike Gegenstände. Sie entdeckten an den Häusern Spolien mit säbäischen Inschriften. Diese Steine wurden beim Bau einer neuen Lehmburg einfach mit eingebaut. Woher sie kamen? Nun, im ganzen Umkreis der damals grünen Oase waren Tempel und profane Gebäude zuhauf. Fiel ein Gebäude zusammen, bedienten sich die Bewohner, um die Steine in und an ihren eigenen Häusern zu verwenden. Sekundärverbauung ist dafür der Fachausdruck. Unser Wächter vom Bar'an-Tempel, Mohammed Hussein, ein echter Stammeskrieger, hat in seinem Tomatenfeld am Wohnhaus eine ganze Anlage von Säulen, Kapitelchen, Pfeilerbruchstücke, Inschrifttafeln liegen. Wenn man ihn sehr bittet, lässt er einen sein Privatmuseum besichtigen. Manchmal ...
Versuchsschnitte sind längere, schmale Schächte, mit Kanälen oder Drainageaushebungen zu vergleichen. Man legt diese Einschnitte über Geländeteile, wo man vermutet, dass sich Ausgrabungswertes darunter befindet. Und erweist sich so ein Graben als fündig, dann werden richtige Schnitte angelegt. Hier in Marib-Stadt waren es bislang nur Versuche. Nun aber soll es dem Hügel selbst so richtig ans Leder gehen. Mit Tiefbohrungen. Denn den Erwartungen nach, müssen sich legendäre Tempel und Türme im Sand verbergen. Vielleicht kommt die Königin von Saba sogar selbst ans Tageslicht. Wer weiß.
Eine vergnügte Gruppe reist dazu aus Berlin an: Der Oberste der Orientabteilung, Ricardo Eichmann selbst, Norbert Nebes als Semitist, ein weiterer fertiger Archäologe Holger Hitgen, zwei Studentinnen, Gaby und Lilli. Es ist das erste Mal, dass wir mit zwei Teams hier arbeiten. So ist das Haus fast übervoll gelegt. Iris ist selbstredend auch

hier. Als Direktorin des DAI, Zweigstelle Sanaa, führte sie lange Verhandlungen mit der Antikenverwaltung Sanaa und den verschiedenen Landbesitzern von Alt-Marib, um deren Genehmigungen zu bekommen. Iris hat dabei immer gute Nerven und bleibt auch immer freundlich, obwohl sie innerlich oft kocht und ausrasten könnte. Sie ist temperamentmäßig nicht gerade eine Langweilerin. Aber immer findet sie einen Weg zwischen Geduld und auch mal einem klaren Wort. Sie kann aber auch ausrasten, was immer sehr beeindruckend ist.

Marib-Stadt ist also vertraglich in der Kiste. Weiter oben auf dem Hügel, zwischen den zusammenfallenden Lehmhäusern, sollen die ersten Bohrungen stattfinden. Alles von Hand. Der kräftigste Vorarbeiter Saleh Gaui, Saleh der Starke, übernimmt die Drehereien des Geräts. Es werden mit einer Art Pflanzenstecher Erdkerne herausgestochen, herausgeschält, und hochgedreht. Tage um Tage werden die angesetzten Löcher immer tiefer. Fürchterlich anstrengend ist es, die Bohrer immer weiter ins Hügel-Innere zu treiben. Und auch etwas ernüchternd. Denn immer klarer wird es, dass der vermutete Tempel unter meterweisem Tierdung ruht. Dass die mittelalterliche Stadt mit ihren Lehmtürmen im Laufe der Jahrhunderte auf einem immer weiter nach oben gewachsenem Hügel ruht, einem gigantischen Misthaufen. Die verschiedenen Bohrungen erreichen schließlich eine Tiefe bis zu 20 Meter. Und da erst kommt mit den hochgedrehten Erdkernen die Bestätigung der ersehnten Schicht, einer antiken Bebauung. Die gesiebte Erde enthält nämlich kleine Fundstücke.

Leider tun sich keine weiteren Erkenntnisse mehr auf, denn Allah lenkt und der Gabili denkt. Er will nämlich mehr Geld. Soviel Geld, dass es völlig unrealistisch ist, darüber auch nur nachzudenken. Trotz der zähen Verhandlungen um die Grabungsgenehmigung, wo alle die entsprechenden Papiere unterschrieben hatten, krempeln die Grundbesitzer ihre Zusage um. Die Wüstensöhne fallen eines Morgens auf die Grabung ein, drohen mit ihren Kalaschnikows, die Gruppe von der Grabung zu pusten, wenn nicht augenblicklich alle verschwinden. Das tun sie denn auch eiligst. Und so ruhen die Schätze von Alt-Marib weiterhin in Frieden unter Abermillionen von Tierkötteln.

Norbert Nebes ist ein begnadeter Wissenschaftler. Als Semitist beherrscht er sechs alte Sprachen. Als Semitist kann er die zahlreichen Inschriften unserer Ausgrabungen vom Bar'an-Tempel, von der Nekropole, die der Schleusen und der zahlreichen Sekundär-Verbauungen von Marib-Stadt im „Nu" entziffern. Er ist süchtig nach Inschriften. Fast kann man sagen: besessen. Genial übersetzt er alles, was ihm in die Finger kommt. Quirlig und voller Elan zieht er täglich mit ins Feld. Als Arabist spricht er natürlich auch perfekt Hocharabisch. Er macht sich immer einen Spaß daraus, die Wüstensöhne auf hocharabisch anzusprechen. Dies ist die Sprache des Korans, ist nur eine geschriebene, keine gesprochene Sprache. Deshalb klingt alles total schwülstig, was Norbert an die Leute hinredet. Will er einem Buben zum Beispiel sagen, dass er auf die Seite gehen soll, kommt das als „Gib acht, oh Knabe!" Und Norbert muss darüber immer am meisten lachen.
Eines Tages kommt ein Filmteam aus München vom ARD. Will über unsere Grabung eine Dokumentation drehen. Zwei junge, fesche Frauen, eine als Regisseurin, eine als Tontechnikerin, ein Kameramann und ein Elektriker als Hiwi drehen auf der Grabung der Awam-Nekropole und im Grabungshaus. Das Team wohnt im Hotel Bilqis, nimmt aber die Mahlzeiten bei uns ein. Es gibt hier noch einen zweiten Sprachwissenschaftler, Roland aus Tübingen. Er kommt immer nur für zwei Wochen, ist lustig und sehr begeistert von seiner Arbeit. Er scheint sich etwas in die Regisseurin verguckt zu haben und läuft zur Höchstform auf. Beim Mittagessen fliegen die Bälle nur so hin und her. Da er die jemenitische Küche mag und davon besonders eine Art Eintopf, genannt Salta, gibt es diesen für Roland und wer sonst noch zulangen mag, immer als Abschluss des Mittagsessens. Es ist ein gedünstetes Bockshornkleegemisch mit Kartoffeln und etwas Gemüse. Oben drauf kommt ein gerührter Schaum, und mit dem Klee sieht alles wie eine grüne, schleimige Tunke aus. Das Gericht soll besonders gut vor dem Khatkauen sein. Die meisten von uns mögen es nicht, mich eingeschlossen. Roland erfindet in

seiner Euphorie den Namen „Krötenschleim“ für das Gericht. Mit Theaterstimme verkündet er „Ahhhh, Krötenschleim ist gut, Krötenschleim macht stark!“ und schaufelt sich dabei von dem Schwabbelzeug massig was in den Bauch. Und nochmal „Ahhhh, Krötenschleim ist gut, Krötenschleim macht stark!“ Seine Stimme beschwört dabei die Vorstellung, dass er sich im Schlamm mit Wildschweinen suhlt und sich den Rücken am Stamm einer Eiche kratzt, so wohl fühlt er sich als archaischer Kraftprotz.
Die zwei jungen Studentinnen der Archäologie studieren auch Sabäistik. Die Aussprache des Sabäischen wurde schon vor einiger Zeit herausgefunden. Deshalb wollen die beiden Roland hereinlegen. Sie ritzen in eine antike Scherbe mit sabäischen Buchstaben – aber phonetisch auf Deutsch, – eben Rolands Lieblingsspruch, und reiben das Fragment ordentlich mit Sand und Erde ein, damit es „sabäisch”“ aussieht. Bei einer nächsten Oberflächenbegehung schreien sie beide auf: „Oh, eine beschriebene Scherbe!“ Roland stürzt sich mit üblichem Elan drauf, will gleich übersetzen. Er ist irritiert, kommt nicht klar, will den Text unbedingt herausfinden. Nimmt die Scherbe zum Mittagessen mit. Legt sie neben seinen Teller. Auch das Fernsehteam ist zugegen. Er rätselt weiter und buchstabiert schließlich stockend seinen „Krötenschleim macht stark“. Im selben Moment kapiert er, schmeißt das Stück in den Raum, stürmt in sein Zimmer und kommt stundenlang nicht mehr heraus. Unser Lachen, das er bis ins Zimmer hört, kränkt ihn als Experten sicher noch mehr. Aber es war auch zu köstlich. Den Studentinnen, inzwischen Frauen mit Karrierehintergrund, hat er den Streich über Jahre nicht verziehen.

Die Konsolidierung an den beiden Staudammschleusen in der Mariber Oase geht parallel zur Ausgrabung der Nekropole weiter. Es ist Burkhards Domäne. Obwohl er bereits in Bonn die KAVA leitet, kommt er, um in einer jährlichen Kampagne die Lücken in der

Befestigung von zerfallenden Mauern und Pfeilern und Verteilerbauten zu reparieren. Wir bewohnen dasselbe Grabungshaus in Richtung Süd-Oase. Werner Herberg, seit Jahren der Experte für die Wasserwirtschaft ist immer noch mit dabei. Erkenntnisse über die ganze wunderbare Technologie von vor 3.500 Jahren werden immer mehr offenbar. Die verschiedenen, rudimentär erhaltenen Verteilerbauten geben Auskunft über die Ausdehnung der bewässerten Gebiete. Geben Auskunft über die jährlichen Ablagerungen der Sedimente. Bei den regelmäßigen Überschwemmungen der Felder zu Monsunzeiten, wurden jährlich bis zu 1 cm Schlamm abgelagert. So entstanden in den Jahrtausenden Bewässerung bis zu 30 Meter hohe Sedimente. Der eigentliche Damm als mächtiger Wall ist im Laufe der Zeiten verschwunden, aber in einem der Hügel zur Nordoase, wo der Straßenbau einen senkrechten Schnitt durch das Gelände machte, kann man die abfallende Außenkante der antiken Anlage erkennen.

Eines Tages wollen wir im Bar'an-Tempel für uns ein Fest gestalten. An einem Donnerstagabend, unserem westlichen Samstag. Einfach so für uns. Es soll nach Sonnenuntergang stattfinden. Fuad darf ausnahmsweise das kalte Buffet übernehmen, das auf einem der antiken Banketttafeln aus Alabaster aufgebaut wird. Die Sabäer feierten damals jede Menge Feste – den Göttern gewidmet. Und diese Huldigungen hatten immer mit Essen zu tun. Das geweihte Opfertier wurde geschlachtet und dann von den Priestern, den Tempeldienern und vielleicht auch von dem Spender verzehrt. Es könnte ja auch noch Priesterinnen gegeben haben, die den Festen etwas Orgiastisches verliehen hätten. Vielleicht. Vielleicht gab es dazu sogar berauschende Getränke. Für uns gibt es hier im Tempel keinen Alkohol, nur Mousi, das alkoholfreie Bier vom Ort, eine gern genommene Neuheit. Die aus Deutschland mitgebrachten Schnapsflaschen dürfen wir nie und nimmer in der Öffentlichkeit anrühren. Im stillen Kämmerlein nach der „Frommen-Helene-Manier" gestatten

wir uns natürlich ab und zu einen kleinen Schluck. Immer gut dosiert, um möglichst lange etwas davon zu haben.
Ich darf an dem Abend die Illumination übernehmen. Denke mir etwas Besonderes aus. Es wird eine kleine Feuershow. Ein Kassettenrekorder spielt mit Volldampf „Bilder einer Ausstellung“ von Mussorgski. Es sind zehn musikalische Bilder als erzählende Musik. Ich übersetze sie mit meinen Feuergeschichten. Habe Wunderkerzen, die das Pizzicato beim „Tanz der Eierküchlein“ unterstreichen, zünde auf den Stufen zum Propylon mit seinen fünf Säulen kleine Feuer an, auf der obersten eine durchgehende Feuerlinie. Ich stehe in der Mitte als Priesterin, eher als Hexe, mit zwei selbstgebastelten hocherhobenen Fackeln, was mystische Schatten auf die Säulen wirft. Ein Feuerball illustriert „Das alte Schloss“, beim „Marktplatz von Limoges“ entzünde ich einen Feuerring und bei der „Baba Yaga“ spucke ich selber Feuer im noch brennenden Rund. Es ist eine sehr gelungene Vorführung geworden. Mit kleinen und größeren Feuerleins bezog ich den ganzen Tempel mit ein. Auch Zaungäste haben wir – das Feuer lockt die Beduinen aus der unmittelbaren Nachbarschaft an. Staunend stehen sie an den Zäunen und freuen sich über das Spektakel. Aber wahrscheinlich schütteln sie auch ihre Köpfe über die verrückten Deutschen.

Das tolle Fuad-Buffet macht die Mühen der vergangenen Woche wett. Wir sitzen auf den antiken Alabasterbänken und schwatzen und lachen, und es geht uns allen gut. Langsam ist Aufbruchsstimmung, wir sammeln die Essensreste und das Geschirr ein und wollen den Rest und die noch herumliegenden ausgebrannten und verkohlten Feuerrückstände erst am nächsten Morgen entsorgen. Da sitzen wir noch beim späten Freitags-Frühstück, als Besuch kommt. Ein Fernsehteam vom BBC, geführt vom Chef der Antikenverwaltung, Professor Dr. Yussuf Abdallah. Sie wollen raus zum Bar'an-Tempel und filmen. Ohweia.
Als alle zum Mittagessen wieder ins Grabungshaus kommen, sagt Youssuf zu mir: „Hat Dir der Tempel nicht gefallen?“ Ich frage etwas stotternd zurück: „Warum fragst du?“, „Ja, weil du ihn so schwarz gemacht hast!“

Immer wieder wird jemand krank. Am schlimmsten erwischt es unsere Regierungsvertreter. Es sind Stadtmenschen. Das Landleben ist ihnen verhasst und das Grabungsleben erst recht. Allerdings melden sie sich trotzdem freiwillig für den Einsatz auf einer Grabung. Denn es ist jämmerlich, was sie vom Staat her verdienen. Arbeiten sie hier mit uns, werden sie von Berlin mit einem Tagessatz zusätzlich bezahlt. Davon werden sie auch nicht gerade reich, aber für jemenitische Verhältnisse ist es großartig. Der Geldsegen lässt sie aber trotzdem nicht zu allzu begeisterten Ausgräbern werden. So pflegen sie ihre rätselhaften, plötzlich auftretenden und dann noch rätselhafter schnell wieder verschwindenden tödlichen Erkrankungen. Denn von Malaria, über Ruhr zu Bilharziose, manchmal sogar Scharlach oder TBC können sie alles kriegen. Da wird dann geseufzt zum Steinerweichen. Tücher um die armen Köpfe gewunden, sitzen oder liegen sie dann da und sind krank, leiden, die armen Tröpfe. Ich glaube schon, dass ihnen etwas fehlt. Vielleicht Bauchweh oder Halsweh oder Verstopfung oder auch mal ein Hexenschuss. Aber nach zwei Tagen sind sie wieder putzmunter, trotz ihrer Lungenentzündung, dem Hitzschlag, der Blutvergiftung. Was für Wunder geschehen da! Von unserer Gruppe ist auch hin und wieder eine oder einer unpässlich. Meistens sind es Erkältungen. Die bekommt man hier schnell. Einsteils erhitzt einen die gnadenlos heiße Sonne, aber um die Ecke im Schatten zieht es. Unser Verdauungssystem wird immer resistenter gegen alt- und neusabäische Attacken.

Einmal werden fünf von uns von Hornissen gestochen. Ein Nest in der Erde ist von einer Schaufel getroffen worden, und wütend stürzen sich die gefürchteten Insekten auf die Nächststehenden. Ihre Stiche sind sehr schmerzhaft, und in dem entstandenen Tumult mit wild rudernden Armen sehen sich die Biester noch mehr bedroht. Die Stiche schwellen sogleich an. Also ab ins neue Wüstenkrankenhaus. Dort sind wir alle erst mal schockiert über die Zustände. Überall blutige Tupfer am Boden. Ansonsten steht alles unter Wasser, da mit einem Schlauch immer wieder der Fußboden abgespritzt wird.

Was ja nicht schlecht ist. Haufenweise Patienten. Sie sitzen auf klapprigen Stühlen, sehen den Verbänden nach aus, als ob es lauter Kriegsverletzte wären. Ein Gestöhne umgibt uns, was für Araber und Araberinnen typisch ist, wenn sie krank sind. Unser Pulk erregt natürlich höchstes Aufsehen. Vor allem, weil unsere Stiche an Armen und im Gesicht noch weiter anschwellen. Wir sehen also eher wie Außerirdische nach einer Belagerung aus. Ein Arzt kommt. Er sieht sofort, was los ist. Eine Schwester besorgt Spritzen und jagt sie uns in den Oberarm. Es sind Einwegspritzen; sie dürften also steril sein. Carsten kann sich nicht entschließen, sich auch eine geben zu lassen. Er ist dreimal an der Stirne gestochen worden. Sein Gesicht klappt von oben her schon langsam zu. Aber er weigert sich weiter. Traut der Hygiene des Wüstenkrankenhauses nicht über den Weg. Am Abend sind seine Augen komplett zugeschwollen. Es sieht aus, als ob sein Gesicht nur noch aus Nase und Mund besteht. Aber über Nacht ging die Schwellung deutlich zurück, und er sieht am nächsten Tag schon wieder fast wie ein normaler Mensch aus.

Ich habe über etliche Tage Schmerzen in der Nierengegend. Also auch ab ins Krankenhaus. Sie haben dort ein riesiges Röntgengerät. Es füllt ein ganzes Zimmer aus. Es sei ein Geschenk der Bundesrepublik Deutschland. Fast könnte man meinen, dass es aus dem Ersten Weltkrieg stammt, oder aus einem U-Boot-Interieur ausgebaut wurde. Aber es funktioniert. Ein Nierenstein ist auf den Abzügen zu erkennen. Aber er sei so klein, dass er eines Tages von selber ausgeschwemmt werden wird. So war es dann auch. Ansonsten kurieren wir uns immer selber. Man bekommt ein Gespür, wann mitgebrachte Antibiotika angebracht sind, oder nur Ibuprophen, mein Allheilmittel gegen Schmerzen, Entzündungen und Fieber. Selbst wieder in Deutschland verfalle ich nicht dem Zwang, bei jedem Fitzelchen zum Arzt gehen zu müssen.

Eines Tages geht ein großer Aufschrei durchs ganze Land: In Marib wird ein Gabili, ein Stammeskrieger, beim Beten von hinten von einem Widersacher erschossen. Auf seinem Gebetsteppich kniend, traf ihn die Kugel auf dem öffentlichen Platz, neben „unserer" Saftbude. Er war sofort tot. Nun gilt ein Mord dieser Art als höchst schändlich, zumal der Hingerichtete gerade im Dialog mit Gott stand. Der Mörder hatte seine Flucht gut vorbereitet, er war nach seiner Tat wie vom Erdboden verschluckt.
Die Empörung schlägt hohe Wellen. Der dem Getöteten zugehörige Stamm der Alawi muss Rache nehmen, die Stadt Marib als Tatort ist ebenfalls verantwortlich für das grausame Geschehen. Ein Schrei zum Himmel aus 100 Kehlen der Augenzeugen bringt die ganze Stadt in Aufruhr.
Überall sitzen Männer in Gruppen, stecken ihre Köpfe zusammen, brüten aus, was zu tun ist. Auf keinen Fall soll die Justiz in Sanaa darüber entscheiden, wie der Mörder verurteilt wird. Das ist Sache des eigenen Stammes und das der umliegenden. Es ist zur Sache der ganzen Provinz geworden. Wir im Grabungshaus und auf der Grabung wissen auch innerhalb einer Stunde, was passiert ist. Die folgenden Tage fahren ständig Panzer herum, und es wird auch viel in die Luft geschossen. Die Panzer sind aber nicht vom Militär, sie gehören den Gabilis. Damit zeigen sie ihre Wut, aber auch ihre Macht.
Nach zwei Wochen geht ein zweiter Aufschrei durch das ganze Land: Der Mörder ist gefasst! Und zwar in Kirgisistan in Zentralasien. Bis dahin konnte er fliehen. Aber man kennt die Jemeniten nicht. Als Interpolleute getarnt, spüren sie ihn auf. Sie schnappen ihn sich, entführen ihn und bringen ihn in einem eigens gecharterten Flugzeug zurück nach Sanaa. Schon vom Ausland verkünden die Häscher ihren Erfolg. Sogleich, nachdem die Falle für den Mörder zugeschnappt war, kommt die Jubelbotschaft nach Marib. Dort ein erneuter Aufruhr, und die Euphorie schwappt in der ganzen Provinz über. „Wir haben ihn, und nun werden wir es ihm zeigen! Die Regierung geht das nichts an, das ist Stammesangelegenheit!" Und man kennt die Jemeniten immer noch nicht: Es rüsten sich zweitausend bewaffnete und motorisierte Wüstensöhne, zweitausend!, fahren im

Konvoi, bejubelt von den Bewohnern auf der Strecke, nach Sanaa und stürmen dort den Flughafen. Besetzen ihn. Erwarten den Todeskandidaten. Die Regierung ist so klug und lässt sie gewähren. Ansonsten wäre es zu einer wüsten Schießerei gekommen. Die Freudensalven aus den Kalaschnikows der rachsüchtigen Maribis beschädigen so nur das Flughafengebäude.

Der Täter wird im Siegeszug von den 2.000 Stammeskriegern mit ihren Panzern und Pickups mit aufgepflanzten Maschinengewehren nach Marib transportiert. Jeder der 2.000 Waffenbrüder strotzt vor Kalaschnikows, Pistolen, Messern, Handgranaten, Patronengurten. Der Konvoi fährt genüsslich langsam, lässt sich auf der gesamten Strecke feiern. Die Tat muss gesühnt werden! Erst foltern, dann erschießen. Die Ankunft in Marib erleben auch wir im Grabungshaus. Zwar etwas außerhalb der Stadt, wachen wir trotzdem auf von wilden Schießereien, vom Dröhnen der Panzer und dem Stakkato der Maschinengewehre auf. Und sogleich wissen wir ebenfalls was los ist. Wie ein Lauffeuer hat es sich verbreitet: Der Mörder ist gefasst. Ein paar Stunden dauern diese Freudentänze der Kugeln.

Nun schaltet sich aber doch das Gouvernat ein. Der Mörder kommt in eine Art Schutzhaft in die Nähe von Taizz. Er darf nicht unbedacht von einem Übereifrigen erschossen werden. Das muss man zelebrieren. Wahrscheinlich ist er eh nur noch ein Klumpen Fleisch, den vielen Gewehrkolben nach, die auf ihn niedersaußten. Nun aber verhandeln die Stämme untereinander, wie weit sie die Hinrichtung der Regierung überlassen wollen.

Davon erzählt unser Fotograf Johannes uns Näheres. Er hat sich mit Abdallah, dem Chef unserer zwölf Wächter, angefreundet. Und dieser nimmt ihn mit auf eine Ratsversammlung der besonderen Art. Und die ging folgendermaßen vor sich: Weit draußen in der Wüste Rub Al-Khali, vielleicht auf einer Art Niemannsland, versammeln sich an die 200 Scheihks und Würdenträger und Imame und all deren erwachsenen Söhne aus der Provinz Marib. Alle kommen mit großem Waffenarsenal angefahren. Mit ihren Panzern, kleinen auf Pickups aufgebauten Raketen, Bazukas, mit Maschinengewehren, Kalaschnikows und weiteren todbringenden Geräten. Es soll keine

Verteidigungsdemonstration werden, sondern Macht zeigen. Die Macht und Einheit und Unbezwingbarkeit des wilden Ostens. Sie zeigen der Zentralregierung, wer hier das Sagen hat. Die Kriegsfahrzeuge stellen sich in einem riesigen Kreis auf und zwar mit der Richtung ihrer tödlichen Geschosse zur Mitte hin. Und Mann neben Mann schließt die Reihen. Wobei die hier aufgefahrenen Kriegs-Arsenale nur die Spitze des Eisbergs seien. Nach langer Begrüßung und Palaver hin und her beginnt nun als Zeichen ihres unbezwingbaren Willens das Abschießen aus Panzerrohren und allen weiteren todbringenden Waffen. Das Getöse ist schrecklich, der Dampf und der Geruch, das Donnergrollen – wie auf einem Schlachtfeld. Die Rohre sind weit nach oben gerichtet. Grimmig schießen alle über die Köpfe der Gegenüberstehenden hinweg. Erst kilometerweit im Umkreis müssen die Geschosse wieder heruntergekommen sein. Somit ist die Sitzung eröffnet!
Es gibt Hauptredner und Einwürfe, es gibt Unterbrechungen und das übliche Geschrei bis hin zu Handgreiflichkeiten. Wo die Nächststehenden die Kontrahenten sofort auseinanderzerren. Die Verhandlung dauert über drei Stunden. Die lautstarken Rädelsführer setzen sich durch. Und beschlossen wird, dass die Hinrichtung von der Regierung übernommen werden darf. Im Gegenzug erpressen die Wüstensöhne die Freilassung von drei wichtigen Stammeshäuptlingen, die wegen Sabotage an der Öl-Pipeline seit zwei Monaten in Sanaa einsitzen. Die Erschießung des Mörders findet nach weiteren zwei Wochen unter den Augen der ganzen Provinz auf demselben Platz des Mordes statt: neben unserer Saftbude.
Diese Schilderung zeigt die Wildheit, die Entschlossenheit zur Unabhängigkeit der nicht regierungstreuen Stämme hier an der Grenze zu Saudi-Arabien. Zeigt auch die Ressourcen an Kriegsmaterial, zeigt damit die autonomen Beweggründe der Huthis im jetzigen furchtbaren Krieg. Sie sind aus demselben Holz geschnitzt wie die furchtlosen Maribis.

Ein weitere Geschichte hat sich ereignet, eine großartige zum Schmunzeln: Wir graben an der Nekropole des Sonnentempels in Marib. Mit einem hohen Maschendrahtzaun ist das Gelände für Unbefugte abgesperrt. Immer wieder kommen aber jemenitische Touristen oder auch Geschäftsreisende, welche sich für die antiken Stätten interessieren. Die Wächter lassen sie auf das Gelände, welches etwas außerhalb unseres Grabungsareals liegt. Natürlich nur mit einer dicken Hedije, einem Geschenk. Immer wieder gibt es deswegen Streit. Und weil alle so temperamentvoll sind, gibt es dabei gerne auch gleich eine Schießerei. So geschehen hier. Zwei Männergruppen fangen an, sich zu beschimpfen. Sie stehen sich außerhalb des Zauns, in vielleicht 30 Meter Entfernung gegenüber. Es geht natürlich um Geld, wer wen führen darf. Sie schreien sich so in Rage, dass nichts mehr sie aufhalten kann. Die Gegner von vielleicht 20 Gabilis fangen an, über den wirklich hohen Maschendraht zu klettern mitsamt ihren Kalaschnikows, springen in den Sand, legen aufeinander an und schießen auch gleich. Zunächst sind es nur Warnschüsse, ohne dass jemand verletzt wird. In dieser Phase springt unsere Grabungsleiterin Iris, schwanger im achten Monat, springt schreiend zwischen die beiden Gruppen, schreit „Ihr Verrückte, ihr Idioten! Aufhören! Verschwindet, haut ab! Aufhören! Aufhören!" Und die hören tatsächlich auf. Verziehen sich gemeinsam durch eine Zaunlücke hinaus zum Wächterhaus. Wir anderen sehen das Schauspiel von unserer Grabung aus und zittern nach einer halben Stunde immer noch. Sagen zu Iris: „Was hast du da gemacht! Was hast du dir dabei gedacht!? Du hättest tot sein können!" Sie gibt lapidar zurück: „Die schießen doch nicht auf eine schwangere Frau." Und so war es ja auch.

Hakida hi Al Hayat

So ist das Leben

هكذا هي الحياة

Der alte Botschafter geht, eine neue Botschafterin kommt. Frau Gräfin von Strachwitz. Sie entstammt dem Uradelsgeschlecht Schlesiens. Als Frau ein Novum für den Jemen. Schnell hat sie jedoch die Herzen der Jemeniten erobert – sie reitet jeden Morgen im Militärclub. Deshalb wird sie rundum bewundert, und großer Respekt wird ihr von ihren orientalischen Verhandlungspartnern entgegengebracht.

Ihre Tochter kommt auf Besuch. Sie ist eine wilde Hummel, aufgewachsen im Jetsetleben. Sie heißt Christine. Sie will uns in Marib besuchen. Will dort ein bisschen mitarbeiten. Fährt natürlich mit eigenem Auto. Beim Checkpoint aus Sanaa heraus läuft noch alles glatt. Über die zwei kleineren Pässe auch noch. Dann geht es in steilen Kurven bergab. Auf der rechten Seite eine senkrechte Felswand nach oben, die sich auf der linken ebenso steil nach unten fortsetzt. Hier warten die Entführer. Preschen mit ihrem Toyota aus einer Kurve heraus und versperren Christine den Weg. Sie legt eine Bremsspur hin, dass es ihre Limousine um 180 Grad dreht, hängt rückwärts mit einem Rad im Straßengraben, während die Entführer mit angelegtem Gewehr auf sie zugehen. Sie hat nur eines im Kopf: nichts wie weg. Legt den Rückwärtsgang ein und rast mit quietschenden Reifen rückwärts aus dem Graben, rückwärts vorbei an den gaffenden Kerlen und weiter die Serpentinen der Straße hinunter. Sie bleibt immer noch im Rückwärtsgang, kann das perfekt. Erst viel weiter unten traut sie sich, das Wendemanöver durchzuführen, und in normaler Fahrtrichtung prescht sie nun vorwärts. Die Lösegeldtypen folgen ihr nicht. Mit offener Kinnlade dürften sie der Amazone hinterher gestarrt haben.
Als Christine in Marib ankommt, ist sie aber am Ende ihrer Kräfte. Erst dann. Klar, wenn der Schock nachlässt, bricht man zusammen. Sie bleibt einige Tage bei uns, hat aber ihren Schneid verloren. Sie

darf zu mir ins Zimmer, rückt ihr Bett ganz hinten an die Wand und ich meines vor ihres. So müssten weitere Entführer erst mal über meine Leiche. Es wäre allerdings ein fetter Coup geworden, wenn die Entführung in den Bergen gelungen wäre. Die Tochter der Botschafterin! Das darf man sich überhaupt nicht ausmalen. In solchen Fällen wird sofort das Militär aktiv. Und da weiß man nie, ob irgendeiner durchdreht und unbedacht schießt, und schon nimmt das Unglück seinen Lauf. Überhaupt, in meinem kleinen jemenitischen Bekanntenkreis sind inzwischen fünf Menschen erschossen worden. Und das nicht im Krieg. Deshalb verachte das Schießen, die Gewehre und Pistolen ... Denn jeder letzte Depp hier ist mit einer Knarre stark. Wenn die einzelnen Patronen nicht so teuer wären, gäbe es bestimmt noch mehr Leichen.

Frau Gräfin von Strachwitz, die neue Botschafterin, lädt zu einem zwanglosen Mittagessen in ihre Residenz ein. Es kommen der Innenminister, ein paar höhere Angestellte vom selben Ministerium, der Leiter der GTZ – der Gesellschaft für technische Zusammenarbeit, heute heißt es GIZ, – Gesellschaft für internationale Zusammenarbeit –, und Iris und Holger vom Deutschen Archäologischen Institut, Sanaa. Ich darf auch mit dabei sein. Wir sitzen vielleicht zu 15. an einem großen ovalen Tisch. Der erste Gang wird aufgetragen. Und ich traue meinen Augen nicht: Da kommen vier Jemeniten mit Suppenschüsseln herein. Im Wickelrock, aber ohne Krummdolch, die sind im Botschaftsbereich als Waffen verboten. Es sind so richtige Schlumpfis, klein, dürr, mit ängstlichem Blick. Sie haben weiße Handschuhe an, die ziemlich schlottern. Ich kenne so etwas nur aus afrikanischen Abenteuerfilmen aus der Kolonialzeit. Aber als Landpomeranze weiß man vielleicht nicht, was stilvoll ist. Und, die zu großen, blütenweißen Handschuhe sind hinderlich. Denn die halbleeren Daumen hängen mit Suppe halbvollgesogen in den Suppentellern.

Die netteste Einlage kommt aber vom Innenminister. Er ist ein kleines wendiges Männchen im jemenitischen Format. Ist freundlich, sogar lustig, erzählt gerne, ist unkompliziert. Hat Charisma. Und er hat beim Fleischessen Probleme mit seinem künstlichen Gebiss. Die Prothese vom Oberkiefer schnappt nach unten. Er schiebt sie wieder nach oben. Sie schnappt erneut, er schiebt zurück. Immer wieder klappt ihm das Gebiss herunter. Was ihn natürlich am Essen hindert. Und da wird es ihm zu dumm. Er nimmt das Teil einfach aus dem Mund und legt es neben seinen Teller. Erlöst kann er nun weiterkauen und weitermümmeln. Seine Serviette legt er erst nach einiger Zeit auf das Corpus Delicti. Wahrscheinlich gar nicht mal absichtlich, denn er unterhält sich rundum prächtig.

Unsere Sekretärin Herta ist ein Goldstück. Sie nimmt einen nicht nur als Arbeitskraft wahr. Wie oft hat sie mich zum Mittagessen eingeladen! Sie bewohnt mit ihrem Mann Abbas ein wunderschönes großes Haus, neu gebaut, aber im traditionellen Stil. Sie hat eine äthiopische Haushälterin, die kocht und saubermacht. Diese wohnt im selben Haus in einer kleinen Einliegerwohnung. Herta führt ein strenges Regiment. Sie selbst ist Disziplin gewohnt und verlangt das auch von anderen. Seit 40 Jahren im Jemen, ist sie zwar eine Deutsche geblieben, kennt aber die jemenitische Seele durch und durch. Sie ist mit einigen anderen deutschen Frauen befreundet. Diese, auch mit Jemeniten verheiratet, leben ebenfalls seit Jahrzehnten im Land. Diese Frauen treffen sich seit Jahren jeden Donnerstagnachmittag. Die Einladungen gehen reihum. So kommt jede einmal dran zum Aufwarten. Es gibt Kuchen, Kaffee und Knabbergebäck. Danach wird Khat gekaut. Die Frauen genießen ihren Rückzug in vertrauter Runde. Ab und zu kommt auch ein kleiner Schnaps auf den Tisch, aber nur ab und zu. Immer wieder findet sich irgendwo ein kleiner Rest. Allerdings sehen das die meisten Ehemänner gar nicht gerne. Sie sind religiös.

Wenn ich in Sanaa bin, werde ich zu diesen regelmäßigen Treffen eingeladen. Es ist immer nett und auch informativ. Ich bin eher eine Reingeschmeckte, die auch mal frischen Wind mitbringt. Die anderen kennen sich schon seit unzähligen Jahren, wissen alles voneinander, begleiten sich in den Höhen und Tiefen ihres Lebens. Sie geben sich Halt. Denn wenn man auf Dauer in so einem fremden Land lebt, ist es nicht ganz einfach. Die meisten Probleme sind zwar auch nicht anders als in unseren Beziehungen, resultieren nicht aus den Mischehen. Aber manche zeigen sich auch sehr jemenspezifisch. Oft spielt da die jemenitische Verwandtschaft mit. Sie mischen sich ein, und der brave Sohn, Bruder oder Schwager sitzt zwischen allen Stühlen.

So sind diese Treffen für mich auch immer sehr informativ über alles Mögliche, was im Land geschieht. Ich spitze die Ohren, wenn Schicksale erzählt werden. Ich höre von schlimmen Fällen, wo die Männer dann plötzlich sehr religiös geworden sind, um sich leichter eine zweite Frau zuzulegen. Damit kann man das dann besser begründen. Ich höre von den damit verbundenen Kämpfen. Höre von Streits, welche ein tödliches Ende nehmen. Höre von Erschießungen und Unfällen, von tragischen Schicksalen der westlichen Menschen hier. Und natürlich vom Wohl und Wehe meiner wunderbaren Weibermafia:

Silvias Mann war sehr westlich eingestellt. Ich sah die beiden bei einer Party Alkohol trinken und zu westlicher Musik als Paar zusammen tanzen. Was mit jemenitischen Augen als befremdlich bis anstößig gesehen wird. Mohammed wurde fromm, als er Lust auf eine zweite Frau verspürte. Alkohol und weitere westliche Dekadenzen verbannte er aus seiner Welt. Wieder typisch. Die Tochter aus erster Ehe durfte allerdings nach Deutschland zum Studieren. Sie lebt in München und hat nun einen deutschen Freund. Lebt mit ihm zusammen in „wilder Ehe". Der fromme Vater hat deswegen seine Tochter verstoßen und enterbt.

Ute ist etwas jünger, gehört aber auch zu der wöchentlichen Runde. Sie hat ihren Mann durch einen Verkehrsunfall verloren. Das ist schon schrecklich genug. Nun stürzt sich aber die ganze jemenitische Verwandtschaft auf sie und verweigert ihr die Erbschaft. Nach 20 Ehejahren beharrt Ute auf ihrem Recht. Sie lernt das ganze

juristische Arabisch und streitet sich vor Gericht durch jede Instanz. Nach 2 Jahren hat sie tatsächlich alle Prozesse gewonnen und ist jetzt eine reiche Frau.
Winnie ist hier im Club das Urgestein. Sie raucht Zigarren, ihre Stimme passt dazu. Sie ist mit ihrem Salim in Ehren alt und grau geworden. Alvina ist Ärztin, hat eine Praxis und ihr Mann ebenfalls. Ich war einmal dort, um mich wegen einer befürchteten Hepatitis untersuchen zu lassen. Die medizinischen Versorgungen im Land waren damals sehr einfach, um es mal gnädig auszudrücken. So ist es natürlich ein Riesenplus, im Freundeskreis eine Ärztin zu wissen, die in Deutschland studierte. Schon damals kursiert immer wieder die Cholera im Land, flackern Epidemien mit Hirnhautentzündung und Tuberkulose auf.

Noch zwei liebe Menschen lerne ich kennen. Ein Ehepaar. Sie arbeiten als Reiseleiter und Reiseleiterin bei Yata, dem berühmten Reisebüro des berühmten Abu Taleb. Es ist Susanne und ihr Mann Helmut. Beide haben Betriebswirtschaft mit Fachrichtung Touristik studiert und wollen mit Abu Talebs Auftrag im Jemen den „,Sanften Tourismus" kreieren. Dabei soll größtmögliche Rücksicht auf die Menschen hier, auf die Natur und deren Ressourcen genommen werden. Als allererstes einmal keine Umweltverschmutzung. Nicht einfach ist das – mit der Bevölkerung sowieso, aber somit auch mit den jemenitischen Fahrern und Guides. Nach alter Gewohnheit wird alles, was Verpackung ist, einfach weggeschmissen. Da, wo man steht. Noch schwieriger ist es, für die Wahrung der Würde der Einheimischen die richtige Balance zu finden. Ihr Lebensraum soll nicht zu sehr tangiert werden. Aber um schöne Fotos den Touristen bieten zu können, bedarf es nicht nur der grandiosen Landschaft.
Man will doch Menschen fotografieren! Sicher, das ist verständlich, aber manche Touristen sind fotosüchtig bis zur Peinlichkeit. Da soll mit dem Programm des „Sanften Tourismuses" für die Gäste im

fremden Land mehr Feingefühl vermittelt werden. Und was die Natur als Natur anbelangt, muss ja nicht der letzte Zipfel touristisch erschlossen werden, um überall herumtrampeln zu können. Diese ganzen Ideen versuchen die beiden Idealisten „sanft" zu verwirklichen.
Leider haben sie inzwischen ziemliche Eheprobleme, denn Susanne hat sich Hals über Kopf in einen der Söhne von Abu Taleb verliebt. Und er sich in sie. Er, ein bildhübscher Mensch, sie eine blonde Schönheit! Immer wieder reden Freundinnen auf Susanne ein, dass sie das lassen soll, dass Helmut das nicht verdient. Sie weiß das alles, aber die Macht der Anziehung ist zu groß. Susanne wird schwanger. Das Kind kann von Helmut oder von Mustafa sein. Alle wissen von der Dreierbeziehung, nur Helmut nicht. Alle fiebern mit, dass hoffentlich Helmut der Vater ist. Er weiß immer noch nichts von Susannes Untreue. Sie will sich von Magda in einer Klinik in Sanaa entbinden lassen. Magda weiß als Hebamme, dass ein jemenitisches Neugeborenes immer mit dem Mongolenfleck auf die Welt kommt. Das ist ein dunkler Fleck in der Größe einer großen Münze direkt über dem Babyhintern. Und als das Baby geboren war, prangt sein „Schandfleck" in die junge Welt. Helmut hält Susanne bei der Geburt das Händchen, erkennt aber nicht, dass das Baby ein Mischling ist, und als er aus dem Krankenhaus herausgeht, kommt völlig außer Atem Mustafa angesaust. „Was machst du denn hier?" Und die Bombe ist geplatzt.

Abu Taleb. Wer kennt ihn nicht in Sanaa und darüber hinaus! Er ist im Range eines Sheikhs. Hat also seinen Hofstaat. Er ist reich. Er ist beliebt. Er hat Einfluss. Er hält Hof für die Belange der Mühseligen und Beladenen. Gerne sitzt er auf der Bordsteinkante vor seinem Büro und gibt Ratschläge. Vor ihm hat man Respekt und vertraut seinem Urteil. So wird er immer wieder gebeten, als Schlichter in Privatstreits zu fungieren. Dabei geht es um Landmarken, um Wasserrechte, um Familienstreitereien wegen Hochzeit, Erbe und Hausbesitz. Es geht um Scheidung, um Kinder und Sorgerechte, es geht um Feindschaft und Blutrache. Er hat ein großes Herz. Denn oft läuft es darauf hinaus, dass er dem „Verlierer" auch noch die Kosten zahlt, die dieser an den „Gewinner" zu leisten hat. Denn er verdonnert sehr wohl einen der Kontrahenten zu Zahlungen. Mit Geld kann vieles geregelt werden. Nach der Scharia soll der zehnfache Wert einer Schuld diese tilgen. Manchmal kann Geld sogar Blutrache stoppen. Das bedeutet, dass die Schonung von Menschenleben höher steht als Geld. Obwohl gerade mit Geld die Gemüter beruhigt werden. Die Scharia ist ein Rechtssystem, von Allah mit dem Koran offenbart. In westlichen Ländern wird die Scharia nicht von staatlichen Gerichten angewendet. Sie soll sich mit den Menschenrechten nicht vereinbaren lassen. Dazu kann und möchte ich mich aber nicht äußern.

Abu Taleb ist nicht nur ein weiser Richter, er ist auch dem Westen gegenüber aufgeschlossen, ohne selbst zu verwestlichen. Sein Reisegeschäft floriert, er hat in den Hauptsaisonzeiten bis zu 50 Fahrer angestellt. Einige haben eine feste Anstellung und weitere kommen je nach Bedarf hinzu. Alle fahren ihre eigenen Toyotas. Das garantiert ein schonenderes Umgehen mit den Fahrzeugen. Fünf Touristen haben in einem Platz, plus dem Fahrer und einem Führer. Manchmal fahren drei, vier Wagen zusammen. Die jemenitischen Begleiter schwärmen vom schönsten Job im Jemen. Warum wohl? Weil sie immer wieder alleinreisende Frauen aufreißen können. Charmant sind die Wüstensöhne wohl alle und, habe ich mir sagen lassen, Naturtalente.

Richard und Verena sind verheiratet und arbeiten auch in Abu Talebs Büro. Richard hatte ein paar Jahre hauptamtlich an der Universität eine Dozentur. Er ist Mediziner für Onkologie und wollte das Institut dort neu strukturieren. Er ist allerdings bald so frustriert, weil nichts voran geht, sowohl von der Univerwaltung aus, als auch von den Studenten her, dass er die Stelle nicht verlängert, um sich ganz dem Reisegeschäft zu verschreiben. Richard hat auch ein großes Herz, vielleicht auch mal ein zu großes. Seine Geschichte ist tragisch und wunderschön:

Als wir uns kennenlernen, ist er noch mit Verena verheiratet. Sie haben zwei süße Kinder. Mädchen. Verena geht regelmäßig zum jemenitischen Gynäkologen. Ich war auch einmal bei ihm. Und ich muss sagen, dass die Untersuchung viel würdevoller abläuft, als bei uns im Westen. Zwar liegt man auch auf so einem schrecklichen Stuhl, aber ein Vorhang verdeckt zunächst meinen präsentierten Unterleib samt freiem Blick ins Innere. Der Arzt sitzt direkt neben einem und befragt so die Patientin. Aus Deutschland kenne ich es so, dass der Herr Gynäkologe vor der Patientin mit den gespreizten Beinen sitzt und zwischen diesen hindurch über den Bauch hinweg mit ihr spricht. Bei Frauenärztinnen ist es zwar auch das Gleiche, aber man ist da doch eher unter sich.

Verena, eine gebürtige Kölnerin, ist also wieder bei ihrem Gynäkologen. Sie kennen sich seit einigen Jahren. Der Herr Doktor weiß, dass sich seine Patientin ein weiteres Kind wünscht. Nach der Behandlung fragt er sie verhalten aber klar: Er habe ein Neugeborenes hier, entbunden vor drei Stunden, ob sie es haben wolle. Hm? Höre sie richtig? Ja, das tut sie. Ein Mädchen vom Lande hat gerade bei ihm entbunden. Nicht verheiratet. Wahrscheinlich von einem Verwandten missbraucht. Wenn er ihr das Kind mitgibt, wirft sie es mit Sicherheit auf dem Rückweg in eine Mülltonne. Denn mit Kind kann sie unmöglich zu ihrer Familie zurück. Sie würden sie umbringen. Das Mädchen hat nur die Wahl zwischen den beiden Möglichkeiten. Und die Familie hat nur die Möglichkeit, das Mädchen mit Kind zu ermorden. Sonst würden sie ihr Gesicht verlieren, und das bedeutet, dass sie von der Gemeinschaft nicht mehr akzeptiert, ausgeschlossen werden. Das ist das Schlimmste, was in solch archaisch geprägten Strukturen passieren kann. Der soziale Verband sichert das Leben. Weg können sie nicht. Wohin? Ohne Geld und mit der Schuld im Genick. Im ganzen Jemen würde die Familie in keiner Gemeinschaft mehr Fuß fassen können. In diesem Dilemma steckt nun auch der

Arzt. Er erinnert sich an Verenas Kinderwunsch. Und sie lässt sich das kleine Bündel in die Arme drücken und fährt damit nach Hause. Sie fragt Richard, was tun. Er ist zunächst schockiert, sagt aber zu, das Kind zu behalten. Er ist seit einiger Zeit entschlossen, sich von Verena zu trennen. Das sagt er aber nicht. Nun ist ein Baby im Haus, und die Nachbarn und der Freundeskreis fragen sich, was es damit auf sich hat. Die einen meinen, dass Richard fremd gegangen sei und nun seiner Frau das Ergebnis aufs Auge drückt. Die anderen vermuten, dass Verena das Kind klammheimlich geboren hat, und da es eindeutig dunkelhäutig ist, muss es von einem Jemeniten sein. Dann dringt der Stunk bis zur Botschaft. Über die Herkunft des Kindes gelobten die neuen Eltern beim Arzt absolutes Stillschweigen. Der damalige Kulturattaché ist darüber so erbost, dass er sich mit Richard prügelt. Die Jemeniten werden hellhörig. Ein jemenitisches Kind bei einem Ungläubigen! Das ist völlig undenkbar. Verboten! Vielleicht ist es gestohlen worden, soll Christ werden. Die Wogen schlagen immer höher. Um dem Ganzen noch die Krone aufzusetzen, weiß Verena inzwischen von Richards Trennungsplänen. Ihr Vater ist Diplomat, und er erstellt ihr einen Pass, wo auch das Kind mit angegeben ist. So flieht sie bei Nacht und Nebel nach Deutschland. Kommt davon, bevor die Behörden einschreiten. Der Kleine wird schnell zum Liebling aller, zum Sonnenschein. Inzwischen ist Karim, so nennen sie ihn, längst erwachsen geworden. Mit Richard habe ich immer noch Kontakt. Er ist in der ganzen Welt unterwegs, aber mit Frauen hat er nicht wirklich Glück.

Sheikh Al-Ahmar. Er ist in Regierungsaugen ein Hundesohn, der sich in Sanaa ein Imperium gegen die Regierung errichtet hat, als einer der reichsten Wüstensöhne vom unzugänglichen Dschof ganz im Norden. Seine stehende Armee soll an die 3.000 Stammeskrieger umfassen. Und wenn er gedenkt loszuschlagen, dann würde er doppelt so viele mobilisieren können. Er will seine Unabhängigkeit behalten,

ist nicht zufrieden, wie das Land regiert wird. Die Regierung duldet ihn in Sanaa, fürchtet ihn. Er thront in einem riesigen Gebäude in Richtung Flughafen. Es ist ein alter Palast aus den Zeiten der jemenitisch-zaiditischen Könige. Eine Hundertschaft von Leibwächtern umringt das Tor und den Zugang zur Festung. Alle seine Anhänger wagen es, in der Hauptstadt mit ihren Waffen herumzulaufen. Sowohl offen auf der Straße mit umgehängter Knarre, als auch in ihren Land-Cruiser-Fahrzeugen. Es ist strikt verboten, in größeren Städten Waffen mit sich zu führen, mit Ausnahme der Djambias, der Krummdolche. Normalerweise müssen an den Zufahrten, den Checkpoints alle Waffen abgegeben werden. Sieht man einen Toyota in der Stadt fahren und die Insassen sind bewaffnet, dann weiß man, die Knechte Sheikh Al-Ahmars sind unterwegs. Aber er soll sie gut behandeln. Gut bezahlen. Sie sterben für ihn. Mit Al-Ahmars Präsenz, die seiner Leibwächter und seiner Krieger, ist er eine Riesenherausforderung für die Regierung. Es hätte verheerende Folgen für die Hauptstadt, wenn gegen ihn vorgegangen würde. Und das weiß er.
Und in seinen Palast bin ich eingeladen. Um ehrlich zu sein, nicht ich persönlich. Unsere Institutssekretärin Herta ist öfters mit Frauen aus erlauchten jemenitischen Kreisen zum Khatkauen zusammen. Fatima gehört dazu. Sie ist die Frau von Sheikh Al-Ahmar. Und da darf ich mit. Herta und ich kleiden uns in das traditionelle Frauengewand, die Dirra. Sie sind beide aus Seide, haben wunderschöne Stickereien und aufgenähte Glitzersteine. Hertas Grundfarbe ist leuchtend rot, meine dunkelgrün. Am Gürtel glitzern Pailletten um die Wette. Feine Schühchen ebenfalls in Glitzer und Gold beschuhen uns. Das einfach geschnittene Sackkleid wird raffiniert auf einer Seite ein gutes Stück hochgezogen und in den Gürtel gesteckt. So erhält das überbodenlange durchsichtige Kleid durch den schönen Faltenwurf seinen Pfiff. Darunter tragen wir einen farblich passenden Unterrock, ebenfalls bestickt. Er soll bei der hochgerafften Seite unten herausschauen. Oben nur ein BH. Natürlich auch in passender Farbe. Wenn Frauen unter sich sind, dann tragen sie gerne durchsichtige Stoffe. Unverheiratete Frauen kommen auf ihren Festen oft in den aufreizendsten Kreationen daher. Schulterfrei und Minirock ist da keine Ausnahme.

Wir reife Damen bleiben aber im Rahmen des Anständigen. Stadtfein sind wir mit schwarzer Abaja und einem passenden schwarzen Kopftuch. Die Abaja ist ein Mantel aus dünnem, feinem Stoff, bodenlang. Es gibt ihn in fließender Seide bis hin zur billigsten Ausführung in Synthetik. Unsere sind natürlich aus der oberen Schublade. Sind golden bestickt an Ärmeln und Saum. Auch das Kopftuch hat Goldelemente. Ein eigens bestellter Verwandter von Hertas Mann, fährt uns zu dem vornehmen Palast im Ortsteil Hassaba. So weisen wir uns als feine Damen bei dem Wächterhäuschen aus.
Wir werden erwartet, werden erst von bewaffneten Beduinen in das ehrwürdige Gebäude geführt, dann Flur für Flur und Stockwerk für Stockwerk bis zum Frauentrakt hochgeleitet. Geschnitzte Holztore nehmen uns auf. Wir legen unsere Abajas auf die Tische, wo sich schon andere Umhänge häufen. Schnell aus den Schuhen schlüpfen, noch ein Zurechtzupfen unserer Dirras, und schon kommt Fatima auf uns zu. Eine liebe Umarmung und ein „Herzlich willkommen!". Sie ist nicht mehr ganz jung, aber wunderschön. Sie ist eine Persönlichkeit. Einige Frauen ungefähr gleichen Alters sitzen schon in der Mafradsch, im Diwan, und schauen uns entgegen. Gleich umarmt und aufgenommen, schwatzen wir über Allah und die Welt. Alle kauen Khat, außer mir. Das wird toleriert. Meist ist es so, dass beim Khat Kauen eine gewisse Trägheit aufkommt. So schleppt sich das Gespräch später auch sehr entspannt dahin. Geredet wird über Familienangelegenheiten. Ich bekomme Kaffee, die andern bleiben bei Wasser. Alle Besucherinnen sind genauso schön in ihre Dirras gekleidet. Teilweise blitzt Schmuck auf. Goldschmuck natürlich, denn die riesigen Silberornate sind out. In den Dorfregionen kann man sie noch sehen. Aber auch dort schielt die Damenwelt bereits nach Gold.
Diwan nennt sich ein Raum, der um die Wände herum mit dicken Polstern ausgelegt ist und in der Mitte Teppiche liegen. Rücken- und Armpolster sorgen für Bequemlichkeit. Es ist äußerst unfein, hier mit ausgestreckten Beinen zu sitzen und womöglich dem Gegenüber seine Fußsohlen zu zeigen. Selbst bei Beduinen in einem Zelt wird das als äußerste Missachtung angesehen. Also werden beide Beine züchtig auf einer Seite angezogen und in das lange Kleid gewickelt. Viel Stuck um Fenster und Türen verraten das Alter des Palastes.

Alle Fenster sind mit weißen Vorhängen verschlossen. Im späten Licht bricht sich die Sonne in den bunten Glasscheiben der Gamerijas darüber. Kein Mann lässt sich blicken. Ein paar Kinder stecken ab und zu die Köpfe durch die Tür, ansonsten sind wir unter uns. Herta und ich sind die einzigen Berufstätigen in dieser Runde. Deshalb werden wir insgeheim bedauert. Dass wir gerne einer bezahlten Arbeit nachgehen und dass es uns Freude macht, wird uns einfach nicht geglaubt.

Eine amerikanische Witwe mit russischem Hintergrund will nach dem Tod ihres Mannes dessen Ausgrabung im Hadramaut wieder aufleben lassen. Sie ist für die Antikenverwaltung eine fette Geldgeberin, sie kauft sich mit ihrem Anliegen quasi ein. Ihre angeworbenen Experten finden einige weitere Erkenntnisse über die Tempelanlage beim Qabr An Nabi Hud und auch einige Funde. Was Olga Springfield selbst betrifft – sie ist eine Schreckschraube hoch zehn. Dem stark geschminkten Gesicht der Achzigjährigen drohen die Puderschichten abzublättern. Das Lippenstiftpink ist grell über die Lippen hinausgemalt. Die schwarzumrandeten Augen in all den Falten schauen schrecklich aus. Noch schlimmer ist ihr weiterer Aufzug. Unter ihrer durchsichtigen, enganliegenden, schwarzen Spitzenbluse „hat sie ihren Kunstbusen umgeschnallt“ – Zitat einer Freundin. Sie erscheint zu einem Vortrag im Minirock in schwarzem Leder. Ihre nackten Altweiberbeine stecken in hochhackigen pinkfarbenen Schuhen. Eine Karikatur. Und die Jemeniten in Regierungskreisen hofieren diese Oberpeinlichkeit. Des Geldes wegen.
Wie anders war da ein Vortrag der begnadeten Annemarie Schimmel im Haus der Kultur in Sanaa. Sie spricht als Islamwissenschaftlerin über die Mystik im Islam. Spricht den ganzen Vortrag auswendig mit geschlossenen Augen. Kein Wort verliere ich über ihre Kleidung. Sie wird vergöttert von Jung und Alt. Und das ist echt. Ein trostvolles, wunderschönes Beispiel einer Brücke von Ost und West.

Das Hadramaut ist ein 2.000 Kilometer langes, tief in Tafelberge eingefressenes Tal im Südjemen, das sich von der Großen Arabischen Wüste, der Rub Al Khali, nach Süd-Osten bis zum Indischen Ozean hinunterzieht. Das Tal ist wenig besiedelt, und stundenlang fährt man über wüstenähnliches Terrain, auf ausufernden Sandpisten. Unerlässlich ist ein Vierradantrieb und das Luftablassen aus den Autoreifen. Nur mit einer breiteren Radauflage kann man ein Steckenbleiben verhindern.
Unsere Wüstenfahrt soll uns in diese weit entfernte Gegend bringen. Mir fallen zwei Berge auf, die majestätisch aus dem in die Wüste übergehende Savannenlandschaft emporragen. Es sind zwei einzelnstehende Tafelberge. Rundum erodiert, schauen sie aus wie riesige Säulenstümpfe aus der Urzeit. Mich elektrisiert das Bild sofort. Und ich weiß genau, was ich dort machen will. Es ist der perfekte Ort für „Leila und Madschnun". Eine Theaterperformance mit Feuer, angelehnt an die traurige gleichnamige Geschichte von dem Persischen Dichter Nizami. Er lebte im 12. Jahrhundert und war der bedeutendste Vertreter der romantischen Dichtung. Sein tragisches Epos lässt die Liebenden nicht zusammenkommen. Deshalb wird Qais verrückt, also madschnun. Er flieht in die Wüste und lebt mit den wilden Tieren. Erst am Ende seines Lebens findet ihn Leila sterbend wieder ...
Die beiden auserkorenen Berge heißen „Zwei Mädchenbrüste – An Nachdayn". Jedes Dorf im Jemen behauptet, dass DAS arabische Liebespaar, Leila und Madschnun, vergleichbar mit Romeo und Julia, bei ihnen aufgewachsen sei. So kann ich genau hier deren Liebesdrama inszenieren. Und dazu noch behaupten, dass die beiden genau dort aufgewachsen sind. Ich hatte schon einige Performances im Golf von Aden veranstaltet, aber im Hadramaut wird es eine richtige Herausforderung werden. Ich plane die Aufführung in einem halben Jahr, und Vollmond muss es sein. So habe ich für alle Vorbereitungen gut Zeit und zudem wird Georg, inzwischen mein Mann, mit dabei sein können. Denn ich brauche ihn für den Madschnun. Für den Verrückten. Ich werde Leila sein.

Leila und Madschnun wird also eine Inszenierung mit Feuer, Gewehrschüssen, Texten und Musik irgendwo im Hadramaut im Jemen, 1998 bei Vollmond.

Zunächst muss ich beim Gouverneur der Provinz Shabwah vorstellig werden, um die Genehmigung für das Vorhaben zu bekommen. Was mir auch gelingt. Zudem erbitte ich mir ein paar Soldaten als Träger, um mit mir und Georg das Brenngut zu schleppen. Denn es sind einige Kilometer zu bewältigen. Das genehmigt der Bezirkskommandant. Als der große Tag da ist, warten vier recht beduinenhaft aussehende, in Badeschlappen daherkommende zarte Soldiers mit Kalaschnikows und Krummdolch am ausgemachten Ort. Sie lachen vergnügt – denken wohl an einen Tag Urlaub. Doch weit gefehlt: Sie bekommen von mir Rucksäcke verpasst, von denen jeder sicher seine 25 Kilogramm wiegt. Dieselben Lasten schleppen aber auch Georg und ich bei stechender Sonne vier Stunden über weglosen Schotter. Da lachen unsere Helfer nicht mehr und stöhnen zum Derbarmen.

Eine Zwischenstation gibt es auf halbem Weg. Die beiden Berge verbindet ein Hang. Dort lege ich ein riesiges Herz von 50 Metern Durchmesser aus, welches von ganz unten gut zu sehen ist. Die armdicken Schnüre als Lunten tränke ich mit Brennflüssigkeit. Hoffe, dass die Spätnachmittagssonne diese nicht zu schnell verdunsten lässt. Mit Freund Hassan aus Seyoun teste ich die Verständigung, die bei Sonnenuntergang dann mit Gewehrschüssen erfolgen soll. Und nun geht es richtig bergauf. Unsere Wege trennen sich. Ich steige und klettere mit zwei der Soldaten hoch zu „Laila", Georg mit den beiden anderen zu „Madschnun". Ich, beladen und keuchend, locke die armen Bauernbuben immer weiter bergauf: Kommt, noch mal 5 Meter und dort dann: kommt, nur noch einmal ... und dann noch einmal ... Schon der steinige Anmarsch auf ebenerem Gelände war in sengender Hitze eine Herausforderung. Doch nun geht es an die Grenze unserer Kräfte. Ich glaube, dass Abdou Harun und die beiden anderen inzwischen auf mich einen ziemlichen Hass schieben. Total erschöpft erreicht jede unserer Dreiergruppe seine schon früher ausgekundschaftete Plattform.

Gegen Sonnenuntergang versammeln sich unten die Besucher aus der Hauptstadt Sanaa nach achtstündiger Fahrt. Aus Seyoun, der größten

Stadt im Hadramaut, kommen ebenfalls Gäste. Hassan weiß, wo das Lager aufgestellt werden soll. Im Wüstensand legt er Teppiche und Sitzkissen aus. Die Sonne geht unter, schnell legt sich die Dämmerung über Wüste und Berge und taucht alles in magisches Licht. Und tatsächlich wie bestellt schwingt sich eine riesige orange Scheibe bei zunehmender Dunkelheit hinter dem Madschnun-Berg empor, exakt und voll romantisch im Blickpunkt. Nun ist der Zeitpunkt gekommen, uns mit Schüssen zu verständigen. Zuerst schießen wir auf dem Leila-Sattel, dort, wo die senkrechten Wände den Weiterweg beenden (auf die beiden Gipfel selbst wäre es nur mit einem Hubschrauber gegangen). Dann antworten Schüsse von der Madschnun-Seite. Dies war das Zeichen für Hassan, unten auf halber Höhe das große Herz anzuzünden. Er antwortet ebenfalls mit zwei Schüssen, dass er verstanden hat. Es war auch das Zeichen für Georg und mich und unsere Feuer. Mit einem Fauchen fangen die von mir und Georg vorbereiteten Flächen von ca. 3 Quadratmetern an zu brennen. Feuergarben zischen in den Abendhimmel. Hohe Flammen und die Glut des Holzkohle-Kerosingemischs halten sich die Waage und leuchten in die Dunkelheit. Langsam erschöpft sich der Brand. 2 Kilometer weit liegen die Liebenden auseinander und können zueinander nicht finden. Die pulsierende Glut hält noch über Stunden und scheint weit in die Nacht hinein.
Für die 25 Besucher erklingt währenddessen aus dem Autoradio von einem der Pickups eine in den 1950er Jahren vertonte Version von Leila und Madschnun, komponiert von Mohammed El Wahab, einem berühmten ägyptischen Musiker. Zwischen den einzelnen Musikteilen liest meine Freundin Gaby Gudrian Auszüge der Geschichte von Leila und Madschnun des persischen Dichters Nizami.
Die staunenden Besucher sitzen auf Teppichen und verzehren zu Musik, Literatur, Feuer und Mondschein ein prächtiges Picknick. Das Allerschönste an dem Ereignis ist aber: Beduinen kommen aus weit abgelegenen Dörfern und fragen, was all das zu bedeuten habe. Sie verstehen die Illuminierung dieser Liebesgeschichte sofort und sind von dem, was sie sehen und hören total hingerissen.
Viel später erreichen auch Georg und ich nach einem mühsamen Abstieg im Dunkeln die Lagerstelle. Nach der großen Strapaze stärken

wir uns müde aber froh mit Lammbraten und weiteren Köstlichkeiten. Unsere hurtigen Träger sind schon gleich nach den Schüssen wie die Gämsen in ihren Schlappen die Abhänge hinunter gestürmt – und waren fürderhin nicht mehr gesehen.
Ich bin mir sicher, dass noch heute, nach genau 21 Jahren, die Geschichte von Leila und Madschnun und der verrückten Deutschen im Tal erzählt wird – und in weiteren 21 Jahren immer noch.

Ein Bekannter von mir ist Biologe bei der GTZ. Er ist Experte für Bienenzucht. Sein Projekt ist in Mahwit in den Bergen, etwa vier Stunden Autofahrt von Sanaa entfernt. Jemenitischer Bienenhonig ist ein sehr teures und beliebtes Produkt. Es wird als Medizin gegen alle möglichen Krankheiten genommen und schmeckt jemenitischen Gaumen himmlisch gut. Nur so als Brotaufstrich können es sich nicht viele leisten. Es ist also eine ganz besondere Gabe der Natur. Jede Gegend hat ihren speziellen Honig, je nach ihrem Bewuchs von Bäumen und Kräutern. Akazienhonig vom Wadi Bana ist der absolute Favorit. Jemenitische Bienen sind kleiner, wie alles hier im Land, und sehr friedlich. In hohlen Baumstämmen bauen sie ihre Waben. Für die Imkerei ist es ein mühsames Unterfangen, auf diese Weise den Honig zu gewinnen. Deshalb ist er auch so teuer. Das Kilo vom teuersten kostete damals umgerechnet 60 DM. Als es mit dem Land wirtschaftlich so langsam bergauf geht, eröffnet eine Honigladenkette ihre Tore. Die Geschäfte haben alle ein besonderes Design, sofort erkennbar. Besitzer ist die Familie Bin Laden.

Bienenexperte Heiko aus dem Schwarzwald beauftragt mich, an die Außenwand seines Projektgebäudes in Mahwit ein Lehrschaubild für Bienenzucht hinzumalen. Das GTZ-Projekt versucht, mit neuen Methoden eine verbesserte Honiggewinnung zu erzielen. Heiko zeigt den Bauern spezielle Kästen, wo einzelne Holzsegmente die Bienen anregen sollen, dazwischen die Waben ihres begehrten Natur-

produkts zu bauen. Diese Elemente aus Holz kann man einzeln aus den Kästen lösen und so den Honig viel einfacher gewinnen. Mahwit hat eine besonders gute Lage für die Imkerei. Seine Millionen Tamariskenblüten geben hier dem Honig seinen eigenen Geschmack. Heiko arbeitet schon seit ein paar Monaten in Mahwit und findet große Aufmerksamkeit. Die Bauern werden eingeladen, das Bienenkasten-Projekt kennenzulernen. Sie bekommen Einblick in die Funktion der Kästen und erhalten Bauanleitungen. Und jeden Abend, kurz vor Sonnenuntergang, wartet schon eine Traube von Männern auf Heikos Auftritt: Er holt aus einem der neuen Kästen, die im Vorgarten schon bevölkert stehen, eine Biene, setzt sie sich auf den Unterarm und lässt sich stechen. Großes Staunen auf Seiten der Zuschauer, welche sich dicht um ihn drängen. Ich bin auch darüber verwundert und frage ihn, ob das nicht weh tut. Heiko meint, dass das eine Einstellungssache zum Schmerz sei. Zudem zieht er die Biene gegen den Einstich aus seiner Haut, dann bleibt der Stachel nicht stecken, was den Schmerz ebenfalls mindert.
Wie ich mich auf meinen Mal-Einsatz freue. Ich suche in Sanaa nach Farb-Pigmenten in Malerläden. Es sind alles Farben für Anstreicher, beileibe keine für Künstlerbedarf. Will eine Art Frescomalerei hinkriegen. Das heißt, in den frisch verputzten Mörtel malen. Mit viel Mühe finde ich Pigmente in verschiedenen Tönen. Sie sind grob gekörnt, leider sehr pastellig und nur für normale Farbanstriche gedacht. Aber das Abtönen mit schwarzer Farbe bringt etwas mehr Biss in die Farbskala. Es wird ausreichen, um kräftigere Töne hinzubekommen. Pinsel finde ich auch. Schälchen zum Anrühren und Lappen vervollständigen mein Equipment.
Ich entwerfe das Bild in Sanaa. Viel Zeit werde ich zum Malen nicht haben. Erstens bekomme ich nur ein paar Tage frei, und zweitens hängt uns schon der nächste Monsunregen als Damoklesschwert über den Köpfen. Wenn dieser eingesetzt hat, kann ich das Bemalen einer Außenwand vergessen. Mahwit liegt im jemenitischen Bergland, wo die Regenfälle dann täglich wolkenbruchähnlich herunterrauschen. Das Bild soll 6 Meter lang werden und 4 Meter hoch. Proportional mache ich erst im Maßstab von 1:10 eine Vorzeichnung. Ich stelle mir eine dichtbewachsene Landschaft vor mit Kakteen und

Gesträuch, wie es dort wächst. Es soll ein bisschen an die Bilder von Rousseau erinnern. Ein Mann holt sich ein Bienennest von einem Baum, ein anderer bückt sich über die neuen Kästen. Ein Dritter hat auch noch etwas zu tun. Ein Kübel, wo ein Schwarm geborgen wird, noch ein Nest, und Heiko lugt zwischen den Kakteen heraus als Auftraggeber. Den kleinen Entwurf vergrößere ich nun auf das doppelte, sodass er 1,20 Meter mal 80 Zentimeter groß ist. Da zeichne ich mit Bleistift ein Raster darüber, mit einem Abstand von einem halben Meter in der Wirklichkeit. Das hilft mir dann, die Proportionen ganz schnell auf die Mauer zu übertragen. Vor Ort fange ich also damit an. Brauche dazu eine hohe Leiter. Trage eine lange Hose und einen Rock darüber. Eine Frau auf einer Leiter ist grenzwertig, selbst wenn sie wegen ihrer Kleidung keinen Anlass zu Kritik gibt. Vorsichtshalber ist vor meinem Auftritt schon ein Zaun um den Vorgarten des Projektgebäudes gezogen worden. So hängen die neugierigen Mahwitis am Maschendraht und sehen mir stundenlang zu. Ein großes Ereignis für das Dorf.

Ich zeichne mit dem Pinsel zunächst alle Umrisse als schwarze Linien auf die Wand. Ein paar Stunden benötige ich dazu. Schwieriger ist dann das Farbenmischen. Denn die verschiedenen Farbabstufungen trocknen dunkler auf, als es beim Mischen aussieht. Es klappt aber ganz gut. Das „Anmalen" ist sehr anstrengend mit ständigem Rauf und Runter von der Leiter. Wolkentürme zeigen sich auch schon. In drei Tagen muss alles fertig sein. Und ich schaffe es tatsächlich. Von Tag zu Tag habe ich eine noch größere Zuschauerschar. Gegen Ende meiner Malerei steht dann das halbe Dorf und kommentiert mein Tun. Und das Seltsame bei deren Betrachtungen ist Folgendes: Sie rätseln über die Berge, über Bäume und Sträucher und über die paar abgebildeten Menschen. Was ist das? Und was kann dies sein? Schau, das ist ein Strauch, schau, da steht ein Mann ... Es soll Wissenschaftlern ein bekanntes Phänomen sein, dass Menschen, welche ohne zweidimensionale Bilder, also ohne Abbildungen aus Schulbüchern, Zeitungen etc. aufgewachsen sind, sich sehr schwertun, auf Fotos, gemalten Bildern oder auf Bildern in Büchern zu erkennen, was dargestellt ist. Vielleicht einfacher gesagt: Sie können die auf zwei Dimensionen verkürzte Abbildungen in ihrem Kopf mit der drei-

dimensionalen Realität nur mühsam vereinbaren. Sie sind also Analphabeten auch im Bilder-Lesen.
Mein Wandgemälde wird also ausführlich durchgehechelt, und ich bekomme sogar noch eine Rüge zu hören. Warum ich auf meinem Bild den Jemeniten nur Badelatschen hingemalt hätte. Es müssten Sonntagsschuhe sein. Schwarze Lederschuhe mit Schuhbändeln. Nur – ich habe in ganz Mahwit nicht einen einzigen mit solchen herumlaufen sehen.

Nach Sanaa kommt ein Zirkus. Saad hat es herausgefunden. Natürlich gehen wir hin. Ein richtiges Zirkuszelt und Sitzplätze als Tribünen werden aufgebaut. Der Zirkus kommt aus Kairo. Das fahrende Volk löst in allen Gegenden der Erde zweischneidige Gefühle aus. Zum einen bestaunt man ihre Geschicklichkeit, ihre Kraft, ihre Musikalität und ihr darstellerisches Können, zum anderen ist diese Bewunderung mit einem roten Ausrufezeichen versehen. Vorsicht, unsere Moral könnte von der Moral der Artisten und Künstler bedroht werden. Sie sind anders, für sie gibt es keine bürgerlichen Grenzen. Sagen die braven Bürger und Bürgerinnen. So sehen es auch jemenitische Menschen. Deshalb gibt es keinen jemenitischen Zirkus. Deshalb kann es nur einer vom Ausland sein. Denn gewisse Kleidervorschriften bestehen: Die Kostüme der Akrobaten und vor allem die der Akrobatinnen müssen wenigstens annähernd der allgemeinen Vorstellung von Schicklichkeit entsprechen. So fallen die hautengen Turnanzüge von Frauen und auch von Männern hier deutlich schlappriger aus. Und nackte Haut bleibt unsichtbar.
Wir freuen uns jedenfalls auf einen ganz anderen Abend. Es gibt Clowns, eine Zirkusprinzessin reitet auf weißen Schimmeln, eine Riesenschlange windet sich um einen Zwerg, kraftstrotzende Akrobaten bauen Pyramiden aus Menschen, ein fliegendes Paar am Trapez lässt den Atem stocken, denn sie schwingen sich ohne Netz durch den Zirkushimmel, dressierte Hunde und Seelöwen schieben Bälle

herum. Eine Kapelle spielt Zigeunermusik, hübsche Tänzerinnen hüpfen herum. Der Zirkusdirektor führt durch den Abend.
Über die längeren Röckchen, schlotterigen Strumpfhosen und weite, geschlossene Oberteile muss man etwas lächeln. Aber darauf kommt es nicht an, es tut der Show keinen Abbruch. Wir freuen uns wie Kinder über die herzerfrischende Vorstellung. Die ganze ägyptische Gemeinde von Sanaa sitzt hier und füllt fast das Zelt. Obwohl diese bei den Darbietungen tobt und klatscht und winkt und schreit, verharren die vereinzelt sitzenden Einheimischen stocksteif auf ihren Bänken, kaum einer klatscht, was bei ihnen auch nicht üblich ist, eher befremdet. Zirkus hat für sie etwas Magisches, aber eben auch etwas Bedrohliches.

Dafür gibt es ein schönes, nein, ein trauriges Beispiel: Unsere Gruppe wird nach Menaha eingeladen. Eine Entwicklungshelferin arbeitet dort als Lehrerin. Menaha ist ein Dorf hoch in den Bergen, in über 2.000 Meter Höhe. Seine Kulisse ist atemberaubend schön. Ein Haus lehnt sich an das andere, bevor die Felswände in gähnende Tiefe abstürzen. Die Bauweise im Bergland ist anders als in Sanaa oder gar im Hadramaut. Immer wird das vorhandene Gestein oder der Sand vom Umfeld als Baumaterial hergenommen. In Sanaa wird nur das Fundament bis über die 1. Etage mit Granitsteinen gebaut, darüber kommen die gebrannten Lehmziegel. Im Hadramaut hat die Erdgeschichte durch Erodierung der Tafelberge viel Sand hinterlassen. Deshalb wird hier fast ausschließlich mit Lehm gebaut. Lehm gestampft mit Sand und Häcksel aus Stroh und Wasser. In Aden ist es für Lehm oder auch für Lehmziegel zu heiß und feucht, sie schimmeln. Hier im Hochgebirge sind die Gebäude ganz aus Granitsteinen gebaut, eine Hinterlassenschaft der Vulkane rumdum. Also dunkler Granit bis unters Flachdach, aber schön und üppig mit Gips verziert. Der Weitblick von hier oben ist grandios. Und hier ist alles grün, denn die Regenzeit ist erst kurz vorbei. So wachsen Weizen und Gerste

und Hirse auf den Feldern. Wir beziehen eine einfache Herberge. Von meinem Zimmer schaue ich von der Balkontüre aus senkrecht in die Tiefe.
Doch nochmal zurück zu magisch und bedrohlich. Hier in Menaha gibt es den im ganzen Land und darüber hinaus berühmtesten Oud-Spieler und Sänger Kamal Hussein Ahmad. Oud ist eine arabische Gitarre mit einem geknickten Hals. Der Musiker aus Menaha bekommt die teuerste Gage, die sich ein Jemenite vorstellen kann. Zu den wichtigsten Festen wird er eingeladen. Auch von der Regierung. Viel zu Hochzeiten reicher Familien, welche im halb öffentlichen Rahmen ablaufen. Und dieser berühmte Mann reist nie zusammen mit seinem Musikinstrument. Ein eigenes Auto hat er nicht. So fährt er zu all seinen Auftritten mit einem Sammeltaxi. Wir lernen ihn kennen und er erzählt uns Reingeschmeckten aus dem Westen, dass er zwar ein sehr begehrter Künstler sei, aber gerade deshalb als Mensch einen großen Makel habe. Das sei der Grund, dass er sein Instrument immer separat in unverfänglicher Verpackung vorausschickt. Würde er mit ihm unterwegs sein, erkennen ihn die Leute als Musiker und stecken ihn sofort in die Schublade unmoralisch. Die Künstler haben also auch hier einen schlechten Ruf. Im aufgeklärten Westen ist das nicht viel anders. Vor 200 bis 300 Jahren und selbst heute noch herrscht landauf, landab die Meinung, dass schon etwas dran sein müsse, wenn man so einen Beruf wählt. Faszination einerseits, Befremden andererseits. Kamal Hussein Ahmad lebt in Menaha zurückgezogen und als frommer Muslim, welcher er auch wirklich ist. Seine Umgebung weiß um ihn und ist etwas toleranter, weil sie ihn persönlich kennen. Ihr Leser, ihr solltet den rauschenden Applaus mitbekommen, mit welchem er gefeiert wird! Und dann die andere Seite der Medaille! Wir sind darüber schon etwas traurig. Irgendwie erscheint einem dann so ein Ort in einem anderen Licht.
Nun, schön ist es hier trotzdem. Sabine erzählt von ihrem Schulalltag. Sie kämpft als Analphabetisierungslehrerin dagegen an, dass immer wieder Mädchen, aber auch Jungen, nicht zum Unterricht erscheinen. Die Ausrede der Eltern ist immer dieselbe – die Kinder werden zuhause gebraucht. Wissen ist für sie immer noch nicht der Schlüssel zu einem besseren Leben.

Viele Buckelrinder gibt es hier. Deshalb haben sie hier auch Kuhmilch. Esel schreien zuhauf herum. Hühner laufen tagsüber frei, der Fuchs kommt erst abends. Am frühen Morgen ist immer ein stahlblauer Himmel und hartes Sonnenlicht. Tief unter uns hängt noch der Morgennebel. Langsam gleitet er zwischen die grünen Bergflanken, und Wolke für Wolke löst sich auf und gibt den Blick in tiefe Täler frei. Bereits mittags wird es wieder trüb, und bis zum Nachmittag ist ganz Menaha in dichten Nebel gehüllt. Die Nebelschwaden ziehen um die Häuser, man könnte meinen, durch sie hindurch. Ist es dunkel geworden, sieht man schon wieder die Sterne blitzen. Dieses Schauspiel wiederholt sich täglich. In der Regenzeit kommen dann ab Mittag kräftige Schauer bis Wolkenbrüche dazu. Aber trotzdem sieht man dann wieder am nächtlichen Himmel die Sterne.

Wir wollen einen Ausflug zu Fuß unternehmen. Sabine weiß einen schönen Weg auf einen etwas höher gelegenen Hügel. Feste Schuhe haben wir an und ein paar Steine in der Jackentasche. Immer wieder kommt es vor, dass Kinder einen mit Steinen bewerfen. Treffen können sie und in einer Gruppe fühlen sie sich stark. Wir werfen dann zurück. Das hilft. Hier haben wir Ruhe, weil Sabine dabei ist. Sie ist hier bekannt und sehr beliebt und geachtet.

Das Dorf leidet sehr unter den Touristen. Alle Jemenreisenden kommen hierher, denn alle Reiseführer singen von der Schönheit von Menaha. Das hat zur Folge, dass ganze Pulks, mit Fotoapparaten bewaffnet, den letzten Winkel hier ausfindig machen. Die ehemals offenen Haustüren sind schon lange verschlossen. Frauen sitzen nicht mehr im Freien zusammen an ihre Hauswand gelehnt, erzählen sich Familientratsch und schälen dabei Kartoffeln, putzen Hülsenfrüchte oder fädeln Peperoni zum Trocknen auf zu Kränzen. Sie werden in ihrem Lebensraum beschnitten. Tragen außerhalb ihrer Häuser die volle Verschleierungsmontour. Vorher reichte das Kopftuch und der Kinnschutz zum raschen Heraufziehen. Diese Einbußen an Lebensqualität werden natürlich im häuslichen Kreis beklagt, und die Kinder rächen sich mit Steinwürfen.

Wir haben aber den Sabine-Bonus und laufen zügig dahin. Es ist kühl, trotz Sonne. Da macht sich die Höhe bemerkbar. Bevor wir umdrehen wollen, stockt uns fast der Atem. Vor uns hocken acht oder zehn Geier. Es sind die majestätischen Gänsegeier. Sie sind genauso überrascht wie wir. Hopsen mit ihren schweren Körpern auf und ab vor Aufregung. Schnarren mit den Schnäbeln und überlegen wohl, was sie mit uns anfangen sollen. Wir haben sie beim Fressen gestört. Ein toter Ziegenbock liegt halb zerrissen auf dem Fels. Wir stehen stocksteif und überlegen auch. Aber alles bleibt friedlich. Sie gehen uns in der Hocke fast bis unters Kinn. Sie hopsen und schauen, spreizen leicht die Flügel ab, tun uns aber nicht den Gefallen wegzufliegen. Gerne hätten wir das Schauspiel erlebt. Ihre Flügelspannweite soll an die 2 Meter sein. Beiden Seiten wird es langsam etwas öde mit der Anstarrerei, so ziehen wir uns zurück, und sofort stürzen sie sich wieder mit Gekreisch auf ihr leckeres Aas.

In Sanaa gibt es zu dem wunderbaren Zirkus noch eine weitere Attraktion. „Todesfahrt der Außerirdischen" heißt die Show. Der Ankündigung nach wollen zwei Akrobaten mit ihren Motorrädern in einem runden, zylinderförmigen Holzbau senkrecht an den Innenwänden hochfahren. Das Publikum steht oben um die Öffnung herum, schaut von da hinunter auf den Boden des 10 Meter hohen Zylinders. Von dort startet erst einer, kommt in schnellen Kurven immer höher, bis er oben fast in die entsetzten Zuschauerinnen und Zuschauer rast. Dann geht es in schwindelerregendem Tempo wieder nach unten. Auch ein Zweiter zeigt sein Können. Als sie beide starten, kurz hintereinander, beschleunigen sie erst ihr Tempo. Sie überholen sich mehrmals, bis sie eine Sturzfahrt wieder nach unten bringt. Fast rasen sie in den Erdboden hinein. Beim abrupten Bremsen kommt unisono ein Aufschrei des Publikums. Es ist wirklich atemberaubend, wie sie die Fliehkraft nutzen – und zugleich zu überwinden scheinen. Heutzutage sind Manöver dieser Art in jedem Actionfilm zu sehen, aber viel mehr unter die Haut geht so eine Artistik, wenn man sie in der Wirklichkeit sehen kann.

Wieder einmal unternehmen wir einen Wochenendausflug. Sa'dah lockt. Schon länger heißt es in den Medien, dass der Stamm der Huthis immer mehr Straßensperren aufbauen und keine Fremden mehr durchlassen. Ab dem Dorf Huth bis hinauf zur saudi-arabischen Grenze und weit in die östliche Wüste hinein ist ihr Gebiet. Es sind Zaiditen, die hier noch großteils als Halbnomaden leben. Sie sind eine schiitische Gruppierung mit eigener Rechtsschule und seit dem 9. Jahrhundert vor allem im Jemen verwurzelt. Hier wollen die Stämme selbst über ihr Schicksal entscheiden. Die ständigen Konflikte mit der Regierung sind uns nur allzu bekannt.
Bevor die Gebiete endgültig als haram, als ein religiöses Verbot, erklärt werden, will unser bewährter Ausflugstrupp versuchen, noch dorthin zu kommen. Immerhin arbeiten in Sa'dah noch eine Entwicklungshelferin und ein Entwicklungshelfer. Evi ist Hauswirtschaftslehrerin und Lothar Metallbauer und Schweißer. Wir kommen trotz der vielen Straßensperren durch. Werden als harmlos erachtet. Unsere Pässe und Tesrire, die Fahrgenehmigungen, sind ausreichend. Viele der Stammeskrieger können nicht lesen. Ich hatte damals sogar einen Diplomatenpass der unteren Kategorie. Gut gelaunt sind wir in einem der DED-Fahrzeuge unterwegs. Haben eine Flasche Gin dabei, eine Kostbarkeit. Und Limetten und Tonic Wasser. Darauf freuen sich die beiden Gastgeber schon lange. Zum Sonnenuntergang ist es noch eine Weile hin, und so erreichen wir die heilige Stadt rechtzeitig vor dem Abendgebet. Das kleine Touristenhotel steht wohlweislich vor Sa'dahs Toren. Aber von dieser speziellen Gattung Reisende kommen schon längst keine mehr. Es gibt aber auch Araber, die unterwegs sind oder es sein müssen, sollte man meinen.
Unsere Gastgeber erwarten uns schon an der Haustüre von Lothar. Hier kommt nur ein kleines Hallo zur Begrüßung. Dann das Auto in den Hof gefahren, das Tor geschlossen. Erst hier gibt es die stürmischen Umarmungen. Den Einheimischen wollen und dürfen wir so ein Schauspiel nicht vorführen. Umarmungen sind schon in Sanaa nicht erlaubt, hier dann dreimal nicht. Die beiden Deutschen leben

in verschiedenen Wohnungen in verschiedenen Häusern. Es geht auf keinen Fall, dass die beiden ein Haus gemeinsam bewohnen. Das wäre in den Augen der sehr konservativen Sa'dahis so schlimm, dass es Konsequenzen geben würde. Die Entwicklungshilfe dort wäre des Teufels und beim Teufel. Wir Europäer im Umfeld der Einheimischen haben uns sehr angepasst zu verhalten. Heimlichkeiten bleiben schnell keine Heimlichkeiten mehr, was immer negative Auswirkungen hat. Die soziale Kontrolle erleichtert manchmal das Zusammenleben, aber für uns aus dem Westen ist es zumindest auf Dauer sehr anstrengend.

Schon der mitgebrachte Alkohol birgt ein gewisses Risiko. Die Flasche darf hier nie und nimmer weggeworfen werden. Selbst den eigenen Müll darf man nicht an der nächsten Ecke entsorgen. Es wird den Entwicklungshelfern bei ihrer Ausbildung eingebläut, diesen bei Fahrten im Gelände weitab vom Dorf an passender Stelle zu vergraben. Da ja alles beobachtet wird und man aus dem Müll schließen kann, wie diese Deutschen leben, und dieser mit Sicherheit durchgewühlt würde, ist das einfach eine Vorsichtsmaßnahme. Jedes Fitzelchen würde kommentiert werden. Und wenn da sogar Damenbinden, leere Schweinefleischdosen, Zeitschriften dabei wären, würde das im geringsten Falle schockieren. Vor allem bei Zeitschriften wird gewittert, dass freizügige Abbildungen von Frauen und Paaren und Sachen, welche auf Alkoholkonsum schließen, unsere Dekadenz beweisen. Solche Dinge dürfen also nicht in die Hände von Einheimischen fallen. Sicher wühlt keine feine Dame den Müll durch, aber Kinder zum Beispiel. Die werden vielleicht sogar dazu beauftragt. Wir wollen nichts verstecken, wir wollen uns nur schützen und damit auch unsere Achtung vor der fremden Kultur ausdrücken. Wir wollen niemanden kränken. Wir wollen hier sein – und das hat seinen Preis.

Sa'dah war berühmt – jedenfalls bis zu den saudischen Bombardierungen ab 2015 – für seine noch durchgehend erhaltene Stadtmauer aus dem 16. Jahrhundert. Sie zieht sich als Lehmmauer rundum und über zwei Stadttore hinweg. Sie ist oben 3 Meter breit, bis 10 Meter hoch und man kann darauf wunderbar fünf Kilometer spazierengehen und dabei die Stadt besichtigen. Karawanenwege der Weihrauch-

straße führten noch vor 1.000 Jahren hier durch. Heute bestimmen die Stämme der Umgebung die Geschicke der Stadt. Immer wieder gibt es Aufstände. Die Menschen dort sind selbstbewusst und kriegerisch und eben sehr, sehr konservativ.
Luftangriffe einer saudi-arabisch geführten und von den USA und Großbritannien unterstützten Militärallianz beschädigten 2015 schwer die 1.200 Jahre alte Imam-al-Hadi-Moschee. Sie ist bekannt als ältester Sitz für schiitische Bildung auf der arabischen Halbinsel und gleichzeitig die drittälteste Moschee im Jemen.
Wir genießen den Rundweg bei Sonnenuntergang, wo in dem warmen Licht die Lehmhäuser rosa erstrahlen. Eine Lammkeule wartet im Backofen von Lothar. Da die Schafe hier im Jemen Fettschwanzschafe sind, welche ihre gesamten Fettreserven als Schwanz in einem dicken herunterhängenden Fellsack haben, schmeckt das Lammfleisch fast wie Kalbfleisch. Die normale Sorte Schaffleisch hat einen strengen Geschmack, den man mögen muss. Wir sitzen nun alle bei Lothar zusammen, das dürfen wir. Wir sind ja zu mehrt. Aber zum Übernachten trennen wir uns nach Männlein bei Lothar und Weiblein bei Evi.
Am nächsten Morgen wandern wir unbeschwert Richtung Norden. Wir sehen Flaschenbäume, welche gerade blühen. Es sind urweltliche Erscheinungen. Sie können fast ein Jahr Wasser speichern und dann trotzdem noch blühen. Ein dicker, glatter Stamm, mit einem Elefantenbein vergleichbar, ist ihr Reservoir. Der kleine Baum krallt sich in die steinigen Böden. Der Stamm kann fast 2 Meter hoch werden. Unten verdickt wie ein geschwollenes Bein. Darüber verästelt sich ein gestrüppähnliches Gezweig als Krone, klein im Verhältnis zur Stammhöhe. Und darüber, wie wunderbar, blühen seine Blüten in kräftigem Pinkton. Sie sehen aus wie vergrößerte Alpenrosen. In so einem Land, wo meist die Sand- und Erdtöne überwiegen, ist eine solche Erscheinung in steiniger Steppe eine große Kostbarkeit. Ein Kleinod, das jedes Menschenherz erfreut. Ein paar Stunden wandern wir durch die hügelige Landschaft. Kein Checkpoint stört und keine Soldaten. Hier haben die Stämme das Sagen. Vielleicht 50 Kilometer weiter nordwestlich liegt ein Dorf. Suq Al Hamis. Es hat den größten Waffenmarkt vom ganzen Jemen.

Die wunderbare Weibermafia aus Sanaa schenkt mir zu allen Liebenswürdigkeiten noch eine liebe Freundin: Magda! Wir mögen uns auf Anhieb. Kennen uns inzwischen seit 30 Jahren und halten immer noch Kontakt. Unsere gemeinsamen Jemenjahre sind längst Geschichte. Damals aber besuchte ich sie ab und zu in ihrem großen Haus am Sail in der Altstadt in Sanaa. Mit Mohammed liiert, nach außen hin verheiratet, ist Magda Hebamme, eine gestandene Frau, die weiß, was sie will und was sie kann. Bei ihrem DED-Einsatz in Amran lernte sie Mohammed kennen. Der ließ sich für sie scheiden. Seine fünf Kinder bleiben bei ihm, wie es das jemenitische Recht vorschreibt. Magda packt an und tritt an Mutterstelle. Eine strenge Mutter. Aber so lernen die drei Mädels und zwei Buben, was ein deutscher Haushalt ist. Na ja, der Badewannenstöpsel wird von unten nicht wirklich geputzt. Aber gemütlich ist es bei ihr. Und sie kocht wunderbar. Für die von Mohammed geschiedene Frau schien die Trennung kein Problem zu sein. Sie verheiratete sich kurz darauf wieder, wurde schwanger und – sie nahm Magda als Hebamme und ließ sich von ihr entbinden. Unglaublich!

Magdas DED-Vertrag geht zu Ende, und nun hat sie mit ihrem Partner ein großartiges Projekt vor. Sie handeln mit der Regierung einen Pachtvertrag aus. Er betrifft ein Landstück auf der Insel Kameran. Sie liegt unweit von Hudaida im Roten Meer. Sie wollen ein Feriendorf für jemenmüde Ausländer errichten und für neugierige Menschen aus dem Ausland. Es sind ca. 2 Kilometer Strand und ein bisschen Hinterland dazu. Die Küste knickt auf der Hälfte im 90 Gradwinkel ab und bietet einige wunderschöne Buchten mit Sandstrand und Felsen dazwischen. Der Deal mit der Regierung beinhaltet, dass in ca. zwei Jahren eine touristisch nutzbare Anlage entstanden sein muss.
Die Insel liegt ungefähr 8 Kilometer vom Festland entfernt. Sie ist 25 Kilometer lang und 10 Kilometer breit. Der kürzeste Weg nach Afrika dürfte von ihr 180 Kilometer betragen. Korallenriffe um die

ganze Insel lassen erahnen, dass in Urzeiten dieser Gebirgstock unter Wasser von Millionen von Nesseltierchen gebaut wurde.
Auf der Insel Kameran gibt es das Dorf Kameran. Es ist aber einige Kilometer von dem entstehenden Refugium entfernt. Ansonsten sind ein paar verstreute Fischer mit ihren Holzverschlägen als Behausungen zu finden und zwei Militärstationen. Nichts weiter. Nur eine brettlesebene Fläche mit einem einzigen Einschnitt im Gelände, einem Miniwadi mit Mini-Oase und Mini-Palmenwäldchen. Zu Engländerzeiten war Magdas und Mohammeds Küstenstrich eine Basis für Kriegsschiffe. Ein langer Landesteg überbrückte eine flache Sandbucht. Davon sind nur noch die Fundamente vorhanden, die wahrscheinlich in 100 Jahren immer noch einzementiert den Gezeiten trotzen. Bei meinem ersten Besuch wurde ich vom Boot aus an Land getragen, um nicht nass zu werden. Wie komfortabel. Inzwischen gibt es eine Anlegestelle beim Haupthaus, wo man über Felsen trockenen Fußes aussteigen kann.
Die beiden Pioniere sind hier nun voll in ihrem Element. Ihrer Vision nach sollen Rundhütten wie Kraale, als Zweibettzimmer, nach und nach weit verstreut gebaut werden. Ein großes, rundes Restaurant mit Rundumblick aufs Meer will zum Sitzen, Schauen und Genießen einladen. Ein Trakt mit Toiletten gehört auch dazu. Noch ist es ein Land, wo es nichts gibt. Nur flacher Sand, welcher sich durch seine Schelfeinlagen fast wie festgetretener Feinkies oder wie ein wassergebundener Sandweg anfühlt. Es staubt nicht, trotz einem heftigen Dauerwind. Diese Sandfläche ist etwa 5 bis 10, vielleicht auch mal 20 Meter über dem Meeresspiegel. Die Küste zwischen den Buchten besteht aus Felsen und diesem versinterten Schelf. Das heißt, dass das Gestein von unten her wieder und wieder von den Wellen ausgehöhlt wird, bis die oben stehen gebliebene Platten abbrechen, vielleicht einmal in 100 Jahren. Unter solchen Abstürzen findet man Schatten. Die Sandbuchten laden zum Schwimmen und Schnorcheln ein. Denn zu sehen gibt es von Fischen über Seespinnen alles, was ein gesundes Meer und ein Meeresboden bieten kann. Manchmal erblicken wir Delphine, und Haie gibt es auch, wie die Fischmärkte in Kameran und Hudaida zeigen. Riesige Mördermuscheln liegen bei Ebbe schon in 1 Meter Tiefe. Einen halben Meter Durchmesser

erreicht so ein Großvater. Sie sind geschützt, und man darf auch die leeren Muschelhälften nicht mitnehmen. Das Artenschutzgesetz und der Zoll haben da etwas dagegen.
Der Baumensch ist Mohammed. Er besorgt das Baumaterial. Entweder vor Ort, oder er bringt es von Hudaida und schippert es mit seinem Boot in sein Reich. Sein Pickup ist für Einsätze auf der Insel nötig. Er arbeitet mit Einheimischen von der Insel und mit welchen vom Festland. Meist sind es Fischer, welche noch wissen, wie die Tihamahütten gebaut werden. Auch wunderbare Maurer sind sie und können mit Holz umgehen. Magda begleitet den Baufortschritt und ist Mohammeds rechte Hand beim Planen. Sie hält sich mehr in Sanaa auf. Sie hat inzwischen als Hebamme wieder eine gute Stelle bei ZIM, dem Zentrum für Internationale Migration. So trägt sie wesentlich dazu bei, die nötigen Finanzen zu sichern. Und sie betreut ihre Zieh-Kinder. Nach kurzer Zeit lieben sie alle: Fatima, Aischa – genannt Zuckerschnute, die kleine Nuri, Ahmad. Das Problemkind ist Mohammed, der Älteste. Er verweigert sich ihr. Er ist im Haus ein Rüpel und draußen fast kriminell. Inzwischen sind alle längst erwachsen und verheiratet, haben Kinder. Magda ist immer noch ihre gute Mutter; sie wollen ihren Rat und ihre Unterstützung. Und siehe da, der so schwierige Mohammed hat die Kurve gekriegt. Sieht, was Magda an ihm geleistet hat. Er ist sogar politisch aktiv geworden, was in diesem Land natürlich andere Sorgen mit sich bringt.
Auf dem kameraner Gelände stehen nun übergangsweise fünf Militärzelte für Gäste. Dann schützt auch ein großes Schattendach vor der Sonne. Tische und Stühle darunter ersetzen zunächst das langsam entstehende Restaurant. Ein Toilettenhaus samt Abwasserrohr gehört auch zur ersten Bauphase. Wächter sind angestellt. Der elektrische Strom kommt von einem großen Generator. Er steht des Lärms wegen weitab. Der Versuch, ein kleines Gärtchen anzulegen, scheitert an Hannibal, dem Ziegenbock. Er liebt Magda und sie ihn. Aber er liebt auch Salat, Möhren und Tomaten. Und er kann sehr hoch springen.
Magda und Mohammed kochen schon immer gerne und gut. Und am liebsten zusammen. Sie kochen richtig professionell, auch für viele Gäste. Diese kommen tatsächlich jetzt schon sehr zahlreich.

Auf der Insel selbst und in Hudaida spricht es sich herum und bei den Ausländergemeinden sowieso.
Hudaida ist seit ein paar Jahren und in den letzten Monaten vermehrt der bedauerndste Fleck auf Erden. Gezielt werden auf die Zivilbevölkerung Bomben geworfen und auf einzelne sogar geschossen. Tausende finden in der Hafenstadt in einem sinnlosen Krieg den Tod. Selbst das Vieh fällt den Angreifern zum Opfer, um die Bevölkerung schneller verhungern zu lassen.
Damals aber kommt man von Sanaa aus die schwindelerregende Straße aus der Hochgebirgsregion in acht Stunden Busfahrt bis zur Hafenstadt hinunter. Dann ein Sammeltaxi nach Salif, gut 20 Kilometer nördlich. Eine Militärstation mit immer genervten Soldaten gebietet auf halber Strecke einen Stopp. Umständlich prüfen sie die Reise-Berechtigungen und wehe, da stimmt etwas nicht. Soldaten werden manchmal monatelang nicht bezahlt. Und hier draußen gibt es absolut nichts, was die armen Kerle, oft noch fast Kinder, erfreuen könnte. Nicht einmal Khat können sie sich besorgen. Deshalb sind sie jedesmal noch unwirscher wegen der Störung ihres Dämmerschlafes.
In früheren Zeiten machte ich mir oft einen Spaß daraus, bei Kopien der Reisegenehmigungen die Daten zu ändern. Unten ist ja der Stempel der Touristenbehörde drauf ohne Datum. Mit Tippex konnte ich die Reisetermine herauslöschen und auch meinen Namen. Beim Fotokopieren kamen die vielen Blätter immer so schlecht aus dem Kopierer, dass die Ausbesserungen nicht erkannt werden konnten. Und ich erfand jedesmal auch neue Namen für mich, damit ich über die Kopien bei einer Überprüfung nicht ausfindig gemacht werden kann. So heiße ich Aloisia Hintergruber oder Afra Wurzelbrum oder Ludovika Bernstein. Olaf und ich machten uns immer einen Spaß daraus, uns die unmöglichsten Namen zu geben, die die Kontrolleure gar nicht aussprechen konnten. Einmal allerdings waren wir zusammen unterwegs, er hieß Kreszenzius Wammerl, ich Ehrentrudis Bräuling. Da vermuteten wir im Sammeltaxi einen Geheimdienstler, weil dieser unsere Pässe sehen wollte. Uns rutschte das Herz in die Hose. Wenn er auch nach unseren Reiseberechtigungen gefragt hätte, wären wir aufgeflogen. Seitdem gehe ich jedesmal wieder schön brav zu der Touristenbehörde.

Am Bootshafen von Salif ist die Anlegestelle zur Überfahrt nach Kameran. Genau dort liegt ein stillgelegtes Industriegelände für Meersalzgewinnung. Ein riesiger Berg aus Salz ruht hier auf Halde, und die Anlage mit ihren Förderbändern und Schüttvorrichtungen rostet leider vor sich hin. Direkt am Ufer ist die Hütte, wo wir auf unser Boot warten. Meist komme ich mit Magda. Hier holt uns Mohammed ab oder einer seiner Angestellten, wenn er nicht da ist. Ein schönes, 8 Meter langes Boot mit Außenbordmotor aus weißem Glasfiber bietet Platz für Gäste, für Essen und, wie schon erwähnt, auch für Baumaterial vom Festland. Wenn wir auf das Boot warten, spähen wir natürlich immer in die Richtung, aus dem es kommen wird. Sind Fischer bei uns, dann halten sie auch Ausschau. Und jedesmal erkennen sie das Boot schon meilenweit, bevor unsere Augen das nur erahnen können. In der Wüste ist mir das auch aufgefallen, dass die Adleraugen von den Beduinen wie die Raubvögel zehnmal früher in der Ferne etwas erkennen können als wir.
Über einige Jahre erstreckt sich die Bautätigkeit auf Kameran. Zum ersten Weihnachtsfest kommt Magda nach längerem Sanaa-Aufenthalt auf ihre geliebte Insel – und da steht als Geschenk eine Tihamahütte. Traditionell gebaut mit einem Holzgerüst, mit Reisig und Stroh und mit Palmschnüren und Palmblättern. Sie hat einen Durchmesser von vielleicht 3,5 Metern und ist bis zur Spitze hin vielleicht noch etwas höher. Eine Türöffnung und zwei Fensterchen lassen den Meerblick frei. Der Boden ist mit einem Bröselgemisch aus Muscheln eingestreut. Ist uns der Wind draußen zu heftig, dann sitzen wir zum Essen in Magdas traditioneller Oscha, dem Nest. Durch die zwei Fensteröffnungen ist der Wind trotzdem immer noch so heftig, dass er einem die Suppe vom Löffel bläst. Wirklich.
Im Laufe der Zeit kommen immer weitere Hütten dazu, sodass die Militärzelte nicht mehr gebraucht werden. Das wunderbare Restaurant ist eines Tages auch fertig, mit Blick auf das blaueste Meer aller Zeiten! Immer wieder verbringe ich hier ein Wochenende oder auch mal eine ganze Woche, trotz langer Anreise. Als ein Arzt in Deutschland bei mir einen viel zu hohen Blutdruck feststellt, muss ich etwas dagegen tun. Erwäge eine Ayurvedakur auf Sri Lanka. Nein, nix Öl auf mein Haupt und nur Tee – ich fliege in den Jemen und verbringe

volle drei Wochen auf der Insel, teilweise alleine mit den Wächtern und einem Koch, dem dicken Sami, mit dem Ziegenbock Hannibal und vielen Seeadlern. Magda kommt auch einige Zeit hinzu. Sie findet immer Arbeit, näht für ihre Hütten neue Vorhänge und Tischdecken. Wir sind weit und breit alleine auf einem weiten Land und dem endlosen Wasser vor uns. Vormittags sitze ich am Labtop und verfasse Texte, mittags überwacht Magda, was Sami kocht, und wir essen zusammen. Ich beobachte im Gebälk des Restaurants ungerührt eine Ratte, es gibt geschmuggeltes Bier vom Festland, und nach dem Mittagsschlaf ist das Meer angesagt. Wir sitzen am Strand, meist in derselben Bucht und fädeln Ketten mit dem Muschel- und Schnecken- und Korallenmaterial, auf dem wir gerade sitzen. Gehen ins Wasser, denn so ab vier haben die Unterwassertiere genug von ihrer Mittagspause und gehen auf die Jagd. Zurück dann zum Sonnenuntergang, Magda kocht das Abendessen, und ab und zu sitzen wir draußen in der Nacht, weit weg vom Camp, mit zwei Stühlen und einem Tischchen und manchmal auch mit einer Flasche Wein und schauen uns auf dem Labtop einen Film an. Natürlich immer einen Liebesfilm.

„Meine Hütte" wählte ich an entlegendster Stelle. Die Gischt spritzt bis an die Reisigwände. Ich habe einen Boden aus Beton. Er ist immer nass, trocknet auch nicht tagsüber, so feucht ist die Luft. Ich schlafe unter einem Moskitonetz. Mücken gibt es bei dem ständigen Wind keine, aber Skorpione, Schlangen, Spinnen und Ratten. Einmal sitzt eine nachts auf dem Tischchen neben dem Bett und schaut mich aus einem halben Meter Entfernung an. So bin ich froh um mein Netz. Meine Graphitstifte werden angenagt, auch Seife und einmal sogar ein teures Unterwäscheteil.

Manchmal fährt uns Mohammed in Magdas Wadi. Ihre Lieblingsstelle. Es senkt sich genau in der Mitte der Insel ab. Diese Vertiefung von vielleicht 3 Metern genügt, um Palmen und weiteren Gewächsen die nötige Feuchtigkeit zum Leben zu geben. Und es zeigt an, dass es hier Wasser gibt. Eine große, unterirdische Süßwasserlinse, schon von den Engländern entdeckt. Diese versorgt die ganze Insel und wird so schnell nicht versiegen. Der Name „Kameran" könnte auf arabisch zwei Monde bedeuten – von oben gesehen münden bei den

Mangrovenwäldern im Norden zwei wie Halbmonde gebogene Landzungen ins Meer. Ja, die Mangroven. Wenn es keine zu hohen Wellen gibt, wollen wir die Mangroven erkunden. Fahren mit dem Boot die Küste entlang, kommen zu einer der beiden Militärkontrollen auf der Insel. Wieder mürrische, genervte Soldaten, die alles übergenau nehmen. Die Mangroven stehen nicht auf unserem Tesrir, dem Berechtigungsschein, wie auch? Mit goldenen Zungen werden sie immer überredet, uns durchzulassen.
Ein Bakschisch heitert die dumpfen Wächter auf, und sie winken uns durch. So tuckern wir weiter an der Küste entlang. Gleich sind wir in dem Labyrinth von Kanälen und Kanälchen angelangt. Manchmal laufen wir fast auf Grund, müssen rückwärts wieder hinaus und weiter zur nächsten Bucht. Bunte Vögel tummeln sich in den hohen Baumkronen. Die Baumstämme der Mangroven stehen im Meerwasser, mögen oder vertragen das. Sie bilden oberhalb der Wassergrenze Luftwurzeln, welche sich dann unter Wasser im Schlick als richtige Wurzeln verankern. Höher auf den Landzungen stehen auch andere Bäume, wahre Riesen, und viele blühen in exotischer Vielfalt. Und Vögel über Vögel. Vom kleinen Kolibri zum Ibis, vom Falken bis zum Seeadler erfreuen sie unser Gemüt. Mit dicker Salzkruste bedeckt kehren wir glücklich zurück in unser Domizil.
Gegenüber auf dem Festland werden auf einem Militärgelände große Radarschüsseln montiert. Eine ganze Anlage soll in der Tihama bei Zabid vor feindlichen Aktivitäten schützen. Großartig in den Zeitungen kommentiert, wird im ganzen Land die Neuerung gefeiert. Nach drei Monaten kommen Meldungen, dass das Radar nicht funktioniert. Nach weiteren drei Monaten steht fest, dass die Reflektoren einfach abgestaubt werden müssen. Was aber niemand tut. So verlottert ein teuer finanziertes Stück Abwehr im Wüstensand.
Dazu noch eine nettes Geschichtchen: Der nachmittägliche Sandsturm an der Küste des Festlands ist immer so heftig, dass es Mode geworden ist, mit einer Taucherbrille draußen herumzulaufen.
Mohammed ist beliebt. Auf der Insel und landauf wie landab. Es kommen für ihn oft jemenitische Freunde, auch aus den arabischen Botschaften von Sanaa. Daher stammt unser Alkoholvorrat. Es sind die Gastgeschenke, immer in Zeitungspapier eingewickelt, damit

Allah nicht sehen kann, was da transportiert wird. Diese Gäste haben es mit dem Schwimmen weniger. Sie haben ihren Khat dabei. So sitzen sie auf Decken am Ufer, kauen bedächtig, trinken dazu das nötige Wasser, unterhalten sich über Wichtiges und Belangloses und schauen in die Ferne. Kommen Ausländer aus Sanaa, geht es munterer zu. Hier am Strand kann man sogar im Badeanzug ins Wasser gehen. Um die Hütten herum wird das nicht gerne gesehen und im Restaurant schon gar nicht. Da sind die Angestellten, denen natürlich bei zu viel präsentierter Weiblichkeit die Augen herauskugeln. Selbst in der etwas freieren Tihama ist es für die Bevölkerung schockierend, dass Europäerinnen sich unter freiem Himmel in einem Badeanzug, für sie total nackt, bewegen. Die ehemaligen Herrenbadehöschen sind inzwischen sogar in Europa verpönt. Eine ordentliche Männerschwimmhose ist in Shortform, ist weit und hat Hosenbeine bis zum Knie. Es darf hier um Himmels Willen nichts Ähnliches wie ein *Club Méditerranée* entstehen. Im Dorf sind unsere Sitten natürlich bekannt. Die sicher nur deshalb toleriert werden, weil Mohammed sehr beliebt ist, weil er wohl Überzeugungsarbeit geleistet hat und weil er Arbeitsplätze schafft, und klar: Er sorgt dafür, dass sich keine Spanner herumtreiben. Sollten sich tatsächlich einmal ein paar Jugendliche auf die Lauer legen, dann verjagt er sie mit Gewehrschüssen. Die natürlich über sie hinweg gehen.
Von Zeit zu Zeit fährt er mit seinem Pickup in eine weiter entfernt liegende Bucht. Sie ist vom Zentrum der Ferienanlage nicht einsehbar. Er hält Ausschau nach Vietnamesen, die immer wieder mit einem Boot hierher kommen, um Zierfische zu wildern. Das ist von der Regierung her streng verboten. Trotzdem finden die bei irgendeiner Mafia angestellten Räuber immer wieder unbewachte Ufer. Mohammed ist oft nicht vor Ort; so ist die abgelegene Bucht für das Schwarzfischen sehr geeignet. Ich darf mit auf die Erkundungsfahrt – und sein Gewehr. Tatsächlich liegt ein Boot vor Anker und zwei Kerle stehen im brusttiefen Wasser. Sie tragen langärmelige T-Shirts und lange Unterhosen, wie sich dann herausstellt. Haben enge Kapuzen auf, Taucherbrillen und Schnorchel, und ihre Köpfe sind unter Wasser. Sind dabei, in Plastiktüten kleine Fische einzusammeln, welche an der Oberfläche treiben. Wir schauen ihnen eine Weile zu,

dann schießt Mohammed in die Luft. Vor Schreck erstarrt tauchen sie auf. Ein weiterer Schuss vertreibt sie. Und wie die abhauen! Die Wilderei geht so vor sich, dass Gift ins Wasser geben wird. Im Umkreis von 50 Metern werden die kleinen Fische damit betäubt, sodass sie gemächlich für unsere Aquarien eingesammelt werden können. Die Kerle stehen aber auch in dem Giftwasser und das stundenlang, wenn sie niemand stört. Eine hohe Lebenserwartung dürften sie nicht haben. Für diesen verbotenen Job melden sich nur die Ärmsten der Armen. Die Auftraggeber selbst werden reich davon, und sie gehen im wahrsten Sinne des Wortes dabei über Leichen. Wenn wir in Zoohandlungen die süßen kleinen Fischlein sehen in Gold und Blau und Rot und Grün, dann könnten sie durchaus aus unseren kameraner Gewässern stammen.

Ab 2011 wird im Jemen die Sicherheitslage kritischer. Deshalb kommen immer weniger Gäste ins Feriendorf. Das bedeutet auch, dass nichts mehr daran verdient werden kann. So begibt sich Mohammed schweren Herzens wieder nach Sanaa. Magda und er eröffnen in der Innenstadt ein Restaurant, gedacht für Westler und deren westlichen Gaumen. Schön ist es geworden und liebevoll. Aber auch hier sind immer weniger Ausländer unterwegs. Alle haben Angst vor Entführungen. Und die entsprechende Szene ist, weiß Gott, brutaler geworden. Al Qaida ist am Werk und die ISIS auf dem Siegeszug. Und die fackeln nicht lange. Das Feriendorf auf Kameran liegt verwaist. Nicht einmal Wächter passen darauf auf, sie können nicht bezahlt werden. Als das Restaurant in der Hauptstadt geschlossen werden muss, arbeitet Mohammed in einer Garküche. Er steht am Gaskocher, einem wahren Flammenwerfer, und kocht Ful, die Leib- und Magenspeise der Jemeniten. Aber auch damit geht es nicht weiter. Es gibt keine Gasflaschen mehr, und ohne Gas kein Ful. Magda ist schon längst in Deutschland, arbeitet als Hebamme. Die Kinder sind aus dem Haus, leben in Sanaa und in Mahwit. Mohammed folgt Magda schließlich nach Deutschland. Dort ereilt ihn ein Schlaganfall; er liegt vier Wochen im Koma und stirbt. Magda lässt ihn in sein geliebtes Heimatdorf überführen. Sie selbst konnte nicht mit. Es wäre Selbstmord gewesen.

Leck

Weilakum!

Wehe euch!

ويل لكم

Das wichtigste Heiligtum des sabäischen Reiches war der Awam-Tempel. Als Staatsheiligtum dem Gott Almaqah geweiht, war er die wichtigste sabäische Pilgerstätte. Eine ovale Mauer umschloss den riesigen Tempel, welcher vom 7. Jahrhundert v. Chr. bis zum 4. Jahrhundert n. Chr. kultische und politische Bedeutung hatte.
Ungefähr um 1950 gelang es dem Amerikaner Wendell Phillips, vom damaligen Imam Ahmad für diesen im Wüstensand entdeckten Tempel im Herzen von Saba eine Grabungslizenz zu bekommen. Viele kostbare Funde und Inschriften wurden geborgen. Die südarabische Geschichte konnte dadurch ein Stück mehr rekonstruiert werden. Unter erschwerten Bedingungen war dem Archäologen das Glück aber nicht hold. Ärger mit den umliegenden Stämmen verschärften die Sicherheitslage. Durch ein tragisches Unglück wurde ein Arbeiter von einem umstürzenden Pfeiler erschlagen. So floh das Team bei Nacht und Nebel und rettete sich ins ehemalige Britische Protektorat im Südjemen. Wendel Phillips verstarb 1975 in Amerika.

Südlich des Tempels schloss sich unmittelbar die Awam-Nekropole an. Die Ausgrabungen dort sind nahezu erschöpft. Trotzdem schlummern noch Abertausende von Fundstücken im südarabischen Sand. Aber aus wissenschaftlicher Sicht werden keine neuen Erkenntnisse mehr erwartet. Mit weiteren Verhandlungen erreicht Iris die Genehmigung zu einer Ausgrabung 40 Kilometer weiter Richtung Südwesten in den Bergen: in Sirwah! Dort schläft eine verschüttete Stadtanlage im Erdreich. Die Ruinen stammen aus dem ersten Jahrtausend vor unserer Zeit. Sie waren neben Marib das wichtigste

Zentrum des Reiches von Saba. Die antike Stätte weist an der Oberfläche Spuren von Wohnhäusern und Administrationsgebäuden auf, und ein großartiges Tempelareal zeigt sich. Dieses umschließt eine gewaltige, gut erhaltene Rundmauer bis auf nahezu 10 Meter Höhe. Sie umschließt den 700 v. Chr. errichteten Almaqah-Tempel. 2003 darf nun begonnen werden, dort ein Stück Geheimnis des altsabäischen Reiches zu lüften.
Jahre vorher hatte ich diese gewaltige Mauer Stein für Stein gezeichnet. Damals, in den späten Neunzigerjahren des letzten Jahrhunderts, wurden die ersten Entzerrungsversuche von Architekturfotos gemacht. Ich zeichnete die monumentale Rundmauer von den Fotos ab, im richtigen Maßstab zueinander.
Die Sirwahis sind sehr kriegerisch. Sie sind stolz. Sie hassen die Regierung. Gehören zu den ganz bösen Buben. Mit ihnen übereinzukommen sei utopisch. Iris gelingt es. Sie verhandelt mit den zuständigen Sheikhs und mit dem Bürgermeister. Sie trinkt Tee mit ihnen, sitzt mit ihnen im Wüstensand. Begeht mit ihnen das riesige Gelände. Sie weckt deren Interesse, dass Sirwah einen bedeutenden Beitrag zum Wiederaufleben der jemenitischen Geschichte leisten kann. Dass es Arbeitsplätze geben wird. Dass es Touristen bringen wird, verbunden mit Geldeinnahmen. Die Würdenträger hat sie überzeugt.
Wir alle sind elektrisiert. Können den Grabungsbeginn fast nicht erwarten, fiebern daraufhin. Und endlich, endlich sind wir mit mehreren Autos unterwegs zu neuen Ufern. Eine Militärbegleitung ist nötig, denn die Straßen sind Niemandsland. Kein Beduine kann uns da schützen. So fahren wir im Konvoi, ein Militärauto mit Maschinengewehr vorne weg und eines hinter unseren zwei Grabungsautos. Das dürfte Abschreckung genug sein. Eine Familie hat ihr Bauernhaus für uns freigeräumt, will für die Grabungsdauer in einem großen Zelt leben. Die Miete ist gut und garantiert ihnen ein bisschen mehr Wohlstand. Wir richten uns ein, sind erst einmal nur zu fünft. Ich habe ein Einzelzimmerchen. Mit roten Brokatsamtstoffen dichte ich die Fenster ab. Die Küche nehmen Qassim und Fuad in Beschlag. Schubkarren und sonstige Grabungsgeräte sind schon die Tage vorher angekarrt worden.

Mitten in der Nacht werde ich von Iris geweckt: „Mach dich schnell fertig, wir müssen verschwinden!“ Ein Teil der Dorfbewohner ist aggressiv geworden, sie wollen uns nicht. Es droht Streit zwischen den beiden Lagern. Und wir sollen mit Waffengewalt vertrieben werden. Bevor es soweit kommt und wir im Schussfeld sitzen, packen wir leise, leise unsere Sachen zusammen, packen alles noch leiser in unsere zwei Autos, und bevor die Stänkerer es mitbekommen haben, sind wir verschwunden. Preschen mit Notgepäck ohne Militär in stockfinsterer Nacht Richtung Marib. Wie wir dort aufatmen!

Das war der erste Akt einer dann sehr erfreulichen und überaus fruchtbaren Zusammenarbeit. Denn zwei Wochen später starten wir einen neuen Versuch mit neuen Bedingungen. Bis 2011 laufen die Ausgrabungen. Für mich und uns alle eine wunderbare Zeit mit wunderbaren Menschen und wunderbaren Fundstücken! Die obersten Würdenträger erkennen das Potenzial ihrer Geschichte und sind uns wohlgesonnen, trotz ständiger Kämpfe mit Teilen ihrer Bevölkerung und allen möglichen Zwischenfällen.
Diese spielen sich teilweise direkt auf der Grabung ab. Irgendwelche Hitzköpfe fallen mit gezückten Messern urplötzlich übereinander her. Sofort versuchen die anderen Arbeiter sie zu trennen und zu beruhigen. Andere Zwischenfälle betreffen unsere Ausländergruppe mit versuchten Entführungen. Einmal befinden wir uns sogar zwischen den Fronten der schießwütigen Regierungstruppen und einem aufständischen Dorf. Richtig Angst haben wir nie. Wahrscheinlich dürfen wir diese gar nicht zulassen, sonst wären die Aufenthalte für schwache Gemüter unerträglich geworden. Unsere ständigen Witze über die und die Situation sind letztendlich nur Selbstschutz.
Wir legen uns sogar einen Spruch zurecht, sollten wir entführt werden. Wir lernten ihn auswendig, um im Fall der Fälle unseren Entführern entgegenschleudern zu können:
„Oh ihr Entführer, WEHE EUCH!!! WEILAKUM!!! Wir sind vom Stamme der Stärksten!!! WEILAKUM!!! Ihr seid ein Nichts!!! Die Rache wird fürchterlich sein!!! Gnadenlos werdet ihr zur Vergeltung vom Stamme der Stärksten niedergemetzelt!!!“ Nie mussten wir diese Verwünschungen anwenden. [Leider :-)]

Zu Mudirs Zeiten, als ich die Tempel-Mauer zeichnete und an der Anlage selbst eher nur herumgekratzt wurde, steht an einem der Schnitte plötzlich ein Fremder. Ein Weißer. Er spricht nicht, schaut nur. Es ist ein von den Sirwahis gekidnappter Amerikaner. Er hat tatsächlich Ausgang bekommen, darf sich auslüften, darf aber nicht sprechen. Ein Beduine bewacht ihn mit scharfem Blick. Ist ja rührend, dass der Arme mal aus seinem Gefängnis an die frische Luft darf. Ein großes Tuch des Schweigens liegt über dem Ganzen. Wir erfahren nur, dass der Mensch ein paar Wochen später von seiner Regierung freigekauft wurde.

Sirwah ist nur eine kleine Ansiedlung von mehreren Häusern als Kern und einem kleinen Suq. Drumherum liegen verstreut etliche Gehöfte, die einen wohlhabenden Eindruck machen. Felder mit Luzerne und etwas Weizen sind angelegt. Dattelpalmen ernähren die Familien mit ihren Früchten. Irgendwie erinnert die Ruhe, die hier über allem liegt, an biblische Zeiten. Natürlich täuscht das alles gewaltig. Denn die Regeln hier sind zwar auch biblisch, aber mit ihren gnadenlosen Gesetzen. Wer sich nicht daran hält, hat sein Leben verwirkt. Solch rigide Vorschriften entstehen zum Schutz einer Gemeinschaft. Wer aus der Reihe tanzt, gefährdet die verankerten Muster. Und das darf nicht sein. Bei solch harten Lebensbedingungen hat Güte keinen Platz. Jeder muss funktionieren, auch wenn Einzelne dabei untergehen.

In solchen Gesellschaftsformen arbeiten wir also. Mit unserem ganzen Verhalten und Auftreten müssen wir uns sehr bedeckt halten. Speziell wir Frauen vom Team haben uns „züchtig" zu verhalten. Harmlose kleine Flirts können große Probleme verursachen. So versuchen wir alle, keinen Anlass für Empörung zu geben. Umarmungen oder gar Begrüßungsbussis unter uns Ausländern sind tabu. Großes Gelächter ist aufreizend. Angemessene Kleidung ist sowieso Voraussetzung. Also keine kurzen Ärmel, keine Ausschnitte, Blusen bis ganz über den Hintern. Natürlich setzen wir Frauen bei den Wüstensöhnen etwas in Gang. Jeder Zweite will einen heiraten. Jeder

Zehnte traut sich, dies auszusprechen. Hinzu kommt, dass die westlichen Frauen ihren Ruf weghaben, und das spricht sich bis in das hinterste Beduinendorf herum. Wenn wir also diesen Vorstellungen von Einem-tief-in-die-Augen-Schauen und neckischem Herumschäkern nicht entsprechen, auch wenn uns so ein prachtvoller Gabili sehr gefallen könnte, dann erreichen wir so etwas wie Neutralität. Was dann fast mit Immunität zu tun hat. Fast.

Wir leben die kommenden Kampagnen in einem der für uns freigemachten Häuser. Die Grabung ist mit unseren Fahrzeugen in fünf Minuten erreicht. Ich komme nicht mit, sitze im Schatten des Hauses und zeichne hier. Einen Traumplatz habe ich. Die weite Landschaft wird von steil aufragenden Bergen umgeben. Alle sind vulkanischen Ursprungs. Es sind die erkalteten Magmakerne, die teils spitz in den Himmel ragen und ein dramatisches Panorama abgeben. Die frühen Morgen sind glasklar und kalt. Gegen Mittag kommen die Windböen um die Ecke, die sich manchmal zu ausgewachsenen Windhosen erheben und alles einstauben. Es wird sehr heiß, und langsam beginnt man sich auf die Mittagspause zu freuen. Erst am Abend legt sich der Wind wieder, und der Sonnenuntergang versöhnt einen mit dem sich neigenden Tag.

Nicht enden wollende Schwierigkeiten mit den Dorfleuten und unserer Bewachung auch nach ein paar Grabungs-Kampagnen verändern unsere Situation. So tut Iris nicht lange herum und beschließt, jeden Tag von Marib aus hin- und herzufahren. Sie organisiert Militärbewachung für die Überlandfahrten. Auf dem Niemandsland der Straßen wären wir Freiwild für alle Stämme. Während der Grabung sind die Wüstensöhne dran, uns zu bewachen. Es ist ihr Gebiet. Mit ihnen fühlen wir uns sogar sicherer. Nun müssen wir schon um halb fünf Uhr morgens aufstehen, um mit Katzenwäsche und den Schnellomletts von Qassim pünktlich zur Abfahrt um fünf Uhr bereitzustehen. Pünktlichst ...

Der Nachthimmel mit seinem Sternenzelt zeigt noch keine Anzeichen einer Dämmerung. Alle steigen schweigend in die Autos und los geht es. Müde sind wir. Alle hängen ihren eigenen Gedanken nach. Doch Holger, in dessen Fahrzeug ich immer sitze, legt eine CD in den Rekorder des Autos. Ordentlich aufgedreht, kommt das

Verdi-Requiem, kommt Schandmaul oder Loreena McKennitt, kommt Don Giovanni oder die Toten Hosen. Und gleich, welche Musik uns zwischen Wachen und Dösen erreicht, es ist großartig. Wir sind die Außerirdischen, welche durch die Vulkanlandschaft mit schwarzen Bergen, schwarzen Hügeln und schwarzem Wüstensand in den Morgen hineinfahren. Denn auf halber Strecke fängt es an zu dämmern. Dann erglüht es Richtung Sonnenaufgang und kurz vor sechs Uhr erhebt sich der Feuerball über den Horizont. Eine Stunde dauert die Fahrt. Wenn wir ankommen, hat es mitunter nur 7 Grad plus. Um sechs ist Arbeitsbeginn. Die Arbeiter warten schon und stehen zusammen um ein Feuerchen und wärmen sich. Kopf und Oberkörper haben sie dick eingemummelt, während die Füße in Badelatschen stecken, die Beine nackt sind bis hinauf zu den Unterhosen und nur ein ehemals weißes, langes Hemd darüber die Kälte abhält.

Doch gleich wird ihnen warm. Denn ihre Arbeit ist schwer. Viel Steine werden geschleppt, und Saleh Gaui, Saleh der Starke, brilliert wieder. Ich muss nun vor Ort zeichnen, denn die Sirwahis rücken die Funde nicht mehr heraus, sie müssen auf der Grabung bleiben. Wir bauen auf dem Gelände ein Magazin, dort drin sind nun die heiligen Stücke verwahrt. Und Sadiq hat den Schlüssel dazu. Sadiq Al Haq ist der Chef der Antikenverwaltung der Provinz Marib. Da stellt man sich einen integeren, aufgeschlossenen, interessierten und klugen Menschen vor. Weit gefehlt. Erzählt man eine Story über ihn, heißt es gleich, ah, der Irre. Und das ist er. Hat sich die Birne mit Khat versaut. Wenn er bei uns in Marib mit im Zimmer der jemenitischen Grabungs-Kommissare schläft, hört man bis nachts um drei lauteste Radiomusik, und die scheppert und dröhnt und krächzt aus seinem Billiggerät. Dann schläft er sich bis zehn Uhr aus. Wir haben also Glück, wenn er um elf auf der Grabung aufgetaucht ist. Dazu lässt er sich einfach von einem Militärfahrzeug hinbringen. Dann schlurft er über die Grabung, hat sicher nur den Sinn in Richtung Mittags-Khatration. Er hat ein irres Lachen. Man weiß nie, worüber. Er ist kindisch. Das beweist ein Vorfall, den er sich eines Tages leistet: Ich zeichne auf der Grabung im Schatten eines Blechdaches. Habe auf dem Hin- und Herweg von Marib immer in einem Blech-

koffer mein Zeichenzeug dabei. Ein Klapptisch und ein drehbarer Bürostuhl gehört zu meinem Freiluftbüro mit den dramatischen täglichen Klimawechseln. Diese Möbelstücke werden im „Turm" auf dem Grabungsgelände bis zum nächsten Morgen aufbewahrt.
Auf diesen meinen Bürostuhl hat es Sadiq abgesehen. Er setzt sich drauf und lässt sich von einem Arbeiter immer schneller herumdrehen. „Mach schneller, mach schneller!" Der Stuhl steht auf unebenem Boden, wackelt bei den Drehungen also beträchtlich. Ich fürchte, dass der Depp ihn kaputtmacht. Ich will den Stuhl in den dafür vorgesehenen Raum bis zum nächsten Tag einsperren. Sadiq gibt ihn mir nicht heraus, lässt sich weiter drehen. Ich stoppe ihn nach einer Weile wütend, zerre den Stuhl unter ihm heraus und scheuche ihn weg. Das hat er mir nicht verziehen. Vor allen Arbeitern wird er lächerlich gemacht. Zur Strafe erscheint er drei Tage nicht auf der Grabung und rückt auch über Vermittler den Schlüssel zu meinen Funden nicht heraus. So ein Typ ist er. Allerdings gibt es noch eine andere Seite von ihm. Er liebt Isolde, eine unserer Archäologinnen. Sie ihn erst nur ein bisschen, als Stück von einer Männertorte, dann von einem größeren und dann immer mehr. Und wo tauschen sie sich aus? In meinem Mariber Vorzimmer. Ich halte natürlich den Mund. Und das weiß er. Das sind aber nur die harmlosen Seiten von ihm. Iris kann von anderen ein richtiges Liedchen singen. Eine ganze Oper. Er ist unberechenbar, unzuverlässig, intrigant, hat sich sein Oberstübchen mit Alkohol und Khat kaputt gemacht.

Allerdings ist in diesem konservativen Land eine Liebesbeziehung nicht auf die leichte Schulter zu nehmen. Wenn der Antikenverwaltung Sadiqs nächtliches Treiben zu Ohren gekommen wäre, hätte er seinen Job verlieren können. Doppelmoral ist auch hier kein Fremdwort. Und Ehebrecherinnen werden immer noch zum Tod verurteilt. Sie werden über die Hüfte eingegraben und gesteinigt. Zwar kommt das nur noch in ganz abgelegenen Dörfern vor, aber zu meiner ersten

Zeit standen solche Hinrichtungen in der Zeitung. Ehebrecher haben den Vorzug und werden „nur" erschossen. Man muss sich mal vergegenwärtigen, wer die Steine wirft. Es sind aufgebrachte Nachbarn oder mordlüsterne Fundamentalisten, wie bei den Tribunalen im späten Mittelalter bei uns im Abendland. Allerdings müssen die Ehebrecher zweimal verwarnt worden sein. Bei weiterem Erwischtwerden haben sie ihr Leben verwirkt.
Einer unser Regierungsvertreter hat sich während einer Grabung in Alma verliebt. Samirs Werben fällt auf fruchtbaren Boden, und so fangen die Probleme schon an. Auf einer Grabung sind Heimlichkeiten schnell keine Heimlichkeiten mehr. Für Jemeniten sowieso nicht. Sie können fast Gedanken lesen. Lesen alles aus Gesicht und Körperhaltung, wissen, wenn man schlecht geschlafen hat, wissen, wie man seelisch drauf ist. Sehen es einem sogar an, wenn man seine Periode hat. Von klein auf geübt, auf die ganze Körpersprache zu achten, erkennen sie sofort eine total verschleierte Frau aus hunderten heraus. Deshalb hätte es auch gar keinen Sinn, wenn man sich als Frau aus dem Westen mit einer Vollverschleierung tarnen würde, um sich vor Entführungen zu schützen. Unser Gang ist ein anderer. Das machen sich inzwischen sogar die Terroristenfander an Flughäfen zunutze. In einer Menschenmenge erkennt ein Computer mit einem speziellen Programm die anderen Bewegungsabläufe von arabischen Menschen.

Samir und Alma planen, nach der Grabung mit einer Reise den Jemen zu erkunden. Malen sich das wunderschön aus. Endlich alleine. In Taizz angekommen, glaubt Samir, einen Geheimdienstler erkannt zu haben. Glaubt, dass dieser auch die fremde Frau an seiner Seite registriert hat. Wenn dem wirklich so wäre, würde er von der Antikenverwaltung eine Kündigung erhalten, immerhin ist er verheiratet. Was mit Ehebrechern darüber hinaus noch passieren kann, wissen wir ja inzwischen. Völlig konfus flüchten die beiden nach Khokha ans Rote Meer. Samir sieht auch hier überall Beobachter, dreht schier durch, was dem Honeymoon nicht gerade dienlich ist. Auch von da reisen sie überstürzt ab, und Samir atmet erst auf, als seine Angebetete endlich im Flieger sitzt.

Da Hormone auch zwischen Ausländern und Ausländerinnen arbeiten, tut sich hier immer etwas. Meistens sind es nur Ausrutscher, auch wenn man es sich vorher ausdrücklich selber sagt: „Bitte keine Sperenzchen.“ Frust mit zuhause, und schon hat die Mondsichel den zarten inneren Kompass am Bandel. Aber es ist immer schwierig und auch immer frustrierend. Bei den Jemeniten sammelt man als Frau damit keine Punkte. Im Gegenteil, sie werden lüstern und wollen von so einem „Flittchen" auch etwas abbekommen. Und ich weiß von keiner unserer Grabungen, wo sich zwei fürs Leben gefunden hätten. Für sexuelle Abenteuer im jemenitischen Lager gibt es natürlich auch in der so frommen islamischen Gemeinde ein Hintertürchen. Man kann eine Kurzehe eingehen, vom Imam abgesegnet, und sich nach einer Woche wieder scheiden lassen. Dann hat Allah nichts dagegen. Wahrscheinlich muss dafür aber ein sehr fettes Bakschisch die himmlischen Mächte etwas geneigter machen.

Inzwischen gibt es nochmal eine neues Institutsgebäude in Sanaa. Ein Chef der GTZ wohnte in einem der prächtigsten alten Paläste in der Altstadt. Als sein Aufenthalt zu Ende ging, bot er es Iris an. Zuerst war es nicht ganz klar, ob und wie sich das wunderbare Gebäude von seiner Struktur her für das Institut eignet. Aber Iris tüftelte die ganzen Gegebenheiten, vor allem das Parkproblem, gründlich durch, und siehe da, es wurde unser wunderschönes Institut mit Bibliothek, Gästetrakt und Garten. Viele Feste sind hier schon gefeiert worden und alle Besucher und Besucherinnen begeistert das altjementische Ambiente und die liebevolle und zweckmäßige Gestaltung.

Am freien Freitag in Marib sind wir alle meistens so geplättet, dass es zu einem größeren Ausflug nicht reicht. Aber zum Sonnenuntergang noch kurz auf die große Sanddüne macht großen Spaß. Zwei Wächter müssen mit. Das Tal und die Dünen sind im Feindesland. Wir fahren Richtung Alt-Marib, an einer von einem Kamel angetriebenen Ölmühle und an Orangenplantagen vorbei, lassen die Straße zum neuen Damm rechts liegen. Richtung Harib nach Süden und dann links hinein in die Wüste. Die Piste verläuft im Tal zwischen der vielleicht 10 Kilometer langen und 150 Meter hohen Düne nun zur Linken. Rechts ist ein richtiges Fels-Gebirge. Unsere Düne ist keine Wanderdüne. Das heißt, dass sie ihren Standort nicht verändert. Nur an der Oberfläche werden die Sandwellen je nach Windstärke und Windrichtung geformt. Ich vermute, dass sich tief im Innern Felsformationen als Anker befinden, die unserer Düne einen festen Stand geben. Wanderdünen lassen sich mit dem Wind treiben. Sie können allerdings auch eine enorme Höhe erreichen.
Wir parken unterhalb der höchsten Erhebung unseres Ziels. Für die Wächter ist nun höchste Aufmerksamkeit angesagt. Denn der andere Stamm schläft nicht. Und ein Lösegeld für ein paar von uns könnte ihn reich machen. Ohne Bewachung wäre es ein Leichtes, uns zu schnappen. Aber unsere Bodygards zeigen an, dass wir so ohne weiteres nicht zu haben sind. Und das schreckt ab. Wer nun immer mitgekommen ist, steigen, waten, schlittern, rutschen, eiern wir durch den Sand hinauf. Die Flanken sind steil, sodass der Aufstieg ziemlich anstrengend ist. Zwei Schritte vor, einen zurück. Wenn man im Tiefschnee einen Berg hinauf stapft, ist es ähnlich. Oben werden wir belohnt mit einem weiten Blick nach Norden in die freie Wüste. Sie liegt wie ein Wellenteppich unter uns und erstreckt sich bis zum Horizont. Das schöne Abendlicht färbt alles in sanfte Töne. Richtung Süden verschattet sich die Bergsilhouette von der untergehenden Sonne dahinter ins Schwarz und so wird es Zeit, unserem kindlichen Vergnügen nachzugehen: Denn wir sind alle mit einer größeren Plastiktüte ausgerüstet. Und auf diese setzen wir uns nun und rodeln den steilen Sandberg hinunter. Mit den Fersen kann man etwas bremsen und steuern, manchmal bleibt man mit einem Riesensandhaufen unterm Hintern stecken, aber gleich geht es weiter und im Hui sind

wir unten angelangt. Die Skorpione im warmen Sand schütteln sicher nur ihre Köpfe. Zum Zustechen waren wir ihnen zu schnell.
Sind wir etwas unternehmungslustiger, dann klettern wir nach dem langen Freitagsfrühstück auf Hügelketten, welche sich weit ins Land dahinziehen. Oben auf ihren Kuppen stehen im Abstand von ein paar 100 Metern kleine Tumuli. Es sind prähistorische Gräber. Aus Steinplatten gebaut stehen sie da, weithin sichtbar, wie aufgereihte Gebetsschnüre. Sie sind leer, weder menschliche Gebeine noch Grabbeigaben haben sich erhalten. Schon in antiken Zeiten dürften diese luftigen Ruhestätten geplündert worden sein. Immer wieder entdecken wir weitere Tumuliketten fernab von Wegen und Besiedlungen. Was veranlasste unsere jemenitischen Vorfahren, ihren Verstorbenen solch wunderbare Bestattungskuppeln zu bauen? Ein weiter Blick in die Ferne, umgeben von Licht und Luft und Wind, von Gluthitze und Kälte wurde ihnen geschenkt – fern vom Leben ihrer Hinterbliebenen.

Eines Tages muss Iris früher von der Grabung nach Marib zurück. Sie fährt mit dem großen Mercedes, und ein paar von uns quetschen sich mit hinein. Ich inklusive. Wir fahren ohne die zwei Militärautos mit ihren aufgepflanzten Maschinengewehren, weil sie die anderen mittags begleiten sollen. Aber ein Soldat mit seinem Gewehr findet ganz hinten auf der Fläche für Gepäck Platz. Wir sind noch nicht aus dem Gebiet der Sirwahis herausgefahren, steht oben an der Erhebung mitten auf der Straße ein Typ mit einer auf uns angelegten Kalaschnikow. Iris fährt ganz langsam an den Straßenrand. Dreht die Scheibe herunter. Der Harami, der Räuber, rennt um das Auto herum und reißt die Fahrertüre auf. Er legt wieder auf uns an und fordert Geld. Und ausgerechnet heute hat Iris einen ganzen Packen Geldscheine dabei. Es sind an die 5.000 Dollar in Rial, der Grund, warum sie vor Bankschluss noch nach Marib kommen wollte. Also ein ganz schöner Packen. Die ordentlich aufeinandergelegten Scheine hat sie einmal gefaltet und in ihre Jeanshosentasche gesteckt. Bei so einem Überfall wird nicht verhandelt. Man zahlt. Sie kann dummerweise keine einzelnen Scheine aus dem Bündel herausziehen, nur das komplette.

Ihr Zögern dauert ein paar Sekunden, um in dieser Situation Zeit zu gewinnen. Dann überreicht sie dem sicher sehr verdutzten jüngeren Mann die ganze Habschaft. Seine Augen quellen über – mit so einem Erfolg hat er nicht gerechnet. Wir alle sind natürlich schreckerstarrt. Nicht der Soldat hintendrin, der öffnet die beiden Flügeltüren, springt heraus und rennt, als ob der Teufel hinter ihm her wäre, in die Prärie. Nun stottert der Räuber so etwas wie eine Entschuldigung heraus, er brauche Geld, und bedeutet uns mit seinem Gewehrlauf, dass wir entlassen sind. Iris wendet behutsam, dann prescht sie mit Vollgas zurück auf die Grabung. Wir alle sind zu paralysiert, um im Nachhinein noch die Nerven zu verlieren. Iris ans Handy, denn schon zu dieser Zeit hatte jeder unserer Wüstensöhne eins. Sie ruft aufgebracht den Bürgermeister Said an. Und bereits nach 15 Minuten sind alle Verantwortlichen der Region auf der Grabung versammelt. Mit ernsten Gesichtern debattieren sie leise mit Iris.

Ihr Netzwerk reicht weit, und am nächsten Morgen ist das Geld zurück! Tatsächlich! Zuerst fuhren die Zuständigen in aller Frühe zu der Stelle, wo der bewaffnete Raub stattfand. Auch der Grundbesitzer des Geländes ist dabei. Nach dortigem Recht ist er mit verantwortlich. Die alten Spürnasen untersuchen das Stoppelfeld, finden Fußspuren, andere als die vom Soldaten, folgen diesen. Sie führen schnurstracks auf ein Gehöft zu. Die ganze Abordnung wird schon von Weitem entdeckt, und der Hof-Älteste empfängt sie. Die erzählte Geschichte weist zu seinem Sohn. Er sei labil und teilweise nicht ganz bei Trost. Trägt aber eine Waffe. Der Vater ist so außer sich über die Schande, dass er seinen Sohn töten will. Auf der Stelle. Iris greift ein. Es reiche, wenn das Geld wieder auftauche. Der Sohn hatte vorsorglich schon vorher das Weite gesucht. Im Khatmarkt von Sirwah wird er gefasst. Hat da ein paar Scheine verprasst. Den Rest zieht er aus seiner Tasche. Voilà!

Am nächsten Tag ist keine Rede mehr vom Erschießen des Täters. Dafür hat der arme Soldat eine große Tracht Prügel bezogen, weil er aus Angst einfach davongerannt war. Wir sind ihm dafür aber sehr dankbar. Denn wäre er auf Konfrontation gegangen, wie hätte das enden können! Der arme Kerl tut uns leid, so blaugeschlagen, wie er aussieht.

Einen weiteren Vorfall gibt es, haarscharf an einer Entführung vorbei. Holger fährt uns von der Grabung nach Hause. Er wundert sich, als ein Pickup zum Überholen ansetzt, das Auto dann aber auf gleicher Höhe bleibt und deren Insassen auffällig in unser Fahrerhaus schauen. Im Nachhinein wissen wir es: Sie haben Ausschau nach Waffen gehalten. Als keine Kalaschnikow sichtbar auf irgendeinem Schoß liegt, preschen sie weiter. Nach 100 Meter wendet der Pickup, schneidet Holger schräg den Weg ab, sechs Kerle springen von der Ladefläche mit ihren Knarren. Holger bremst jäh, dass die Reifen quietschen. Unsere schneidigen Wegelagerer nehmen nun an, dass wir klein beigeben. So springen vier sofort wieder auf ihre Karre, es muss ja schnell gehen. Die anderen zwei kommen auf uns zu, die Waffen in Hüfthöhe auf Anschlag. Aber Holger gibt Vollgas. Rast um die Sperre herum. Ich sehe noch die verblüfften Gesichter der beiden Möchtegernräuber. Holger lässt den Fuß nicht vom Gaspedal, prescht in Staubwolken Richtung Marib. Wir ducken uns, ziehen die Köpfe ein, sind vor Schreck stumm und erstarrt. Aber kein Schuss folgt.

Und noch eine Räubergeschichte. Wir sind mit unseren zwei Autos am freien Freitag auf einem Ausflug unterwegs. Auf einer Passstraße mit Felswänden kommt uns ein Auto entgegen. Auf unserer Höhe bremst es ab, fährt dicht an uns heran und checkt die Lage, ob wir bewaffnet sind, wie wir es inzwischen schon kennen. Wir sind es. Seit dem letzten Vorfall sitzen die Wächter immer in jedem unserer Autos mit gut sichtbaren Gewehrläufen. Trotzdem drehen wir sofort um. Entführungen werden inzwischen meist per Handy organisiert. Und wahrscheinlich wartet hinter der nächsten Kurve schon das für die Entführung vorgesehene Auto. So gehen wir kein Risiko ein. Bei uns sitzt Mohammed, ein sehr netter, feiner Mensch, einer unserer Regierungsvertreter. Er stammt aus einem Nachbardorf unserer Grabung. Er erkannte einen der Insassen der Kundschafter, welche die Lage sondierten. Es ist einer aus seinem Dorf.

In einer sofortigen Geheimsitzung mit Iris, dem Sirwaher Bürgermeister Said und Sheihk Ahmad gibt Mohammed seine Erkenntnis preis, dass es sein Dorf auf uns abgesehen hat. Wir wären fette Beute. Der Beifahrer des Erkundungsautos hatte Mohammed aber auch erkannt. So dürften die Dörfler von Al Karima in wenigen Kilometern Entfernung ebenfalls Geheimsitzungen abhalten. Die Sache geht bis nach Sanaa zum Innenministerium. Mohammed sitzt als Häuflein Unglück bei uns herum. Er kann in sein Dorf nicht zurück. Als Verräter würde er umgehend erschossen werden. Seine Frau darf nicht zu ihm, sie ist zur Geisel geworden. Am nächsten Morgen rücken bewaffnete Dörfler in ihrer Wut in Richtung unseres Grabungshauses. Wir sind in Alarmbereitschaft. Nachts war alles ruhig, aber nun walzt sich auch das Militär mit ihren kanonenbestückten Panzern in die Szene. Sie sind auf uns gerichtet. Wahrscheinlich wollen sie uns auf diese Weise befreien. Es schießen dann aber doch nur die Kalaschnikows auf beiden Seiten. Über ein paar Stunden geht das Geballere zwischen den Soldaten und den Stammeskriegern hin und her. Wir sind unmittelbar oder irgendwie dazwischen.

Für diese Kampagne hat uns der Gouverneur seinen Palast in Sirwah geöffnet. Wir dürfen den großen Saal im Erdgeschoss als Arbeitsraum benützen. Es ist ein riesiges Gebäude mit einem riesigen Audienzraum. Er dürfte an die 200 Quadratmeter groß sein. Mit einem himbeerroten Teppichboden ausgelegt, sitze ich da drin und zeichne am Fenster. Als die Schießerei losgeht, ziehe ich mich mehr in den Innenraum zurück, warte ab. Einige unseres Teams flüchten auch hierher. Wir beobachten. Wird der Schusswechsel heftiger, legen wir uns auf den Boden. Hört man ihn eher aus der Ferne, zeichne ich einfach weiter, zum Entsetzen von Iris. Das Drama löst sich für die Regierung sehr einfach wie immer: Das Militär bombardiert das Dorf. Dann ist Ruhe. Doch für Frieden sorgt der blutige Eingriff nicht.

Mein besonderes Interesse auf der Grabung gilt einer total spannenden Sache. Es sind die Tierfanganlagen. Iris hat sie entdeckt und auch ihre große Bedeutung erkannt. Das antike Sirwah liegt auf einer kleinen Erhebung. Rundum senkt sich das Terrain und weitet sich fast bis zum Horizont, wo die unzugänglichen Berge in den blauen Himmel ragen.

Das Gelände erhebt sich gegen Norden mit weiten Feldern sanft ansteigend zu den umliegenden Gebirgszügen hin an. Beim genauen Hinschauen erkennt man dort kilometerlange Mauerzüge. Und beim noch genaueren Betrachten mit einem Fernglas kann man erkennen, dass sie uralt sind. Es sind antike Steinsetzungen, teilweise sogar bis auf Originalhöhe von 2 Metern erhalten. Diese Mauern beginnen weit von uns im Osten, wo sich von Marib kommend das Gelände zu Sirwah hin öffnet.

Zwei Züge klaffen noch wie eine Schere kilometerweit auseinander. Sie führen auf einen Hügel mit einer Kuppe zu und verengen sich fortlaufend. Eine dritte Mauer aus Süden kommend schließt sich an, führt in die beiden anderen hinein, wie zwei sich vereinende Flüsse. Schließlich zieht sich, wie eine Rennbahn, eine breite, sich weiter verengende Mauerführung die steiler werdende Hügelkuppe hoch: Es ist eine gigantisch große Fanganlage für Treibjagden.

Ab 1500 vor unserer Zeit werden regelmäßig Feste zu Ehren des Hauptgottes Almaqah gefeiert. Dazu gehören Opfertiere. Es sind zumeist Steinböcke, das Haupt-Symbol Almaqahs. Es gibt sie in Scharen. So werden einmal im Jahr Treibjagden unternommen. Die Jäger treiben die Tiere zunächst aus dem gesamten Umland in Richtung der

Hügelkette. Bald sind die Tiere in die Mauerzüge gehetzt worden. Und so können sie nur noch in eine Richtung flüchten, bergauf. Im Abstand von 100 Metern sind jeweils Mauerausbuchtungen, wo Treiber die langsamer werdenden Tiere wieder antreiben. Rudimentär sind diese Verstecke noch erhalten. Ihre Flucht den ansteigenden Hügel hinauf lässt die Tiere noch schneller ermüden. Immerhin haben sie schon einige Kilometer Hetzjagd hinter sich. Die Mauern verengen sich immer mehr zu einer Furt. Auf der obersten Kuppe wartet der Tod. Erschöpft wehren sie sich kaum mehr gegen die aufgepflanzten Speere, in welche sie hinter der Kuppe hineinspringen. Riesige Festessen müssen es gewesen sein, welche in dem Tempelareal von Sirwah abgehalten wurden. Auch andere Tiere wurden geschlachtet, wie zum Beispiel Stiere. An einer Seite des Tempels kommen ordentlich aufgeschichtete Gebeine von vielen Tier-Spezies ans Tageslicht. Wie ein paar Ster Holz sieht es aus, so akkurat gebaut. Oder wie ein Knochenaltar. Zwischen den Knochen stecken Dutzende von edlen Tierfigurinen aus Alabaster. Von der Größe her sind sie im handlichen Format wie Kinderspielzeug. Perfekt verarbeitet, geglättet und poliert, manche sogar als Gefäße ausgehöhlt, kommen die Plastiken ans Tageslicht. Der ganze Schrein aus Tierknochen mit den wunderschönen Beigaben ist eine Knochenbestattung. Sicher sind die Opfertiere rituell getötet worden. Die vielen Steinbockknochen zeugen der Menge nach von den Treibjagden. Das Festmahl dürfte immer auf den Alabasterbänken im Tempelinneren verzehrt worden sein. Und sicher kam dazu auch manch guter Schluck eines geistigen Getränks.

Die Experten unserer Grabung sind gut aufeinander eingespielt. Wir alle wissen, was zu tun ist. Die Arbeiter sind freundlich und freuen sich jeden Morgen auf uns. Zwar gibt es unter ihnen auch Streit, aber es gelingt Iris immer, zu vermitteln. Wütend gibt sie einmal einem Eimer einen Fußtritt, dass er 5 Meter weit weg fliegt. Das wirkt! An

die 30 Arbeiter sind bei uns eingestellt. Jeden Donnerstag ist Zahltag, und jeder geht mit Bargeld nach Hause. Mit einem Trainungsprogramm werden besonders begabte Arbeiter gefördert. Als Gerüstbauer, als Vermesser, für grabungstechnische Belange bekommen sie eine Ausbildung direkt vor Ort. So bilden sie als Vorarbeiter eine kompetente Unterstützung für die archäologische Arbeit.
Aufgelockert werden unsere Arbeitsstunden durch die schönen Fundstücke, die manchmal alle paar Minuten, manchmal nur alle paar Stunden aus der Erde purzeln. Wie auf jeder Grabung kommt Keramik am häufigsten zutage. Keramik und auch Knochen. Immer kommen Besucher vorbei und schauen uns interessiert beim Arbeiten zu. Es sind welche aus der unmittelbaren Umgebung, die sich von ihren bäuerlichen Pflichten eine kleine Auszeit gönnen, oder für die antike Welt interessierte arabische Reisende. Um die Mittagszeit schlendern Schüler vorbei. Manche sind sehr nett, und manche werden auch schnell frech. Wie sich halt Jugendliche in einer Gruppe verhalten. Regelmäßig besuchen uns Bürgermeister Said und die Scheichs der Umgebung.
Unsere Bewacher sind die Beduinen vor Ort, aber auch die Soldaten unserer Begleitfahrzeuge lungern auf der Grabung herum und warten auf die Rückfahrt. Da wir uns hier im freien Gelände befinden, gibt es keine Toilette. Die Faustregel ist: wenig trinken! Was aber für unsere Gesundheit total kontraproduktiv ist. Sollten wir trotzdem mal „müssen", dann fährt uns das Militär hinter einen kleinen Hügel. Die voll bewaffneten Soldier stehen dann herum, treten von einem Bein auf das andere, gucken betont in die andere Richtung der Landschaft und bewachen uns. Oft habe ich diese „Dienstleistung" nicht in Anspruch genommen. Bis mittags um halb zwei sind wir alle ziemlich erschöpft. Dann ist auf der Grabung Feierabend. Für die Arbeiter. Sie gehen nach Hause und erheben sich sicher bis zum nächsten Morgen nicht mehr von ihrem Lager, von Essenspausen mal abgesehen. Wir anderen fahren zurück nach Marib ins Grabungshaus, wo uns ein Mittagessen erwartet. Daraufhin sinken auch wir zu einem Mittagsschlaf in die Falle. Aber gegen später haben alle von uns mit der täglichen Aufarbeitung zu tun. So ist ein Gewusel und Gesumme und Gehacke in die Computer im Arbeitsraum üblich. Und

zwischendurch auch ein fröhliches Gelächter. Unser Generator speist die Computer mit Strom. Um 20 Uhr gibt es das Abendessen, und danach wird auch noch weitergearbeitet. Ich, so langsam das Urgestein, ziehe mich um 21 Uhr zurück, lese noch eine halbe Stunde und schlafe wie ein Stein, bis der Wecker einen wieder gnadenlos rausschmeißt.

Wo sind die Frauen von Sirwah? Ja, wo sind sie? Ganz unsichtbar nicht, denn sie gehen geschäftig ihren hausfraulichen Pflichten nach. Aber sie sind auch Bäuerinnen. Sie können Traktor fahren und mit dem Lastauto. Und schießen können sie auch. Bei größeren Konflikten greifen auch sie selbstverständlich zu den Waffen. Fast jedes Jahr gebären sie Kinder. Das kostet Kraft. Und trotzdem sind sie die Seele des Hauses. Sind der Honig, das Licht, der Duft, Al Asl, An Nur, Ar Richa. Aber sie sind auch scheu. Doch ganz langsam knüpfen sich zarte Bande zwischen uns Frauen. Wir gehen manchmal zu ihnen zum Teetrinken. 100 Kinder wuseln da herum. Alle sind neugierig bis zum Umfallen. Gerne verhängen die schönen Beduininnen unsere Gesichter mit ihren Schleiern. Gerne möchten sie sich fotografieren lassen. Die Fotos, die sie dann bekommen, werden von ihnen
als Schätze gehütet. Wir versprechen ihnen, sie keinem Mann zu zeigen. Und das müssen wir auch einhalten. Die Frauen von Sirwah haben eine wunderschöne „Freizeitbeschäftigung". Sie fädeln winzig kleine, bunte Perlen auf und verarbeiten sie zu Ketten, zu Ohrgehängen. Sie erstellen Täschchen und Bänder, die ihre Männer gerne als Schlüsselanhänger über dem Knauf ihrer Dschambia hängen haben. Gesichtschleier aus Perlen entstehen und sogar Teile, die vor die Brust gespannt werden. Ihre fantasievollen Muster leuchten in der Sonne, kreiert von unseren romantischen, liebevollen, heißblütigen Schwestern.

Einer unserer Aushilfsfahrer ist Schmusi. Eigentlich heißt er Abdallah Mohammed Al Seif. Es ist ein kleines Männlein, der morgens schon seine Khat-Ration in der Backe und im Gebiss hat. Lieber also nicht genau hinsehen. Wir geben ihm dem Namen deshalb, weil er sehr anhänglich ist. Kaum taucht von uns jemand in seiner Nähe auf, will er sich an einen rankuscheln. Bei Männern ist das ja noch in Ordnung. Aber ich schaue immer, schnell einen Tisch als Barriere zwischen mir und ihm zu finden. Er hat 16 Kinder gezeugt. Leider ist nur der Jüngste ein Bub. Deshalb wird er von unseren Jemeniten immer aufgezogen. Er ist aber auch ein äußerst mutiger Mann. In seinem Toyota Landcruiser hat er unter seinem Fahrersitz immer zwei Handgranaten liegen. Und einmal findet er es angezeigt, sie zu verwenden: Zwei Typen stehen am Straßenrand und wollen ihn und seine kostbaren Insassen zum Halten bringen. Mit ihren Gewehren. Und was macht Schmusi? Er hält, kurbelt das Fenster herunter, bückt sich, nimmt eine der Handgranaten und streckt seinen linken Arm damit weit aus dem Fenster. So schnell konnten wir gar nicht schauen, wie die beiden Möchtegernräuber verschwunden waren.

Eines Tages kommt der Fund der Funde zutage: Erst zeigt sich die Kante eines Kalksteinblocks. „Oh, da liegt aber etwas Größeres!“ „Und schau, da ist sogar eine Inschrift erkennbar!“ Ganz aufgeregt: „Der Stein muss riesig sein, immer mehr kann man erkennen!“ Und mit dem Abtragen der Erde wird der Stein immer noch größer. Und unsere Aufregung ebenfalls. Am nächsten Tag steht fest: Er ist 7 Meter lang und fast 1 Meter hoch. Und darauf steht die Geschichte der Gründung des Jemen. Eine Sensation!
Norbert Nebes, unser Epigraphiker von der Universität Jena, übernimmt die Übersetzung der bislang bedeutendsten sabäischen In-

schrift, datiert auf das 1. Jahrhundert vor unserer Zeit. Der Schriftfries, beidseitig über die ganze Länge beschrieben, berichtet von einem sabäischen Herrscher und von kriegerischen Kämpfen gegen die unmittelbaren Nachbarn des Jemens. Wie ein Lauffeuer verbreitet sich die freudige Nachricht in der ganzen Region.
Nun liegt er da. Etwas verkantet. Er stand sicher auf einem Sockel und stürzte von dort herunter. Vielleicht bei einem Erdbeben. So kann der Riese nicht liegen bleiben. Er muss transportiert werden, um ihn würdig präsentieren zu können. Ein neuer Platz wird für ihn festgelegt, ein neuer Sockel gemauert. Unsere Stein-Experten Christian, Wolfgang und Uwe kommen auf Hochtouren. Denn die große Sorge ist, dass der Koloss beim Transport brechen könnte. Halteschienen werden konstruiert, die ein Dorfschmied herstellt. Diese kommen als Schutz an die vier Kanten um das frisch geborene Kind. Mit Dutzenden von Ratschgurten werden diese Eisen festgezurrt. Der Koloss wiegt immerhin an die 7 Tonnen. Ein Kran muss her. Der nächste ist in Marib zu finden. Lange Verhandlungen wegen des Preises. Nur im Schneckentempo kann das Schwerlastgefährt die 40 Kilometer zurücklegen. Am festgelegten Tag der Verlagerung des Steins der Steine sind schon bei Sonnenaufgang alle Würdenträger der Umgebung und viel Schaupublikum am Eintrudeln. Für solche Spektakel sind unsere wunderbaren Jemeniten zu haben. Viel Militär fährt auf und noch mehr Waffen versammeln sich. Kein Mann ohne Gewehr. Zwei Söhne von Sheikh Ahmed, sie sind vielleicht zehn und zwölf Jahre alt, tragen Kinderkalaschnikows. Da könnte man gleich einen Brechreiz bekommen. Es sind auch widerliche Buben. Verzogene Angeber. Wie die wohl als Erwachsene ihre Untertanen behandeln werden?
Unser Team ist seit sehchs Uhr morgens anwesend. Der Kran ist für acht Uhr angesagt. Er wird vier Stunden hierher unterwegs sein. Alle sind wir aufgeregt. Der Stein darf nicht brechen, das wäre unverzeihlich. Und dann rollt der Bagger auf seinen Kettenrädern heran. Wird mit einem Jubel begrüßt. Viel Staub um und um. Der Fahrer weiß, was er tut. Fährt zur richtigen Stelle, rutscht trotzdem ab, wird von hundert Arbeiterhänden gehalten. Dann greifen die Ketten – die richtige Position ist erreicht. Der Haken kommt herunter, die

Ösen der Gurte werden eingelegt, und langsam, langsam hebt sich die Tonnenlast. Steinexperte Wolfgang ist der Kranlenker. Er macht mit seinem Zeigefinger Zeichen für den Kranführer. Nach oben in Drehbewegung heißt höher, höher, höher, er macht Zeichen in die richtige Richtung, macht Zeichen mit dem Absenken seiner Hand und Zeigefingerdrehen nach unten. Die Zuschauer schreien rauf und runter und machen dieselben Zeichen wie Wolfgang. Die ganze Menge will mit ihren Bewegungen den Stein dirigieren. Und beinahe hätte ich auch noch mitgemacht. Iris steht vor mir, und ich sehe, wie sie ihre Hände mit gespreizten Fingern ganz verkrampft von sich abhält.

Unser Koloss bricht nicht. Kommt wohlbehalten auf seinem neuen Ruhebett an. Wieder hundert Hände schieben die letzten Millimeter, bevor der letzte Zentimeter abgesenkt wird. Und nun wird geschossen. Einer der Gabilis hüpft auf einer Mauer fast in die Luft, während er seine Schüsse abfeuert. Ich muss natürlich auch noch einige Bengalische Kugeln zünden, die es in jedem Mariber „Supermarkt" zu kaufen gibt. Ein einziger begibt sich dann nicht zu unserem kleinen Festessen, kredenzt von Qassim und Fuad: Norbert, der Experte für Inschriftenkunde. Er versinkt förmlich im Text.

Das ganz große Essen gibt es aber erst zwei Wochen später, als die Grabung wieder einmal zu Ende geht. Iris lässt zum Festschmaus einige Schafe kaufen. Sie stehen seit zwei Tagen schon blökend hinter einer Mauer angebunden. Dort finden sie auch ihr seliges Ende. Werden Allah anempfohlen, ihm zur Ehre und zu unserem Nutzen. Wieder bereiten unsere wunderbaren Köche ein Essen vor, welches dann am Festtag aus Marib herangefahren wird. Arbeiter breiten riesige blaue Plastikplanen als „Tisch" auf der langen Galerie des Tempels aus. Und auf einen Gongschlag geht es los. Alle, alle sind eingeladen. Und alle lassen sich aus riesigen Töpfen Reis und Fleisch und Gemüse, Qassims Sechsstundengemüse, auf Pappteller schaufeln. Bananen liegen schon auf den Plätzen und Wasserflaschen stehen auch bereit. In einer langen Reihe von vielleicht 20 Metern sitzen sich alle gegenüber. Wie bei den Arabern üblich, ist alles in Windeseile in ihren Mägen verschwunden. Es ist wirklich ein Festessen. Fleisch ist teuer, besonders Schaffleisch. Es kommt sicher nicht allzu oft auf den Einkaufszettel unserer Beduinen. Alle sind nun satt, glücklich und zufrieden. Zwei bestellte Musiker schlagen mit ihren verschieden großen Tamburinen anschließend zum Tanz auf. Ein dritter hat eine Flöte. Unser bester Tänzer Saleh Al Dschinni eröffnet, und lange lassen sich einige andere auch nicht bitten. Es ist ein Männertanz. Sie schwingen ihre Messer, fechten damit Scheinkämpfe aus, kämpfen mit Körperwindungen und mit festgelegter Schrittfolge den symbolischen Siegertanz. Wir andere stehen rundum, klatschen und freuen uns über den glücklichen Grabungsausgang.

Wadi Marhah scheint auch so ein magischer Ort für uns Grabungsleute zu sein. Immer wieder schwirrt der Name des Tals durch die Gegend. Von Marib aus weit nach Osten, weit in die Rub al Khali hinein, ins Leere Viertel, führt eine Sandpiste Richtung Timna, Baihan. Im Nirgendwo zweigt die Piste in das verheißungsvolle Tal ab. Die Fahrrinne ist tückisch, lässt einen schnell aufsitzen. Und noch schneller hat sich das Fahrzeug mit zu viel Gasgeben in den Sand eingefressen. Da hilft dann nur Ausschaufeln und Ausschaufeln. Die Ebene gibt den Blick auf Berge frei. Und als wir wieder flott sind, senkt sich unsere Fahrt in ein Tal. Hohe, gewellte Dünen erstrahlen in Gold und Rot und auf der anderen Seite auch in Grün. Sie erheben sich schon an die 100 Meter rechts und links. Nach zwei aufregenden Stunden mit Preschen und Schlittern und Stauben weitet sich die Landschaft. Wir sind gleich da. Ein paar Höfe liegen idyllisch um Dattelpalmen. Sogar eine Tränke gibt es.
Saad hat diese Oase gefunden, wo tatsächlich antike Mauerreste aus den Dünen herauslugen. Wo es in der Wüste Palmen gibt, ist Wasser vorhanden. Hier aber muss erst viel Sand von der abgesenkten Brunnenmulde weggeschaufelt werden. Langsam tritt Feuchtigkeit auf, langsam wird es nass, und langsam beginnt es zu gluckern. Und schon gleich füllt sich die Kuhle mit dem lebensrettenden Nass. Mit Kübeln kann diese Kostbarkeit geschöpft werden. Es ist allerdings

kein Trinkwasser für uns. Aber die Kamele und Esel der Einheimischen überleben damit und auch die paar Ziegen und Hühner der Ansiedlung. Für die Bewohner selbst gibt es zusätzlich einen Wassertank, als Errungenschaft neuer Zeiten. Alle paar Tage wird dieser mit einem Wasserauto aus Harib gefüllt. Jeder Tropfen zählt. Hier zählt auch jede Verpackung einer Kekstüte oder eine Fuldose, eine Bohnendose. Alles wird wiederverwendet. Die glitzernden Innenseiten von allerlei Bonbonpapierchen verflechten die Frauen zusammen mit Palmschnüren zu Körben und Tabletts. Die leeren Dosen, von Einkäufen aus Harib, werden Behältnisse für Vorratshaltung. Warum erscheint uns dieses Fleckchen Erde so unberührt? So rein? Plötzlich geht uns ein Licht auf – es gibt hier keinen Müll. Die Menschen sind so arm, dass es nichts zum Wegwerfen gibt. Ihre Freundlichkeit hält sich in Grenzen. Wir sind hier Eindringlinge.
Trotzdem dürfen wir mit einer kleinen Grabung anfangen. Die natürlich schon vor Wochen mit der Antikenverwaltung und den Dorfleuten ausgehandelt worden war. In zwei Militärzelten sind wir untergebracht. Routinemäßig wird ein größerer Schnitt abgesteckt, direkt um die vermuteten Gebäude. Ein rechteckiges Areal, wo hinuntergegraben wird. Schicht um Schicht. Es zeigen sich auch nach zwei Tagen schon weitere Steinsetzungen. Es sind Kalksteine als Fundamente verbaut, die von weit her transportiert wurden. Welche Gebäude es sein könnten, werden wir nie erfahren. Denn als sich nach vier Tagen die Mauern etwas konkreter offenbaren und sich auch Scherbenreste und sogar kleine Figürchen finden, stoppen die Gabilis die Grabung. Zunächst wird nur herumgeredet. Es sei ein ganz wertvoller Ort, deshalb muss neu verhandelt werden. Und da sei auf keinen Fall die Antikenverwaltung von Sanaa zuständig. Sie seien die großen Vorfahren von Gaddafi aus Lybien. Sie hätten dasselbe Blut in sich. Vor hunderten von Jahren sei ein Großteil ihres Dorfes mit seinem Oberhaupt dahin ausgewandert. Deshalb müssten wir die Grabungserlaubnis von dort einholen. Immer wieder hacken sie auf ihren lybischen Verwandten herum und sagen, dass wir uns an Gaddafi wenden müssen. Ganz klar wird uns ihre Argumentation nicht, wir finden sie nur ungemein lustig. Aber weniger lustig wird es dann, als sie uns unumwunden auffordern zu gehen, abzuhauen,

zu verschwinden, sofort. Sie bekräftigen das mit Gewehrschüssen, die zwar an uns vorbeigehen, aber es pfeift gewaltig um unsere Ohren. Diese Sprache überzeugt uns hinreichend, und fieberhaft packen wir alles zusammen, umstellt von bösen Blicken und drohend erhobenen Gewehrläufen.

Ganz vergessen haben sie in ihrem Zorn, dass im Grabungshaus in Marib einige der Fundstücke zum Zeichnen deponiert sind. Zurückgebracht wurden sie nicht. Anscheinend empfanden die lybischen Vorfahren Hunde nicht als verabscheuungswürdig, denn eines unserer schönsten Fundstücke von dort aus himyarischer Zeit ist eine kleine Figurine aus Ton, die einen sitzenden Hund darstellt. Eindeutig.

Al Gebal

Der Berg

الجبل

Der Dschebal Al Awd spukt schon seit langem in den Hirnen unserer eingeschworenen Archäologengruppe herum, zu der auch ich mich zähle. Der Riese sei an die 3.000 Meter hoch, genau gemessene 3.020. Er liegt im Zentrum des Landes als gewaltiger Gebirgsstock. Bildete und bildet seit Abrahams Zeiten immer eine wichtige Grenze. In der Antike zwischen dem Sabäischen Reich und dem der Himyariten, bis hin zur Grenze zwischen dem streng religiösen Nord- und dem sozialistischen Südjemen, welche 1989 gefallen war. Die Türkenkriege musste der Berg überstehen; auch die Revolution mit dem Ende des Imamats in den 1960er-Jahren. Gewaltsam wurde er vom südjemenitischen Militär in den 1980ern umkämpft und wiederum 1994, bei der blutigen Niederlage des Südens. Inzwischen bildet er erneut die Grenze für die aufständische Separatisten-Bewegung im Süden, welche mit Bombenanschlägen wieder einen eigenständigen Staat erzwingen will. Immer war er als Bollwerk umkämpft. Die großartig gefeierte Zusammenführung beider Jemen 1990 hinterlässt in der Gipfelregion tausende von Landminen, die, wahllos verstreut, nur mit extra ausgebildeten Minensuchhunden aufgespürt und markiert, aber noch nicht entschärft werden konnten. Über Monate ist eine deutsche Spezialtruppe mit deutschen Schäferhunden, „ausgeliehen" von Afghanistan, dort unterwegs. In einiger Zeit sollten Jemeniten mit den Hunden zusammenarbeiten. Die Vierbeiner mit ihren kostbaren Spürnasen überleben ihre Besitzerwechsel nicht lange. Sind wegen falscher Pflege einfach eingegangen. Die Markierungen verwittern, und so ist es sehr empfehlenswert, sich dort oben nicht von den Trampelpfaden zu entfernen.

Vor ein paar Monaten flog ein Pickup mit neun Bauern in die Luft, auf einer unbefestigten Straße. Üppige Regenfälle schwemmten zu viel Erde ab, und die Mine explodierte.

Eine früh-himyarische Siedlung mit einem Berg-Heiligtum aus dem 1. bis 3. Jahrhundert n. Chr. schlummert auf dem 4 km langen Bergplateau unter schütterer Grasnarbe, bereit für ihre Erforschung. Das Altsüdarabische Königreich Himyar bestand bis 597 n. Chr., als es durch eine persische Intervention zu einer persischen Provinz wurde. Nach vielen Jahren der Bekämpfung lösten die Himyariten die sabäische Kultur ab. Himyar mit seiner Hauptstadt Zafar in der Nähe von Kitab ging als Sieger hervor.
Steil abfallende Felswände und eine Stadtmauer schützen die architektonisch anspruchsvolle Siedlung mit Verteidigungsanlagen, mindestens drei Stadttoren, einem Repräsentationsbau und Wohnbauten. Reste von Tempelanlagen, einer Festung und Residenzen werden die nächsten Jahre wieder das Tageslicht erblicken – archäologisches Neuland lässt unsere Herzen höher schlagen. Raubgrabungen machten auf die Bergsiedlung aufmerksam. Und die geraubten Bronzefigurinen versprachen nicht zu viel. Die himyarische Kunst wurde von den vernichteten Sabäern stark beeinflusst. Allerdings erinnert die Darstellung der figürlichen Gegenstände auch sehr an Griechisch-Hellenistisches und Römisches.
Ein Heiligtum befände sich ganz oben. Oben auf dem höchsten der drei großen, breitausladenden Gipfel. Ein Heiligtum aus früh-himyarischen Zeiten. Die Ablösung von der sabäischen Kultur gelang letztlich allerdings erst mit dem endgültigen Bruch des großen Staudamms bei Marib im 6. Jahrhundert n. Chr.
Ein Ort der ganz besonderen Art wartet also auf uns.
Von Sanaa aus seien es sechs Stunden Autofahrt. Erst geht es nach Süden, Richtung Taizz. Kurz nach der höchsten Erhebung eines Passes von 2.800 Metern Höhe, nach Yarim, zweigt die Straße in Kitab links ab. Über eine Hochfläche, wo wir Zafar, die wichtigste himyarische Stadtanlage, in den Bergen liegen lassen, wo Burschen und auch Mädchen gerne Steine auf die von weitem erkennbaren Ausländerautos werfen und ihre Zungen herausstrecken, dann in langen Zügen hinab ins Tal, hinab ins Wadi Bana, dem üppig bewachsenen, vielbesungenen. Alles auf Asphaltstraßen. Dann, an der tiefsten Stelle vor der Abzweigung zum Berg durch dichte Bananenfelder, entlang an Papayabäumen, schwer behangen mit den saftigen Früchten,

anmutend an eine indische vielbrüstige Gottheit. Dann vorbei an Kandelaberkakteen, haushoch, und Opuntien, welche teilweise über hunderte von Quadratmetern die Hänge überziehen, als natürliche Schutzwälle der einzelnen Bauernhäuser, deren Kakteenfrüchte auf den Märkten als Delikatessen verkauft werden.
Wunderschöne Dörfer schmiegen sich in eine grün überzogene Terrassenlandschaft. Es ist kurz nach der Regenzeit. Und so wuchert in diesen mittleren Lagen alles mit Macht, was grünen und blühen kann. Kein Wohlstandsmüll ist hier zu entdecken. Die Menschen sind zu arm, um verpackte Nahrung zu kaufen. Keine Plastiktüten wehen in Bäumen und Sträuchern als Wegbegleitung.

Das Dorf An Nadirah im Talgrund ist erreicht. Wadi Bana zieht sich weiter Richtung Meer. Dattelpalmen lösen die Akazienhaine ab, von welchen der berühmte und sündhaft teure Bienenhonig herkommt. Hier muss irgendwo der Weg nach oben zum Götterberg abzweigen. Fragen an zwei eseltreibende Männer, die nicht glauben können, dass die beiden schwerbeladenen Autos, ein großer Mercedes-Geländewagen und ein Toyota-Pickup, wirklich da hinauf wollen. Mit Hilfe der Beiden schlagen wir den richtigen Weg ein. Ein andächtiger Moment für uns elf Al Awd-Pioniere. Das Abenteuer beginnt.
Zuerst geht die Fahrt durch sandige Hohlwege. Dann versperren uns dreimal die Fluten des gut wasserführenden Wadis den Weg. Durch die Furten der Wasserarme kommen wir vorwärts. Bei der dritten stockt uns allerdings der Atem, so tief zeigt sich der Übergang. Mit angehaltenem Atem schlittern wir langsam ins Flussbett. Der Allradantrieb muss beim Durchkommen helfen. Über große Bachkiesel, Bachkatzen, tasten sich unsere Gefährte vorwärts. Die Räder rutschen in tieferes Wasser. Es reicht nun bis zur oberen Kante Radhöhe. Weiter und weiter.
Und tatsächlich bleibt Haider, unser sehr erfahrener Institutsfahrer, mit seinem Toyota hängen. Wasser schwappt durch die Türritzen.

Mit hochgezogenen Beinen hocken wir nun alle betend in der Mitte des Flusslaufs. Unsere schwer beladenen Autos gleiten noch tiefer. Für Haider ist es entsetzlich, denn er hat eine Wasserphobie aus Kinderzeiten, und der Pickup sinkt langsam immer noch ein paar Zentimeter tiefer. In seiner panischen Angst klettert er durchs Fenster aufs Autodach. Sascha zwingt sich ebenfalls durchs Fenster und watet bis zur Brust im Wasser ans andere Ufer.
Da steht ein Traktor. Der nette Fahrer desselben hält ohne lange herum zu tun schon sein Abschleppseil bereit. Damit schwimmt Sascha zurück, befestigt es an unserem sinkenden Schiff. Ein langsamer Ruck strafft das Seil, und Meter für Meter zieht der Traktor den Pickup aufs Trockene. Haider thront dabei immer noch angsterfüllt auf dem Dach. Ein Bakschisch ist dem Retter sicher. Aber solche Gefälligkeiten sind immer selbstverständlich. Man könnte ja selbst ebenso auf die Hilfe anderer angewiesen sein. Der Mercedes, von Holger gefahren, kommt mit Schlingern nach und nach vorwärts. Er ist stärker und hat einen höheren Radstand. Später stellt sich heraus, dass ein Teil unserer Koffer samt Inhalt nass geworden ist. Aber solche Missgeschicke gehören zu einer Ausgrabungsexpedition, und niemand regt sich darüber auf.

Nun geht es weiter, endlich bergauf. Nach einer uneinsichtigen Kurve scheint plötzlich das Ende der Fahrt gekommen zu sein. Quer über dem Weg, gut platziert, stehen zwei Toyotas und blockieren unsere Weiterfahrt. Eine Gruppe von Bergjemeniten lehnt lässig an ihren Fahrzeugen. Alle mit übergehängten Gewehren bewaffnet. Man bedeutet uns Ausländern anzuhalten und auszusteigen. Ein hagerer, düster dreinblickender Anführer aus einem der drei Dörfer, welche oben um den Gipfelstock liegen, tritt vor. Als Sprecher der Wegelagerer bedeutet er energisch, dass sie eine Weiterfahrt nicht erlauben. Es sei nicht erwünscht, dass wir Deutsche dort oben graben. Der Grund und Boden gehöre ihnen. Punkt.

Wieder einmal scheren sich die Landbesitzer nicht einen Deut um die mit der Antikenverwaltung in zähen Verhandlungen mit ihnen gefundenen Übereinkünfte, wonach die Grabungslizenz erteilt wurde. Es ist ja nicht so, dass über die Köpfe der Grundbesitzer hinweg verhandelt wird, sie werden immer mit einbezogen. Aber plötzlich wollen sie davon nichts mehr wissen. Was tun? Holger, der Leiter der ersehnten Grabung, ruft sofort Iris an, die Leiterin des Instituts in Sanaa. Sie ist außer sich und macht beim Telefonieren mit dem Sprecher der Gruppe auch keinen Hehl aus ihrer Wut. Aber es hilft nichts. Erlasse der Regierung hin oder her, die Fahrt endet hier. Es ist klar, dass verhandelt werden soll. Und es geht sicher wieder einmal um Geld, welches die Bergbewohner herausschinden wollen. Iris hat nun den Megastress, Telefonate mit der Botschaft, Telefonate mit der Antikenverwaltung, mit dem Gouverneur von der Provinz Ibb, zu der das Bergmassiv gehört, mit dem Polizeipräfekten vom Dorf An Nadirah, mit den Grundbesitzern des Grabungsgeländes. Und schließlich mit Scheikh Hizzam Al Hasim.

Scheikh Hizzam Al Hasim ist der mächtige Scheich der Scheiche, der Sheikh Al Shuyuk des Al Awd-Gebietes. Geraume Zeit später kommt er in einem schweren Gefährt herangeprescht, bzw. lässt sich von seinen Knechten heranpreschen. Sechs Leibwächter springen schwer bewaffnet aus dem Allradfahrzeug, umringen Scheich Hizzam im Halbrund, die Kalaschnikows in Hüfthöhe angeschlagen in unsere Richtung gerichtet und demonstrieren damit dessen Machtposition. Er ist ein Befürworter der Ausgrabung. Er erhofft sich für seine stark unterentwickelte Bergregion dadurch einen Aufschwung. Die Regierung kann man unter Druck setzen, um das abgelegene Gebiet verkehrstechnisch zugänglicher zu machen. Er erhofft sich eine bessere Infrastruktur durch eine bessere Straße den Berg hinauf. Dazu müssten hier regelmäßig nach den beiden jährlichen Regenzeiten die Wege mit Schaufelbaggern und Planierwalzen besser für Allradfahrzeuge befahrbar gemacht werden. Bislang schaffen diese Bergtour nur neue, starke Gefährte. Normale Autos können weder die Steigungen noch die bachbettähnlichen Zustände überwinden. Eine Grabung würde zudem Arbeitsplätze bringen, Touristen würden kommen, Geld ausgeben, man könnte Häuser bauen, ein Hotel sogar ...

Mit dem Erscheinen des Scheichs wird die Geschichte etwas hoffnungsvoller. Er ist ein üppiger Mann mittleren Alters, mit blütenweißem, langem Gewand bekleidet, der Galabija, und in seinem breiten, goldbestickten Gürtel steckt in einer grünen Scheide seine Djambija, der Krummdolch, natürlich mit Nashorngriff, dem teuersten der teuren. Um den Kopf trägt er lässig, elegant die Kefije. Auch er hat eine Kalaschnikow umgehängt. In früheren Jahren gehörte er zur Leibwächtergruppe des Präsidenten Ali Abdallah Saleh, und das sagt einiges aus. Wieviele imaginäre Kerben er an seinem Gewehrkolben hat – es ist wohl besser, es nicht zu wissen. Sein Auftreten strahlt große Autorität aus, und die Wegelagerer verhalten sich ihm gegenüber sehr respektvoll. Er staucht sie zusammen. Kann allerdings kein schnelles Machtwort sprechen.
Es muss eine Lösung auf arabische Art und Weise gefunden werden. Im Dialog. Verhandeln ist eine große arabische Eigenschaft. Darauf bedacht zu sein, dass keine der Parteien das Gesicht verliert, Wege zu ebnen zum Rückzug, das gehört zum Wesen solcher Dispute. Aber das dauert. In unserem Fall zwei volle Tage. Dann aber wird die Übereinkunft mit allen Beteiligten getroffen: Es müssen mehr Wächter eingestellt werden. Dem Grabungsleiter Holger bleibt nichts anderes übrig, als zu akzeptieren. Die Wartezeit verbringen wir elf Aufrechten zähneknirschend in einem leeren Gebäude im Rohbau in der Umgebung, sehr gemütlich, vom Scheich organisiert. Nach den nervtötenden zwei Tagen und auf dem blanken Fußboden verbrachten Nächten kommt dann der uns erlösende Anruf: Es dürfe gegraben werden; der Weg sei freigegeben.

Erneuter Aufbruch. Diesmal in etwas gedämpfterer Stimmung. Aber bergauf. Zunächst noch üppige Felder, teilweise mit Khat-Pfanzungen, der beliebten jemenitischen Nachmittagsdroge. Der Weg ist schotterig und wird immer mehr von größeren Steinen durchsetzt. Bald ähnelt er einer wasserlosen Schlaglochbahn, bald einem schlammigen Tümpelgrund. Unsere Allrad-Fahrzeuge, im Schritttempo fahrend, haben ganz schön zu tun. Dann wieder flotter durch tiefe Radspuren in Erde, Kies, oder Riesel. Hier und dort ein Bauernhof, dann eine Schule, ganz neu gebaut, Kinder äugen ungläubig, winken schüchtern zurück. Ziegen, Schafe, Esel trotten ungerührt in der Wegsenke. So langsam spüren wir die gewonnene Höhe; es wird kühler. Immerhin geht es von 1.300 Meter mit subtropischem Klima hinauf auf 2.800 Meter, wo das erste Quartier in der Hochgebirgsregion auf uns wartet. Und für diesen Höhenunterschied, der streckenmäßig gar nicht so weit ist, brauchen die voll beladenen Fahrzeuge ganze drei Stunden. Kahler werden die Hänge, das Gras ganz kurz und dicht, immer mehr flechtenähnlich, trotzdem immer noch verstreuter Baumwuchs von Krüppelkiefern und geduckten Bergahorns und Eschen. Der letzte Aufschwung geht in großen Serpentinen die felsigen Steilhänge hoch. Vor den dunklen Granit- und Basaltflanken leuchten die Blütenstände der roten Gebirgs-Aloe.
An der Kante oben, kaum zu sehen, das Schulgebäude – wie ein Adlerhorst hängt es am Abgrund. Es wird die nächsten Wochen unsere Unterkunft sein. Doch vorher umrunden wir noch eine grüne Schulter – hinein in ein riesiges Hochtal, mit seinem Dorf Thoudhan. Wie üblich laufen die Kinder schreiend zusammen, die Erwachsenen heben, egal womit sie sich gerade beschäftigen, nur kurz ihre stolzen Köpfe. Esel gibt es hier noch mehr als Einwohner: Alle 5 Meter steht einer verzottelt und starrt teilnahmslos stoisch zu Boden.
Thoudan ist eines der drei Dörfer, die sich 200 Meter tiefer als die Gipfelregion um den Gebirgsstock legen. Es gibt ein paar Felder mit Mais und ägyptischem Weizen, einer Sorte mit niedrigerem Wuchs, die deshalb besser an die Höhe angepasst ist. Sogar Pappeln und

Eukalyptus- und Pfefferbäume trotzen dem herben Klima, Büsche und alpenrosenähnliches Gesträuch mit roten Blattspitzen. Die tiefen Fahrrinnen der nun staubigen Wege zeugen von heftigen Regenfällen.

Auf einer dieser ausgewaschenen Pisten wanken unsere Fahrzeuge nun die letzten Meter zu der angemieteten, etwas abseits gelegenen Schule. Sie steht leer. Es ist Ferienzeit. Das fast neue Gebäude, in U-Form gebaut, hängt mit einer Seite direkt über dem Abgrund. Gleich beim Aussteigen pfeift uns allen zur Begrüßung ein gewaltiger Wind um die Ohren. Und das wird sich auch die ganze Grabungszeit über nicht ändern. Er erhebt sich sturmähnlich besonders in den Morgenstunden in sein Element. Und kalt ist es geworden. In den umfunktionierten Klassenzimmern sind es nicht mehr als 12 Grad Celsius. Die sehr spartanisch und notdürftig eingerichtete Küche in einem der Schulzimmer wird Qassims Reich. Ein etwas entfernt stehendes Klohäuschen ergänzt die Wohnausstattung unserer Grabungsexpedition. Es hängt ebenfalls über der Abbruchkante, winkt lockend. Da pfeift der Wind besonders durch die breiten Ritzen. Die Ausscheidungen, jeweils nachgeholfen mit einem Kübel Wasser, können den freien Fall ausnützen.
Dieses Wind-Klo ist auch das Duschhäuschen, und bibbernd steht man dann da, trotz der Kanne kochend heißen Wassers, die Fuad auf das Eiswasser des halb gefüllten Eimers gießt, aus dem man sich dann mit einer Schale beschüttet. Durch die Fensterluke und die Fernsichtöffnungen der Bretterzwischenräume strömt Eisluft. Selber fühlt man sich wie ein Eiszapfen. Und einige überlegen sich die tägliche Dusche sehr wohl. Wozu auch ich gehöre.
In dieser Höhe gibt es natürlich kein normales Leitungswasser. Aber mittels einer Pumpe wird das Dorf und somit auch die Schule mit Wasser aus einem gegrabenen Brunnen versorgt. In 50 Meter Tiefe sammelt sich das kostbare Nass, welches zweimal am Tag eine halbe Stunde lang in einen Tank hochgepumpt wird. Hauptsächlich die

Frauen kommen mit Kanistern, befüllen sie von dem Tankreservoir und schleppen diese auf dem Kopf balancierend nach Hause. Ein eigens dafür angestellter Bursche sichert für die verwöhnten Europäer deren tägliche Dusche. Denn wer auf dem Grabungsareal arbeitet, kommt unweigerlich verdreckt nach Hause. Murat, unser Wasserjunge, füllt mit einem Schlauch unseren kleinen Tank auf Rädern, welcher dann zum Schulgebäude gefahren wird. Waschwasser und das zum Kochen wird dann nach Bedarf abgezapft.
Unsere acht jemenitischen Vorarbeiter der Grabung, erfahrene Männer, bei der Antikenverwaltung angestellt, arbeiten schon seit Jahren bei den deutschen Ausgrabungen mit. Sie kommen fast alle aus demselben Dorf, schlafen hier in zwei Militärzelten und werden auch von Qassim und seinem Tross bekocht. Ihre Toilette erstreckt sich rechts neben dem Häuschen der „Weißen": Sie hocken sich einfach der Reihe nach etwas hinter den Grat, damit wenigstens ihre Hinterteile verdeckt sind und gucken ins Tal. Im Laufe der Zeit wird es allerdings schwierig, einen guten Platz zu ergattern, ohne Gefahr zu laufen, in den gähnenden Abgrund zu schlittern.

Das gut eingearbeitete Institutsteam von Muqbil, dem Organisator, Toyotafahrer Haider und Küchenchef Qassim mit seinen Gehilfen Fuad und Mohammed, hatte die Woche zuvor alles Nötige in mehreren Fahrten auf den Berg geschafft und unsere Unterkunft eingerichtet. Je zwei Klappbetten aus Metall und zwei Stühle befinden sich nun in den vorgesehenen Schulzimmer-Schlafräumen. Jeweils ein Zimmer für zwei. Ein großer Arbeitsraum ist geschaffen. Unsere Arbeitsplätze bilden große Sperrholzplatten auf Holzböcken. Elektrischen Strom gibt es stundenweise über einen institutseigenen Generator für die Computer und als Lichtquelle am Abend. In unserem Hauptraum steht auch der Großraumkühlschrank. Das im Grunde genommen nutzlose Ding, denn es kühlt draußen nachts bis zu Minusgraden ab, erweist sich dennoch als Segen. Denn seine gasbeheizte Kühlung erwärmt den Aufenthaltsraum um wenigstens 2 Grad. Und da unsere Ausgräbergruppe selbst das ihre dazu beiträgt, auf die gemessenen 16 Grad zu kommen, lässt es sich gut eingepackt so einigermaßen aushalten.

Doch erst einmal Abladen der Autos und verteilen auf die jeweiligen Bereiche. Die aufgeklappten Koffer dienen als Kleiderschrank. Ich krame sofort nach der Wärmeflasche. Und so in meinem Schlafsack mit Angoraunterwäsche unterm Schlafanzug und mit einer wunderbar farbigen Kuscheldecke chinesischer Herkunft obendrüber, bin ich zufrieden. Die Decke sprüht Funken und knistert, wenn ich darüberstreiche und verbreitet dabei im Dunkeln sogar einen Schein wie beim Wetterleuchten. Als Bewacher hält ein riesiger Löwenkopf auf meinem Bauch die Stellung. So gerüstet schlafe ich immer warm. Der Grund für unruhige Nächte zeigt sich nicht gleich in den ersten Stunden.

Das Grabungsteam setzt sich zusammen aus dem Grabungsleiter Holger, ein Hamburger Archäologe, aus Sascha und Juri aus Moskau und Leningrad, Professoren für Archäologie und Mitglieder der Akademie der Wissenschaften. Die Römerin Duktura Vittoria und Prof. Dr. Alvin aus Münster, beides Archäologen und der Geograph Dr. Ueli aus Zürich zählen auch zu der illustren Gruppe. Normalerweise tummeln sich bei einer kleinen Grabung mit wenig Teilnehmenden nicht so viele hochdotierte Wissenschaftler*innen auf einem Haufen. Aber der Ruf des Gebals lockte sie alle an. Die Expedition runden der Berliner Archäologe Uli, der Chefrestaurator Peter aus der Schweiz, dem Züricher Nationalmuseum entliehen, die Architektin Nicole aus Bamberg, der Fotograf Johannes aus Berlin und schlussendlich ich als Zeichnerin aus Salzburg ab.
Von der Antikenverwaltung in Sanaa sollen die uns schon bekannten Archäologen Musleh, Ali Hababi und Samir in 3 Tagen nachkommen. Ihre Mitarbeit ist von jemenitischer Seite aus vorgeschrieben. Sie müssen als Dokumentation Grabungsbücher führen, haben aber auch die Funktion der Überwachung, dass die antiken Funde und Befunde von den Ausländern richtig behandelt werden. Bei einer Veruntreuung hätten sie sogar die Befugnis, die Grabung zu stoppen.

Solche Aufenthalte sind von jemenitischen Archäologen immer äußerst begehrt, denn die von der ausländischen Grabungskasse bezahlten Tagessätze sind ein Vielfaches dessen, was in Sanaa verdient wird. Trotzdem kommen sie als verwöhnte Stadtmenschen sehr ungern in solche Gegenden, wo keinerlei Komfort an ihr Leben an zuhause erinnert. Nur wir „Weiße" stürzen uns in ihren Augen sogar mit einem Jauchzer in die schrecklichen Zustände.
Im ausländischen Lager herrscht aber wieder Hochstimmung. Nicht einmal die Nachtkälte, die durch und in alle Ritzen kriecht, kann die Freude über den Beginn des so lange geplanten Vorhabens trüben. Die Arbeitseinteilung führt die neun im Feld Arbeitenden am nächsten Morgen mit den beiden Allradfahrzeugen auf den Gipfel. Das bedeutet Aufstehen um fünf, kleines Frühstück eher im Stehen, Abfahrt um Punkt halb sechs, Grabungsbeginn um halb sieben. Als Morgenwäsche werden nur die Zähne geputzt und zweimal mit dem Eiswasser aus einer Tonne über das Gesicht gewischt, unter den Augen der mit offenem Mund starrenden Anwohner. Sie wollen sich das Spektakel nicht entgehen lassen. Stehen da im Dunkeln. Einer von ihnen, Mohammed, entblödet sich nicht und streckt uns jeden Morgen die Hand zum Gruß entgegen, obwohl wir gerade die Zähne putzen und mit Zahnpastaschaum entweder nur nicken oder versuchen, nuschelnd den Gruß zu erwidern, ohne dass einem dabei zu viel Schaum aus dem Mund tropft.

Eine Stunde ist für die beiden Fahrzeuge nötig, um den schwierigen, teils sogar ausgesetzten Weg die 200 Höhenmeter hoch zu kommen. Die verbleibenden Hausmäuse sind Restaurator Peter und ich als Zeichnerin. Mit Nicole teile ich den Schlafraum. Noch im Stockfinstern muss meine Zimmergenossin jeden Tag aufstehen. Sie zieht sich rücksichtsvoll im Dunkeln an, kramt etwas bei Taschenlampenlicht herum und überlässt mir noch eine halbe Stunde im Bett verkuschelt den Hausvorteil.
Beim Stehfrühstück sagen einige zaghaft, dass die Nacht nicht so ganz ruhig verlaufen sei, weil irgendwelche Tierchen das Lager wohl mit ihnen teilen. Deren Krabbeln sei auf dem Körper zu spüren gewesen, und morgens juckt es an den Bissstellen bereits erbärmlich.

Doch noch zeigt sich nicht das ganze Ausmaß vom Unwesen der Plagegeister. Noch lockt die Grabung mit all ihren aufregenden Geheimnissen. Noch sind alle berauscht von dem grandiosen Ausblick auf die umliegenden Bergwelten. Die Feldtruppe quetscht sich in die Fahrzeuge, und Peter und ich winken allen im Morgengrauen hinterher und schreien windumtobt: „Viel Glück, viel Glück für euch!"

In dem auf der Ostseite liegenden Dorf Sana, nicht zu verwechseln mit Sanaa der Hauptstadt, gibt es einen Behinderten, einen Dorfdeppen, wie die Einheimischen gnadenlos sagen. Er heißt Buri. Allerhöchstwahrscheinlich ist er „nur" ein Spastiker, mühsam ein Bein hinter sich herziehend, die Hände in abgeknickter Haltung angezogen, augenrollend und sabbernd. Für nicht ganz richtig im Kopf gehalten und als solcher auch sein ganzes junges Leben behandelt, ist Buri inzwischen höchstwahrscheinlich wirklich etwas verblödet. Als „Madschnuni", als Verrückter, besitzt er alle Narrenfreiheit, und so hat er, von den ständigen groben Hänseleien abgesehen, ein Dorfleben ohne alle Pflichten. Sich dümmer zu stellen, als er in Wirklichkeit ist, macht Buri das Leben leichter.
Für ihn bedeutet der Grabungseinsatz der Ausländer etwas ganz Besonderes. Er stromert jeden Tag über die Grashänge, hockt sich mal zu diesen, dann wieder zu jenen, bettelt um Zigaretten – mit einer Geste, als würde er Kusshändchen austeilen. Und bei der Frühstücksmahlzeit um neun und bei der Vesper um die Mittagszeit bekommt er auch immer etwas ab. Die angeworbenen Grabungsarbeiter aus der Umgebung glauben, sich bei der Archäologengruppe besonders beliebt zu machen, wenn sie Buri nachäffen, oder ihn mit derben Späßen ärgern. Aber Uli aus Berlin erbarmt sich seiner, nimmt ihn unter seine Fittiche und verteidigt ihn gegen die kindischen Streiche. Zumindest für die Zeit der Grabung hat der arme Kerl seine Ruhe. Aber wer weiß, ob er nicht seine bevorzugte Stellung danach um so mehr büßen muss. Jedenfalls hat auch Buri an

Uli einen Narren gefressen, wie ein Hündchen läuft er oft hinter ihm her, und wenn er irgendwo in der Prärie herumhoppelt und Uli von weitem sieht, schreit er zungenverdreht juchzend: Nuali, Nuali.
Und dieser Buri ist in die Geschichte der Ausgrabungen auf dem Dschebal Al Awd eingegangen. Es war vielleicht zwei Jahre vor unserer Erstürmung des Berges: Wieder einmal hockt Buri allein in der Sonne oben in der Gipfelregion. Die Grasnarbe ist überall sehr dünn, und er stochert gelangweilt den Bewuchs auf die Seite und wühlt in der dunkelbraunen Erde. Und plötzlich kratzt sein sichelähnliches Feldmesser über einen Gegenstand, der kein Stein ist. Neugierig sieht er nach, und siehe da, er hält ein Metallteil in der Hand. Er schabt die Erde ab, und der Klumpen verwandelt sich in eine Tierfigur, vielleicht 6 Zentimeter lang. Buri hat für sich etwas Besonderes entdeckt. Sicher weiß er nichts von Archäologie und von untergegangenen Kulturen. Aber er findet einen Schatz, seinen Schatz, der ihn kindlich erfreut. So buddelt er immer wieder mal, wie er gerade Lust dazu hat, weiter und weiter. Auf diese Weise findet er etliche antike Stücke, von Bronzefigurinen bis hin zu kleineren Steingefäßen. Er wickelt die neuen Funde zu den bereits in einem Tuch gehorteten. Diese versteckt er hinter einem großen Stein in der Kuhle hin zum Hang.
Eines Tages fällt Buris Geschäftigkeit einem der Hirten dort oben auf. Heimlich beobachtet er dessen Tun. Als dieser tatsächlich erneut ein Artefakt findet und darüber einen Freudentanz vollführt, ist der Schäfer nun wirklich neugierig geworden, verfolgt weiter dessen Gehabe, sieht, wohin der Schatzgräber hoppelt und sich gebückt an einem großen Stein zu schaffen macht. Daraufhin verschwindet Buri über einen Abhang in die Tiefe, er hat seine Tagesleistung erfüllt.
Als der heimliche Beobachter das Versteck inspiziert, ist ihm sofort bewusst, was sich da vor seinen Augen auftut: Objekte aus Bronze, Tierfigurinen, die sehr alt sein müssen. Und er nimmt die Fundstücke kurzerhand an sich. Allerdings überschätzt er sein schlaues Vorgehen, als er die Figurinen, im Glauben, dass diese ihm ein Vermögen einbringen werden, im Suq von Ibb verscherbeln will. Natürlich wären sie ein Vermögen wert gewesen, wenn er die nötigen Kontakte z.B. nach London gehabt hätte, um seine geraubten Funde direkt an einen speziellen Hehler zu verkaufen. Über solche Kanäle werden

immer wieder Antiken aus Raubgrabungen ins Ausland verschachert. Aber im Suq bekommt der enttäuschte Al Awdi für seinen Schatz nur einen Klacks.

In der Provinzstadt Ibb lebt der Archäologe Dr. Ali Muhsen. Als Antikenverwalter ist er für die gesamte Provinz zuständig. Er ist, gelinde gesagt, geistig verwirrt. Man könnte auch sagen, er sei total übergeschnappt. Er hockt auf seinen Kunstschätzen im Ibber Museum wie der Drache auf den Äpfeln der Hesperiden und betrachtet sie als sein höchst persönliches Eigentum. Alles dort ist ein einziges Chaos. In einem vergammelten Zustand stapeln sich die gehorteten, langsam zerfleddernden Schachteln und Kisten mit Funden. Er haust sogar selbst in den Gemäuern mit 300 Fledermäusen, 500 Kellerasseln und 1.000 Kakerlaken. Er läuft verdreckt, mit offenem Hosenladen durch die Gegend und führt Selbstgespräche.

In Sanaa findet ein großer archäologischer Kongress statt zu Orientalistik und Islamgeschichte. Annemarie Schimmel ist als Ehrengast angereist. Ihr Vortrag, wie immer mit geschlossenen Augen gehalten, berührt alle zutiefst. Viele Wissenschaftler tauschen ihr Fachwissen aus. Dr. Ali, in der Antikenverwaltung Sanaa als durchaus gebildeter Mensch bekannt, ja, er ist ebenfalls zu einem Vortrag eingeladen. Von seinem Zustand weiß dort niemand etwas. Ali beginnt als Sabäist vor dem großen Auditorium seine eigene Version über die sabäische Kultur vorzutragen. Er spricht sich in kurzer Zeit so sehr in Rage, dass sich seine Stimme überschlägt. Fängt an zu schreien. Zudem verfällt er immer mehr in eine unverständliche Phonetik, bellt schließlich wie ein Hund und fuchtelt wirr durch die Luft. Das dahingesprudelte Lautgemisch soll sabäisch sein – und er glaubt sich tatsächlich von allen verstanden. Das Publikum sitzt da mit offenem Mund, fasziniert von dieser Performance. Fast gewaltsam muss man seinen Redefluss abwürgen.

Dieser Dr. Ali Muhsen also, dessen zunehmende geistige Verwirrung etwas mit einer unglücklichen Liebesgeschichte zu tun haben soll, wird in Ibb schon lange nicht mehr für voll genommen. Das ist auch der Grund dafür, weshalb der Antiquitätenhändler Ibrahim im Ibber Suq die gestohlenen Buri-Funde vom Dschebal Al Awd nicht vor ihm versteckt. Er stellt sie ins Schaufenster. Auch hat sich die Buri-Sammlung auf wundersame Weise vermehrt: Der Schäfer tat es dem guten Buri nach und wühlte ebenfalls sehr fundträchtig in der Erde. Über hundert Statuetten und Gefäße waren auf diese Weise in Ibb gelandet.

Als Dr. Ali wieder einmal durch den Suq streicht, erkennt sein liebeskrankes Auge trotzdem sofort, was dort in der Vitrine liegt – und er konfisziert alles.

Von dieser Fundgeschichte erfährt die Antikenverwaltung in Sanaa, als Vertreter das Ibber Museum besuchen und staunend die wertvollen Funde registrieren. So wird daraufhin das Deutsche Archäologische Institut in Sanaa gebeten, dort oben im Gebirge versuchsweise eine archäologische Geländebegehung zu unternehmen. Und das geschieht auch. Iris und Holger sehen sich um. In einer mühsamen kleinen Expedition ohne Infrastruktur erkunden sie den sturmumtosten Gipfel. Der heftig erzürnte Buri beruhigt sich ziemlich schnell, da er den Fremdenführer spielen darf. Und tatsächlich erkennen die Wissenschaftler anhand von etlichen aus der schütteren Grasnarbe hervortretenden Steinreihen eine antike Bebauung. Mit ihrer Vermutung, dass sich an solch exponierter Lage auch ein Heiligtum befinden könnte, treffen die Vollblutarchäologen dann genau ins Schwarze.

Der schwer zugängliche Dschabal Al Awd hütete sein Geheimnis also sehr lange. Doch nun gibt er es zögernd frei ...

Über 5 Jahre wird inzwischen dort oben gegraben. Fragen nach der Organisation einer solchen Anlage und ihrer Infrastruktur, wie z.B.

der Wasserversorgung und des Wegesystems stehen dabei im Vordergrund. Die historische Stätte wurde aus strategischen Gründen an der schmalsten Stelle des 4 Kilometer langen Bergplateaus gegründet. Steil abfallende Felshänge schützen große Teile der Anlage. Im Westen und Osten übernehmen hohe Mauern diese Aufgabe. Es werden drei Stadttore entdeckt. Auf der höchsten Erhebung der Siedlung standen die Tempelanlagen und eine vermutete Residenz. Zerstört wurde das bereits in der Antike überbaute Heiligtum immer wieder, zuletzt bei den blutigen Auseinandersetzungen in den Achtzigerjahren im letzten Jahrhundert. Aber einer gewaltigen Feuerkatastrophe im 3. Jahrhundert n. Chr., ebenfalls mit kriegerischen Auseinandersetzungen während der abbessinischen Eroberungszüge verbunden, verdankt die umliegende Siedlung ihren guten Erhalt. Denn nach der Zerstörung wurde die Anlage, von kleinen Bereichen abgesehen, nie wieder besiedelt.
Die einfachen Gebäude wurden aus dem umliegenden Vulkangestein erbaut, die Fassaden der Tempel, der Residenz und des Repräsentationsbaus hingegen aus gründlich bearbeitetem Kalkstein. Kilometerweit wurde er herantransportiert und hochgeschleppt. Neben typisch südarabischen Erzeugnissen, wie Inschriften, Altären, Tafelgeschirr und Tierstatuetten, kommen anthropomorphe römisch-hellenistische Kunstobjekte vor, weibliche griechische Gottheiten, sogar eine Sphinx. Eine Symbiose der beiden Kunstrichtungen formte dann die himyarische Kunst des späten antiken 4. bis 7. Jahrhundert n. Chr. Die Bronzestatuetten zeugen von der großen Meisterschaft südarabischer Bronzegießer.
Die Umfassungsmauer, teils meterhoch anstehend, teils nur noch spurenhaft erkennbar, umschließt den gesamten Bereich. Vom Tempelbezirk ist leider durch ständige Überbauungen wenig erhalten, aber Wirtschaftstrakte, Arbeitsbereiche, Küchen, Lagerräume, Nasszellen, Treppen, Gassen und kleine Plätze gehören zu den architektonischen Befunden. Einzigartig für den prä-islamischen Jemen sind die Bestattungssitten auf dem Dschebal Al Awd. In jedem der Wohnhäuser befindet sich ein Raum, von außen zugänglich, in welchem die Toten kollektiv mit Grabbeigaben bestattet wurden. Mindestens 14 Individuen fanden sich in jedem der Räume. Goldschmuck, Waffen,

Glasgefäße, Gegenstände aus Bronze waren die Grabbeigaben der Toten. Amulette, Öllämpchen, Keramiken begleiteten sie so in die Welt ihrer Götter.

Die ersten Grabungstage vergehen im Nu, Aufbruch der Archäologen nach oben zum Grabungsort, die Hausmannschaft verbleibt im Haus, die angeworbenen Arbeiter klettern über steile und ausgesetzte Pfade täglich von den drei Dörfern auf den Gipfel. Haider kommt nach seiner Fuhre zur Grabung hoch meist wieder zurück und schlittert vorsichtig die zwei Stunden hinab ins Tal, um Lebensmittel, Trinkwasser und auch Baumaterial für die Grabung heraufzubringen. Routine stellt sich ein.

Das Feldteam hat eine Frühstückseinlage um neun mit etwas Brot und hartgekochten Eiern, manchmal auch mit Bananen oder Gurken. Die durchgefrorenen Finger erwärmt dann eine umschlungene Tasse mit heißem, süßem Tee. Der böenartige eiskalte Wind hat bis dahin alle durchgefroren, trotz entsprechender Eskimoverpackung. Gegen elf Uhr allerdings lässt der Wind nach, und zur einstündigen Mittagspause können sich die müden Ausgräber kurz auf dem Gras ausstrecken und die Sonnenstrahlen genießen. Da gibt es zum Essen immer Thunfischsalat. Diesen schnipselt das Küchenteam am Vorabend. Yoghurt mit Tomaten, Gurken und Zwiebeln vermischt und Brot vom Tal ist die tägliche mittägliche Stärkung. Die Arbeiter erwärmen sich auf kleinen Feuern Dosen mit Ful, die großen, braunen Saubohnen. Eigentlich ein Nationalgericht der Jemeniten, wenn sie noch etwas schmackhafter mit Gemüse und Gewürzen angereichert gekocht werden. Fladenbrot dazu ist immer der Grundstock, der Sattmacher.

Um drei Uhr ist Grabungsschluss, und da kriecht die Kälte bereits wieder in sämtliche Knochen. Fast eine Stunde dauert die Talfahrt, und müde und erschöpft kommen alle „zuhause" an, wo Qassims vorbereitete Kannen mit heißem Tee warten. Mit einem guten Schuss

80 prozentigem Rum aus Österreich wird er aufgepeppt, rinnt wohlig in den Magen und verbreitet etwas Feuer in den Gliedern.
Im Aufenthaltsraum scheint noch die kalte Nachmittagssonne durch die Oberlichter herein. Alle kramen sich ihre Sachen zusammen und beginnen mit der dokumentarischen Nacharbeit. Um sechs ist es bereits dunkel und somit Abendessenszeit. Um sieben verschwinden die ersten todmüde in ihren Zimmern, verkriechen sich in ihre Schlafsäcke und schlafen. Qassim kann spätestens um neun den Generator ausschalten, niemand schafft es, länger aufzubleiben. Die Höhe, das Klima und die anstrengende Arbeit verlangen ihren Tribut.

Doch noch etwas gibt es, das müde macht und alle demoralisiert: FLÖHE. Ganze Heerscharen. Unbesiegbar. Wie nach zwei Tagen allen klargeworden ist. Und so drehen sich fast alle Gespräche nur noch um das eine, das belastende Thema: Wie viele neue Bisse hast du heute?
Der Floh, lateinisch Siphonaptera, kann bis zu 2 Meter weit springen. Ein gut trainierter. Er kann nach einer üppigen Mahlzeit zwei Monate lang ohne Nahrung auskommen. Er kann mit einer zwischen seinen Beinen gehaltenen Luftblase sogar eine Weile unter Wasser überleben. Ist frisches Fleisch in seiner Nähe und sein Magen leer, schafft er es, in einer Nacht bis zu 30 Mal zuzubeißen. In seiner Gier läuft er meist schnurgerade von Biss zu Biss, was die typischen Flohbissstraßen ergibt. Allerdings scheren sich die Al Awd Flöhe um keine artenspezifischen Verhaltensweisen, sie laufen auch kreuz und quer dahin. Sind es Tier- oder Menschenflöhe? Alle tippen auf Tierflöhe, die zudem Geschmack an Menschenblut gefunden haben. Und Tiere gibt es genug, die einem nahe kommen: Schafe, Ziegen, Esel und Hunde. Je mehr Bisse man abbekommt, desto mehr macht sich das Gefühl breit, von dem eingespritzten Gift krank zu werden. Dieses Gift benötigen die Parasiten zum Verflüssigen des Blutes, das sie

ansaugen. Ihre Mundwerkzeuge sind zu einem kombinierten Stech- und Saugrüssel geformt. Die Blutsauger können Krankheiten übertragen, von Hirnhautentzündung bis hin zu ins Fleisch gebissenen Bandwurmlarven. Der Pestfloh sei bei der Verbreitung der Pest im Mittelalter entscheidend beteiligt gewesen.

Flöhe überfallen also das Team wie eine kahlfressende Heuschreckenplage. Von woher genau sie kommen, ist nicht zu ergründen, denn das Schulhaus steht leer. Zwei Lehrer verbringen zwar offenbar ihre Ferien in einem der nicht fertiggebauten Zimmer, hausen dort wie Penner, schlafen auf dem Baustellenschutt. Die Invasion kann aber nicht allein von ihnen ausgehen. Also hocken die Biester in irgendwelchen Ritzen und warten auf Beute. Und nun ist sie da: frisches Europäerblut. Die Köche und alle Vorarbeiter verneinen, dass sie selbst vom Unwesen unserer Plagegeister etwas mitbekommen, verneinen überhaupt deren Existenz. Höchstwahrscheinlich nur deshalb, weil sie schon längst immun geworden sind und ihre Bissstellen weder anschwellen, noch jucken. Dasselbe ist mit den Arbeitern oben auf der Grabung, keiner klagt dahingehend über Probleme. Aber ich habe das Gefühl, dass über das Ungeziefer einfach nicht gesprochen wird, weil es in den Tabubereich gehört.

Unser Team wird unterschiedlich befallen. Meine Zimmergenossin Nicole spürt zwar nachts das Krabbeln auf ihrer Haut, aber sie wird nicht gebissen. Sie ist allerdings die einzige, die total verschmäht wird. Ich, als ihre Bettnachbarin hingegen, habe mir in der ersten Nacht schon an die 30 Quaddeln eingeholt. Holger und Juri halten ebenfalls gut mit. Die Bisse machen rote, angeschwollene Höfe, daumennagelgroß, und am zweiten Tag thront oben drauf eine Wasserblase. Und es juckt mörderisch. Am schlimmsten am Hintern, wo einem doch nichts anderes übrigbleibt, als ab und zu darauf zu sitzen. Wenn sich die Höfe der Quaddeln dann fast berühren, treibt es einen vor Juckreiz in unkontrollierte Kratzanfälle.

Qassim sprüht mit Kakerlakenspray, was überhaupt nichts nützt. Anrufe nach Sanaa, von dort Anrufe nach Berlin, Hilfe! Hilfe! Per Kurier werden 20 Dosen Bolfo, ein Hundeflohspray, von dort losgeschickt. Das alte Jakutin sei, als zu giftig, aus dem Verkehr gezogen worden. Also zwei Wochen durchhalten. Am fünften Tag habe ich

bereits gezählte 150 Bisse. Haider besorgt mir aus An Nadirah im Tal eine weiße Tinktur, die das Jucken etwas lindern soll. Damit betupfe ich die vielen Bissstellen. Und da ich mich 3 Tage nicht mehr dusche, um über den Neuzugang einen Überblick zu bekommen, sehe ich mit den weißen dicken Punkten aus, wie ein überdimensionierter, mutierter Fliegenpilz.
Juri und Holger bekommen Fieber, fahren mit Haider ins Tal in ein Krankenhaus und werden mit Antiallergiespritzen behandelt. Sie helfen aber nicht gegen weitere Bisse. Vittoria brachte sich aus Italien fünf Armbänder gegen Flöhe mit, einfach einer Eingebung folgend. So etwas gibt es dort in Apotheken für Babys, viel schwächer dosiert. Diese Flohbänder schützen sie aber jeweils nur für drei Tage, und einige der Biester lassen sich auch davon nicht abhalten. Juris Quaddeln schwellen doppelt so dick an wie die von uns anderen. Uli schiebt sich ständig die Ärmel und Hosenbeine hoch, um zu kratzen, wodurch sich der jeweils beteiligte Floh sicher gestört sieht und sauer zum Nachbarn wechselt. Die bösen Blicke seiner Mitleidenden übersieht Uli großzügig.
Und so kommt es, dass dieses winzige Tierchen etliche Menschen schier in die Verzweiflung treibt. Die Fragen am Morgen, am Mittag und am Abend kreisen nur um eines, um ihn, den Floh. Wie viele neue? Wie viele geknackt? Wie viele ertränkt? Es ist, als ob die Viecher ganz närrisch geworden sind, ob des neuen, verseuchten Bluts der schweinefleischfressenden Ungläubigen. Nicht nur einmal landet sogar eines der Exemplare auf meinem weißen Zeichenpapier. Sofort lege ich einen Finger auf den schwarzen Fitzel.
Aber was nun? Man darf nicht mehr loslassen, sonst ist er weg. Zerdrücken geht nicht so einfach, anders als bei einer Mücke. Also fest hin- und herreiben, bis die Chitinpanzerbrösel anzeigen, dass er erledigt ist. Am besten, du fängst ihn mit zwei Fingern. Dann zerquetscht du ihn mit einem der Fingernägel. Gut. Aber wenn du erst nachsiehst, ob das auch wirklich ein Floh war, ist er weg wie der Blitz. Du siehst nicht mal, in welche Richtung er sich fortschnellt.
Jeden Morgen also durchsuchen alle mit ihren Taschenlampen, der Generator wird erst am Nachmittag angeworfen, Decken, Schlafsäcke und Matratzen. Einmal findet Holger in seinem Bett ganze 14

Flöhe. Ununterbrochen drehen sich die Gespräche um das Flohproblem, nicht müde wird man des Themas. Die besten Fangmethoden werden hin- und herdiskutiert, oder wie man die Blutsauger sonst loswerden könnte. Und – du darfst auf gar keinen Fall anfangen zu kratzen, sonst bist du verloren. Denn Bisse, die du in Ruhe lässt, jucken zwar eine ganze Woche, ein aufgekratzter dagegen gibt vier Wochen keine Ruhe. Bei einem täglichen Nachschub von 30 bis 50 bei den beliebtesten Opfern und nicht viel weniger bei den anderen, bedeutet das immer mehr Juckreiz, der bald nicht mehr von Schmerzen zu unterscheiden ist. Der ganze malträtierte Körper wummert. Die Wasserblasen oben auf den Quaddeln schmerzen bei jeder Berührung, schon die Kleider darauf tun weh. Dauerjuckreiz und Schmerz kann man einfach nicht mehr ausblenden.

Nach zwei Wochen bin ich mit meinen über 300 gezählten Bissen so verzweifelt, dass ich mürbe gebissen aufgebe. Ich bin am Ende. Ich zittere, friere und fiebere. Ich will nach Hause. Die Flöhe brechen mir das Rückgrat. Ich bin besiegt. Bin ausgezogen, um das Fürchten zu lernen, und die Flöhe haben es mir gezeigt, mich besiegt. Ich habe das Fürchten gelernt.

Als mich Haider frägt, was mit mir sei, fange ich an zu weinen: „Es ist hier zu schrecklich, ich halte es nicht mehr aus." Haider überredet mich, am nächsten Morgen mit hoch auf die Grabung zu fahren, das würde mir gut tun. „Wenn du meinst", schluchzte ich vor mich hin.

Ich stehe also im Dunkeln vor Sonnenaufgang mit den anderen auf, ziehe mir die doppelte Schicht Kleider an und quetsche mich noch mit in den Mercedes. Im Hinterkopf sofort der Gedanke, wieviele Flöhe ich nun wohl von meinem Nachbarn Juri abbekomme, auf dem ich fast draufsitze. Aber dann winden sich die Fahrzeuge höher und höher, und mit jedem gewonnenen Höhenmeter bekomme ich wieder etwas mehr Luft. Die Nebel sinken ins Tal, lösen sich auf, der blaue Himmel erscheint, die Bergketten am Horizont winken mir zu, und als die ächzenden Fahrzeuge oben angekommen sind, fliegt meine Angst, die Angst zusammenzubrechen, mit dem Sturmwind und einem Nasentröpfchen davon.

Der heftige Gipfelwind geht durch und durch. Er klatscht die Kleidung in heftigen Schlägen an den Körper. Die Zähne klappern gleich

vor Kälte. Nicole steht auf einem der schmalen Stege zwischen zwei Schnitten, kaum mächtig, sich gegen den Wind zu stemmen. Ein schwacher Moment – und sie könnte stürzen. Mit Handschuhen, welche die Fingerspitzen freigeben, zeichnet sie einen Grundriss, Stein für Stein.
Nur hier oben funktioniert das Handy. So gibt Holger täglich seinen Morgenrapport nach Sanaa durch. Wie gewöhnlich ist erst die Sekretärin, Herta Zabarah, an der Strippe. „Wie geht es? Alles in Ordnung?“ „Ja, der Wind bläst uns fast vom Gipfel, hören Sie mich?“ „Was haben Sie gesagt?“ „Der Wind ... und es ist so entsetzlich kalt.“ „Ja, bei mir im Büro ist es auch soo kalt, nur 18 Grad, stellen Sie sich das vor!“ „Oh, Sie Arme, wie schrecklich“, pflegt Holger meist zu sagen, wobei er sein Mobiletelefon mit seinen klammen Fingern kaum mehr festhalten kann.
Alle sind an ihren Plätzen mit ihren Aufgaben beschäftigt. Es gibt schon viel zu sehen, Grundrisse von Kammern, Treppchen, ein gepflasterter Hof, eine Zisterne, und es zeichnet sich tatsächlich ein Tempelbau ab, erkennbar an einem Vestibül aus Steinplatten mit fünf leeren Plattformen, worauf ehemals die Eingangssäulen gestanden hatten. Fasziniert bestaune ich die Arbeitsergebnisse der wenigen Tage. Doch alsbald schlage ich schlotternd den Weg über Gras und Steine auf die letzte Gipfelerhebung ein. Jetzt stehe ich dort oben, drehe mich, das Gesicht im Wind, langsam in alle Richtungen. Ich bin von der Aussicht berauscht. Und nun weiß ich mit Sicherheit, dass mir die Flöhe zwar das Fürchten beigebracht haben, aber auch, dass ich mich nicht besiegen lassen werde. Ein starkes Gefühl von Selbstvertrauen durchströmt mich, ich kann durchhalten, ich will das, und ich werde auch tun, was ich will. Es ist wie das Erwachen aus einer Katharsis.

Besonders die Arbeiter freuen sich über meinen Besuch, und von überall ruft es, komm hierher, komm zu uns, komm, komm. Und vor Begeisterung fangen sie an, sich mit einem rythmischen Singsang anzutreiben, bis die Staubwolken sie einhüllen. Vor der Frühstückspause lasse ich mir überall alles erklären. Der heiße Tee wärmt dann wunderbar. Haider muss zur Schule zurück, um Baumaterial hochzubringen, und gestärkt fahre ich mit hinab in meine Flohburg.

Inzwischen haben die Anregungen der Flohfänger wider Willen etwas Konstruktives bekommen:

„Wenn du eine feuchte Seife zur Hand hast und diese auf den Floh drückst, kann er nicht mehr weg." Aber das war reine Utopie.

„Stell eine Schüssel mit Wasser auf den Fußboden, obendrauf etwas Spülmittel und eine Kerze in die Mitte. Dann kommt er nachts, angezogen vom Licht, hüpft hinein und kann des entspannten Wassers wegen nicht darauf landen und säuft ab."

„Du musst barfuß im Zimmer herumlaufen mit aufgekrempelten Hosen, dann spürst du genau, wenn dich einer anspringt. Schnell zwei Finger mit Spucke anfeuchten und drauf. Die Finger in ein Glas mit Wasser stecken und erst da loslassen."

‚Stell dich mitsamt den Kleidern unter die Dusche, die nassen Sachen dann ausziehen, diese dabei ja nicht umdrehen, und gib sie einen halben Tag in einen Kübel mit Wasser, alles schön durchkneten, damit die Luft heraus geht. So ersäufst du ihn. Besser wäre, sich in eine Badewanne zu legen, warten bis sich alles vollgesogen hat, dann unter Wasser die Klamotten ausziehen und weiter siehe oben.'

„Du musst deine Kleider in die Sonne hängen, da hauen die Biester todsicher ab." Ja, aber wohin hüpfen sie dann? Natürlich gleich wieder ins Haus. Dasselbe passiert mit den in die Sonne gestellten Matratzen. Hier ist es mir zu hell und zu heiß, sagt sich der Floh und in drei Sätzen wechselt er sein neues Terrain in das altbekannte. „Aber vielleicht bekommt Peter dann die Flüchtlinge ab und nicht ich ..."

„Spürst du nachts ein Krabbeln, dann kannst du dir denken, jetzt mach mal zu, oder du stehst auf, streichst dir mit den Händen rasch, aber gründlich über den ganzen Körper. Somit verkriecht sich dein Peiniger, von Fressgier benebelt, in die Nähte des Schlafanzugs. Zieh diesen schnell aus, dreh ihn nicht um, mach einen Knäuel, stecke diesen in eine Plastiktüte und binde sie fest zu. Dann kann der Floh nicht heraus."

„Das ist die nächtliche Schnellvariante. Die weitere Vernichtungsmethode kommt dann erst am Morgen, indem du die Tüte in einen mit Wasser gefüllten Eimer untertauchst, den du nachts nicht zur Hand hast. Öffne die Tüte unter Wasser, drücke noch die Luftblasen heraus, dann hast du dieses Exemplar mit Sicherheit los. Nun noch ein paar Stunden Wartezeit. Ein etwas umständlicher Vorgang, aber so kannst du nachts ruhig und rasch weiterschlafen."

„Gelingt es dir, einen leichtsinnig herumkrabbelnden mit zwei Fingern zu erwischen, dann halte diese fest zusammen und tauche sie in ein Glas Wasser, erst dann darfst du loslassen. Dabei etwas reiben, damit seine Luftblase zerstört wird. Nach fünf Stunden kann er zwar unter Wasser immer noch zappeln, aber er kommt nicht mehr hoch zur Oberfläche und irgendwann ist er ertrunken."

„Bist du ganz verzweifelt, dann lege dich mittags als Köder ins Bett. Denn die vollgesogenen Peiniger verbringen den Tag meist im selben Matratzenschlaraffenland, weil sie sich dann in der nächsten Nacht nicht erst eine neue Beute suchen müssen. Also, du gehst mittags als Lockvogel ins Bett, mit dem Schlafanzug bekleidet. Liegst ganz still und liest in einem Buch, oder schaust zur Decke. Es dauert keine halbe Stunde, dann spürst du das bekannte Krabbeln. Warte noch ein wenig. So kannst du sicher sein, dass sich der so Angelockte im Saugwahn befindet, denn den Biss selbst spürst du nicht. Dann aber schnell raus aus dem Bett, mit den Händen rasch, aber fest über den Körper streichen und so weiter, wie ich es schon vorhin empfohlen habe ..."

Eine Erfahrung ist auch, dass sie nicht an die Genitalien gehen, vielleicht weil sie Haarwälder meiden. Was aber für Menschenflöhe spräche. Wie auch immer, ich habe nie einen Biss in den Busen bekommen, unten drunter schon. Am liebsten quetschen sich die Parasiten beim Saugen zwischen Matratze und die draufliegenden Körperteilen. Bist du also ein Rückenschläfer, hast du die meisten angezapften Stellen am Rücken und weiter abwärts. Schläfst du auf der Seite, dann fühlen sie sich da drunter am sichersten. In der Enge ist es für den Floh am gemütlichsten.

Du musst schauen, ganz vollgesogene zu finden, die können gar nicht mehr weghüpfen. Gestern finde ich einen auf's dreifache

vergrößert am Matratzenrand, so dick wie ein aufgequollener Kressesamen. Wahrscheinlich ist ihm speiübel vor Völlerei, und als ich ihn knacke, spritzt das Blut. Meines.
Bolfo, das Zauberwort. Die Schachtel mit den Spraydosen aus Berlin ist eingetroffen. Erwartungsvoll scharen wir uns alle um das angekündigte Wundermittel. Leider steht auf dem Waschzettel, dass dieses Mittel nicht direkt auf die Hunde gesprüht werden darf. Es ist nur für die Schlafplätze gedacht, für die Hundekörbe. Also ziemlich giftig. Aber nicht giftig genug, um die lebendigen Flöhe sofort ins Jenseits zu befördern. Sie verenden nach Tagen, aber die Nachkommenschaft, die Eier, wohl gleich. So beginnt, trotz der Vorsichtsgebote etwas enttäuscht, die große Sprayaktion mit den Matratzen, den Schlafsäcken, den Stiefeln und der jeweiligen täglichen Kleidung im Innenhof. Nun kann man mit der chemischen Keule der Invasion wenigstens etwas entgegenwirken. Den Gestank des Mittels und das Bewusstsein, voll im Gift zu liegen, nehmen wir in Kauf, in der Hoffnung, dass Flöhe das Bolfo auch nicht riechen mögen und allein dadurch etwas abgehalten werden. Jedenfalls reduzieren sich die von den Arbeitern oben auf der Grabung abbekommenen Freunde täglich und auch die nächtlich in den Matratzen lauernden Blutsauger. Ständig wird nachgesprüht, und die zusätzliche Dezimierungsaktion mit Fangen, Knacken, oder Ersäufen betreiben alle weiter. Neben der aufwendigen Dokumentationsarbeit am Nachmittag und in den frühen Abendstunden.

So kommt es, dass das flohbedrängte Häuflein Ausgräber recht unsozial wird und die Dorfbewohner meidet, wie es nur eben geht. Weiß man doch, unterhältst du dich mit den neugierigen, tief verschleierten Bäuerinnen, die sogar ihre Hände in schwarzen Gummihandschuhen verbergen, dann musst du dran glauben und trägst wenigstens fünf neue Quaddeln samt Verursacher nachhause. Gibst du einem der Arbeiter die Hand ... Kannst du nicht rechtzeitig und weit genug den drei Schafen dort ausweichen ... Selbst die herumscharrenden Hühner werden argwöhnisch gemieden.
Eine der kritisch beäugten Flohquellen ist der Nachbarhof, welcher sich nur einen Steinwurf weiter vom Schulgebäude befindet. Den

Vorstand der Sippe, Abu Ali, kann niemand leiden. Es ist ein griesgrämiger, schmieriger, ekliger, ständig herumschimpfender und alle herumkommandierender Zeitgenosse. Er tyrannisiert seine Frauen und Schwägerinnen, Tanten und Cousinen und die halbwüchsigen Mädchen. Sie dürfen sich nicht zeigen, es könnten ihnen ja die ausländischen Männer etwas weggucken. Die Oberlichtfenster im Schulhaus müssen zur Nachbarhofseite mit Papierbahnen zugeklebt werden, obwohl von da aus die Frauen nur tiefverschleiert in Ausgehkleidung hätten gesehen werden können. Und nur mit sehr gestreckten Hälsen würden unsere bedrohlich-furchterregenden männlichen Ausgräber einen Gewandzipfel erhaschen können.

Abu Ali, Vater des Ali, läuft total verdreckt und stinkend herum, begleitet von den üblichen Rotz- und Kotzgeräuschen und zeigt unmissverständlich, dass er die weiblichen und männlichen Ausländer verabscheut. So hat er den Namen Abu Siff bekommen, Vater des Schmutzes. Einem seiner Enkel wirft er in meiner Gegenwart einen Stein an den Kopf, dass dieser mit einem richtigen Loch über dem Ohr in Ohnmacht fällt. Und Abu Siff freut sich darüber. Doch so sehr er sich über die Ausgräber mokiert, so nimmt er immer wieder in Anspruch, mit Haider ins Tal zu fahren, um irgendetwas zu erledigen. Da ihm dabei aber regelmäßig schlecht wird, fährt Haider aus Rache immer sehr ruppig, keinen Stein auslassend. Er beschleunigt damit die Sache sehr clever. Man kann zusehen, wie der Despot zusammenfällt, zu jammern beginnt. Schließlich erbricht er sich am Wegrand, und für den Rest der Fahrt ist er nur noch ein Häuflein Lumpen. Und die anderen Insassen grinsen kindisch und schadenfroh.

Die weggesperrten Frauen von Abu Siff finden trotzdem Wege, Kontakt mit uns aufzunehmen. Flohfreundlich aus der Entfernung. Sie winken uns Frauen gerne zu, heimlich sogar den Männern. Ein harmloser Flirt, Abu Siff zum Trotz. Sie flechten wunderschöne Brotkörbe aus Bast und Bonbonpapierchen, und so beginnt ein kleiner Handel. Voll Freude machen sie sich an die in Auftrag gegebenen Handarbeiten. Das Geld dafür dürfen sie sogar behalten, wie sie stolz erzählen.

Eine Hochzeit wird angekündigt. Im oberen Dorfteil. Unsere ganze flohverseuchte Gastarbeitergruppe ist dazu eingeladen. Tagelang überlegen wir uns, wie wir der neuen Flohpopulation entgegenwirken können, denn eine Absage wäre sehr beleidigend. Sich mit Bolfo einsprühen. Die Hosen in die Stiefel stopfen und drumherum sprühen. Anorakärmelöffnungen eng schnallen und ebenfalls einsprühen. Damit werden schon mal wichtige Öffnungen schwerer zugänglich gemach,t und so präpariert gehen alle mutig zum Fest, die Frauen ins Haus der Braut, die Männer in das des Bräutigams.
Leider hat Nicole eine schlimme Erkältung und hütet ihr Bett. Vittoria und ich werden aber wie Wesen vom Mars empfangen. Es ist unmöglich, die Zahl der vielen anwesenden Frauen zu schätzen. Zweihundert vielleicht? Gut die Hälfte pfercht sich in dem Hochzeitszimmer zusammen. Die anderen füllen Flur, Eingang und Hofbereich. Einige haben sicher einen langen Fußmarsch hinter sich, vielleicht sogar bis aus dem Tal. Aber sicher sind sie nur in männlicher Begleitung gekommen. Mit Vater, Bruder, Ehemann, Onkel, Cousin, auch der Großvater darf es sein.
Die Braut sitzt hinten an der Schmalseite des Raumes auf einer Art plastikblumengeschmücktem Thron. Sie trägt ein sehr schönes lachsfarbenes Satinkleid. Lange Ärmel, schmales Oberteil, gebauschter, bodenlanger Rock. Lachsfarbene Fingerhandschuhe, ein passendes Täschchen. Und – sie ist total in Schwarz bis auf die Augenschlitze verschleiert. Sie sitzt unbewegt, starr und stumm da, paralysiert von dem Geschehen. Wahrscheinlich entspricht dieses Statuenhafte ihrer Rolle als sittsame Braut. Die Hochzeitsnacht erwartet sie sicher mit gemischten Gefühlen. Dies lässt sie entrückt, fast betäubt wirkend dasitzen. Denn es ist eine arrangierte Ehe, und der Bräutigam, zwar vom selben Dorf, hat seine junge Frau seinerzeit nur als unverschleiertes Mädchen gesehen.
Der Festraum ist bereits brechend voll mit schwarzen Gestalten, die alle ebenfalls voll verschleiert, teilweise sogar noch mit dem die Augen verdeckenden Teil Stoff auf dem Fußboden hocken. Die

Frauen sind unter sich, doch keine legt ihre schwarze Abaya ab, den Mantel, oder nimmt gar den Schleier von Kopf und Gesicht. Keine. Wie ein Schwarm schwarzer Krähen muten Vittoria und mich die Hochzeitsbesucherinnen an. Und da hinein werden wir beide gedrängt, links und rechts neben der Braut soll unser vorgesehener Ehrenplatz sein.

An einem riesig aufgetürmten Berg voller Gummisandalen schieben wir uns vorbei, behalten unsere Stiefel an mit den Bolfo-imprägnierten Knöchelzonen. Normalerweise ist das kein feines Benehmen, denn man hat die Schuhe auszuziehen. Aber als Ausländerinnen stellen wir uns einfach mal dumm. Und als solche hat man natürlich immer einen Bonus weg. Also lassen wir uns beschuht in den Festraum schieben. Dort gibt es fast keinen fußbreit Raum, um zu unseren Plätzen zu gelangen. Nur mühsam die Balance haltend, auf Köpfe und Schultern der Feiernden gestützt, zwängen wir uns durch und sitzen schließlich der Braut zu Füßen, in voller Tuchfühlung mit ihren gesichtslosen Nachbarinnen. Ebenso starr und steif wie die Braut flankieren wir nun den Thron. Und wir waren die Attraktion, stehlen der Hauptperson fast die Show. Der Türrahmen bricht schier entzwei unter dem Gedränge von Köpfen, welche die Braut mit den zwei Weißen sehen wollen. Ein aufgeregtes Geschnatter erfüllt den Nachmittag, ein Geschwatze, Geraune, Geflüster, niemals lautes Gelächter, aber ein ewiges Gekichere über die zwei Ausländerinnen, die in Anoraks und Hosen gekommen sind. Zwischendurch fangen einige aus Freude und Überschwang zu trillern an. Es wogt und wabert und eine Hand kommt nach oben mit einem Tamburin. Und eine zweite erscheint, und der Rhythmus der Schellen ladet ein zum Tanz. Tatsächlich schaffen es einige, sich in die Senkrechte zu begeben, und ohne Schritte winden sie Körper, Kopf und Arme, wiegen die Hüften. Die anderen klatschen im Takt, ein paar fallen in einen Singsang ein, der immer wieder von ihren Trillern unterbrochen wird.

Dabei wird die Zunge mit einem kräftigen drrrr schnell an den Gaumen geklopft, und mit dem Einsatz der Stimmbänder entsteht ein schrilles, hohes Trillergeräusch. Eine Hand verdeckt dabei schamhaft den geöffneten Mund, so nicht ein Gesichtsschleier, wie hier auf dem Gebal al Awd, getragen wird. Dieser Ausdruck höchster Freude

gehört einfach zu Hochzeiten, und weit hin ist diese Stimmakrobatik zu hören. Es gibt Kirschsaft zu trinken, Gebäck wird gereicht. Und immer wieder erhebt sich eine, um ihre Hüften zu schwingen. Dabei werden sogar einige Lieder angestimmt. Natürlich Liebeslieder. Sie erzählen von Sehnsucht und Hingabe, von unerfüllter Liebe und Schmerz, von Warten und Erfüllung. Allesamt sind sie große Romantikerinnen.
Als sich der Nachmittag dem Ende zu neigt, kommt Aufbruchsstimmung in die unsichtbaren Wesen. Es ist Zeit zu gehen. Alle sind erschöpft von der unglaublichen Hitze, die in dem Raum herrscht. Immer noch verwundert über die schwarze geschlossene Gesellschaft, welche sich nicht einmal im Frauenreich gegenseitig ihr Gesicht zeigt, dürfen Vittoria und ich noch einen Blick in die Männerrunde wagen. Als Ausländerinnen wird uns das gestattet, wird von dem männlichen Geschlecht sicher sogar als prickelnd empfunden.

Sie feiern im Hof in einem der Nachbarhäuser. Es dürften auch an die 150 Gäste gekommen sein. Aus ihren Gewehren feuern sie immer wieder Schüsse ab. Munition ist sehr teuer. So ist jeder einzelne Schuss ein Geschenk an den Hochzeiter. Der traditionelle Dschambija-Tanz mit den geschwungenen, in der Abendsonne blitzenden Messern, darf natürlich auch nicht fehlen. Zwei Trommler geben den Takt vor. Sofort bildet das männliche Publikum einen Kreis mit dem festlich gewandeten Bräutigam in der Mitte. Wie ein elegantes Model herausgeputzt, ist er sofort zu erkennen. Das kesse Spazierstöckchen mit dem kleinen Handbügel darf auch nicht fehlen. Seine engsten Freunde umringen ihn und geben ihm Halt. Denn er dürfte sich vor lauter Aufregung nur mit zittrigen Beinen bewegen. Abwechselnd stürzen sich die Tanzwilligen aus dem sicher fünfreihigen Rund in die Mitte und umkreisen sich geduckt in gegenseitigen Scheingefechten. Nach kurzen Attacken machen sie Platz für die nächsten. So dürfen alle noch bis zum abendlichen Gebetsruf ihre Auszeit vom harten Alltag genießen, bevor sie das tägliche Mühsal wieder hat. Wir vom anderen Stern pilgern auch zurück ins kalte Quartier. Mit jeweils fünfzig neuen Bissstellen.

Wir waren zu dem Fest am zweiten Tag eingeladen. Dem Hauptfest. Der erste Tag entspricht in etwa unserem „Polterabend". Am dritten Tag dauert das Zusammensein nur bis nach dem Mittagessen. Denn für die blutjunge Braut ist jetzt der Abschied vom Elternhaus gekommen. Sie wird in die schwarze Abaja gehüllt, und ihre Augen bedeckt nun ein weiteres Tuch. So bereit, warten die Frauen vor dem Elternhaus auf den Bräutigam. Und insgeheim fließen sicher Tränen. Mit den Trommlern windet sich nun ein langer Männerzug in seltsam tanzartigen Schrittchen auf das Haus der Braut zu. Der schmucke Bräutigam ist in der ersten Reihe, wieder flankiert von seinen Brüdern und besten Freunden. Blass ist er und fast in Trance. Was erwartet ihn wohl? Was erwartet sie beide? Für das Paar ist die Hochzeitsnacht gekommen. Nicht nur der Braut, auch ihm wird davor bange sein. Die so fest vorgegebenen Rollen in dieser starren Gesellschaft bestimmen Freude und Ängste, das Lebensgefühl. Der Hochzeitszug nimmt die von den Frauen herausgeführte Braut in Empfang und genau so, wie der Männerzug gekommen ist, geht es mit denselben Trippelschrittchen zurück ins Haus des Bräutigams, ins neue gemeinsame Heim, in ein eigenes Zimmer. Es ist ausgestattet mit den Brautgeschenken und den Habseligkeiten der Braut, wozu auch ein mit Moscheen bemalter Blechkoffer gehört und ein Blechschrank mit einem Spiegelchen und roten Herzchen darauf.
Den Antworten meiner immer wieder an Frauen gestellten Fragen kann ich entnehmen, dass sich die allermeisten dieser jungen Paare ziemlich schnell ineinander verlieben. Es sind normale Menschen mit normalen Bedürfnissen. Dazu gehört auch der Sex. Und darüber kann auch Nähe und Wärme entstehen – und Liebe.

Es ist Erntezeit. Spärlich wächst der niedrige Weizen auf Thoudhans Terrassen. Dort hocken nun den ganzen Tag die Frauen und schneiden mit ihren sichelähnlichen Feldmessern bündelweisedas reife Korn. Sie tragen hohe Hüte als Sonnenschutz und schwarze Gummi-

handschuhe, die bis zu den Ellbogen reichen. Zusammengewickelt mit einem der Halme werden die kleinen Bündel gestapelt zu großen und in Tücher gewickelt. Es ist eine äußerst mühevolle Arbeit, die sich fast über zwei Wochen hinzieht. Dann ist das Korn geschnitten, und die Stapel werden zu einem runden Dreschplatz getragen.
Dort kommen die Männer zum Einsatz. Bündelweise verteilen sie die Ähren auf dem flachen, runden und festgetretenen Geländestück. Dann führen sie vier Buckelrinder darauf. Sie sind zu zweit hintereinander ins Joch gespannt. Ein Bauer führt sie im Kreis über die verteilten Weizengarben. Dabei werden die Körner aus den Ähren gestampft und gleichzeitig das Stroh zerkleinert. An einem anderen Platz sehe ich auch Dreschflegel im Einsatz, die dasselbe bewirkten. Schwungvoll schlagen die Bauern im Takt auf die Garben ein. Als alles zerstampft oder zerschlagen ist, beginnt das Worfeln im Wind. Mit Heugabeln wird die Ernte locker hochgeworfen, der allgegenwärtige Wind treibt das zerkleinerte Stroh über den Dreschplatz hinaus in die Felder und das schwerere Korn fällt zu Boden. So trennen die Bauern die Spreu vom kostbaren Weizen. Das Erntegut garantiert das Überleben in der harten Winterzeit. Einige Tage dauert auch diese Arbeit. Zwar ist noch keine Regenzeit angesagt, aber trotzdem gehen die Blicke immer wieder sorgenvoll zum Himmel. Einmal nass geworden, wäre alles verdorben und bald auch verfault. Und eine Hungersnot würde ihren Tribut einfordern. Aber nun ist es geschafft. Frauen und Kinder schaufeln ihr Hauptnahrungsmittel zusammen und packen es in Säcke. Erst als das Getreide in den Vorratsräumen der Häuser lagert, kann die Dorfgemeinschaft aufatmen – und beruhigt den nächsten Monaten entgegensehen.

Vor hunderten von Jahren waren im ganzen Bergjemen Terrassen angelegt worden, wo immer es ein Fitzelchen Erde gab. Doch woher kam der spärliche Humus, der in den künstlich geschaffenen Feldern das Saatgut zum Wachsen und Fruchten brachte? Er kam vom Berg.

Von oben. Die unterste, dem Tal am nächsten stehende Terrassenwand wurde mit Steinen aufgebaut, manchmal 3 Meter hoch, manchmal nur einen halben, je nach Geländebeschaffenheit. Der steinige Boden gab genug Baumaterial ab. Dann kam der Regen, in den Höhen zum Teil sintflutartig. Er schwemmte Erdreich von oben in die unten entstandenen Wannen. Ins Lot gebracht, bekamen bei Regen nun alle Bereiche gleichmäßig Wasser ab. Dann, weiter nach oben gehend, kam die nächste Terrassenanlage, wieder schwemmte der Regen die Erde ins neu entstandene Feld, und die nächste und nächste Stufe setzte sich über die andere. Die Bauzeit verschlang über hunderte von Jahren. Und so ging es hinauf in höchste Höhen, hinauf bis in die Gipfelregionen der Dreitausenderberge. Dort oben war die Humusschicht zwangsläufig am dünnsten geraten. Die zwei monsunbedingten Regenzeiten im Jahr garantierten aber trotzdem eine Ernte. Teilweise speichern bis heute noch kunstvoll angelegte riesige Zisternen das Regenwasser. Fiel der Regen aus, bedeutete dies eine Hungerszeit.

Die steilen, fast senkrechten Flanken des Al Awd boten keinen Halt für diese Felderwirtschaft, aber ganz oben, wo sich der Gebirgsstock in eine kleine Hügellandschaft ausschwingt, war Platz für Terrassen. Und es gibt sie auch. Keine hohen Mauern mehr. Sie reihen sich in kleinen Stufen übereinander. Aber niemand kümmerte – und kümmert – sich seit Jahren um die Steinsetzungen, und so begannen diese kunstvoll entstandenen Stützmauern zu zerfallen. Sobald der Regen eine Furt ausgewaschen hat, schwemmt er den Humus davon. Ein Stein folgt dem anderen und teilweise kann mit Reparieren dem Zusammenbrechen der Mauern gar nicht mehr entgegengewirkt werden. Diese Terrassenfelder des Gebal Al Awds auf 3.000 Meter Höhe sind am Zerfallen, und sie liegen brach. Warum? Die drei Dörfer, Thoudhan, Sanaa und Layhan, die den Hals des Gebirgsstockes umringen, bekriegen sich gegenseitig. Sie streiten um das Recht zur Bewirtschaftung der Felder. Und da sie sich nicht einigen können und keiner dem Nachbarn eine Ernte gönnt, bleibt der einst gute Boden unfruchtbar. In nur wenigen Jahren, denn die schon begonnene Erosion arbeitet rapide, werden die Anlagen zerstört sein.

Eines Abends, es sitzen alle um den großen Tisch zusammen, gemütlich eingemümmelt in diverse Strickteile, ein rumverstärkter Tee dampft in die 15 Grad warme Stube, erstarren plötzlich einige. Sie trauen ihren Augen nicht. Aber es war tatsächlich so, dass quer unter dem Tisch zwischen ihren Füßen eine Ratte dahinspazierte. Nicht schnell, sie spazierte. Mit dem verzögerten Aufschrei verschwindet sie allerdings blitzartig. Große Aufregung. Und Uli sitzt da, blass um die Nase, mit angezogenen, auf die Stuhlkante hochgestellten Beinen. Er hat eine Rattenphobie, wie er etwas verstört zugibt. So wird das die nächsten Tage seine bevorzugte Sitzhaltung. Alle rätseln natürlich, was das freche Biest hier wolle. Aber dann fällt der Groschen. Jetzt ist klar, was die komischen Aushöhlungen an Qassims Kuchen immer bedeuten. Rattenmorbus sei ja nicht so schlimm, nur tödlich, das ist nun die Devise. Und wir haben einen weiteren Gesprächsstoff für endlose Debatten. Jedenfalls kommt das Luder öfters, oder deren Verwandtschaft. Qassim stellt seinen Blechkuchen einen halben Meter höher und meint, dass es hier kein Hochkommen mehr gäbe. Die nächsten weggefressenen Stellen widerlegen seine Theorie.

Eine weitere Plage belästigt die Gruppe. Es gibt Heerscharen von Fliegen. Von der gemeinen Stubenfliege bis hin zu der grünschillernden Schmeißfliege. Obwohl wir im Haus eher frieren, kann Schweiß sie nicht anlocken. Trotzdem krabbeln sie von morgens bis abends auf einem herum. An den unbedeckten Stellen wie Gesicht und Hände versammeln sich die Plagegeister. Um Ruhe zu haben, ist es schon egal geworden, zum Bolfogift auch noch das starke Vernichtungsspray für Kakerlaken anzuwenden. Das stinkt ebenfalls gewaltig. So kehre ich bestimmt an die hundert Fliegenleichen täglich allein von einer Fenstersimse zusammen. Dann kommt aber mit einem Gast aus Sanaa das Wundermittel: Antifliegenstrip. Man muss einen der Streifen an einer fliegenrelevanten Stelle ankleben. Nun sitzt unsere Gruppe um den Tisch, das Abendessen ist abgeräumt, die zwei Wasserpfeifen blubbern beim genüsslichen Anziehen, und alle

starren bewegungslos nach oben auf den Antifliegenstrip über dem Tisch. Er soll nämlich eine Fliege in drei Minuten vom Leben in den Tod befördern. Und es stimmt tatsächlich. Die erste platziert sich auf das Lockmittel, beginnt kurz darauf komische Bewegungen zu machen und fällt dann nach gestoppten drei Minuten entseelt herunter. Gebannt verfolgen alle die weiteren Hinrichtungen mit dem jemenitischen Mittel aus China, welches in Deutschland wegen seiner hohen Giftigkeit sicher verboten wäre.
Vor all den Leichen, die sich türmen, ekeln sich vor allem Nicole und Vittoria. So habe ich einen makaberen Einfall. Ich will eine rituelle Fliegenverbrennung durchführen, was die Invasionen vielleicht zum Abzug veranlassen könnte. So etwas hörte ich einmal auf einem Bauernhof in Italien. Also sammle ich ein, was zu finden ist, und es kommt einiges für die Kulthandlung zusammen. Ein Weihrauchbrenner, so groß wie ein Wassereimer, ist das Massengrab. Und kurzerhand steht das Krematorium mit etwas Kerosin beschleunigt in Flammen. Andächtig schauen alle zu und seufzen. Die ersten drei Grabungswochen haben den geistigen Zustand von uns allen schon etwas heruntergeschraubt ...

Durch die vielen Flohstiche bedingt, traten vielleicht immer wieder diese Fieberanfälle auf, aber vor allem Störungen des Magen- und Darmtraktes. Wieder ein endloses Thema für uns, wie da entgegengewirkt werden könne. Nun, es muss mehr Sorgfalt auf die Hygiene verwendet werden und da vor allem im Küchen- und Toilettenbereich. Und es ist nicht zu glauben, aber ich erwischte Mohammed, wie er mit der Klobürste den Duscheimer schrubbt. Da raste ich aus und schreie ihn zusammen. Der Arme hat es aber nur gut gemeint und ist schwer beleidigt. Ich entschuldige mich dann etwas lahm bei dem Übereifrigen, der kopfschüttelnd denkt: Da verstehe einer die Europäerinnen!

Unser Team versteht sich untereinander wirklich sehr gut. Es gibt nur einen Störenfried, den keiner mag, den Professor aus Bremen, bei dem Nicole gerade ihre Magisterarbeit schreibt. Sie will anschließend auch ihren Doktor machen. Das Thema ist mit Alvin, ihrem Doktorvater, schon besprochen. Es geht um die architektonische Verwandtschaft von Stadtmauern in Altsüdarabien. Der Gockel entblödete sich nicht, sich ständig mit seinen jungen Studentinnen zu brüsten, mit denen er immer auszugehen pflegt. Sagt er wenigstens. Und Nicole soll wohl sein nächstes Opfer werden. Geheimnisvoll lockt er sie hinaus in die Nacht, bietet sein Fernglas an, denn man könne damit in dem prachtvollen Sternenhimmel die Jupitermonde sehen. Und natürlich noch besser, wenn man sich dabei auf ihn stützt. Sie sieht die Jupitermonde tatsächlich. Was sich Alvin davon verspricht? Er schockiert Nicole zutiefst, als er ihr dabei zuraunt, wenn sie sich ihm etwas mehr geneigt zeigen würde, dann könne er ihr bei der Doktorarbeit besser unter die Arme greifen. Meint natürlich die Röcke. Aufs äußerste empört, schimpft sich Nicole bei mir aus. Sie kann dem Lüstling im Sexualnotstand nicht mehr in die Augen blicken. Ich bin daraufhin ebenfalls befangen, vor allem, als ich, auf seine Schulter gestützt und von seinem Arm gehalten, man könnte ja umkippen, ebenfalls die Jupitermonde erblicken durfte.

Der Angeber geht mit seinen Prahlereien aber auch den Männern gewaltig auf den Geist. Leider, leider gehört er zu den von der Flohplage am meisten Verschonten. Sein manischer Enthusiasmus für die Grabung ist so übertrieben künstlich, unglaubwürdig und lächerlich. Er beteiligt sich nicht an der anstehenden Dokumentation am Nachmittag, nein, sondern verärgert alle mit seiner musikalischen Beschallung von Jodelliedern aus seiner Computerdatei. Oben in der Gipfelregion jodelt er dann selbst, als Norddeutscher, hutschwingend, sehr zur Erheiterung der Jemeniten. Seine Kehlkopfschnackler wehen über die Berghänge, und er findet sich dabei besonders toll, wie eine Ziege von Grassoden zu Grassoden hüpfend. Zu seinem großen Bedauern ruft ihn das Herbstsemester zurück an die Uni. Wir winken ihm alle nach, winken vor Erleichterung, diesen Esel endlich losgeworden zu sein.

Uli ist ein Fußballfan. Und da Jungs auf der ganzen Welt diesem Spiel huldigen, bringt er einen Originalfußball von irgendeinem Originalspiel mit in die abgelegene Hochregion des Jemen. Irgendwie bekommt er den Ball aufgepumpt, und da er eh meist Buri im Schlepptau hat und dieser wiederum seine ihn hänselnde Schar von Gleichaltrigen, ist Uli im Dorf gut bekannt. Also verkündet er eines Tages, dass am kommenden Donnerstag nachmittags um drei ein Spiel auf einem der Stoppelfelder stattfinden solle, Europa gegen Bergjemen. So ungefähr. Wer daran teilnehmen will, bitte melden. Die Jugend ist begeistert und verkündet die Neuigkeit im ganzen Umkreis. Die Nachrichtenverbreitung von Mund zu Mund funktioniert im Jemen immer wunderbar. Deshalb kann man sicher sein, dass bis zum nächsten Tag alle drei Dörfer Bescheid wissen.

Das männliche Team unserer Ausgräber ist sehr neugierig, was sich tun wird. Tatsächlich, zum benannten Ort, finden sich schon Stunden vorher die jemenitischen Schlachtenbummler ein. Uli hat einige Überzeugungsarbeit leisten müssen, seine männlichen Kollegen zu gewinnen, aber zu guter Letzt ziehen alle los. Um auf die Zahl elf zu kommen, erklären sich unsere jemenitischen Kommissare bereit, als Gastspieler aufzutreten. Als die drei Fußballbräute müssen Nicole, Vittoria und ich ebenfalls mit zum Schauplatz. Uli ist der Mannschaftsaufsteller. Fast prügeln sich die Burschen um eine Teilnahme. Uli ist auch der Schiedsrichter und zugleich einer der Spieler. Ein aufgeschütteter Erdhaufen, schön mit Unkraut überzogen, fungiert als Ehrentribüne für die ausländischen Damen. Flohfreundlich mit gutem Abstand zur Gefahrenzone. Ein richtiger Menschenauflauf von Werweißwoher überwacht den Anstoß. Es verspricht, richtig spannend zu werden.

Aber die herumrennenden Spieler erreichen nicht einmal die erste Halbzeit, als ein Ali einen Mohammed foult. Dieser geht dem anderen sofort an die Gurgel, und sie wälzen sich am Boden. Ali entkommt, rennt zu seiner abgelegten Kalaschnikow am Spielrand und schießt in Richtung seines Kontrahenten. Gott sei Dank hat er dabei niemanden getroffen, sicher sogar absichtlich, denn schießen können sie alle. Aber damit ist aus dem Spiel fast blutiger Ernst geworden, und ohne großes Trara sind innerhalb von einer Minute alle auseinandergestiebt. Der beste Schutz vor Ernsterem. Den versprochenen Fußball als Trophäe erbettelt sich am nächsten Tag die Dorfjugend von Layhan.

Die Zeit der Schulferien ist vorüber, und für das Grabungsteam bedeutet das einen Umzug. Und dieser bringt die große Wende, was unsere Flohinvasion betrifft. Denn Holger gelingt es endlich, die Erlaubnis von allen drei Dorfältesten der sich bekriegenden, aber in allen Ausgrabungs-Entscheidungen dann wieder zusammenhängenden Dörfer Thoudhan, Sanaa, und Layhan zu bekommen, in das ursprünglich vorgesehene Grabungshaus einziehen zu dürfen. Leer steht es oben auf dem mittleren der Al Awd-Gipfel, fernab aller Welt, einer Trutzburg gleich. Jeden Tag ist das Team daran vorbeigefahren, wehmütig auf die Genehmigung wartend. Und jetzt ist es soweit. Das Gebäude mit einem kirchenartigen Grundriß mit drei „Apsen", drei rundbogigen Mauerseiten, hatte Scheich Hizzam als kleines Museum bauen lassen, sobald die Grabungsabsichten der Deutschen bekannt geworden waren. Es ist ein wunderschöner Bau, wenn man über jemenitische Schlampereien mal hinweg sieht, wie verkehrt herum eingebaute Türen, mit Fließenkleber zugeschmierte Steinfließen, nicht gereinigte Gipsfensterchen mit bunten Glasscheiben, alle etwas erblindet ...
Es war unglaublich, wie schnell reagiert wurde, in der Hoffnung auf etwas Tourismus. Unglaublich, wie das ganze Baumaterial die Wege hochgekommen war. Nun aber steht das Gebäude leer da, wartet auf Funde und Touristen. Und so bietet es sich zunächst, wie geschaffen, als Grabungshaus an. Wir alle freuen uns riesig darauf, endlich einzuziehen. Die Lage ist einfach grandios, atemlos macht einen der Ausblick bei Tage und ehrfürchtig staunend bei Nacht. Zudem hoffen

alle, der Flohinvasion damit weitgehend entkommen zu sein – und auch den allzu wachsamen Blicken, welche den Dorftratsch schüren. Für Haider allerdings bedeutet das viel mehr anstrengende Fahrerei, denn seine fast täglichen Versorgungsfahrten ins Tal verlängern sich dadurch beträchtlich.

Einen Tag mit Schulbetrieb müssen wir aber noch in dem ungeliebten Gebäude überstehen. Die Schüler, alles Knaben, werden vorerst in zwei leeren Zimmern zusammengepfercht und den Unterricht, welcher hauptsächlich aus Auswendiglernen besteht, können Peter und ich akustisch mitverfolgen. Mädchen sind hier oben trotz Schulpflicht nicht zugelassen. Zum Schulbeginn rezitieren alle erst einmal Koranverse. Dann kommen gymnastische Übungen mit wahid, ithnen, thelatha, eins, zwei, drei. Anschließend müssen die Schüler in einer Reihe im Innenhof antreten, und einer der seltsamen Lehrer, welche die ganzen Wochen meist khatkauend auf ihren verschimmelnden Matratzen im Rohbauabteil der Schule lagen, ruft nun einen nach dem anderen der Burschen auf. Jeder, der dran ist, muss die Hand ausstrecken, und er schlägt kräftig mit einer nicht zu kleinen Holzlatte auf deren Handflächen. Wer dabei zuckt, komm noch einmal dran. Vielleicht soll das eine Kollektivmotivierung auslösen. Wer weiß. Und nach diesen Zeremonien beginnt dann der Unterricht. Wahrscheinlich mit dem Dauereinsatz der Holzlatte.

Dieser Welt „entflohen", geht es tags darauf in mehreren Fahrten mühsam mit Sack und Pack auf den Gipfel des heiligen Berges. Die Grabung liegt nur einen halben Kilometer entfernt von dem Gebäude. So gibt es am Morgen auch eine halbe Stunde mehr Schlaf. Wasser für den Tank auf dem Dach holt Yahia täglich mit zwei Eseln aus einer kleinen Zisterne mit Regenwasser, unweit vom Haus. Ein ebenerdiger Tank ist die Zwischenstation für das mit dem Generator dann hochgepumpte Dusch- und Küchennass. Das heißt, dass man nur einen Wasserhahn aufdrehen braucht, um sich die Hände zu waschen. Was für ein Luxus. Trinkwasser kommt mit Haider immer aus dem Tal, in 20-Liter-Behältern. Die Toilette befindet sich windgeschützt im Gebäude. Alhamdulillah. Qassim, Fuad und Mohammed sind glücklich über einen großen Raum als Küche. Zudem bauen die Vorarbeiter ein eigenes Zelt auf, wo mit einem gasbetriebenen Ofen

Qassim unser eigenes Brot bäckt. Gutes, dünnes Hubz, jeden Tag frisch. Ein kleiner Nachteil ist, dass nur zwei geschützte Räume als Nachtlager zur Verfügung stehen, eins für uns drei Frauen, später kommt noch Iris dazu. Das große für unsere acht Männer. Aber da alle immer hundemüde schon mit geschlossenen Augen ins Bett fallen, macht das keinem mehr etwas aus. Die jemenitische Archäologentruppe und der Küchentross schläft einfach in dem großen Museumsraum, drei in dieser, drei in der anderen Ecke. Die Vorarbeiter stellen sich wieder ihre zwei Militärzelte auf.
Kälter ist es hier oben allerdings noch mehr. Ich sitze mit Mütze und fingerfreien Handschuhen beim Zeichnen und habe zwei paar Hosen übereinander an samt Anorak. Aber dank meiner Wärmflasche und Qassims lächelnder Spende heißen Wassers, schlafe ich immer warm und gut. Ein neues Lebensgefühl überkommt alle. Morgens verschwindet der Nebel schnell mit der höhersteigenden Sonne, der Sturmwind tut seines dazu, und bald liegt die berauschend schöne Landschaft unter uns, im Hintergrund hohe Bergmassive, rundum scheint die ganze Welt tiefer zu liegen. Wir sind auf dem Gipfel der Erde.
Gegen Mittag verebbt der Wind und die Sonne gibt ihr Bestes. Ein spätes gemeinsames Mittagessen am eigenen Esstisch im Haus wartet nun immer – eine gute, dicke, heiße Suppe. Dann eine Stunde schlafen und weiterarbeiten. Die Archäologen sitzen am Computer mit Unterstützung unseres Generators an langen Tischen in einem der Rundbogenräume. Ich zeichne dann schon gleich mit elektrischem Licht im Eingangsbereich, und Peter kratzt behutsam an einem Bronzeobjekt. Manchmal lauschen wir alle klassischer Musik von CDs aus dem Computer. Ein Hochgefühl, die Brandenburgischen Konzerte so fernab von der Welt zu hören. Und manchmal entlockt Fuad seinem Transistorradio auch arabische Musik. Aber eher außerirdische Pfeifgeräusche hören wir dann, als vierteltönige Liebeslieder. Das Gipfelleben auf dem Al Awd hat uns endlich alle wieder ins Lot gebracht.
Ganz flohfrei sind die Tage auch hier nicht, denn der menschliche Kontakt zu den Arbeitern, zu neugierigen Besuchern und den überall gegenwärtigen Tieren sorgt für Nachschub. Doch es ist hier kein

Vergleich zu dem verseuchten Schulgebäude im Fegefeuer. Schon ehe die Dämmerung einsetzt, wabern die Nebelschwaden vom Tal herauf immer dichter. Doch dann in der Dunkelheit strahlt trotzdem der Sternenhimmel hoch über einem, denn die Watteschwaden kriechen nur ums Haus. Der heftig aufbrausende Abendwind hält sie ab, weiter nach oben zu steigen. Schön ist es, im Dunkeln etwas abseits vom Haus zu stehen. Die Nebelfetzen glühen im Licht des schwach erleuchteten Hauses und es sieht aus, als ob sie durch die offene Türe hinein- und auf der anderen Seite durch die Wände wieder herausströmen. Ein mystischer Anblick.
Da das kleine Museum nun für uns Ausgräber freigegeben ist, kommen auch die tagtäglich ausgegrabenen Fundstücke zum Bearbeiten hierher. Zum Säubern und Restaurieren, zum Fotografieren und Zeichnen und zum verbalen Beschreiben lagern sie in einem der Rundbogen. Keramik, Knochen, kleinere Architekturteile, und die Gebrauchs- und Kultgegenstände werden aufgeteilt in unbedeutendere und wichtige Stücke, die sogenannten Kleinfunde. Und diese zeichne ich. Küchen- und Tafelgeschirr, Öllämpchen, Amulette, Tierstatuetten aus Bronze, Glasgefäße, einen Kamm aus Elfenbein, sogar Goldschmuck, Figurinen von Herrschern und Göttinnen. Ich genieße meine Arbeit mit so wundervollen Stücken, die vor Jahrtausenden hergestellt wurden. Ich halte sie länger als meine archäologischen Kollegen in Händen. Erforsche von jedem einzelnen Stück die Geheimnisse seines Wesens.
Seit der Planung einer Grabung hier oben bis zu deren Verwirklichung ist ein ganzes Jahr vergangen. Das kleine Museum wartet also auf eine strahlende Zukunft. Zur Überbrückung lässt das Deutsche Archäologische Institut Berlin auf eigene Kosten ein Magazin als Lagerraum für die Fundstücke bauen. Es befindet sich neben dem Grabungsgelände. Schubkarren, Schaufeln, Spitzhacken, weitere Grabungsgeräte, wie Wasserwaagen, Kellen, Bürsten, Eimer, Schnüre, Zeichenbretter, usw. sind darin ebenfalls untergebracht.
Die drei verstrittenen Dörfer werden sich aber plötzlich wieder einmal einig, eine Delegation zu Holger zu schicken. Und diese besitzt tatsächlich die Frechheit, für das Magazin eine Miete einzufordern. Schließlich seien es ihre heiligen Funde, die dort gelagert werden,

und diese kämen von ihrem eigenen Grund und Boden. Mit Hilfe von Scheich Hizzam kann das schräge Ansinnen dann aber doch abgewendet werden.
Es muss sich im ganzen weiten Umfeld bis in die Täler hinab herumgesprochen haben, dass die Deutschen oben auf dem Al Awd säßen und seltsam in der Erde herum wühlen. So kommen täglich Neugierige behende wie Bergziegen die steilen Hänge herauf, stehen herum, gucken, fragen und geben Kommentare ab.
Und Scheich Hizzam kommt ebenfalls alle paar Tage vorbei. Sein schwerer Toyota prescht heran, bremst steinespritzend, die Leibwächter springen heraus, als ob es ein Überfall wäre und schauen grimmig. Dann erst schält sich huldvoll der Scheich der Scheiche aus seinen Polstern. Immer hat er eine Khatbacke zum Platzen voll, immer hängt ihm das grüne Bröselzeug im Gebiss. Manchmal schiebt er den Brei sogar in beide Backen, dann kann er mehr Blätter kauen und der Khatrausch dürfte noch gesteigert sein. Dementsprechend nuschelnd sieht es aus, also ob er zwei Tennisbälle im Mund hat. Er dürfte damit allerdings einen sehr innovativen Weg beschreiten. Natürlich entspricht des Scheichs Interesse für die Grabung nicht so ganz seinen Beteuerungen. Die Frauen ziehen ihn an. Nicole, die jüngste, ist seine Favoritin. Mir schaut er meist interessiert beim Zeichnen zu. Und eines Tages kommt das Ansinnen, dass er sich von mir ein Portrait malen lassen möchte. Darauf hatte ich schon gewartet und mir die richtige Antwort zurechtgelegt. Ich zeige mich sehr erfreut und erkläre ihm, dass er dazu insgesamt acht Stunden Modell sitzen müsse. Somit hat sich das Thema erledigt.
Scheikh Hizzam kann etwas Englisch. Das hat damit zu tun, dass den Al Awdis, anscheinend verwöhnt von der Höhenluft, ein sehr freiheitliches Denken zueigen ist. Da einigen das Auskommen hier oben zu karg erschien, wanderten sie kurzerhand nach Amerika aus und gründeten vor etlichen Jahren in Detroit eine richtige Al Awd-Kolonie. Mit von der Partie war auch Sheikh Hizzam. Anscheinend fassten sie dort alle Fuß. Aber die Leine zu ihrem Berg haben sie nicht verloren. Besuche gehen hin und her und alle, alle, alle wollen im Alter zurückkehren. Und so kann es einem passieren, wenn man hier oben etwas herumwandert, dabei die Minengegenden meidend,

dass einem ein Jemeni entgegen kommt, welcher im breitesten detroitgefärbten Dialekt „Guten Tag" sagt.
Scheich Hizzam hat zwei Brüder, auf die er besonders stolz ist. Alle beide sind Interpol bestens bekannt. Bruder Ibrahim saß sechs Jahre wegen Drogen- und Waffenhandel in New York ein. Dann durfte er vier weitere Jahre Bewährung im Bundesstaat absitzen. Jetzt ist er der Obergabili der Al Awdis, ein Bergraudi mit wenig Hirn, der auch schon seinen Auftritt hier oben hatte. Bruder Nummer zwei, Yussuf, sitzt gerade wegen Geldwäsche in Rom hinter Gitter. Ein Sohn Hizzams, Lütfen, lebt in Kalifornien und ist gerade zur Grabungszeit hier auf Besuch. Er sieht sehr kultiviert aus, ist immer blütenweiss gekleidet, ein schwarzgoldener Turban umschlingt sein Haupt mit seinen scharf geschnittenen Gesichtszügen. Er verkörpert den feinsinnigen und zugleich harten Orientalen. Mit all seinen Waffen behängt spaziert er herum, sie gehören zu seinem Urlaubsoutfit und er fühlt sich damit unter Seinesgleichen wahrscheinlich nicht mehr ganz so nackt. Er interessiert sich wirklich für die Grabung, stellt kluge Fragen und kommt regelmäßig, um sich über die Fortschritte zu informieren. Noch ein Sohn Hizzams sticht aus seiner sicher zahlreichen, von mehreren Frauen geboren Kinderschar hervor: Munir. Er zeigt sich als Schönling, wirkt dadurch etwas debil. Er verkündet, auf dem Wege zu einem erfolgreichen Geschäftsmann zu sein. Eine Art Fleuropdienst per Flugzeug möchte er aufziehen. Wenn man den Jemen kennt, dann hört sich das total verrückt an. Denn die allermeisten Schnittblumen wachsen hier sowieso nicht. Nur spärliche Erfolge mit Rosen, wo der Besitzer stolz sein kann, wenn eine am Strauch zum Blühen kommt, von Lilien, Freesien, Gerbera, Orchideen und Chrysanthemen ganz zu schweigen. Nelken, die kleinen, stark duftenden Buschnelken wachsen hier, aber auch nicht in Versandmassen. Munir schwärmt bei seinem einmaligen Besuch auf dem Gebal, dass er diese Kostbarkeiten aus dem Libanon einfliegen werde. Das ganze Grabungsteam amüsiert sich darüber, doch wer weiß, vielleicht kommt es in der jemenitischen High Society in Mode, zur nächsten Brautwerbung mit einem Strauß Lilien aus Beirut zu erscheinen.

Sheikh Hizzam lebt also auch zeitweise in den Staaten. Hier aber ist sein Zuhause. Er erbaute sich einen weithin sichtbaren Palast mitten in einem der unberührten Hänge des Tales. Die Landbevölkerung achtet und verehrt ihn sehr. Ist er doch als Schutzpatron für seine Bergjemeniten verantwortlich. Und er berät nicht nur, er ist auch ein Schlichter bei Streitigkeiten und hält dazu Hof in seiner Residenz im Tal. Was er sagt, hat Gültigkeit. Er spricht das Recht. Und oft steht diese Art von Rechtssprechung nicht unbedingt im Einklang mit den erlassenen Regierungsgesetzen. Doch in solch abgelegenen Gegenden schert sich keiner darum. Die Scharia, ein gesammeltes System der Rechtssprechung, wird über den Propheten Mohammed von Allah festgelegt. Im Sinne der Vorväter basiert sie auf dem „Auge um Auge, Zahn um Zahn"-Gesetz. Die Strafen haben aber auch viel mit Wiedergutmachung zu tun und weniger mit Freiheitsentzug. Freiheitsentzug, der den meisten Jemeniten noch schlimmer vorkommt als die Todesstrafe.
Die Blutrache ist ein Gesetz der Sharia. Eine Bekannte der damaligen GTZ war nach einem mehrjährigen Arbeitseinsatz als Architektin ihren letzten Tag im Sanaa. Mit ihrem großen Dienstfahrzeug fährt sie zur Übergabe aus ihrer Garage, sieht nicht, dass hinter ihr ein kleiner Junge steht, überfährt ihn, er ist tot. Furchtbar. Sie muss sofort in Sicherheit gebracht werden, denn höchstwahrscheinlich hätten sie die Verwandten gelyncht.
Von einem ähnlich gelagerten Fall weiß ich. Lothar arbeitet in Saada, wir besuchten ihn vor einiger Zeit. Er hatte zwischen Huth und Amran einen Unfall mit dem Sohn eines Sheikhs aus der sehr wilden Gegend der Huthis. So ganz klar ist die Schuldfrage nicht. Beide sind verletzt am Kopf und haben Schnittwunden, kommen nach Amran ins Krankenhaus. Man legt sie ins gleiche Zimmer, wo allerdings noch weitere zehn Männer untergebracht sind. Die Verwandtschaft des Scheikhsohns empört sich immer mehr über Lothar, denn sie schieben ihm die ganze Schuld zu. Die Polizei muss ihn nach zwei Tagen in Schutzhaft nehmen, weil es sich abzeichnet, dass ihm etwas angetan wird.
Die Erwartungen an einen Schlichter sind sehr hoch. Diese, meist im Range eines Sheikhs, können sehr alten, geachteten und reichen

Familien entspringen, vielleicht mit dem europäischen Adel vergleichbar. Sie urteilen über die verfeindeten Parteien und sprechen Recht. Meist sind es Streitereien um Land oder um Wasser. Dabei fließt auch immer wieder Blut. Somit geht es auch um Blutrache. Wenn der jeweilige Richter gar noch salomonische Urteile fällt, dann steigert es den Ruf eines solchen Mannes ins legendenhafte.
An den Umgang mit Waffen gewohnt, ständig auch die radikalen Folgen des Gebrauchs derselben erlebend, ist Scheich Hizzam natürlich abgebrüht. Einmal mit Holger unterwegs – er fährt diesmal selbst ohne seine Wächter, wollen ein paar Bedus ihr Fahrzeug mit einer Straßensperre anhalten. Die angelegten Gewehre unterstreichen die Entschlossenheit, Geld oder das Auto zu bekommen. Sie wissen nicht, um wen es sich da handelt. Auf wen sie sich da einlassen wollen. Hizzam fährt einfach beschleunigend um die Sperrung herum und prescht davon. Worauf die Kerle anfangen, hinterher zu schießen. Holger wird in seinem Sitz immer kleiner, aber Hizzam winkt bloß ab und sagt, lass sie doch ...
Die beiden verstehen sich überhaupt sehr gut. Kurze Zeit nach der ersten Al Awd-Grabung wird im Völkerkundemuseum in München eine Ausstellung über den Jemen gezeigt. Auch präislamische Zeiten sind durch Ausgrabungsdokumente vertreten. So auch die frühhimyarische Grabung auf den Dschebal Al Awd. Alle wichtigen Beteiligten aus dem Jemen werden nach München zur Eröffnung eingeladen. Unter anderem eben auch Sheikh Hizzam. Holger ist sein Ansprechpartner und Fremdenführer, und er hat alle Hände voll zu tun, Hizzam davon abzuhalten, jeden Abend in einem anderen der zahlreichen Puffs zu verschwinden. Die besondere Anregung dazu erhält er bei seinen täglichen Spaziergängen durch den Englischen Garten, wo sich ihm, es ist Sommer, sonnenhungrige Nackte in allen Positionen präsentieren.

Das kleine Bergmuseum, mitsamt uns kostbaren Insassen, wird von drei Wächtern rund um die Uhr bewacht. Zwei derselben, ältere Männer mit ihren Knarren an der Seite, dösen meist im Khatrausch vor sich hin. In einem Militärzelt haben sie ihr Quartier bezogen und lugen ab und zu heraus, ob alles in Ordnung ist. Nummer drei heißt Hilal, was übersetzt „Mondsichel" bedeutet. Allein der Name ist Poesie. Der dazugehörende Bergbeduine ebenfalls. Er ist jung und hat prächtige Haare, dichtes, schwarzes, langes Lockenhaar. Es reicht bis zu den Schultern und steht beduinenmäßig seitlich wie ein breiter Lampenschirm ab. Seine gesamte Erscheinung und sein ebenmäßiges Gesicht mit den braunen, dichtbewimperten Augen erinnern wirklich an eine Heldengestalt aus einer Glyptothek. Wie geht so ein hartes Bergleben so spurlos an einem jungen Menschen vorbei? Die meisten sehen hier oben schon als Kinder alt aus. Alt geworden im Geist, wegen der gnadenlosen Gesetze von Tradition und Gesellschaft und wegen der ebenfalls gnadenlosen Natur. Aber Hilal ist einfach schön. Wenn Orlando Bloom dessen Haarpracht hätte, könnte er Hilal sein. Hilal Tahr Abdo Azijz weiß um seine erotische Ausstrahlung, und er produziert sich geschickt vor uns europäischen Frauen. Vielleicht liebäugelt er wirklich damit, – denn das arabische Selbstvertrauen ist gewaltig –, eine von uns aufs Ehelager zu bekommen. Europäischer Verführungskünste fremd, versucht er sich auf einer ihm vertrauten Ebene: Er wäscht sich sein Zauberhaar jeden zweiten Tag in einem Eimer mit Wasser. Und dazu setzt er sich genau vor den Eingang des Grabungshauses, zufällig hier überkommt ihn der Drang und natürlich erst in den Nachmittagsstunden, wenn alle zuhause sind. Fertig mit der Wäsche, steht er da und schüttelt sich das Wasser aus seinen Locken.
Und schießen kann er auch, was er gerne demonstriert. Mit derselben Leidenschaft, überrede ich Hilal, dass er mich mit seiner Knarre auf ein Ziel schießen lässt, gegen Munitionsbeteiligung, denn Patronen kosten nicht wenig. In 50 Metern Entfernung werden dann ein paar Blechbüchsen aufgestellt. Hilal trifft jedes Mal. Man sieht, wie die leeren Fuldosen davon spritzen. Ich treffe leider nur dicht daneben. Eine Kalaschnikow ist nicht leicht und selbst im Schneidersitz sitzend, den Lauf auf ein paar Steine gelegt, ist es für mich trotzdem

sehr schwer, Kimme und Korn gut und ruhig übereinander zu bringen. In der Maribwüste hatte ich mit meinen Treffern manchmal mehr Glück, wenn ein Wüstenscheich mich einlud, ein paar Schüsse abzugeben. Die anderen von der Grabung sehen diese Vorliebe gar nicht gerne. Ich denke aber, – dass sie da durch müssen. In meinen Augen hat nämlich jeder letzte Trottel mit seiner Knarre sein männliches Image, auch wenn dieser sonst ein Image unter Null zu bieten hätte. Meine Schießlust setzt sich also nicht nur aus einer Geschicklichkeitsübung zusammen, sondern auch aus: Denen zeig ich's ...

Und dann kommen die Wahlen. Es verspricht, spannend zu werden. Die Wahlplakate kleben schon seit Wochen auf den oft durchschossenen Verkehrsschildern, auf Hauswänden und Mauern. Sogar auf Berghängen prangen übergroß die Parteisymbole der drei Hauptparteien: Die gemäßigte Regierungspartei, die Sozialisten als Relikt aus kommunistischen Zeiten im Süden, eher eine Minderheit und die ständig an Beliebtheit zunehmende Islah, hier auch die Shamspartei der Islamisten genannt, die Sonnenpartei.

Es heißt, wir sollen uns um den Wahltermin herum auf keinen Fall im Tal zeigen und an dem Wahltag selbst nicht einmal draußen auf der Grabung. Die Stimmung sei überall aufgeheizt. Nicht einmal unsere drei Regierungsvertreter aus Sanaa – Musleh, Ali Hababi und Samir – gehen ins Tal zur Wahl, obwohl sie dazu sogar einen Tag frei bekommen hätten. Sie bangen wieder einmal um ihr Leben. Diese etwas verzärtelten Städter, in der Antikenverwaltung, meist vor fast leeren Schreibtischen hockend und den Tag einen schönen Tag sein lassend, sind, ausgesetzt in der Pampa, immer die Ängstlichsten von uns allen.

Allerdings gibt es in der Provinzstadt Ibb am Wahltag dann tatsächlich Tote. Sechs Wähler werden im Handgemenge erschossen: Anhänger der Hauptpartei fangen an, sich mit den lautstark die Islahpartei Propagierenden zu prügeln. Dann werden die Messer

gezogen. Wem dabei die Sicherung durchbrennt und wer dann die tödlichen Schüsse in die Menge abgibt, ist nicht mehr festzustellen. Nachdem das allgemein um sich gegriffene Geballere verebbt war, liegen sechs Tote auf dem Platz.
Wie so oft im Jemen herrscht heute der Ausnahmezustand, und am nächsten Tag läuft alles wieder in gewohnten Bahnen – wie wenn nichts gewesen wäre. Die Regierungspartei kann sich wieder behaupten, obwohl der reaktionären Islahpartei diesmal der Einzug ins Parlament gelingt. Ihre Erfolge bezieht sie hauptsächlich aus den ländlichen Gegenden, und die Beduinenstämme der Wüste weiß sie hinter sich.

Die täglichen Wechsel von Nebel, heraufziehenden Sturmwolken, blitzblauem Himmel mit grandiosem Talblick fast 2.000 Meter in die Tiefe, sind wunderbare Stimmungsbilder für uns. Die grünen und gelben Terrassenfelder um das Dorf Layhan auf der Westseite, der fruchtbareren, weil regenreicheren Seite, liegen uns wie gezeichnete Höhenlinien zu Füßen. Von hier wälzen sich meist die Wolken über die Abstürze hoch. Sana duckt sich so sehr an die Nordflanken des Berges, dass wir es nicht gut einsehen können. Die Aussicht auf das entferntere Thoudhan verdeckt uns der vorderste Gipfel. Groß ist die Welt geworden bei blauem Himmel und sehr klein in den dahinfetzenden Nebeln.
Während in der 200 Meter tiefer liegenden Dorfregion neben Weizen, Hirse und Mais noch Pfeffer- und Eukalyptusbäume wachsen, schwingt sich von dort das Urgestein in senkrechten Felswänden in die Höhe. Nur auf kleinen Vorsprüngen mühen sich ein paar Grasbüschel ab. Die weithin sichtbaren Blütenrispen der Aloe Vera geben rote Farbtupfer auf den fast schwarzen Granit. In jeder Felsritze findet diese Succulente ihre Nahrung. Erst ganz oben duckt sich alles weitere Gewächs hochgebirgsmäßig am Boden. Kleine Blümchen kämpften gegen Wind und Wetter, Disteln und Steine durchziehen die kargen Gipfelwiesen.

Schwärme von Krähen lassen sich im Aufwind treiben, Falken rütteln hoch in der Luft, bevor sie sich auf Beute stürzen. Vielleicht muss eine Maus zum Nachtmahl daran glauben. Und großartig ist es, wenn die Steinadler heransegeln, zu zehnt, zu zwanzigst. Mal höher, mal tiefer umkreisen sie das kleine Museum in ruhigen Bahnen. Ab und zu ein gellender Schrei. Sie fliegen bis dicht über unsere Köpfe, sind neugierig und spähen nach Essensresten. Riesige Gänsegeier lassen uns staunen, geben uns ebenfalls die Ehre. Und natürlich Bergdohlen, Schwalben, Spatzen, mal ein Wiedehopf und dort wieder eine Goldammer. Geräuschfetzen nur vom Wind und die der Vogelschreie. Lebenszeichen aus den Tälern sind schon von viel weiter unten verschluckt worden.
Die dünne Luft, harte Arbeit an die zehn Stunden täglich, ein gewisser Stress mit der Bevölkerung, man weiß ja nie, was für Schwierigkeiten einem jetzt wieder begegnen, lassen nach einiger Zeit Ermüdungserscheinungen aufkommen. Vor allem Holger hat ständig mit irgendwelchen Streitereien zu tun. Es geht um Bezahlung oder um die Einstellung von Grabungsarbeitern, um Sonderwünsche der Regierungsvertreter, was ihre Arbeitszeit betrifft, ihren Lohn, ihr Engagement. Herum stehende Besucher wollen zum Teil mitreden, nerven einen mit lächerlichen Ansinnen, sehen nicht ein, dass sie das ganze Geschehen nichts angeht, die zwei Wächter schlafen den ganzen Tag und sicher nachts erst recht dann alle drei, die Bremsen des Pickups sind kaputt gegangen, das Material für den Zaun, der zum Grabungsabschluss um das Gelände kommen muss, ist viel zu teuer geworden und Einiges kann nur sehr aufwändig aus dem Suq von Sanaa beschafft werden. So geht es die ganze Zeit dahin. Zusätzlich zur eigentlichen Arbeit. Ach, und unsere Flöhe gibt es ja auch noch. An den freien Freitagen will niemand mehr einen Ausflug unternehmen. Nur ausschlafen, länger frühstücken und dann aufarbeiten, was die letzten Tage liegengeblieben ist.
Peter aus Zürich hat seine Überraschung für das Grabungsteam bis fast zum Schluss geheim gehalten, nur Iris ist eingeweiht. Er hat sechs Doppelpackungen Schweizer Käsefondue mitgebracht. Das verkündete er eine Woche vor Grabungsende. Das in Aussicht gestellte Festessen lässt uns das Wasser im Mund zusammenlaufen.

Iris kommt die letzten Tage auf Besuch, um sich über alles vor Ort zu informieren. Und sie beschafft uns über die Botschaft einen absoluten Luxus: Vier Flaschen trockener Weißwein sind in ihrem Gepäck. Sie kauft in Sanaa noch in einer dafür bekannten Bäckerei zwanzig lange Weißbrote, die Ruti franzi, und bringt aus eigenen Beständen Fonduegabeln mit. Qassim und Fuad schneiden die Rutis in kleine Stücke und präparierten den Tisch. In die Mitte kommt eine mittelgroße Gasflasche, vielleicht wie ein Eimer so groß. Darauf ein Brenner und darauf dann der riesige Topf mit dem Käsefondue. Gehackten Grrgrr, ein wilder Rucola, steht gewaschen bereit. Peter ist der Chefkoch. Er reibt mit Knoblauch den vorgesehenen Topf aus, der Rest der Knolle wandert in die Käse-Wein-Masse. Gut gerührt kommt sie auf die hohe Feuerstelle, und das Festessen kann beginnen. Die jemenitische Truppe ist diesmal ausgeklammert, da der Alkohol im Fondue ihnen das Mitessen verbietet. Traurig sind sie darüber sicherlich nicht. Was wir da als Festmahl vertilgen, ekelt sie fast an. Käse ...! Sie bekommen dafür Qassims Spezialität – gebratene Hühnchenteile. Der draußen in der Nachmittagsluft schön gekühlte Weißwein trägt zu noch besserer Stimmung bei, und alle gehen zufrieden mehr oder weniger angesäuselt in ihre mehr oder weniger flohbewohnten Betten.

Die Grabungszeit geht auch hier zu Ende. Die letzten Tage ist Hektik angesagt. Alles muss abgeschlossen sein. Die Dokumentation und auch die Arbeit in den Schnitten. Kritische Stellen werden wieder zugeschüttet oder mit Stützbalken gesichert. Hier etwas abdecken, dort nur noch schnell 10 Zentimeter tiefer gehen. Die Löcher für die Pfosten des Zaunes werden gegraben, die Pfosten gesetzt und mit Zement verankert. Dann der Maschendraht, 2 Meter hoch, die Keramik sortiert in Kartons verpackt und beschriftet, die Knochen ebenfalls. Im Haus fotografiert Johannes den Rest der Funde im Akkord, ich zeichne in zusätzlichen Abendschichten, ebenso laufen die Computer und der Generator heiß.

Die Kleinfunde kommen in Blechkoffer, in die schönen mit Moscheen bemalten, aber auch in Pappkartons. Jedes Stück steckt extra in einer passenden durchsichtigen Plastiktüte mit dem dazugehörenden Fundzettel. Die empfindlichen Stücke werden in Watte gepackt und in Schächtelchen gesteckt, die zerbröselnden in eine Gipsschicht gebettet. Noch einmal wird alles durchgezählt, die Fundlisten liegen ausgedruckt bereit und die Fundberichte. Spät am letzten Abend sagen sich alle sehr müde gute Nacht.

Und dann ist der Morgen der Fundübergabe da. Denn die heiligen Funde werden von den Al Awdis abgeholt und verwahrt. Unsere Gruppe sitzt noch beim Frühstück, als fünf Toyotas und ein Pickup in einem Höllentempo heranpreschen und 30 Bergjemenis schwerst bewaffnet herausspringen. Einige haben gleich zwei Kalaschnikows umgehängt, samt gekreuzten Patronengürteln, an ihren Hüften baumeln Pistolen, und die debilsten der Truppe haben vorne an ihren Patronenwesten noch einige Minihandgranaten hängen. Sehr beeindruckt sind wir aus dem braven Westen von dem Auftritt. Er soll zeigen, wer das Sagen hat. Aber wir müssen uns auch ein Grinsen verkneifen.

Gleich schwärmen die strammen Hüter der Vergangenheit aus in sämtliche Raumabteilungen, wollen sogar in das Damenzimmer, was ihnen zischend verwehrt wird. Musleh, Ali Hababi und Samir wären eigentlich die Verantwortlichen der Fundübergabe. Aber gegen die lautstark auftrumpfenden Stammeskrieger der drei Dörfer, nun einig Waffenruhe demonstrierend, können sie nicht ankommen. Die 30 Kerle sind stark. Schließlich gehört ihnen der Grund, wo all diese Schätze geborgen wurden. Laut geht es her, jeder versucht, den anderen mit seinem Geschrei zu überbieten. Wie eine Horde wilder Affen überfallen sie das Museum. Nicht einmal die Gewehre werden abgelegt, was im Grunde genommen eine große Beleidigung darstellt. Mit viel Herumgefuchtel verlangen sie die Artefakte zu sehen. Was vorher schön geordnet bereitstand, wird nun auseinander genommen, auseinander gerissen. Gebannt starren wir auf das Geschehen. Holger schreit um Ruhe, muss schreien, rafft die schriftlichen Unterlagen zusammen, indem er sie den wild gewordenen Typen aus den Fingern reißt.

Und schließlich geht langsam das Durchzählen, das Überprüfen der Funde los. Immer noch ist alles ein Chaos, aber die Horde beruhigt sich langsam. Die Anführer begutachten Stück für Stück, der wilde Haufen des Fußvolks quetscht sich aber immer wieder dazwischen, schreit mit, rudert mit den Waffen herum. Einer streichelt seine Minihandgranaten mit bedeutungsvollem Blick auf mich. Nicht provozieren lassen, war die Devise unter uns Erschöpften. Schließlich wollen wir noch vor einbrechender Dunkelheit in Sanaa sein.
Es dauert ein paar Stunden, bis alles geprüft ist, bis tatsächlich die Übergabe der Funde und deren Unterlagen erfolgen kann. Nichts fehlt. Kein Stück. Und plötzlich geht alles sehr schnell. Die Kleinfunde und die Architekturteile kommen zurück in ihre Kartons und Blechkoffer. Sie sollen im Magazin direkt neben der Grabung eingeschlossen zu werden. Leider ist alles nicht mehr so perfekt geordnet, wie von unseren Archäologen vorgesehen. Die liebevoll und schützend verpackten Funde können in dem Aufbruchstempo gar nicht mehr so sorgfältig zurückgepackt werden. „Schnell, schnell, wir wollen weg!“, schreien die wilden Kerle. Keramik und Knochen dürfen mit nach Sanaa zur Weiterbearbeitung. Selbst die größten Schreier aus Thoudhan, die erst drohen, dass eine Sperre niemanden von uns mit der Keramik durchlassen wird, erlauben diesen Transport schließlich dann doch.
Zuerst hieven die Hüter ihres Grund-und-Bodens die verpackten Kleinfunde und Architekturteile schwungvoll, sehr schwungvoll, auf die Ladefläche ihres Pickups. Einige aus Layhan klettern dazu und hocken sich ungeniert auf die kostbaren Papp-Schachteln. Uns allen bleibt dabei das Herz stehen. Dies und der Hoppelweg zum Magazin, samt den dürren Hintern der Bergbauern, tun sicher ihr Bestes, die Stückzahl der Funde zu vermehren. Die bemalte Blechtüre des Magazins wird mit drei Vorhängeschlössern versperrt. Mit drei verschiedenen, jedes für einen der Sprecher eines der drei Dörfer. Hochoffizielle Schlüsselübergabe. Das Zeremoniell garantiert, dass es sehr schwierig sein wird, jemals wieder an ein Öffnen des Magazins zu denken.
Als dann Keramik und Knochen noch schwungvoller aufgeladen werden und die Thoudanis sich ächzend ebenfalls darauf niederlassen,

sehen wir komische Ausländer uns nur noch müde lächelnd an. Wir alle haben schon am Morgen die Hosenbeine in unsere Stiefel gesteckt, Bolfo kommt vorsorglich noch einmal zum Einsatz und ergeben weiß man, dass während des Übergabespektakels einige der Flöhe ihre Wirte wechseln werden. Und wir alle sind uns darin einig, dass es am allerschönsten ist, wenn dein Freund, der Floh, noch besseres Blut witternd, beim Nachbarn abgestiegen ist.

Bint As Sachn

Tochter des Tellers, eine Süßspeise

بنت الصحن

Aden wird in all den Jahren immer mehr mein Aufenthaltsort. Sowohl zwischen den Herbst- und Frühjahrsgrabungen irgendwo im Land, auch davor und danach. Immerhin bin ich nun wenigstens sechs Monate vom Jahr im Jemen. Und es gefällt mir so gut, dass ich mir hier ein eigenes Nest bauen möchte. Das Grabungshaus hat für mich den Nachteil, dass man keinen Ausblick hat. Als Bergmensch aus dem Allgäu fehlt mir das. So beschließe ich, nach einem Kaufobjekt Ausschau zu halten. Aber wie? Ich frage einige meiner arabischen Bekannten von hier. Bekomme auch etwas angeboten. Aber aus den gesehenen Bruchbuden haut es mich jedes Mal rückwärts wieder hinaus. Plus utopische Preise. Immer eine Frechheit mit dem Gedanken im Hinterkopf: „Na, die Ausländerin muss es ja haben."
Da gibt British Council einen Empfang. Nicht weit vom Institut sind leckeres Essen und ein Bier in Aussicht. Alles andere als eine Partylöwin stehe ich linkisch herum. Erspähe eine andere Frau, die sich auch etwas bedeckt hält und unmotiviert in die Runde guckt. Ich schlendere zu ihr hin, frage, was sie hier in Aden so macht. Sie sei aus München. „Ich investiere in den Jemen." „Und wie sieht das aus?" „Mein jemenitischer Partner und ich kaufen Häuser und renovieren sie. Und Sie, was machen Sie hier so?" „Ich arbeite für das Deutsche Archäologische Institut Berlin als Zeichnerin auf den anfallenden Grabungen hier im Jemen." Dann geht unser kleiner Schwatz weiter, unsere bayerische „Verwandtschaft" fördert sofort unsere Symphatie. Wie es mir bei den Ausgrabungen so gehe. Es geht mit prächtig, aber über die frühere Türkeigrabung plaudere ich ein bisschen aus dem Nähkästchen. In Wahrheit lästere ich gewaltig und packe noch dazu, was in der Mudirzeit hier im Jemen alles so passierte. Da kommt Cornelias lapidarer Satz: „Mein Sohn ist auch Archäologe." Erschrocken rudere ich wegen meiner saloppen Sprüche etwas zurück. Meine, dass ich ihn eventuell kennen müsse, da sie aus

München sei. „Wie heißt er denn?“ „Ömer.“ Da klingelt es bei mir. Klar kenne ich Ömer. Wir verbrachten zusammen drei Monate in Syrien auf der Munbaqa-Grabung. Nun war der Bann endgültig gebrochen, und schnell wurden Cornelia und ich enge Freundinnen. Am gleichen Abend noch erzählt mir die Urbayerin zwischen Hähnchenflügeln und Sambusekkrapfen, dass sie mit ihrer jemenitischen Familie hier in Aden zusammen lebt und dass ich sie unbedingt besuchen müsse. Ich spitze natürlich sofort die Ohren, als Cornelia etwas von Häuser kaufen und renovieren sagt, und so eröffne ich ihr auch gleich meine Hauskaufpläne.
Ein paar Tage später werde ich von Saleh, ihrem Partner, wie Cornelia ihn nennt, mit deutscher Pünktlichkeit zu einem Familienabend abgeholt. Saleh spricht schon damals etwas Deutsch und das mit einem charmanten bayerischen Akzent. Er ist durch und durch der souveräne Geschäftsmann und darüber hinaus ein sehr liebenswürdiger Mensch. Er berichtet auch gleich, dass Cornelia ihm aufgetragen habe, für mich etwas besonders Schönes zu finden. Ein Häuschen also. Ich bin durch Zufall in den allerbesten Händen gelandet.

Mein erster Abend in der traditionellen Großfamilie verläuft sehr, sehr nett. Es gibt hier keine strenge Geschlechtertrennung. Mit am Abendbrottisch sitzen alle weiblichen Familienangehörigen. Zu den Gebetszeiten beten die Männer gemeinsam im großen Esszimmer. Dies auch vor Besuchern zu tun, ist für sie ganz normal. Ich dagegen fühle mich dabei etwas fehl am Platz, störend, wie ein Eindringling in einer Intimsphäre. Auch in all den Jahren unserer Freundschaft berührt es mich immer wieder irgendwie peinlich.
Es gibt die Gidda, die Großmutter, die auch wie eine Großmutter aus Grimms Märchen aussieht. Dabei ist sie mit Sicherheit jünger als ich. Sie ist hier die Autoritätsperson, steht mit Entscheidungsgewalt noch über Saleh, dem Familienoberhaupt. Er hat vier Kinder, seine

Frau ist vor 2 Jahren bei einem tragischen Unglück gestorben. Sie fiel in einen Brunnen und ertrank. Das jüngste Kind war damals noch ein Säugling. Er heißt Amar und ist jetzt an die 3 Jahre alt. Der Älteste ist Hussein, dann kommt Iftiham, das Mädchen, dann Mohammed. Zwei Brüder von Saleh leben mit ihren Familien auch im Haus. Ahmad, der ältere der beiden, ein ruhiger, sehr angenehmer Mensch und der Rabauke Radi, ein herzlicher Kraftprotz, immer zu einer Schlägerei aufgelegt. Nichte Million und die Neffen Saleh Hussein und Amin gehören ebenfalls noch dazu. Es sind die Kinder von Salehs Bruder Hussein, der mit dem Rest seiner Familie im Bilad lebt, auf dem Dorf im Landesinnern. Maha, die Sekretärin von Salehs Firma, darf auch nicht fehlen. Und wie es sich anfühlt, bin ich nun auch eine von ihnen geworden und gehöre zum Clan.
Cornelia ist ein sehr sozialer Mensch. Klug, unaufgeregt und verlässlich. Sie wollte 1991 eine Gruppenreise in den Irak unternehmen. Da der Golfkrieg dies vereitelte, schwenkte sie auf den Jemen um. Sie entdeckte im Netz das Reisebüro von Mohammed Basa in Sanaa und buchte für zwei Wochen eine Jemenreise. Mit einer kleinen Gruppe sollte es übers Land gehen. Und ihr Reiseführer war: Saleh Al Girabi. Zwar arbeitete er lange Jahre als Projektleiter in einer Baufirma in Saudi-Arabien, wurde aber mit der Massenausweisung von zwei Millionen Jemeniten (!!!) arbeitslos. Das war die Quittung von Saudi-Arabien für Jemens positive Haltung gegenüber Saddam Hussein, dem irakischen Despoten. Eine großartige Leistung des Jemen war es, so viele arbeitslose Menschen wieder zu integrieren, welche vorher ihrerseits ihre vielköpfigen jemenitischen Verwandten ernährt hatten. Es ist trotz allgemeiner Knappheit zu keinem Aufstand gekommen. Die ausgewiesenen Jemeniten waren nicht die einzigen, welche aufgenommen wurden. Es kamen Flüchtlinge aus Äthiopien, aus Somalia und dem Sudan. Und der Jemen ist nicht zusammengebrochen, trotz seiner damals nur 17 Millionen Einwohner. Heute, 2019, sind es etwa 30 geworden.
Jener Saleh suchte sich sofort wieder eine Arbeit, und die fand er bei seinem Cousin Mohammed Basa, dem mit dem Reisebüro. Dieser ist ein äußerst charmanter Zeitgenosse. War etliche Jahre in Deutschland, spricht nahezu perfekt Deutsch und hat sich mit seinem Reise-

angebot auf Wanderreisen mit dem deutschen Alpenverein spezialisiert. Saleh führt also Cornelias Gruppe und ist ein sprühender Weggefährte. Der Tod seiner Frau liegt schon 2 Jahre zurück und so bietet ihm Cornelia spontan an, seine Kinder zu erziehen. Drei Wochen später ist sie bereits in Aden. Sie spricht mit den Kindern all die Jahre ausschließlich Deutsch, was natürlich ihre eigenen Arabischkenntnisse beeinträchtigt. In ihrem vorigen Leben lebte sie einige Jahre in der Türkei. So ist ihr der Orient nicht ganz fremd, und so fügt sie sich in einer idealen Weise in die doch sehr traditionellen Muster im Jemen und speziell auch in die ihrer neuen Familie ein.
Durch Cornelia ist der Speisezettel im Hause Saleh etwas mehr nach unseren westlichen Gaumen ausgerichtet. Und immer, wenn ich die vielen, vielen Male dort zum Essen bin, schmeckt es wunderbar. Die Kinder, mit Ausnahme von Amar dem Jüngsten, sind neugierig und wir spielen sogleich Karten und „Stein-Schere-Papier" und hüpfen auch noch zu Musik im Kreis herum. Amar ist total eifersüchtig und so tief beleidigt, dass da eine Fremde daherkommt und nun im Mittelpunkt steht. Die weiteren Male will er gar nicht auf der Bildfläche erscheinen. Erst langsam, langsam legen sich seine Vorbehalte gegen mich. Alle anderen amüsieren sich darüber, was ihn noch mehr verstört. Er ist eindeutig der Intellektuelle der Geschwister. Hussein ist ein Kindernarr, Mohammed eher ein herber Mensch mit ausgeprägtem Willen. Die schüchterne und zurückhaltende Iftiham ist einfach ein liebenswertes kleines Mädchen.
Inzwischen lebt Iftiham glücklich mit einem ebenfalls liebenswerten jemenitischen Ehemann und Sohn Saleh Mohammed in Riad. Hussein ist mit seinem Studium der Betriebswirtschaft in Deutschland im letzten Semester angelangt, Amar legt in Deutschland in ein paar Monaten seine Lehrabschlussprüfung als Mechatroniker ab, und Mohammed beendet zur gleichen Zeit sein Studium als Betriebswirt in Aden, trotz Kriegseinschränkungen. So wollen alle drei im kommenden Jahr zusammen heiraten. Noch einer hat eine schöne Zukunft vor sich, wenn der schreckliche Jemenkrieg endlich aufhören würde: Saleh Hussein, der Neffe von Saleh. Er hatte in Aden und in Sanaa bei einem deutschen Handwerksprojekt eine Lehre als Schreiner abgelegt. Auf Cornelias und Salehs Betreiben hin wollte er sich

anschließend in Deutschland noch weiterbilden. Ich konnte ihm über meine Freundin Aska ein Praktikum bei zwei renommierten Schreinerwerkstätten in Kempten im Allgäu vermitteln. Durch Zufall bekam er bei einem Witwer ein schönes Zimmer für ein halbes Jahr und so stürzte sich Saleh Hussein ins Deutschlernen und in die Erweiterung seines Horizonts. Er war durch sein einnehmendes, fröhliches Wesen sofort der Liebling aller. Und mit seinem Vermieter ist die Familie inzwischen sogar befreundet. Mit einem lachenden und einem weinenden Auge ging er zurück nach Aden. Onkel Saleh richtete ihm eine Top-Schreinerwerkstatt ein, mit all den Supermaschinen, auf denen sich der junge Schreiner in Kempten perfektionierte. Hussein und Amar wollen ebenfalls zurück nach Aden. Sie bringen somit ihre Fähigkeiten in ihr Land ein. Integration in Deutschland ist nicht das Höchste, wenn sie überhaupt funktioniert. Im Grunde ist jeder Integrierte im Westen eine Schwächung seines Herkunftslandes.

Saleh holt mich am ausgemachten Tag ab, um einige infrage kommenden Kaufobjekte zu erkunden. Wir wollen die von ihm avisierten Immobilien zunächst nur mit dem Auto abfahren, damit ich mir von außen einen Eindruck machen kann. Er will die Preise nicht hochtreiben, indem er mich sogleich als mutmaßliche Käuferin präsentiert. Meine Kriterien sind ein Blick aufs Meer, und das Objekt soll auf dem alten Stadtteil sein, der Adener Insel im Schatten des Vulkans Shamsan. Wir schauen mehrere Eigentumswohnungen von außen an, die mich nicht begeistern. Bei einem wackeligen Häuschen im Ortsteil Tawahi klopft mir aber sofort das Herz. Es liegt am Hang, hat einen freien, unverbaubaren Blick aufs Meer. Unten der Hafen mit seinen vielen kleinen und großen Schiffen. Little Aden ist schwach am Horizont auszumachen. Ein kleines Grundstück klebt am Hang und gehört auch zum Objekt. Was will ich mehr?! Das Ganze bezeichne ich als scheddrige Doppelgarage auf Geröllfeld.

Daraus geworden ist eine schmucke zweistöckige Villa im jemenitisch/italienischen Stil, umgeben von einem Paradiesgarten.
Saleh verhandelt über die Kaufoptionen. Saleh handelt mit dem Notar den Vertrag aus nach von mir vorgegebenen Optionen. Ich kann als Privatfrau nur kaufen, wenn ich einen Eigentümer habe. Saleh wird es also. Ich bin dann die Besitzerin. Notariell wird mit international gültigem Recht festgelegt, dass nur meine angegebenen Kriterien Wirksamkeit haben. Ich lege fest, dass ich das alleinige Verfügungsrecht habe, dass Änderungen an Haus und Grundstück jeglicher Art nur ich vornehmen kann, dass ich vererben kann, dass ich für alle Kosten aufkomme. Würde ich als Geschäftsfrau offiziell etwas kaufen wollen, ginge das nach jemenitischem Recht ebenfalls. Ich darf aber nur 49 Prozent vom Objekt besitzen. Für die weiteren 51 muss ein Jemenite herhalten. Bei Kriegszeiten muss man immer mit Enteignungen rechnen, vor allem wenn die Ausländer mehr oder weniger freundlich nach Hause geschickt werden. Aber mich schrecken solche Eventualitäten nicht, ich lebe im Jetzt.
Allerdings dachte ich in meiner Naivität und in meiner Euphorie, jetzt Bauherrin in Aden zu sein, dass ich mit neunzig immer noch dort wohnen würde. Die Zeit brachte es anders. Meine künstlerischen Tätigkeiten verlangten vermehrt längere Aufenthalte in Deutschland. Die Sicherheitslage im Jemen verschlechterte sich, speziell Ausländern gegenüber. Ich hätte nach einigen Jahren ein Wächterhäuschen bauen müssen, damit ein bezahlter Wächter mich hätte bewachen können. Inzwischen wütet der mörderischer Krieg. Und weitere Aufenthalte – selbst nach einem Friedensvertrag – wären für mich äußerst fragwürdig. Ich verkaufte nach zehn Jahren wunderbarer und nie vergessener Aufenthalte mein Häuschen an Salehs Bruder Ahmad.
Doch zunächst schwebt mein Refugium noch als eine Fata Morgana an den Hängen des schon vor langer Zeit erloschenen Vulkans und seiner Insel. Der Notarbesuch ist für mich sehr aufregend. Nach unseren Unterschriften bin ich Haus- und Grundstücksbesitzerin im Jemen und ich schwebe stolzgeschwellt aus dem Büro hinaus in die weiche Adener Luft an einem lauen Winterabend.

Ich beginne sofort mit dem Vermessen und zeichne meine Umbaupläne. Saleh, sowie der ganze Clan, kümmert sich um alle meine Belange. Saleh kauft nicht nur Häuser, er baut auch und das vorzüglich. Er führt die von mir vorgegebenen Bautätigkeiten aus, jeder kleinste Wunsch wird mir erfüllt. Mit meinem handwerklichen Verständnis ist es nicht schwer festzustellen, dass die Qualität Salehs Baufirma mit seinen Angestellten zur Top-Riege jemenitischen Bauens gehört. Nach meinen ganzen Erlebnissen im Jemen arbeitet hier die beste Baumannschaft für mich. Pünktlichkeit, gutes Baumaterial und keine Schlampigkeiten zeichnen alle Arbeiten aus. Die fairen Preise kann ich bezahlen. Salehs Firma baut derzeit große Gebäude mit Eigentumswohnunge. Sie sind immer schon vor der Grundsteinlegung verkauft. Es sind luxuriöse, große Wohnungen, so wie es reiche Jemeniten mögen. Viele seiner Käufer und auch Käuferinnen leben in Dubai oder in Saudi-Arabien und wollen ihre Ferien im geliebten Aden verbringen und später auch ihren Lebensabend. Was hätte mir Besseres passieren können?! Die zeitlichen Vorgaben, Finanzielles wie Kostenvoranschläge oder meine Extras, die dann doch zu Marmorböden, Intarsien und selbstentworfenen großen Glasarbeiten mit Gipsschnitten verlocken – alles verläuft korrekt, wie besprochen. Es kommen keine Bausünden auf, und jedes Mal, wenn ich einen Bauabschnitt abnehme, ist es die pure Freude.
Meine Entwürfe bespreche ich mit Saleh und seinem Architekten Abdul Karim. Größtenteils können sie akzeptiert werden. Als erstes muss eine Mauer das Grundstück einfrieden. Saleh setzt bei seinen eigenen Bauvorhaben viel einen „Bockelar" ein. Das ist ein Bagger auf Ketten, der mit einem mächtigen Dorn die Felsgründe abhackt. Solch mächtige Baugefährte arbeiten wie überdimensionierte Presslufthammer. Da mein Grundstück eine Hanglage mit dem Lavagestein des Gebal Shamsan hat, bietet sich Salehs Idee an, den Abhang terrassenförmig abzuhacken. So wird das schmale Gartenstück breiter, und auf die zwei entstandenen Terrassen kommen Pflanzungen. Eine Bruchsteinmauer wird an die nun senkrechten Felswände hinzementiert. Die entstandenen Lücken zwischen den einzelnen Steinen sollen offenbleiben, weil es schöner aussieht. Habe damit später allerdings einige spezielle Probleme, sehr spezielle.

Ich darf weiterhin im Grabungshaus wohnen. Meine Mitbewohner sind die Krähen, welche morgens um vier mit großem Geschrei erwachen, es ist Said, der morgens um fünf anfängt, den Hof zu fegen, ebenfalls deutlich hörbar. Um halb neun gehen die Consultings und GTZler aus dem Haus und aktivieren unsere Katzenschar. Man könnte meinen, dass diese komplett plemplem geworden ist. Denn, kaum wird eine der Haustüren geöffnet, stürzen sich alle – vom Katzen-Kleinkind bis hin zur Katzen-Großmutter – auf die Herauskommenden. Man muss sich mit Fußtritten freie Bahn verschaffen, so aufdringlich ist die Meute geworden. Sie schreien wie die letzten Heuler. Das hält so lange an, bis jedes menschliche Wesen wieder verschwunden ist. Dann gehen sie erneut auf Lauerstellung. Eine Ausnahme gibt es: den Herr Brutalo. Er dürfte der Vater aller Väter hier sein. Er hat Würde. Er stolziert mit seinen Raufspuren umher. Eingerissene Ohren, tiefe Kratznarben über dem breiten Schädel, dreckiger geht's nicht, ein abgeknickter Schwanz, welcher beim Markieren seines Reviers bedeutend hin- und herzittert. Trotz des unerträglichen Geschreis seiner Untertanen wird von den Bewohnern des Konsulatgebäudes immer wieder Futter vor die Haustüren gestellt. Als die so gemästeten Viecher vor lauter Faulheit auch noch anfangen, das Treppenhaus als ihr Katzenklo zu deklarieren, muss ein Schlusspunkt gesetzt werden.
Aurora kauft Hackfleisch, ich Valium. Kleingestoßen vermischen wir die Morgengabe, und schon nach einer Stunde schlafen all unsere Felis silvestris catuse seelig und träumen sicher von weiteren himmlischen Speisen. Doch da irren sie sich, denn wir packen alle im Drogenschlummer Herumliegenden, die sich anders nicht hätten anfassen lassen, in zwei Pappkartons – und ab geht es nach Crater. Bis dorthin sind es zirka 7 Kilometer. drei Tage später stolziert Mister Brutalo hoch erhobenen Hauptes und hoch erhobenen Knickschwanzes wieder über unseren Hof.

Bei mir im Ortsteil Tawahi gibt es aus Engländerzeiten einen großen Park. Er kommt gleich nach einem Trödlerladen an der Hauptstraße, dem Aziz-Bookstore, wo es noch Postkarten von vor 100 Jahren zu kaufen gibt. Alte Adener Stadtansichten aus britischen Zeiten in Schwarz-Weiß und vergilbt schlafen mit ihren Laden-Besitzern vor sich hin. Briefmarken, Geldscheine aus aller Herren Länder liegen verstaubt in fast blind gewordenen Glasvitrinen. Und gleich danach ist mein Einkaufsparadies für alten Plunder. Said, inzwischen ein alter Mann, dürfte seine Schätze wohl schon zu seines Vaters Zeiten im Laden gehortet haben. Wie die Kunst- und Wunderkammern der Spätrenaissance ist dieser vollgestopft, aber mit hundertmal so vielen Raritäten. Ein Traum. Vom Spucknapf zur Lockente, vom Vorderlader zum Leopardenfell, von Kupferkannen zu Naturperlen aus Bahrain, weiß und grau. Afrikanische Masken und antiker Schmuck, Wasserpfeifen und beduinische Kaffeekannen, Mördermuscheln, Korallenstöcke, alles liegt ohne Ordnung durcheinander. Man kann kaum durch den Raum gehen, weil man überall auf weitere Raritäten tritt. Said kennt mich und verkauft mir zu Spottpreisen die schönsten Dinge für mein Haus. Leider machen seine Söhne eines Tages Tabula rasa, und das wilde Durcheinander bekommt eine Pseudoordnung. Trotz der Räumung ist es immer noch sehr chaotisch, aber mein Said'sches Feeling ist zerstört.

Nach dem unumgänglichen Halt im Kartenladen und bei Said erreichen Cornelia und ich nun den ehemaligen Freizeitpark mit verbogenen und verrosteten und zerfallenen Kinderspielgeräten und Kiosken. Sogar eine lebensgroße Bronze-Statue von der dicken Queen Victoria schmückt das Zentrum. Die Monarchin war hier auf Staatsbesuch. Besuchte ihre Kronkolonie unter britischer Oberhoheit.

Schlingpflanzen winden sich nun um die alte Dame. Sie hat eine schöne Patina angenommen, beschattet von Feigen- und Pfefferbäumen. Queen Victoria, die echte, stand in der zweiten Hälfte des 19. Jahrhunderts hier in Aden ihrem Ebenbild gegenüber. Zu diesem

Ereignis wollten die Adenis ihre Stadt schöner machen, speziell die lange Hauptstraße in Maalla. Aus Zeitmangel konnten aber nur noch die Hauptfassaden angepinselt werden. Bis heute nicht wieder gestrichen, bröckeln die Fronten vor sich hin, das Weiß von Anno dazumal nicht mal mehr erahnbar. Vom Schnitt der Wohnungen und deren Größe kann man aber in Deutschland nur träumen.
Dieser Garten also, in dem man sich verlaufen kann – soll eines Tages wieder zum Leben erweckt werden. Beschließt Saleh. Er startet eine große Entrümpelungsaktion. Die Wege müssen erst mal gerodet werden, Bäume gefällt und zurückgeschnitten, Büsche wieder in Form gebracht, Rankgewächse in die Schranken verwiesen, so wird auch die Queen wieder ins Sonnenlicht gerückt. Und als nächstes erscheint Salehs Vermessungstrupp, alsda mit Cornelia und Marianne. Wir machen eine Bauaufnahme in Form eines Lageplans. Viele Stunden zeichne ich die Skizze im Maßstab 1:100, Cornelia ruft mir ihre Messergebnisse zu. Vor 100 Jahren tummelten sich hier Familien bei Mangosaft und Tee, die Kinder schaukelten und fuhren im Kinderkarussel.

Wir wundern uns, dass sich auf dem Gelände über dem Zaun drüben, einer Art Volkszentrum und mit einer schrecklichen, riesigen Bronzeskulptur aus sozialistischen Zeiten, so viele Menschen ansammeln. In Trauben hängen sie bald an den Zäunen. Eine Hinrichtung wird vorbereitet. Ein Mörder soll erschossen werden. Er hat aus Zorn seine ganze Familie ausgelöscht, niedergemetzelt. Frau und fünf Kinder. Er hat dieses Ende verdient! Die freundlichen Zaungäste wollten uns einen Logenplatz freihalten. Wir ziehen es aber vor, schleunigst zu verschwinden. Am nächsten Tag sind in allen Zeitungen Abbildungen im „bluatigstem" Rot in Großaufnahmen von dem Verblichenen. Da kennen die Jemeniten keine Scheu. Je drastischer, desto mehr wühlt es die Volksseele auf.

Wir planen einen Tagesausflug „ins Wadi", ins Tal. Gemeint ist damit ein Picknick auf dem Land. Am Abend vorher fährt nochmal die Al Girabi-Küche hoch. Gekocht wird Huhn in Reis. Beziehungsweise mehrere Hühner in Reis in mehreren Töpfen. Alles gart langsam und lange zusammen auf kleiner Flamme und schmeckt dann herrlich. Am nächsten Vormittag, ja nicht zu hastig, werden Decken, Teller, Gläser und Wasserflaschen ins Auto gepackt. Das alles ist Männerarbeit. Sie wissen genau Bescheid, was gebraucht wird und wo es sich befindet. Wenn die Kinder ganz hinten im Gepäckabteil des riesigen Toyotas sitzen, haben noch acht Personen Platz. Dazu nochmal ein Allradgefährt, so ist die ganze Sippe beisammen. Ab geht es erst mal etliche Kilometer nach Norden Richtung Sanaa. Dann wird abgebogen und in dem „Dorf der hunderttausend Süßigkeiten" eingekauft. Man glaubt, dass der ganze Ort nur aus Zuckerbäckereien besteht. Es sollen die besten des Landes sein. Mit vielen süßen Tüten geht es weiter und wieder und wieder eine Abbiegung und hinein in ein liebliches Tal mit kleinen Tamarisken und Schirmakazien. Da wartet ein Plätzchen im schütteren Schatten auf weichem Sandgrund. Bächlein oder gar Seelein gibt es nicht. Es ist gleich Mittag. Wieder sind es die Männer, sie bauen das Lager auf und schleppen die Essutensilien heran. Wir Frauen lassen uns bedienen. Wir sitzen in einer großen Runde im Sand. Als Tafel dient eine Plastiktischdecke. Es schmeckt an der frischen Luft wunderbar. Es ist Adener Winter mit mindestens 25 Grad, und gleich wühlt sich jeder sein Sandbett zurecht und auf geht's zum Mittagsschlaf.

Als wir gegen Abend zurückkommen, wundern wir uns über Straßensperren und Polizei und Militär zuhauf. Ein Schiff sei im Hafen in die Luft gesprengt worden, ein amerikanisches. Mehrere Tote. 12. Oktober 2000. Es ist die Cole, ein Zerstörer der United States Navy, und das sorgt für weltweites Aufsehen. Sie war am Treibstoff Bunkern. Ein kleines Boot, voll mit Sprengstoff und zwei Selbstmord-Attentätern der Al Qaida, steuern auf die Breitseite des Kriegsschiffes zu. Werden nicht gestoppt, detonieren mittschiffs, reißen ein großes Loch in die Bordwand, zerstören einige wichtige Schiffs-Innereien. 17 Soldaten finden dabei den Tod und 39 weitere sind verletzt.

Die Schwerverletzten werden sofort ausgeflogen, einige Verletzte bleiben zur Versorgung auf dem Schiff, einige kommen in ein Adener Krankenhaus. Durch die Beschädigung der Turbinen und Generatoren ist das Schiff manövrierunfähig, hat Schlagseite, kann aber mit Pumpen über Wasser gehalten werden. Der Großteil der Mannschaft bleibt deshalb an Bord, auch um das Schiff vor weiteren Angriffen zu schützen.
Offiziere und der Kapitän kommen im unweit gelegenen Hotel Mövenpick unter. Bereits belegte Zimmer werden gnadenlos geräumt, die persönlichen Utensilien der Ehemalsgäste in Pappschachteln einfach auf den Flur gestellt. Scharfschützen postieren sich an den vier Ecken des Hoteldachs. Unser Grabungshaus liegt genau gegenüber, so kann ich die in Position liegenden oder stehenden Soldaten beobachten. Tags darauf ziehen im Gästetrakt des Deutschen Konsulats auf unserem Archäologiegelände sieben Geheimdienstler vom FBI ein. Frisch eingeflogen. Sie laufen in dünnen Turnhöschen herum. Im Schritt ziehen sich die Hosenbeine bis zu den Geschlechtsteilen hoch. Für Jemeniten sind diese kurzen Hosen Unterhosen und die dieser Amerikaner sind oberpeinlich. Aber ungerührt machen sie ihr Ding und laufen damit auf der Straße herum. Zum Rauchen sind sie immer in „meinem" Garten. Grüßen vielleicht mal. Keinen einzigen Satz wechseln wir all die Wochen, obwohl ich den ganzen Tag beim Zeichnen im Garten sitze. Sie gehen immer in Gruppen aus. Stecken die Köpfe, ihre alten, wenn ich das sagen darf, zusammen. Einmal in der Woche heizen sie den Backofen für Pizza an, welcher am Rand des Gartens steht und verbrennen ihre schon oben in den Zimmern geschredderten Unterlagen.

Der Bau meines Anwesens schreitet voran. Die Seite meines länglichen Grundstücks hangabwärts braucht auch eine Stützmauer und selbstverständlich ein Tor. Es gibt eine wunderbare jemenitische Sitte aus Urväterzeiten: Wenn man ein Grundstück einmal eingefriedet

hat, dann gehört es einem. Das betraf sicher noch Zeiten, als Landnahme mit einer Besiedelung vor sich ging. Hier in der Großstadt macht sich meine Familienmafia das Gesetz zunutze. Es gibt im Jemen kein richtiges Katasteramt. Nur so etwas Ähnliches, wo Grundstücksgrenzen in Zahlen angegeben sind. Mein Haus steht mit der hinteren Schmalseite direkt an der Grenze zum Nachbarn. Eine Längsseite geht zum abgehackten Hang hinauf, die andere zur Straße hinunter. Und laut Grundbuchangaben habe ich 12 Meter vom Haus bis zur vorderen Grenze, wo das Tor hin soll. Saleh bestimmt, dass es 24 Meter werden können. Platz dafür ist vorhanden. Denn die kleine Straße macht gerade hier eine lange Serpentine. Also schnell eine Steinsetzung als Baubeginn. Sofort kommen Bewohner aufgebracht vom oberen Hang herunter, holen die Polizei dazu. Sowas gehe hier nicht. Saleh jedoch, ein Verhandlungsgenie, setzt sich durch mit Verweis auf die Uraltrechte und darauf, dass der Platz nur der Stadt Aden gehört, also niemandem privat weggenommen wird. So haben wir uns ohne Wenn und Aber einen doppelt so großen Garten erschlichen. Großartig.
Wie schon erwähnt, kommen zum ursprünglichen Bauplan noch etliche Extras dazu, weil es darauf und darauf und auch noch darauf doch nicht mehr ankommt. Ich schmuggle Geld ins Land, denn offiziell darf man nur 10.000 Dollar auf einmal importieren. Salehs Truppe ist großartig. Sein Vorarbeiter Abdallah kauft das Material und die jeweiligen Gewerke lassen erst den Rohbau mit Um- und Aufbau erstehen, später den Innenausbau. Fast parallel dazu kommt auch mein Garten dran. Da blanker Fels für die Pflanzen nicht wirklich gut ist, mache ich erst einen Plan. Für die größeren Gewächse werden Mulden fürs Erdreich herausgehackt. Für das ganze Areal kommt ein halber Meter Humusauftrag bis aus Lahej herangefahren, 50 Kilometer nördlich von Aden. Dort gibt es große Gartenbaubetriebe, wo ich mit Cornelia auch alle Pflanzen bei einer Sonderfahrt einkaufe. Eine große Dattelpalme besorgt mir Saleh aber höchstpersönlich: Es gibt eine große Verschönerungsaktion in Aden, von höchster Stelle diktiert. Es sollen 25.000 – (!!!) – Dattelpalmen an allen größeren Straßen entlang gepflanzt werden. Davon zwackt Saleh stillschweigend eine für mich ab. Denn es ist nicht ganz einfach,

Betriebe zu finden, welche Dattelpalmen züchten und verkaufen. Mein Prachtbaum muss, obwohl er nur einen 2 Meter hohen Stamm hat und dieser einen Durchmesser von 25 Zentimeter, von vier Arbeitern geschleppt werden.

Abdul Karim, der liebenswürdige Architekt, ist über seine Lebenslage ein bisschen traurig. Er ist verheiratet und liebt seine Frau Semira abgöttisch. Sie kann aber keine Kinder bekommen. Das ist für einen Jemeniten sehr, sehr schlimm. Zum einen für ihn selber, weil Kindersegen ein göttlicher Reichtum ist, und zum anderen, weil am Kindersegen auch sein soziales Ansehen hängt. So heiratet er fast traurigen Herzens eine zweite Frau. Er mag sie auch und ist wirklich gut zu ihr. Zwei liebenswerte Kinder gehen aus der Verbindung hervor. Der neuen Familie geht es gut. Aber sein Herz gehört weiterhin ganz und gar Semira.

Mehrfachehen sind, vor allem im Südjemen, eher selten. Es ist dabei üblich, sogar geboten, die beiden Haushalte oder gar noch mehr, denn bis zu vier Frauen sind für Muslime erlaubt, getrennt zu führen. Und es ist vorgeschrieben, dass alle Frauen gleich behandelt werden müssen. Das wirkt sich im Alltagsleben bis in den Kleinkram hinein aus. Bekommt eine ein Kleid geschenkt, dann auch alle anderen, bekommt eine ein Schmuckstück oder eine Reise mit dem Herrn der Schöpfung geschenkt, dann müssen es alle bekommen. Also sollte der Genießer einen großen Geldbeutel haben. Im Norden, vor allem in den Dorfregionen, spielt das keine so große Rolle, da fretten sich die verschiedenen Haushalte so recht und schlecht durch. Die Erstfrau darf vom Gesetz her entscheiden, ob sie verheiratet bleiben will. Das hat für sie den Haken, dass die Kinder ab dem siebten Lebensjahr beim Ehemann bleiben. Die Kinder sind oft der Grund, warum sich eine Frau mit der Konkurrenz abfindet. Alternativ kehrt sie in den Schoß ihrer Großfamilie zurück und nimmt dann nicht gerade eine gute Position ein. Hat sie Glück, kann sie wieder heiraten, wird aber als Gebrauchtware gehandelt. Das hört sich schrecklich an. Aber oft trifft es sich auch so, dass die Zweitehen die besseren sind. Was sich bei uns im Westen ja auch beobachten lässt. Als unverheiratete

Frau muss viel Kraft und Selbstbewusstsein da sein, um ein selbstbestimmtes Leben führen zu können. So das in unserem westlichen Sinne im Jemen überhaupt geht.
Es gibt aber auch ein anderes Beispiel für Möglichkeiten. Ein weiterer Bruder von Saleh hat auch zwei Frauen. Und diese mögen sich so gerne, dass sie enge Freundinnen geworden sind. Ob Ahmed heute nun mit Hanana oder mit Hadith schläft, ist ihnen egal. Ich bin mir sicher, dass auch in den (oft ja bei näherem Hinsehen nur angeblich) verschiedenen Kulturkreisen die Befindlichkeiten von Freude, Schmerz, Hunger, Liebe, Trauer, Hass, Geborgenheit und Verlassensein gleich empfunden werden. Und dass es überall auf der Welt solche und solche gibt. Im Westen gibt es ganz liebe und ganz schreckliche Menschen – und im Osten genauso. Und ebenso bei Mann und Frau. Liebevolle oder schreckliche Frauen, liebevolle oder schreckliche Männer. Frauen fühlen sich im Orient mit liebevollen Männern nicht unterdrückt. Sie haben ihren großen Freiraum im Haus, aber auch in Entscheidungsfragen zum Leben sprechen Frauen durchaus mit. Hinzu kommt, dass ältere Menschen sehr geachtet sind und ihr Wort gilt. Es ist eine Sünde, ihnen zuwider zu handeln. In meiner jemenitischen Familie ist die Gidda, die Großmutter, das wirkliche Oberhaupt. Ihr Enkel Hussein will in Deutschland studieren. Vater Saleh ist damit einverstanden. Nicht die Großmutter. Von ihr muss erst mit langen Erklärungen und Versprechungen und viel Überzeugungsarbeit, dass der Junge ein guter Muslim zu bleiben verspricht, die Erlaubnis eingeholt werden. Das Vorhaben zieht sich über ein Jahr hin, bis die Gidda endlich ihre Zustimmung gibt. Die Großmutter bestimmt sogar darüber, ob Iftiham ihrem Ehemann nach Saudi-Arabien folgen darf. Denn es ist durchaus üblich, dass Ehemänner in Jordanien, in Dubai oder sonstwo im Ausland arbeiten und das Geld verdienen, und die Ehefrau sitzt zuhause im Jemen. Unsere Gidda wurde bei allen Verheiratungen zuerst gefragt, ob diese junge Frau oder wie bei Iftiham der junge Mann wirklich zu dem jeweiligen Heiratskandidaten passt oder nicht.

Mit Garten- und Landschaftsbau von meinem früheren Leben etwas vorbelastet, schwebt mir natürlich bei meinem eigenen Garten vor, dass dieser wie ein riesiges Gewächshaus mit Dschungelpflanzen wuchern muss. Alles was hier in diesem Klima Rang und Namen hat, pflanze ich. Jasmin an allen Ecken, die verschiedenen Sorten von Hibiskus, meine geliebte Dattelpalme im Zentrum. Eine Kokospalme, einen Guavenbaum, Bougainvillea in Pink und dunkelrot, weiß und orange, bunten Oleander, einen Gummibaum, Weihnachtssterne, Croton, Vincas und etliche Bodendecker, alles darf hier nun blühen und wachsen. Innerhalb eines Jahres hat die Guave 3 Meter Höhe erreicht, und alles sieht aus als ob es den Garten schon seit zehn Jahren gäbe. Komme ich aus der Stadt und stehe vor dem hohen Tor, sehe ich rundum Steine und Staub. Öffne ich das Tor, schaue ich auf einen Dschungel aus Grün und Blüten, auf meinen Paradiesgarten. Ein Weg aus roten, gebrannten Keramikziegeln führt geschwungen zum Haus, sodass der Blick darauf vom Tor aus nicht einsehbar ist. Bambusschutzdächer aus Somalia verhindern Einblicke vom Hang weiter oben. Das ist wichtig, denn hier würde das als Exhibitionismus ausgelegt werden, wenn ich mal leichter bekleidet herumhusche. Wobei ich mit leichter bekleidet keinen Badeanzug meine.
Leider ist die Jugend hier sehr frech. Sie werfen Steine ins Grundstück. Einfach so. Einmal erwische ich einen, packe ihn grob am Ohr, zerre ihn unter seinem Geschrei in ein oberes Haus und lasse eine Schimpftirade los. Als schwache Ausrede kommt, dass die Buben versuchen, über das Haus hinweg zu werfen. Na ja. Einmal ist es gar so schlimm, dass ich Saleh anrufe. Der kommt mit seiner Bande im Karacho angefahren, prescht zu den oberen Häusern, alle springen mit Gewehren heraus. Natürlich sind die Übeltäter schon längst verschwunden. Aber es macht Eindruck. Und hilft. Später heißt es von der Nachbarschaft sogar, als übergangsweise ein deutsch/ägyptisches Paar in meinem ehemaligen Haus wohnt, dass die solche Scherereien machen, ich dagegen so eine nette und anständige und patente Person gewesen sei.
Dazu fällt mir auch noch eine Geschichte zu unserem Saad ein: In Sanaa bezieht Burkhard das neue Institut. An die Grundstücksmauer

kommt außen ein wunderschönes, großes Messingschild hin mit der Aufschrift auf Deutsch und Arabisch: Deutsches Archäologisches Institut Berlin, Außenstelle Sanaa. Immer wieder werfen Buben gezielt Steine darauf, sodass schon bald ziemliche Dellen in der Tafel sind. Sie treffen aber nicht nur das Schild, sondern es fliegen Steine auch über die Mauer in die Fenster dahinter. Alles Schimpfen und Verjagen hilft nichts. Bis Saad härtere Bandagen anlegt. Er geht zur Polizei und zeigt die Eltern an. Die Polizei erteilt den Eltern eine Tracht Prügel. Die Eltern geben die Tracht Prügel weiter an ihre Söhne – und seitdem ist Ruhe.
Mein Garten ist meine Leidenschaft. Es erweist sich allerdings als unmöglich, Mangos, Orangen und Zitronen hier wachsen zu lassen. Dafür ist es in Aden zu heiß. Kann man fast nicht glauben. 50 Kilometer nördlich und deshalb 400 Meter höher gedeihen diese Bäume und Sträucher prächtig. Aber alles andere kann ich hier direkt wachsen sehen. Zähle fast jeden Morgen die neuen Blättchen. Aber das ist nur mit guter Bewässerung möglich. Dazu steht ein großer Tank auf meiner obersten Terrassenanlage. Normalerweise wird von der Baladija, der Stadtverwaltung, morgens und abends jeweils für eine Stunde das Wasser aufgedreht. Wer einen Tank hat, hat somit immer einen Vorrat. Allerdings gibt es Trockenzeiten, wo auch die Baladija mit Wasser spart. Da hilft alles nichts, ein Tankauto muss bestellt werden. Wasser ist teuer, und es wird auch nicht so gerne gesehen, dass für Pflanzen Wasser ausgegeben wird und bei mir sogar noch für „nutzlose". Das ist sicher auch der Grund, dass hier so wenig Wert auf kleine Gärten gelegt wird. Also spare ich wenigstens etwas mit dem kostbaren Nass. Ich brauche aber einen Gärtner. So besorgt mir meine Familie einen netten, den Khalid, der auch während meiner Abwesenheit verlässlich meine Pflanzen betreut. Komme ich wieder, muss ich aber erstmal mit Roden und Ausschneiden anfangen, so stark ist alles verwildert.
Meine Leidenschaft für Pflanzen bringt mich auf die großartige Idee, bei dem so verwahrlosten Gelände der Tanks bei Crater einen botanischen Garten einzurichten. Ich wälze ganze Schinken von einschlägigen Büchern und besuche Botanische Gärten in aller Welt, zwacke mögliche Geldgeber an. Habe genaue Vorstellungen, wo was wachsen

soll und darf. Es wäre ein Novum hier im Jemen. Ich habe bereits Verbündete von der Universität und vom Gouverneur. Als meine Vorstellungen schon ziemlich weit gediehen sind, kommt von höherer Stelle der Einwand: Wer soll die wunderbare Anlage dann bitte betreuen? Wer soll die Wasserversorgung gewährleisten? Wer bringt das Geld für die Wächter auf? Wer soll den Eintritt kassieren? Sie, Regierung oder Stadtverwaltung, können das nicht übernehmen. Wie ich denn auf so eine verwegene Idee käme? Insofern war das Traum-Projekt gescheitert.

Eines Tages ist es soweit, ich ziehe in mein Refugium. Ein Einweihungsfest darf dabei nicht fehlen. Also kauft Saleh für mich zwei Ziegen. Sie werden am Festtag auf meinem Gelände von Ahmed und Radi geschächtet. Dabei wird zu Allah gebetet und den Tieren gedankt, dass sie uns nähren. Das Blut muss auf meinen Türschwellen verstrichen werden, damit die Dämonen, die Dschinns keinen Zutritt finden. Es ist schon seltsam, dass vom Koran her der Aberglaube verboten ist, und trotzdem stelle ich immer wieder bei frommen Muslimen fest, dass die Dschinne gefürchtet werden. Es wäre sicher ein interessantes Unternehmen, dem Ganzen vertieft nachzugehen, insbesondere der Frage, bis in welche Bereiche sich solche Urängste im täglichen Leben auswirken.
Die ganze Al Girabi-Sippe von Aden erscheint zum Fest. Die lieben Frauen kochen Reis und schnipseln Salate, spülen nebenher und danach. So habe ich als Gastgeberin gar keine Arbeit. Grillen ist auch hier im Orient Männersache. Sie sind bemüht, die gut portionierten Ziegenteile in köstliche Happen zu verwandeln. Und noch dazu wird mein Hausaltar im Garten eingeweiht. Im Hauptraum im Haus sitzen wir dann alle um die großen Schüsseln herum, schmausen und lassen es uns gut gehen. Die Gidda hat noch eine Sonderaufgabe zu erfüllen: Mit einem sehr großen Weihrauchgefäß geht sie in alle Räume und lässt den verbrannten Bochour in jede Ritze eindringen. Dabei betet sie den Segen Allahs herab auf Haus und Herrin. Der Abendgebetsruf

von den Moscheen vermischt sich mit den Schwaden des Räucherwerks, die Gesänge der Muezzine mit dem Lachen der Saleh-Kinder beim Fangenspielen im Garten. Ein gutes Leben beginnt ...

Während der Bautätigkeit stellte ich fest, dass Ratten im Haus unterwegs sind. Auf den einen Abfluss in der Küche packte ich eine 2-Kilo-Farbdose, um ihnen den Zugang zu verwehren. Das Gewicht ist von unten tatsächlich beiseitegeschoben worden. Bei meinen ersten Abenden auf meiner Terrasse bekomme ich Rattenbesuch. Mit der Dämmerung erscheinen sie. Als ich beim Wässern mit einem Gartenschlauch zufällig weiter oben auf die Bruchsteinmauer ziele, hüpft eine Ratte heraus, ich ziele auf eine andere Stelle, wieder sucht eine das Weite und wieder und wieder. Also wohnen sie in den Lücken der Mauern, die wir aus Schönheitsgründen offen gelassen haben. Ein Kammerjäger kommt. Er streut Gift aus und sprüht welches in die Spalten. Ein paar Tage stinkt es ziemlich nach Aas. Ich kaufe eine Lebendfalle. Am nächsten Morgen sitzt eine Ratte drin. Aber was tun damit? Die Arbeiter wollen sie mit einem Schraubenzieher erstechen. Ich protestiere und lasse sie unweit vom Haus wieder frei. Wahrscheinlich ist sie ein paar Minuten später wieder in ihrer Luxuswohnung. Die nächsten gefangenen Exemplare lasse ich in der Sonne stehen. In einer halben Stunde hat sie der Hitzschlag ereilt. Aber das ist auch nicht gerade die tierfreundliche Art. So kaufe ich Ratglue. Ich soll den Kleber auf ein Brett streichen und einen Köder hinlegen. Am nächsten Morgen klebt eine daran. Ich dachte naiv, die Tiere würden dadurch getötet. Aber die Krähen haben der Festgeklebten bei lebendigem Leib die Därme herausgezogen. Schrecklich. Ich gebe es auf. Sie tun mir ja nichts. Manchmal kommt sogar eine in meinen Wohnraum hereinspaziert, aber soll sie mal. Eine landläufige Meinung hier gegen die Rattenplage ist, dass man eine fangen, sie mit Benzin überschütten und anzünden soll. Durch ihre schrecklichen Schreie würden alle anderen vom Clan das Weite suchen. Das will ich aber denn doch nicht ausprobieren.

Ich kaufe ein Auto, bzw. Saleh macht das für mich. Einen kleinen roten Opel Corsa. Von da an weiß Saleh spätestens am nächsten Tag von Geheimdienstleuten immer, wo ich mit meinem auffälligen Gefährt gewesen bin. Fühle mich damit sogar etwas beschützt. Immer mehr bin ich ein wirkliches Familienmitglied geworden. So werde ich auch in verschiedene Tätigkeiten eingebunden: Die ganze Sippe zieht um in eines der neuen Hochhäuser von Saleh. Dazu gehört auch ein Grundstück, wo ein Garten entstehen soll. Ich bin gefragt, entwerfe Wege und Pflanzenbereiche, in der Mitte ein Rundell aus geschweißten Stangen. Da wachsen inzwischen abwechselnd rote Rosen und Jasmin bis in die Kuppel hinauf. Im schattigen Innenteil sind Sitzbänke rundum. Ein großer Grill wird gemauert. Die Familie sitzt gerne am Abend draußen in der lauen Abendluft und isst gegrillte Hühnchen oder auch mal eine Lammkeule. Alkohol ist völlig tabu. Auch wenn wir zusammen beim Chinesen einkehren, trinke ich nur Wasser und Saft. Im Hause Saleh ist auch das Khatkauen streng verboten. Zu seinem Leidwesen weichen allerdings ein paar seiner Verwandten auf andere Locations aus. Mit dem Khat verhält es sich im Südjemen allerdings so: Von der sozialistischen Regierung her war das Kauen nur am Wochenende erlaubt, also am Donnerstag und Freitag. Noch halten sich viele an diese Regelung, obwohl ich auf den Märkten täglich das „Ziegenfutter" zum Verkauf sehe.

Einmal bin ich mit Amin unterwegs in Salehs Luxustoyota. Ein anderes Auto fährt uns an. Gleich Geschrei von dem fremden Fahrer, er fühlt sich unschuldig. Der erste Griff von Amin ist ins Handschuhfach. Er holt eine Pistole heraus und steckt sie sich hinten in den Gürtel. Auf meinen fragenden Blick hin meint er: für alle Fälle ...

Saleh zeigt mir seine Waffenkammer. Mir bleibt die Luft weg. Mehrere Kalaschnikows, Handgranaten, Pistolen und Revolver, Zielfernrohre und Patronen. Der Raum ist gut getarnt, sodass bei einer Razzia, warum und von wem auch immer, das Lager geheim bleibt.

Ich kaufe mir in Marib selber eine Waffe. Das geht problemlos. Unter großem Interesse der rundum stehenden Wüstensöhne begutachte ich diverse Modelle und entscheide mich dann für eine tschechische 9mm-Pistole. Habe sie in meinem Adener Haus. Ich würde auf keinen Einbrecher wirklich schießen, aber in die Luft ganz sicher. Dazu ist es aber nie gekommen. Ich schlafe sogar immer mit offener Balkontüre. Allerdings entdecke ich eines Tages im Schlafzimmerschrank ein kleines Rattennest. Ausgepolstert mit Pistazien. Und da war die Türe dann geschlossen, bis aus Deutschland eine Fliegengittertüre den dekadenten Nagern den Zugang verweigert.

Vom Goetheinstitut, dessen Zweigstelle in Aden, werde ich zu einer Ausstellung eingeladen. Ich wähle meine Farbradierungs-Serie über die arabische Kalligrafie. Sie umfasst 450 Unikate, es sind A4- und A3-Formate, also gut zu transportierende Kunst. Die Serie heißt „Geheime Botschaften". Diesen Titel wählte ich, weil sich auf den Bildern verschiedene Schrift-Ebenen überlagern in Form von übereinander gedruckten Platten, manchmal bis zu fünf Schichten. Dadurch entstand ein dichtes gewebtes Ineinander von verschiedenen Schriftstilen, verschiedenen Farben und verschiedener Dichte. Ein Grundbuchstabe des Alphabets bildet meist den Hingucker. Die Ausschnitte aus arabischen Texten sind kalligraphisch sogar für Araber sehr schwer zu entziffern. Bei den ineinander verschlungenen Linien kann man nicht leicht erkennen, in welcher Reihenfolge die Buchstaben kommen, zudem fehlen die Vokalzeichen. Insofern passt das mit den „Geheimen Botschaften" ausgezeichnet. Alle Formate ordne ich als Blöcke auf großen weißen Tafeln mit Standbeinen an. Davor kommt als Schutz jeweils eine Plexiglasscheibe.
Ausstellungsort darf der „Große Garten" um das Große Minarett von Aden sein, mitten in Crater. Schöne Dattelpalmen rundum geben Schatten. Und hier gibt es sogar Gras. Gegenüber die Fassaden einer ganzen Häuserzeile aus englischen Zeiten, dabei auch das Haus von Arthur Rimbaud.

Die acht Tafeln stehen im Garten, gut verteilt, zeigen cirka 350 meiner Werke. Ich erreiche sogar, dass das „Große Minarett" für mich und die Bevölkerung geöffnet wird. Für die enge Wendeltreppe nach oben zu weiteren Radierungen überlege ich mir eine Besonderheit. Jemenitische Männer und Frauen schmücken gerne ihre Kopfbedeckung mit gut riechenden Pflanzen. Rehan steht hoch im Kurs, eine Art wildes Basilikum und Wermut und weitere stark duftende Blumen und Blätter. Saleh besorgt mir vom Markt durch Vorbestellung diese gut duftenden Kräuter körbeweise. Ich streue sie auf jede Stufe der Wendeltreppe. Die vielen Fensterchen sind offen, und so zieht der Zugwind den Duft ins Freie und breitet diesen bis im Umkreis von 100 Metern aus. Obwohl im Jemen unter der normalen Bevölkerung ein sehr einfaches Kunstverständnis herrscht, kann man sie mit so elementaren Dingen, wie hier mit Gerüchen, begeistern. Sie siedeln solche Aktionen sicher nicht im künstlerischen Bereich an; aber sie können sich daran sehr erfreuen als etwas ganz Neues und Besonderes. Und damit ist der Zweck doch erfüllt!
Zur Eröffnung erscheinen Hunderte von Menschen. Eine Ausländerin stellt aus! Und der Titel verunsichert allgemein. Warum man das nicht lesen kann, warum das geheim sein soll, was das alles heißt, warum Botschaft? Ich erkläre und erkläre, dass es theoretisch (und auch praktisch) Ausschnitte aus ganzen Stücken sein können, nun aber verloren sind, wie wenn man einen Brief ins Feuer wirft und die Hälfte verbrannt ist. Ich rede mir den Mund fransig. Aber mit so abstrakten Vorstellungen habe ich bei Arabern immer Probleme. Sie lernen in der Schule anscheinend nicht das „Was-wäre-Wenn ...". Und es wird mir zugeflüstert, dass alle nur denkbaren religiösen Würdenträger erschienen seien und gründlich Bild für Bild untersuchen, ob da nicht irgendwelche Schmähungen drinstehen. Ich habe wohlweislich alle Bilder mit Mohammed- und Allah-Schriftzeichen aussortiert, damit ich nicht aus Unwissenheit irgendetwas Beleidigendes heraufbeschwöre. Zudem steht es mir als Christin nicht zu, dass ich den Namen Allahs bildlich darstelle. Aber zum Schluss kommen sie alle, diese frommen Männer, zu mir her und beglückwünschen mich und finden zwar das Ganze nicht sehr verständlich, aber ich sei sehr fleißig. Geöffnet ist die Ausstellung über zwei Wochen, jeweils von

16 bis 20 Uhr. Ich habe jeden Tag an die 500 Besucherinnen und Besucher, Studenten und viele Studentinnen, die mir Löcher in den Bauch fragen. Hochgerechnet haben cirka 8.000 Interessierte die „Geheimen Botschaften“ gesehen. Wo findet man das in Deutschland?!
Meine Duftkräuter sacken flinke Buben immer wieder ein und machen damit sicher ihren Familien eine Freude. Denn für jemenitische Verhältnisse kosten sie ja auch etwas. Die große Begeisterung, welche ich auslöse, lässt zwei Adener Computerfreaks ein Foto von mir aus dem Internet herunterladen. Dieses projizieren sie jeden Abend auf ein großes Fenster des gegenüberliegenden achtstöckigen Warenhauses. Gut, dass ich von so weit oben herunterschaue, denn mein Ausschnitt wäre für näheres Besehen sehr unkorrekt. Durch meine tägliche Anwesenheit freunde ich mich mit dem Wachpersonal und den Zuständigen für Minarett und Park an. Sie wollen, dass der gesamte Platz auf meinen Namen umbenannt wird. Als es dann aber zur Sache gehen soll, löst sich alles sehr jemenitisch wieder schlicht in Wohlgefallen auf.

Saleh baut an der Corniche ein Restaurant. Direkt an der Wasserkante. Es wird vor allem am Wochenende von ganz Aden besucht. Da wandern Familien und Paare und Einsame den Strand mit all seinen Kiosken entlang, schlecken hier ein Eis, kaufen sich dort Nüssle und Kerne. Sogar ein Pferd zum Reiten steht bereit, kleine Kinder-Karussels und Schaukeln. Ich soll über dem Restauranteingang ein Schild entwerfen und hinmalen. Es macht mir großen Spaß, wieder Farben zu besorgen und Pinsel. Ein Gerüst wird aufgebaut. Während ich da oben herumwerkle, verhängt die Botschaft eine Ausgangssperre. Aber hier ist alles ruhig, und ich werde auch nicht belästigt. Außerdem habe ich natürlich immer einen Wächter unten sitzen, einen von meiner Familie. Und was hat der wohl im Gürtel stecken?

Von Mualla kommend Richtung Khor Maksar bildet sich zwischen den beiden Straßenteilen eine 200 Meter lange, vielleicht 15 Meter breite Verkehrsinsel, die Gesira. Hier auch Gestrüpp und Unrat zuhauf. Es soll ein gepflegter Grünstreifen entstehen mit viel Oleander, welcher die Abgase gut verträgt. Zudem eine Art Kaffee- oder Teestube mit einem Imbiss. Saleh, der Motor meiner jemenitischen Familie, vermisst nämlich, dass es in dem doch sehr heißen Klima nicht mehr Orte gibt, wo Familien oder einzelne draußen sitzen können. Dazu noch die geniale Idee, einen eigenen Frauenbereich mit zu eröffnen. Da schreien unsere fundamentalistischen Feministinnen sicher gleich auf. Bitte nicht zu schnell, liebe Freundinnen! Es ist nämlich so, dass Frauen alleine nur schwerlich ausgehen dürfen. Warum? Weil sie von Männern angemacht werden und ihre Familien das nicht dulden. Ist halt so. Und wenn es da ein Refugium gibt, wo sie sich auch außerhalb ihres Familienkreises aufhalten können und dürfen, ist das ein Riesenfortschritt. Wohlgemerkt!
Hier also entsteht wieder eine Neuigkeit, die sehr gerne angenommen wird. Allerlei Säfte, Getränke und kleine Speisen stehen auf der Karte. Der gesammte Salehclan hilft mit bei dem Aufbau. Durch die stark befahrene Straße sehen es auch viele Vorbeifahrende, finden hier sogar einen Parkplatz. Die Bewachung und den Service übernimmt auch der männliche Teil der Familie und einige weitere Angestellte. Saleh kauft in Dubai sogar Küchengeräte für Großküchen, zum Beispiel eine für das Schneiden von Pommes Frites.
Eines Tages sitzt im „Damenabteil" ein Mann. Ein Typ, der da nicht hingehört. Er redet auf eine weibliche Person ein, welche eher in die Sparte waagrechtes Gewerbe einzuordnen ist. Die da eigentlich auch nicht hingehört. Ein schlechter Leumund würde das ganze Projekt scheitern lassen. Da eine solche Anmache hier nicht sein darf, geht einer von den angeworbenen Kellnern hin und bittet den Eindringling, gefälligst zu verschwinden. Der Wortwechsel wird sofort laut. Alarmiert davon, stürzen Oberrabauke Radi und Ahmad und Amin und Saleh Hussein aus einem der Bambushütten heraus, welche untertags Schatten bieten, peilen die Lage und schlendern im Stil der Glorreichen Sieben hüftenschwingend auf den Randalierer zu. Packen ihn und schmeißen ihn im hohen Bogen auf den Gehsteig

nach draußen. Der derrappelt sich und schreit, dass er mit seiner Gang wiederkommen werde und das seien an die 50 Kumpel, „worauf ihr Gift nehmen könnt!".
Dummerweise ist Saleh in Crater unterwegs, wird aber sofort per Handy alarmiert. Er komme so schnell er kann. Aber bevor er eintrifft, rasen tatsächlich an die 50 Hurensöhne mit ihren Mopeds an, werfen sie mit Schwung auf den Boden, um keine Zeit zu verlieren, und stürmen mit Messern bewaffnet in das Gartenrestaurant. Da haben sie sich aber etwas verrannt. Kennen nicht den Saleh-Trupp. Diese rennen zuerst in die Küche, schnappen sich alle vorhandenen Messer und das sind große, schnappen sich die Küchenschneidebretter mit Griff, sind so beidhändig bewaffnet und stürzen sich ins Gefecht.

Das Ergebnis sind zwölf mehr oder weniger schwer verletzte Ganoven und mehrere leichter verletzte Verteidiger. Doch das richtige Ende bereitet Saleh. Er kommt angeprescht und schießt mit erhobener Pistole dreimal in die Luft. Dann legt er auf die Kämpfenden an und schreit: „Der nächste Schuss trifft!" Da war Ruhe. Schnitte haben wohl alle der angreifenden Bande abbekommen. Die noch können, suchen panisch das Weite. Die am Boden Liegenden werden eingesammelt, es sind insgesamt 15. Mit Autos werden sie nach Al Mansura in die Ambulanz verfrachtet.
Ich bin am gleichen Abend bei der Familie eingeladen. Und ihr glaubt nicht, wie da die Geschichte mit blitzenden Augen und voller Begeisterung nochmal und nochmal und wieder und wieder erzählt wird. Die Helden sind trotz etlicher Verbände und Pflaster immer noch auf hundert Touren und strotzen nur so vor Adrenalin.
Natürlich weiß Saleh sofort, wo die Schläger aufzutreiben sind, die Buschtrommel funktioniert auch hier großartig. Er fordert eine Kollektiv-Entschuldigung. Tatsächlich erscheint die Tage darauf ein Häuflein, nein, doch eher ein Haufen Kleinlauter und entschuldigt sich durch einen vorgeschobenen Sprecher. Die Entschuldigung wird akzeptiert, und Saleh bietet sogar noch Arbeitsplätze an, welche von zwei der Kandidaten dann auch prompt angenommen werden.

Netz

Yallah by

Tschüss

يالّاه باي

„Hier darfst Du das Auto nicht parken." „Aber warum denn nicht?" „Es ist verboten!" „Und warum verboten?" „Weil es verboten ist!" „Aber ich muss meine Pakete abholen und die sind da drinnen." „Das Auto darf hier nicht stehen!" „Und wo dann?" „Auf dem Flughafenparkplatz." „Aber meine Pakete sind sehr schwer und ich kann sie nicht so weit tragen." „Dann komm mit dem Auto wieder, wenn du mit dem Zoll fertig bist."

So fahre ich auf den 500 Meter entfernten Parkplatz und schleppe mich in der Gluthitze zu Fuß zurück zur Eisenkette, die dann freundlichst zur Erde gelegt wird, damit ich darübersteigen kann. Hinein in das hermetisch abgeriegelte Flughafenlieferantengelände. Der Glanz des neuen Adener Flughafens ist nicht bis hierher vorgedrungen. Alles ist staubig, vertrocknetes Gesträuch, vertrockneter Müll ist um die verwahrlosten Gebäude, die allerdings noch verwahrloster waren, als es den neuen Flughafen noch nicht gab.

Der alte war im Bürgerkrieg 1994 von den Nordjemeniten bombardiert worden und zeitweise nicht in Betrieb. Dann, als die Flieger wieder landen und starten durften, musste man die erste Zeit über Schuttberge steigen, um ins Flugzeug zu kommen. Bis auf 50 Meter rollte und rollt es auch heute noch an die Wartehalle heran, dem Gate Nummer 1 bis Gate Nummer 12, alles in einem. Der neue Flughafen wurde von den Saudis finanziert. Er ist voll klimatisiert, also auf Eskimotemperaturen heruntergekühlt, sodass man jedes Mal beim Raus- oder Reinkommen eine Hitze- oder Kältewatschen bekommt. Aber es blitzt überall der teure Granit.

Nun bin ich bereit für die Prozedur, mein Cargo aus dem Zoll zu bekommen. In Sanaa muss man da allerdings zwei bis drei Vormittage rechnen, wenn die Schmiergelder stimmen. Hier in Aden ist alles viel, viel einfacher. Sofort bin ich von netten Jemeniten umringt, die behilflich sein wollen. „Bin ich hier richtig, um meine Schachteln zu bekommen?" „Ja, hier geht's lang. Schau! Da gehst du in dieses Haus, siehst Du?" „???" „Ja, da hinein, und dann in das Anmeldebüro ..."

Das Ritual beginnt. In dem nun richtigen Gebäude gibt es Büros mit ganz vielen Menschen. Angestellte und Besucher. Auch Frauen sind dabei, alle in ihre schwarze Abaja gewandet, den schwarzen Mantel. Sie sind auch verschleiert. Die Augenpartie ist allerdings frei und neugierig schauen sie mich an. In das richtige Büro dirigiert, sitzt der Bürovorsteher am Schreibtisch, und seine Zuarbeiter, oder was auch immer, warten auf den Besucherstühlen auf diverse Anweisungen. Sofort wird für mich Platz gemacht. Mir ist etwas bang, weil ich die nötige „Air-Bill" nicht habe, nur die Nummer des Cargos. Aber das scheint hier kein Problem zu sein. In Kopie sind drei mit der Sendung gekommen, für jede Schachtel eine, und die sollten reichen. Sagt der Bürovorsteher. Stempel drauf und durch ein Büro weiter in ein anderes. Dort müssen 75 Rial bezahlt werden, dann mit der Quittung zurück. Noch einen Stempel, nette Worte und bitteschön, bitteschön ins andere Gebäude.
Wieder herrscht große Neugierde, was so eine Adschnabija, eine Fremde, hier zu tun hat. Sofort sind fünf Helfer zur Seite. Die Papiere, inzwischen einige Seiten, gehen von Hand zu Hand. Alle sind neugierig, und wir landen in einem anderen kleinen Büro, wo am Computer nach der Sendung gesucht wird. Sie ist tatsächlich registriert, Al Hamdulillah! Nun werde ich wieder auf einen Stuhl verfrachtet und soll warten. Der Sekretär sei gerade beschäftigt. Es dauert fast eine Stunde, bis in einem anderen Büro bestätigt wird, dass die Bestätigung stimmt. Freundlicherweise wird mir versichert, und das sei wirklich nicht üblich, dass die drei Kopien, die von der Bestätigung nötig sind, hier im Bestätigungsbüro gemacht werden. Eigentlich müsste ich in die Stadt zurück, um sie mir dort zu besorgen. Ich bin wirklich dankbar und freue mich wieder einmal sehr, dass trotz Bürokratie mit den vielen Ge- und Verboten einfach mit Herz gearbeitet wird und nicht so sehr nach den Bestimmungen.
Doch noch ist der Kopierer nicht eingeschaltet. Denn der dafür Zuständige zieht sich mit anderen Listen, welche sich in einem weiteren Computer befinden, zurück. Über die er sehr stöhnt, mich

einen kurzen Blick darauf werfen lässt, damit ich auch weiß, warum er so stöhnt. Überhaupt bin ich verwundert über die vielen Computer, die allein in diesem Gebäude aufgebaut sind. Ich kann sie zählen, da alle Büros, bis auf eines, nur mit Glasverkleidungen voneinander getrennt sind: 56 Stück auf vielleicht 50 Quadratmetern verteilt. Auf dreien wird gearbeitet. Die anderen sind nicht eingeschaltet, wohl deshalb, weil die allerwenigsten damit umgehen können. Aber die Weltbank fördert ja den armen Jemen und bestückte ihn mit Tonnen von Computern, die jetzt vor sich hin schlafen. Bis mehr Büroarbeiter ihren Computerkurs bestanden haben, sind sie haushoch veraltet, bzw. haben die Kakerlaken in den Kabelgehäusen die Kabel gefressen oder die Wundergeräte sind vom Sand verstopft worden – und was sonst noch so alles sein kann.

An den vielen Schreibtischen dürften trotzdem an die 50 Mitarbeiter beschäftigt sein, sogar Mitarbeiterinnen. Diese züchtig gewandet und mit bedecktem Gesicht. Es fällt allerdings schwer festzustellen, was sie alle tun. Für mich sieht es aus, als ob vielleicht nur zehn wirklich am Arbeiten sind. Alle anderen unterhalten sich, trinken Tee oder kommentieren die Arbeit der anderen.

Von den sich heftig drehenden Ventilatoren an der Decke würden die Papiere davongeweht, wenn man sie nicht festhält. In der direkten Windrichtung halte ich es vor Kälte nicht aus. Gott sei Dank ist es an dem mir zugewiesenen Warteplatz einigermaßen erträglich, aber das auch nur, weil ich einen Schal zur Hand habe, den ich in Aden nie vergesse. Es zieht immer irgendwo so sehr, dass ich mich vor einer Erkältung fürchte, und das zu Recht. Es ist mir schleierhaft, wie die Süd-Jemeniten die selbst erzeugten heftigen Temperaturunterschiede von Draußen und Drinnen aushalten und nicht reihenweise mit Lungenentzündung darniederliegen.

Inzwischen wird mir immer wieder freundlich zugenickt. Auch die hier zuständige Putzfrau beginnt zu nicken – sprich: Es wird nicht mehr lange dauern. Tatsächlich kommt Bewegung in die Zuständigen. Ich soll 250 Rial bezahlen, da seien die drei Kopien bereits inbegriffen. Ich bezahle. Der Kopierer läuft bereits. Derjenige, der stöhnend seine eigenen Listen schreibt, bedeutet einem Kollegen, der auf eine wichtige Aufgabe wartet, dass er die Kopien machen

soll. Ich sprinte in das Büro, wegen der Glasscheiben habe ich ja alle im Adlerauge, und fiebere auf die Kopien. Man kann es fast nicht mit ansehen, wie das Papier eingelegt wird, nämlich so, dass dabei vielleicht alles verstopft und dadurch die Warteprozedur weiter verlängert wird. Aber es klappt tatsächlich. Die Kopien, auf denen man fast nichts mehr entziffern kann, bekomme ich mit großer Geste ausgehändigt. Jetzt aber nix wie wieder raus zum Wartestuhl. Ein anderer Kollege nimmt mir die Kopien ab. Die verschwinden mit ihm hinter der Türe, wo die Wände nicht aus Glas sind. Im obersten Mudir-Zimmer also. Ich sitze sprungbereit und lasse die Türe nicht aus den Augen. Die Kopien kommen tatsächlich nach fünf Minuten wieder heraus. Nun soll ich 235 Rial bezahlen. Ich sage, dass ich sie bereits bezahlt habe, 250 zwar, aber das sei schon in Ordnung. Da aber derjenige, dem ich die 250 gab, nicht mehr da ist, wird überall herumgefragt, ob es damit wirklich seine Ordnung habe.
Die freundliche Putzfrau sitzt immer noch auf einem der Schreibtische auf Lauer, und da gerade kein Tee verschüttet wird, den sie aufzuputzen hat, verfolgt sie den Vorgang ebenfalls mit Interesse. Jetzt will sie zur allgemeinen Verwirrung auch etwas beitragen, wuchtet sich vom Schreibtisch, watschelt zu der Adschnabija, zu mir der Fremden also, und erklärt mir freundlich, ich hätte erst zu zahlen, dann könne es weiter gehen. Inzwischen klärt es sich aber auf, dass es mit der 250-Rial-Zahlung seine Richtigkeit hat, und die Putzfrau setzt sich wieder auf ihren Schreibtisch.
Ein Teil der Belegschaft interessiert sich sehr und offen für den Vorgang. Ein anderer Teil zeigt ebenfalls großes Interesse dafür, tut aber so, als ob es ihn überhaupt nicht berührt. Der Rest kümmert sich aus Prinzip nicht, aber nicht, weil es ihn nicht interessiert, sondern, weil das Objekt des Interesses eine „Adschnabija", also eine Ausländerin ist und damit keine Muslima. Und die wird wenigstens mit Hindurchsehen behandelt. Das sind aber zumeist andere Besucher, welche mit rotgefärbten Bärten und Kappen auf dem frommen Haupt.
Endlich ist jetzt alles bezahlt, die nötigen Kopien sind überreicht, und ich darf raus aus dem Kühlhaus und rein in die große Lagerhalle. Hier stülpt sich eine Hitzeglocke über mich, und gleich wird mir auch

warm ums Herz bei dem freundlichen Empfang und der Aussicht, meine drei Pakete zu sichten. Und da sind sie auch schon, alle auf einer Palette, unversehrt. Die Palette wird nun mit einem eigens dafür georderten Hubwagen und mit einem eigens dafür georderten Hubwagenfahrer 15 Meter nach links gefahren. Dort befindet sich ein Glasbüro, wieder ein Kühlhaus. Da hinein also zum Anmelden. Wieder Weltbank-Computer, sogar mit einigen Bedienern. Und wieder fündig, die Computerwege hatten freie Bahn. Meine Papiere abgeben, ein paar nette Worte wechseln, woher die Adschnabija so gut Arabisch kann, ob ihr Aden, oder Sanaa besser gefällt, welche Frage, Aden natürlich.

Im unverglasten Büro von vielleicht 6 Quadratmetern sitzen alle wichtigen Leute, klar, der Kühlung wegen. Einer spricht mich auf Deutsch an, mit einem guten sogar. Er studierte seinerzeit in Dresden Maschinenbau. Ein Altkommunist, der nun alles im Land hier negativ findet, um mir zu zeigen, wie weltgewandt er ist. Die anderen, die nicht so gebildet tun, sind viel netter, einfach normal und angenehm.

Die Putzfrau hat sich inzwischen auch bei den Schachteln unter der Hitzeglocke eingefunden. Nicht alle Tage gibt es so etwas zu sehen. Sie ist aber wirklich sehr nett und nimmt regen Anteil am Fortschritt der Handlung: Die Adschnabija darf die Schachteln öffnen und auspacken. Es sind nur „Personal Effects", wirklich, aber alle kommen nun aus ihrer Kühlbox raus und stecken die Köpfe über meinen Schätzen zusammen. Bücher, Kartoffelschäler, Ponal, Klebebänder, Soßenandicker und zwei Dosen Insektenvertilgungsmittel für Hausameisen erscheinen in den Wunderschachteln. Ein multifunktioneller Dosenöffner gibt weitere Rätsel auf, und etwas Verwunderung ruft der Fertigbausatz einer Fliegengittertür vom Hornbach hervor. Der Leser weiß inzwischen, für was diese gebraucht wird. Das allermeiste darf so, wie gesehen, wieder in die Schachteln zurück. Nur beim Drucker für meinen Mac wird die Suggestivfrage gestellt, der sei doch sicher auch nur zum privaten Gebrauch, was ja tatsächlich stimmt. Gut. Wieder hinein ins Büro. Ich bekomme eine Rechnung über 600 Rial, und zurück geht es in das Gebäude mit den ganz vielen Weltbank-Computern. Dort darf ich den Rest bezahlen, werde

auch schon erwartet und zurück wieder ins kleine Kühlhausbüro der Lagerhalle. Dort nehmen sechs Hände die Quittung in Empfang und – ich darf mein Auto holen. Raus in die noch größere Hitze, weil die Sonne ja scheint, durch Staub zum Auto, da ist das Lenkrad so heiß, dass mein Halstuch herhalten muss, um mir nicht die Finger zu verbrennen. Am Schrankenhäuschen schnell die Parkgebühr bezahlt und dann zu dem Wächter mit der Kette. Ohne große Verhandlung lässt er sie nun zu Boden, ich darf darüberfahren und werde rein in die Lagerhalle gewinkt. Sechs nette Arbeiter sind behilflich, alles im Auto zu verstauen. Die Quittung aus dem Büro geholt, ich höre mir die Klage des Altkommunisten noch an, dass früher alles anders war, stecke die mir zugeschobene Telefonnummer ein, „für alle Fälle ...", gebe denen, welche die Schachteln ins Auto packen, ein Backschisch und fahre davon.
An der Kette frage ich noch, wozu dieser ganze Zirkus mit der Parkerei, wo doch Platz für 20 Autos wäre und alles leer sei, und die Antwort ist, dass der Präsident heute wohl zum Flughafen komme und da müsse alles seine Ordnung haben, aber nix für ungut und yallah by, was auf salopp Adeni dem „tschüss" auf Neudeutsch entspricht.

Frauen kommen vom Wasserschöpfen. Aus einer Zisterne holen sie das Regenwasser des letzten Monsunregens. Mit ihren schweren Behältnissen auf dem Kopf steigen sie zurück in ihr Dorf. Es ist eine Trutzburg hoch in den Bergen, gebaut mit Basaltsteinen ihrer vulkanischen Umgebung.

Ein Blick über die Altstadt von Sanaa, 2.275 Meter hoch, von unserem Institut aus. Die wunderschönen Hochhäuser, für Großfamilien gebaut, zeugen von einer hohen Wohnqualität. Mit viel Fantasie und Gips werden die Gebäude verziert. Jedes ist seiner Bauart entsprechend bemalt. Dies zeigt die Individualität des jemenitischen Volkes und deren Freude am freien Gestalten. Im Hintergrund ist die neue Moschee zu sehen, welche von Saudi-Arabien finanziert wurde. Sie hat ein gigantisches Ausmaß, ist mit edelsten Materialien ausgestattet und kann bis zu 10.000 Gläubige aufnehmen.

Ein Schaufenster im Suq in Sanaa. Jemeniten lieben nicht nur ihre bemalten Häuser, sondern auch eine heilige Unordnung. Hier gibt es Korallen zu sehen, Amber, Silberschmuck, Amulettdöschen, Krummdolche, Gürtel, eine Alabasterschale, Vorderladerge-wehre, Geldscheine und eine Tinktur zum Anlösen von Farbe.

Abdallah aus Mahwit mit seinem Sohn Ibrahim. Die grünen Blätter sind für Papa die Nachmittagsration Khat. Die jemenitische Volksdroge wird gekaut und für ein paar Stunden in einer der beiden Backen gesammelt. Khat berauscht nicht so stark wie Alkohol, aber etwas mehr als Kaffee.

Unsere Wächter Mohammed und Khaled vertreiben sich mit Khat-Kauen die Zeit, während sie auf uns aufpassen. Die gut sichtbar präsentierten Kalaschnikows zeigen etwaigen Unholden, dass wir nicht so leicht zu entführen sind.

Unser Wächtertrupp mit Mohammed, Abdallah, Ali und Khaled beim Khat-Kauen vor unserem Grabungshaus in Marib. Von ihnen und weiteren acht Stammeskriegern werden wir im Achtstundenrythmus rund um die Uhr bewacht.

Der Bar'an-Tempel in Marib. Er ist dem Hauptgott Almaqah geweiht. Bis 2004 wurde er ausgegraben und ist das am besten erhaltene Heiligtum Südarabiens. Hier wird gerade der Treppenaufgang zum Propylon freigelegt. Ein Brunnen für Kulthandlungen erschien mit Inschriften und einem Stierkopf als Wasserspeier auf dem Tempelhofniveau.

Die Jemeniten sind ein Händlervolk. In Kaukaban im jemenitischen Hochland findet jeden Freitag ein großer Markt statt. Von weit her kommen die Menschen und verkaufen und kaufen begehrte Waren.

Eine Mutter mit ihrem Töchterchen beim Einkaufen. Sie trägt das traditionelle Umhängetuch für einfache Leute. Für das Foto habe ich ihre Erlaubnis bekommen.

Shihara ist einer dieser magischen Orte, die man nicht vergisst. Als verbotene Gegend der Huthis, über 3.200 Meter Meereshöhe, ist er schwierig zu erreichen. Die legendäre Brücke verbindet über einen schwindlig machenden Abgrund zwei Gebirgszüge. Der letzte Imam des Königreichs Jemen floh beim Ausbruch der Revolution 1962 in Frauenkleidern über diese Brücke und fand Zuflucht in London.

Sahleh Dschinni mit seinem Adlerblick hoch oben auf dem Gebal Al Awd. Er ist ein Vorarbeiter mit jahrelanger Erfahrung für die Ausgräberei. Bei jedem Grabungsfest ist er der erste, welcher sich zum traditionellen Messertanz in die Tanzrunde stürzt.

Joufayna heißt ein kleines Tal in der Oase von Marib. Hier errichteten die Sabäer eine Dammanlage, welche zusätzlich zum großen Damm mit seinen Nord- und Südschleusen die alte Hauptstadt Marib mit Wasser versorgte. Siedlungsreste gehen zurück bis in die Bronzezeit.

Weit im Gebirge liegt diese Zisterne. Sie sammelt den Monsunregen, welcher die steilen Bergflanken im Frühjahr und im Herbst hinunter stürzt. Das riesige Becken ist mit einem speziellen wasserdichten Kalkmörtel- und Lavagrus-Gemisch ausgekleidet. Wasser ist sehr kostbar und darf aus den Sammelbecken nur für den Haushalt verwendet werden. Die Felder tränkt der Regen direkt.

Am Spätnachmittag auf der Großen Sanddüne in der Nähe von Marib. Fast hundert Meter steigt man mühsam hinauf auf ihren Kamm und wird mit einem grandiosen Blick auf die sich am Horizont verlierenden Wellen der Großen Arabischen Wüste, der Rub Al Khali, belohnt.

Mein Haus in Aden. Innerhalb von drei Jahren entstand an den blanken Hängen des Vulkans Shamsan ein Paradiesgarten. Alles, was an Pflanzen Rang und Namen hat, wächst hier. Da es vielleicht nur dreimal im Jahr regnet, benötigt man sehr viel Wasser, damit so ein Kleinod entstehen kann.

Von einer ehemals türkischen Festung schauen wir auf Tarims Dächerlandschaft. Eine Versammlung von Frauen feiert eine Hochzeit oder die Geburt eines Kindes. Aber vielleicht gründen sie auch gerade einen Verein für Frauenrechte. So etwas gibt es sogar im Jemen. Geschützt von unerwünschten Blicken umgibt sie auf dem Flachdach eine Lehmmauer.

Marianne Manda

ist studierte bildende Künstlerin, Maschinenbauerin, Garten- und Landschaftsgestalterin und erwarb an der Sprengschule Dresden den Erlaubnisschein für Spreng- und Pyrotechnische Einsätze.

Sie lebte und zeichnete auf archäologischen Ausgrabungen über 35 Jahre in der Türkei, in Syrien, in den Emiraten und davon volle 20 Jahre im Jemen. Seit 2011 verbringt sie die Winter in Kairo und zeichnet weiterhin in Äthiopien archäologische Funde.

Marianne Manda erhielt 2018 den von der Deutsch-Arabischen Gesellschaft (d.a.g.) erstmalig vergebenen Carsten Niebuhr Preis für besondere Verdienste um den deutsch-arabischen Kulturaustausch.

www.mariannemanda.com

Marianne Manda
Weihrauch, Khat und Pfeffer
Erinnerungen an den Jemen

Zeichnungen und Fotos: Marianne Manda
Laktorat: Clara Lindemann
Gestaltung: Volker Toth und Helmut Wegenkittl
Druck: Buch.Bücher Theiss, St. Stefan

ISBN. 978-3-904068-04-8

Marianne Manda
Grafik & Aktionen
1978-2018

EDITION TANDEM
ISBN 978-3-902932-83-9

In Vorbereitung

Marianne Manda

Erinnerungen an Syrien
Erinnerungen an die Türkei